Rechtsschutzmöglichkeiten europäischer Wirtschaftsteilnehmer gegen Gatt-widrige Wirtschaftshemmnisse

AF814598

Deutsches und Europäisches Wirtschaftsrecht

Herausgegeben von Jürgen F. Baur

Band 11

PETER LANG
Frankfurt am Main · Berlin · Bern · Bruxelles · New York · Oxford · Wien

Anika Gerken

Rechtsschutzmöglichkeiten europäischer Wirtschaftsteilnehmer gegen GATT-widrige Wirtschaftshemmnisse

PETER LANG
Europäischer Verlag der Wissenschaften

Bibliografische Information Der Deutschen Bibliothek
Die Deutsche Bibliothek verzeichnet diese Publikation in der Deutschen Nationalbibliografie; detaillierte bibliografische Daten sind im Internet über <http://dnb.ddb.de> abrufbar.

Zugl.: Köln, Univ., Diss., 2003

D 38
ISSN 1617-352X
ISBN 3-631-52435-8

© Peter Lang GmbH
Europäischer Verlag der Wissenschaften
Frankfurt am Main 2004
Alle Rechte vorbehalten.

Das Werk einschließlich aller seiner Teile ist urheberrechtlich geschützt. Jede Verwertung außerhalb der engen Grenzen des Urheberrechtsgesetzes ist ohne Zustimmung des Verlages unzulässig und strafbar. Das gilt insbesondere für Vervielfältigungen, Übersetzungen, Mikroverfilmungen und die Einspeicherung und Verarbeitung in elektronischen Systemen.

www.peterlang.de

Inhaltsverzeichnis

A. Problemaufriss

Mit dem GATT-System wurde ein internationales Vertragswerk geschaffen, welches sich zur Aufgabe gemacht hat, den Welthandel zu regeln. Insbesondere soll es die Freiheit des grenzüberschreitenden, internationalen Handels schützen, was durch nationale Verfassungsordnungen oft nur unzulänglich geschieht. Im Gegenteil sind die nationalen Rechtsordnungen eher protektionistisch ausgelegt. Die Staaten versuchen, aus dem internationalen Handel Vorteile zu ziehen, ohne aber im Gegenzug die Nachteile, die aus internationalen wirtschaftlichen Verflechtungen entstehen können, hinzunehmen. Aus diesem Grund ist eine global verbindliche Weltmarktordnung vonnöten. Der Abbau nationaler Grenzen führt zum Bedürfnis eines Ordnungsrahmens für die neu entstehenden globalen Wirtschaftsräume, die die Interessen der Wirtschaftsteilnehmer und der übrigen Betroffenen aufnimmt und wahrt.[1]
Das GATT (General Agreement on Tariffs and Trade) wurde ursprünglich von 23 Staaten, darunter Frankreich und die BeNeLux-Staaten, verhandelt. Das Allgemeine Zoll- und Handelsabkommen und seine späteren Nebenabkommen bilden die einzige rechtlich bindende universelle Ordnung des Welthandels.[2] Es sieht allgemeine Regeln und Verfahren für eine weltweite Liberalisierung und Koordinierung der Handelspolitiken der Vertragsparteien, Staaten und Zollunionen (wie z.B. die EU), vor. In seinem Rahmen finden kontinuierlich Konsultationen und Verhandlungen mit dem Ziel der weltweiten Liberalisierung des Handels, der Koordinierung der Handelspolitiken, des Abschlusses ergänzender Handelsabkommen und der Beilegung von Streitigkeiten im Rahmen des internationalen Handels statt.[3]
Das das Konzept des Freihandels verfolgende Handelsabkommen wurde im Folgenden durch mehrere Welthandelsrunden ausgeweitet, ergänzt und präzisiert. Dabei spielte insbesondere die Uruguay-Runde von 1986 bis 1994 eine große Rolle. Das Bestreben der Vertragsparteien mündete in der Gründung der Welthandelsorganisation, der World Trade Organisation (WTO).
Neben sämtlichen Mitgliedstaaten sind auch die Europäischen Gemeinschaften selbst als einzige internationale Organisation Mitglied in der WTO. Dies führt zu Kompetenzabgrenzungsschwierigkeiten, welche der EuGH bezüglich des GATT zugunsten der Gemeinschaften gelöst hat.[4]
Diese Tatsache indiziert, dass bei der Festlegung von Handelspraktiken, die die Regelungsmaterie des GATT, also den gesamten Warenhandel, betreffen, die Kommission, gegebenenfalls zusammen mit Rat und anderen Organen, allein zuständig ist, Art. 131ff. EG. Die Mitgliedstaaten sind an das Recht der Gemeinschaft gebunden.[5]
So sehr diese strenge bedingungslose Bindung der EU-Mitgliedstaaten erforderlich ist, um die Ziele der europäischen Gemeinschaften durchzusetzen, so sehr birgt diese Bindung aber auch die Gefahr für die Mitgliedstaaten, GATT-widrig erlassenem

---

[1] Dolzer in: NJW 2001, S. 2303f. (2303).
[2] Bogdandy in: RIW 1991, S. 55.
[3] Petersmann in: Hilf/Petersmann, GATT und EG, S. 119ff. (121).
[4] EuGH, Gutachten 1/94 vom 15.11.1994, Slg. 1994, I-5267ff., „Zuständigkeit der Gemeinschaft für den Abschluss völkerrechtlicher Abkommen auf dem Gebiet der Dienstleistungen und des Schutzes des geistigen Eigentums – Verfahren des Artikels 228 Absatz 6 EG-Vertrag"
[5] EuGH, Urteil vom 09.03.1978, Rs. 106/77, Slg. 1978, 629; vgl. Art. 249 EG, Staatliche Finanzverwaltung / S.p.A. Simmenthal.

Gemeinschaftsrecht verpflichtet zu sein, ohne eine Möglichkeit zu haben, sich durch Nichtbeachtung des GATT-widrigen Gemeinschaftsrechts dem Rechtsbruch zu entziehen.
Als bestes und aktuellstes Beispiel kann die „Bananenmarktordnung" dienen, die bereits in mehreren Panel-Verfahren für GATT-widrig erklärt wurde.[6] Die Mitgliedstaaten sind dennoch gemäß Art. 249 Abs. 2 EG an diese Verordnung gebunden. Erst auf der 4. Ministerkonferenz in Doha/Katar vom 09.-14. November 2001 wurde der von der EU lang ersehnte Waiver gebilligt, mit dem das präferenzielle Handelsübereinkommen von Cotonou (Nachfolge-Abkommen zum Abkommen von Lomé)[7] zwischen der EU und den AKP-Staaten von den WTO-Regeln ausgenommen wird. Dies ebnet unter anderem den Weg, um den präferenziellen Zugang für AKP-Waren zum EU-Markt, wie er im Übereinkommen von Cotonou geregelt ist, mit den WTO-Vorschriften in Einklang zu bringen und dabei die Interessen der übrigen WTO-Mitglieder in vollem Umfang zu berücksichtigen. Der Beschluss markiert aus EU-Sicht außerdem das Ende des langwierigen Streits über den Handel mit Bananen.[8]
Den Gemeinschaftsorganen und den einzelnen Vertragsparteien der WTO steht der Weg zum Streitbeilegungsorgan der WTO, dem Dispute Settlement Body (DSB) offen. Den Einzelnen, zum Beispiel Unternehmen, ist die Anrufung des Panels gänzlich unmöglich. Ihnen fehlt die Klageberechtigung.
Um diesen Gruppen dennoch ausreichenden Rechtsschutz zu gewähren, sind die einzelnen Heimatstaaten gehalten, für ein rechtsschutzgewährendes System zu sorgen. Ansonsten wären natürliche und juristische Personen weitestgehend schutzlos gestellt gegen GATT-widrige Maßnahmen anderer, insbesondere der Organe des Heimatstaates.

Diese Arbeit hat die Aufgabe zu untersuchen, ob der Rechtsschutz, der den einzelnen Wirtschaftsteilnehmern in Europa zugute kommt, ausreichend ist.

B. Entstehung des GATT und der WTO

Um das System des GATT zu verstehen, sollen seine Entstehungsgeschichte und sein Inhalt beleuchtet werden.

I. Das GATT

GATT ist die Abkürzung für General Agreement on Tariffs and Trade. Im Deutschen wird dieser völkerrechtliche Vertrag als Allgemeines Zoll- und Handelsabkommen bezeichnet.

1. Entstehen des Abkommens

Nachdem in den dreißiger Jahren die damalige Wirtschaftspolitik zum Zusammenbruch des weltwirtschaftlichen Handels geführt hatte, griffen die Regierungen zu pro-

---

[6] s. Fußn. 1 bei Jürgensen in: RIW 1999, S. 241.
[7] zum Inhalt dieses Folge-Abkommens s. z.B. http://www.ceja.org/Downloads/Seminars/2002/0206%20% 20Bad%20Waldsee/Draft%20working%20doc%20-waldsee%20DE.doc.
[8] http://trade-info.cec.eu.int/europa/2001newround/compas_de.htm.

tektionistischen Methoden.[9] Um ihre Wirtschafts- und Beschäftigungsprobleme zu lösen, wurden von den Staaten hohe Außenzölle erhoben. Aufgrund der traumatischen Erfahrungen der internationalen anarchischen Geld- und Handelspolitik während der 30er Jahre stimmten die Regierungen erstmals einer Einbüßung nationaler Souveränität und der Schaffung gemeinsamer rechtlicher Vorgaben zu.[10] So entstand nach dem Ende des 2. Weltkrieges das Bestreben, den Welthandel neu zu regeln und weg von den protektionistischen Methoden der einzelnen Staaten zu einer liberalisierten Welthandelsordnung zu gelangen. Ihr Idealziel sollte ein multilaterales System liberaler Handelsbeziehungen sein. Die Weltwirtschaft sollte daher in den vierziger Jahren im Sinne eines neoliberalen Wirtschaftsverständnisses eine Reorganisation nach dem Prinzip des Wettbewerbs erfahren.[11] Dabei sollte die Ordnung der Weltwirtschaft auch der Friedenssicherung dienen.[12] Die Regierungen der USA und Großbritanniens legten in der sogenannten Atlantik-Charta von 1941 ihre gemeinsamen Vorstellungen fest, wie sie sich die Neugestaltung der internationalen Wirtschaftsbeziehungen vorstellten.[13] Danach sollte ein umfassendes politisches Instrument unter Einbeziehung eines wirtschaftlichen Programms zukünftige Kriege vermeiden und eine friedliche Welt errichten.[14] In Bretton Woods einigten sich die westlichen Länder im Jahre 1944 auf gemeinsame Grundlagen, nämlich feste Wechselkurse, Konvertibilität und den US-Dollar als Leit- und Reservewährung.[15] Der Charta entsprechend wurde auf dieser Konferenz auch der Internationale Währungsfonds (IWF, International Monetary Fund) und die Bank für den Wiederaufbau und Entwicklung (Weltbank, International Bank for Reconstruction and Development) gegründet. Ein Jahr später folgte die Gründung der UNO (United Nations Organisation) in San Francisco.

1947 berief der Wirtschafts- und Sozialrat der Vereinten Nationen (ECOSOC) eine Konferenz für Handel und Beschäftigung (International Conference on Trade and Employment) in Havanna/Kuba ein.[16] Nach ihrem Tagungsort wurde diese Konferenz später benannt. Die Folgen der Kriegswirtschaft und die Frage nach ihrer Bewältigung schufen die Treibkraft für neue Verhandlungen zur Schaffung einer Regelung des internationalen Handels, nachdem vorherige Versuche folgenlos blieben.[17] Dies geschah auf Betreiben der amerikanischen Regierung, die Pläne für die Schaffung einer internationalen Handelsorganisation (ITO) veröffentlicht hatte.[18] Da die Verhandlungen länger als erwartet dauerten, wurde ein Teilbereich ausgegliedert. Dieser Bereich betraf die Verhandlung über die Reduzierung von Zollsätzen, Es handelte sich um die Regelungen über Zoll- und Handelsfragen, welche später in die ITO integriert werden sollten, deren Ergebnis das GATT war. Schließlich wurde das GATT provisorisch in Kraft gesetzt (Protocol of Provisional Application vom 01.01.1948), während die Verhandlungen zur Schaffung der ITO noch andauerten. Wegen der

---

[9] Hailbronner/Bierwagen in: JA 1988, S. 318ff. (318); Hilpold in: RIW 1993, S. 657 (657).
[10] Petersmann in: CMLR 1994, S. 1157ff. (1159).
[11] Bogdandy in: RIW 1991, S. 55 (56).
[12] Hailbronner/Bierwagen in: JA 1988, S. 318ff. (319).
[13] Herdegen, Internationales Wirtschaftsrecht, § 7, Rdnr. 1; Köpernik in: JuS 1976, S. 779 (779).
[14] Fikentscher in: FS Steindorff, S. 1175ff. (1175).
[15] Hailbronner/Bierwagen in: JA 1988, S. 318ff. (319).
[16] auf ihrer ersten Sitzung am 18.02.1946 nach Art. 61 der Charta.
[17] Hailbronner/Bierwagen in: JA 1988, S. 318ff. (319).
[18] Köpernik in: JuS 1976, S. 779 (779).

festen Absicht der Errichtung einer Internationalen Handelsorganisation und der Integration des Allgemeinen Handelsabkommens in diese sollte den Vertragsparteien nicht zugemutet werden, bereits jetzt ihre nationale Gesetzgebung den Bestimmungen des GATT anzupassen.[19] Dies führte dazu, dass die meisten Signatarstaaten das GATT nur provisorisch in Kraft setzten.[20] Sie waren daher nicht verpflichtet, ihre Gesetzgebung an das Abkommen anzupassen, sondern lediglich gehalten, neue Gesetze abkommenskonform zu erlassen (sogenannte grandfather-clause).[21] Unter den Begriff der Gesetzgebung fällt auch die Gesetzgebung von Unterdivisionen in föderalen Staaten, wenn dies die Verfassung des Staates gebietet.[22] Die im Jahre 1948 aus den Verhandlungen der Konferenz für Handel und Beschäftigung hervorgegangene Satzung der ITO, die sogenannte Havanna-Charta, trat letztendlich nie in Kraft. Sie enthielt Bestimmungen zum Rohstoffabkommen und zur Neuregelung der internationalen Beziehungen auf den Gebieten des Handels, des Wettbewerbs, der wirtschaftlichen Entwicklung und des Wiederaufbaus, der Handelspolitik, der internationalen Kartelle und der Beschäftigung, außerdem ein Freihandels- und Meistbegünstigungspostulat.[23] Der Grund des Scheiterns der ITO lag in der ablehnenden Haltung der amerikanischen Wirtschaft und Politik, aufgrund derer Präsident Truman die Havanna-Charta nie dem Kongress vorlegte[24], obwohl treibende Kraft für die Errichtung der ITO die US-amerikanische Regierung war.[25] So entstand allein das - provisorische - GATT, welches am 31.10.1947 unterzeichnet wurde und schon seit dem 01.01.1948 aufgrund seines „Protokolls über die vorläufige Anwendung des Allgemeinen Zoll- und Handelsabkommens“[26] vom 30.10.1947 von acht der Signatarstaaten am 01.01.1948 angewandt wurde. Die übrigen Vertragsparteien setzten erst in den Folgemonaten das Abkommen in Kraft.[27] Ein endgültiges, nicht nur provisorisches Inkrafttreten scheiterte daran, dass nur Haiti und Liberia ihre Ratifikationsurkunde hinterlegten.[28]

Problematisch war die Rechtsnatur des GATT. Da dem GATT verschiedene Grundvoraussetzungen einer internationalen Organisation fehlten, wie zum Beispiel Organisationsstruktur und -gewalt, ist die Einordnung des GATT als internationale Organisation nicht selbstverständlich.[29] Durch das Scheitern der Errichtung der ITO haftete dem GATT der Makel des Mangels einer institutionellen Ausstattung an. Die Einordnung des GATT als internationale Organisation mit Völkerrechtspersönlichkeit wurde teilweise lange Zeit bezweifelt.[30] So wurde das GATT mehr als internationaler Vertrag denn als internationale Organisation bezeichnet[31], als „Nichtorganisation“,

---

[19] Senti, Allgemeines Zoll- und Handelsabkommen, S. 17.
[20] Hailbronner/Bierwagen in: JA 1988, S. 318ff. (319), Fußn. 15.
[21] Letzel, Streitbeilegung, S. 23.
[22] Jackson in: JWTL 1967, S. 131ff. (139).
[23] Herdegen, Internationales Wirtschaftsrecht, § 7, Rdnr. 1; Köpernik in: JuS 1976, S. 779 (779); Ipsen /Haltern in: RIW 1994, S. 717ff. (718).
[24] Bast/Schmidt in: RIW 1991, S. 929 (930).
[25] Bail in: EuZW 1990, S. 433ff. (433).
[26] s. Hummer/Weiss, Vom GATT ´47 zur WTO ´94, Nr. 3, S. 6.
[27] Letzel, Streitbeilegung, S. 23.
[28] Roessler in: JWTL 19 (1985), S. 289ff. (289).
[29] Benedek, Rechtsordnung des GATT, S. 248.
[30] Liebich, GATT als Zentrum der int. Handelspolitik, S. 15; Liebich, Grundriss des GATT, S. 15; Jackson in: JWTL 1967, S. 131ff. (132).
[31] Bowett, International Institutions, S. 106

die keine Rechtspersönlichkeit besitzt[32], bzw. als multilaterales Handelsübereinkommen ohne Rechtspersönlichkeit, welche daher keine internationale Organisation im formalen Sinne sei.[33] Inzwischen aber ist die Eigenschaft des damaligen GATT 1947 als internationale Organisation gemeinhin anerkannt.[34] Auf gewohnheitsrechtlichem Weg erhielt der völkerrechtliche Vertrag des GATT die zusätzliche Funktion einer Satzung einer internationalen Organisation, so dass das GATT die Besonderheit einer gewohnheitsrechtlich entstandenen internationalen Organisation aufweist.[35] Zwar zögerlich, aber doch nach und nach haben die Vertragsparteien des GATT Hoheitsrechte auf das GATT übertragen. Das GATT wurde de facto wie eine Sonderorganisation der Vereinten Nationen behandelt.

2. Inhalt des Abkommens

Das GATT ist in mehrere Teile unterteilt, wobei Teil I nur zwei Regeln enthält. Dies ist einmal Art. I GATT, das Prinzip der allgemeinen unbedingten Meistbegünstigung enthaltend. Art. II GATT legt daneben die Bindung der Zugeständnisse für alle Vertragsparteien fest (Regelung des Zollabbaus). Teil II normiert die Ausländergleichbehandlung und sichert die Zollzugeständnisse ab. Im Teil III sind im Wesentlichen Verfahrensregelungen niedergelegt. Die in Teil IV vorgesehene Vorzugsbehandlung der Entwicklungsländer wurde 1965/1966 angefügt. Die Präambel zeigt die Zielsetzung des Abkommens auf. In ihr sind die Erhöhung des Lebensstandards, die Verwirklichung der Vollbeschäftigung, ein hohes und ständig steigendes Niveau des Realeinkommens und der wirksamen Nachfrage, die volle Erschließung der Hilfsquellen der Welt und die Steigerung der Produktion und des Austausches von Waren genannt. Zusammenfassend erklärt dieser Katalog den Wunsch nach der Erreichung von Wirtschaftswachstum und Vollbeschäftigung zur Zielvorstellung des GATT. Den Grundkonsens bildet eine geregelte multilaterale Weltmarktoffenheit.[36] Staatlicher Interventionismus soll gering bleiben.[37] Trotzdem wird angenommen, dass das GATT kein eindeutiges Bekenntnis zum Freihandel aufzeigt.[38] Es sei keine Charta oder Verfassung für den freien Welthandel, sondern stelle lediglich ein Rahmenabkommen für eine progressive Liberalisierung des Welthandels dar.[39] Dies würden die zahlreichen Ausnahmevorschriften sehr deutlich machen. Andererseits wird eine verfassungsrechtliche Bedeutung des GATT-/WTO-Rechts sehr wohl angenommen.[40]
Das GATT verbietet handelsverzerrende Maßnahmen nur insoweit, als sie staatlichen Ursprungs sind.[41] Handelsbeschränkende Maßnahmen seitens privater Unternehmen werden daher vom GATT nicht berührt.

---

[32] Dunkel u.a., Schweiz und int. Wirtschaftsorgansationen, S. 55.
[33] Hubbard in: GYIL vol. 22 (1979), S. 80ff. (90)
[34] Jaenicke in: EPIL 5 (1983), S. 20ff. (20); Petersmann in: ArchVR 1980, 23ff. (50f.); Seidl-Hohenveldern/Loibl, Recht der Internationalen Organisationen, S. 98, Rz. 0814a; Köck/Fischer, S. 377; Weber, Geschichte, S. 75.
[35] Benedek, Rechtsordnung des GATT, S. 248f.
[36] Beise u.a., Grauzonen im Welthandel, S. 35.
[37] Borchmann in: EuZW 1990, S. 339ff. (339).
[38] Tumlir in: Hilf/Petersmann, GATT und EG, S. 87ff. (97).
[39] Beise u.a., Grauzonen im Welthandel, S. 35; Bail in: EuZW 1990, S. 433ff. (433f.).
[40] Petersmann in: Müller-Graff, Die EG in der WTO, S. 81ff. (81).
[41] von Bogdandy in: RIW 1991, S. 55ff. (56).

a) Prinzipien des GATT

Im Welthandelsrecht haben sich drei[42] Prinzipien durchgesetzt, die starken Einfluss auf die Konzeption des GATT gefunden haben. Mit ihnen sollen die Ziele des Wirtschaftswachstums und der Vollbeschäftigung erreicht werden. Teilweise wird auch das Transparenzprinzip als dem WTO-Recht innewohnender Grundsatz genannt.[43]

(I) Nichtdiskriminierung

Das wohl wichtigste Prinzip ist der Grundsatz der Nichtdiskriminierung (Gleichbehandlungsgebot). Es ist bereits in der Präambel des GATT angedeutet („...Beseitigung der Diskriminierung im internationalen Handel...").
Das Gleichbehandlungsgebot besteht aus dem in Artt. I (Meistbegünstigungsklausel), III, XIII GATT niedergelegten Grundsatz der handelspolitischen Nichtdiskriminierung.[44] Dieser Grundsatz beinhaltet das Verbot der unterschiedlichen Behandlung der Vertragsparteien hinsichtlich des Warenverkehrs.[45] Vor den Verhandlungen über das GATT wurden Handelsvereinbarungen bilateral abgeschlossen. Dadurch entstand eine Vielzahl unterschiedlicher, detailliert geregelter Verträge über Zollsätze und Einfuhrkontingente. Eine unterschiedliche Behandlung der vielen Vertragspartner war daher die Folge. Im Rahmen der Tokio-Runde in den Jahren 1973-1979 wurde eine echte universell einsetzende Zollsenkung erstmalig erreicht.
Eine Konkretisierung erfährt das Diskriminierungsverbot in der Meistbegünstigungspflicht des Art. I des GATT (most-favoured-nations-clause). Nach dem Meistbegünstigungsprinzip müssen sich die einem Vertragsstaat gewährten Handelsvergünstigungen auch auf alle anderen Vertragsstaaten erstrecken.[46] Hierin ist die klare Absage an die erwähnte Tendenz bilateraler Verträge zur Forderung von Gegenleistungen zu erkennen.[47] Das Meistbegünstigungsprinzip ist zwar eines der Hauptelemente des GATT[48], wurde aber nicht von den Gründern des GATT erfunden. Es wurde von den Amerikanern aus staats- und wirtschaftspolitischen Erwägungen bereits vor dem GATT in Handelsverträge eingebracht.[49]
Nach Art. XIII GATT ist die diskriminierende Anwendung mengenmäßiger Beschränkungen verboten. Mengenmäßige Beschränkungen dürfen nur mit gleicher Wirkung für alle Vertragsparteien vorgenommen werden. Dies zeigt, dass der Meistbegünstigungsgrundsatz nicht nur für die tarifären Handelshemmnisse gilt. Außerdem bezieht sich dieses Prinzip neben den Grenzmaßnahmen auch auf den Staatshandel (Art. XVII GATT) und auf Beschränkungen des Zahlungsverkehrs (Art. XIV, XV GATT).
Ergänzt wird das nach außen auf Nichtdiskriminierung gerichtete Meistbegünstigungsprinzip durch das innengerichtete Gebot der Inländergleichbehandlung. Dieses Gebot ist in Art. III, XVII GATT niedergelegt. Danach dürfen importierte Waren nicht

---

[42] Teilweise wird auch von vier Prinzipien gesprochen: die Tariffs-Only-Maxime und das Verbot nichttarifärer Handelshemmnisse werden als zwei Prinzipien angesehen. Da diese beiden Prinzipien aber eng miteinander verbunden sind, werden sie hier als ein Prinzip behandelt.
[43] hierzu ausführlich Hilpold in: EuR 1999, S. 597ff.
[44] Hilpold, Die EU im GATT/WTO-System, S. 240
[45] Beise u.a., Grauzonen im Welthandel, S. 37; Hailbronner/Bierwagen in: JA 1988, S. 318ff. (321).
[46] Nagel, EU und Welthandelsordnung, S. 269 4.a).
[47] Beise u.a., Grauzonen im Welthandel, S. 37.
[48] Senti, Allgemeines Zoll- und Handelsabkommen, S. 100.
[49] zur Herleitung Senti, Allgemeines Zoll- und Handelsabkommen, S. 100ff.

durch unterschiedliche inländische Abgaben oder ähnliches schlechter gestellt werden als inländische gleichartige Waren.

(II) Gegenseitigkeit

Außerdem gilt das Prinzip der Gegenseitigkeit der Rechte und Pflichten (Reziprozität)[50]. Das Prinzip der Reziprozität sieht vor, dass ein Abbau von Handelshemmnissen nur bei entsprechenden Gegenleistungen der anderen Handelspartner erfolgen soll.[51] Die gewährten Handelsvorteile der Staaten sollen untereinander im Gleichgewicht bleiben und den Handelsvorteilen für einen Staat sollen gleichwertige Zugeständnisse der anderen Staaten gegenüberstehen.[52] Auch dieses Prinzip ist bereits in der Präambel erwähnt („... auf der Grundlage der Gegenseitigkeit ...").
Eine Konkretisierung erfährt es insbesondere in den Bestimmungen über Zollverhandlungen (Art. XXVIII GATT), über den Beitritt zum GATT (Art. XXXIII GATT) und vor allem in den Bestimmungen über die Streitbeilegung (Art. XXIII GATT). Eine Ausnahme vom Gegenseitigkeitsprinzip gilt für Entwicklungsländer. Von ihnen werden keine Zugeständnisse erwartet, die mit ihren besonderen Bedürfnissen unvereinbar sind, Art. XXXVI Abs. 8 GATT.

(III) Verbot nichttarifärer Handelshemmnisse

Art. XI GATT sieht schließlich als weiteres Prinzip die Pflicht zur Beseitigung nichttarifärer Handelshemmnisse vor. Danach gilt, dass, will ein Staat Schutzmaßnahmen zur Handelssteuerung ergreifen, diese ausschließlich in der Erhebung von Zöllen bestehen dürfen (Tariffs only Maxime, Art. XI GATT).[53] Hintergrund dieser Regelung ist, dass Zölle gegenüber anderen Beschränkungen wie zum Beispiel Kontingenten und nichttarifären Handelshemmnissen transparenter und quantifizierbar sind und multilateral bezüglich Erhöhungen gebunden (Art. II GATT) werden können. Zölle setzen anders als mengenmäßige Beschränkungen den Preis- und Marktmechanismus nicht außer Kraft, sondern bewirken nur eine durch produktivere Maßnahmen ausgleichbare Verteuerung der Produkte.[54] Kontingente hingegen führen zu einer Abkopplung der Binnennachfrage vom Weltmarkt, setzen daher den marktwirtschaftlichen Steuerungsmechanismus außer Kraft; außerdem erfordern sie administrative Eingriffe und damit Kosten.[55] Im Sinne einer sogenannten „least distortion" („geringste Verzerrung") soll eine Ausformung der Beschränkungen auf der qualitativ und quantitativ niedrigsten Stufe erfolgen.[56] Gemäß Art. XXVIIIbis GATT wird inzwischen eine wesentliche Herabsetzung des Zollniveaus angestrebt. Dies hat mit der seit 1955 festgehaltenen Einsicht zu tun, dass Zölle den Handel erheblich behindern können.
Das GATT ist dabei kein rein statischer Vertrag. Vielmehr handelt es sich um ein dynamisches Instrumentarium, gerichtet auf bilaterale und plurilaterale Verhandlungen zum Abbau von Handelshemmnissen und zur Schaffung besserer und fairer Marktbedingungen für die Unternehmen der Vertragsparteien. Die erreichten Ergebnisse

---

[50] Hailbronner/Bierwagen in: JA 1988, S. 318ff. (321).
[51] Köpernik in: JuS 1976, S. 779ff. (783).
[52] Herdegen, Internationales Wirtschaftsrecht, § 7, Rdnr. 21.
[53] Senti, Allgemeines Zoll- und Handelsabkommen, S. 145.
[54] Beise u.a., Grauzonen im Welthandel, S. 39.
[55] Stoll in: ZaöRV 1997, S. 83ff. (102).
[56] Beise u.a., Grauzonen im Welthandel, S. 39.

zum Zollabbau, die in den Verhandlungen erreicht wurden, werden gemäß Art. II GATT in sogenannten Listen der Zugeständnisse (schedules) festgehalten. Sie sind gegenüber allen Vertragsparteien verbindlich. Die Listen erfassen die einzelnen Produkte, für die eine Vertragspartei einer anderen Zugeständnisse gemacht hat. Das Meistbegünstigungsprinzip sorgt dann dafür, dass diese für die eine Vertragspartei erreichten Zugeständnisse auch für alle anderen Parteien gelten. Da eine einseitige Änderung der Listen grundsätzlich nicht möglich ist, ist das einmal erreichte Niveau des offenen Marktes beziehungsweise des Abbaus von Handelsbarrieren sichergestellt.[57] Dies führt allerdings auch dazu, dass die Zolltarife der einzelnen Vertragsparteien unterschiedlich stark gebunden sind. So kann es sein, dass eine Vertragspartei (so zum Beispiel die USA und die EG) nahezu ihre gesamte Produktpalette einem gebundenen Zolltarif unterworfen hat, während andere Staaten nur ein oder sehr wenige Produkte an einen solchen Zolltarif gebunden haben.[58]
Nichttarifäre – grundsätzlich unerlaubte - Handelshemmnisse sind sehr vielfältig. Als Beispiel dienen etwa mengenmäßige Beschränkungen, Zollwertverfahren, Subventionen, Antidumping- oder Antisubventionsabgaben, technische Standards oder Einfuhrlizenzierungen.[59] Sie wurden im Rahmen der Verhandlungen zum GATT von vielen Staaten[60] als besonders handelshemmend, diskriminierend und ein Instrument der Planwirtschaft darstellend abgelehnt.[61] Um zumindest den Versuch zu machen, diese schwer regel- und erkennbaren nichttarifären Handelshemmnisse einer internationalen Regelung zu unterwerfen, wurden diverse Zusatzabkommen zum GATT geschlossen, begonnen mit dem Antidumpingkodex, welcher im Rahmen der Kennedy-Runde (1964-1967) entstand. Als weitere Beispiele können die insbesondere im Rahmen der Tokio-Runde (1973-1979) geschaffenen Abkommen über technische Handelshemmnisse, über die Auftragsvergabe durch staatliche Stellen, über die Zollbewertungsverfahren, über Rindfleisch und Milchprodukte, das Subventionsrecht, die Vergabe von Importlizenzen, den Handel mit Luftkraftfahrzeugen und viele andere genannt werden.[62] Erst mit Abschluss der Uruguay-Runde wurde ein Abkommen zur Interpretation und Präzisierung der GATT- Schutzklauselbestimmung[63] (Art. XIX GATT) im Agreement on Safeguards vereinbart.[64] Diese Abkommen wurden allerdings nicht von allen Vertragsparteien unterzeichnet. Sie sind nur für einen Teil der Vertragsparteien, diejenigen, die die Vertragsänderungen akzeptieren, verbindlich.[65]

b) Ausnahmen

Das GATT ist von einem Regel-Ausnahme-Verhältnis geprägt.[66] Die genannten Prinzipien werden wiederum eingegrenzt und eingeschränkt durch eine vertraglich festgelegte Palette von Ausnahmen.

---

[57] von Bogdandy in: RIW 1991, S: 55ff. (57).
[58] vgl. Liste bei Senti, Allgemeines Zoll- und Handelsabkommen, S. 141.
[59] vgl. Borchmann in: EuZW 1990, S. 339ff. (339) mit weiteren Beispielen.
[60] insb. von den USA, nicht aber zum Beispiel von Frankreich.
[61] Senti, Allgemeines Zoll- und Handelsabkommen, S. 159.
[62] vgl. Hummer/Weiss, Vom GATT `47 zur WTO `94, Zusammenstellungen aller Abkommen der verschiedenen Handelsrunden.
[63] Das GATT enthält mindestens neun Safeguard Clauses, Art. VI, XI Abs. 2c, XII, XVIII Abs. 2, XIX-XXI, XXV, XXVIII, vgl. Tumlir in: JWTL 1973, S. 404ff. (405).
[64] hierzu ausführlich Hilpold in: ZaöRV 1995, S. 89ff.
[65] Bail in: EuZW 1990, S. 433ff. (433).
[66] Stoll in: ZaöRV 1994, S. 241ff. (292).

(I) Vorbehalte und Waiver

Zum einen sind bei den Beitrittsverhandlungen Vorbehalte hinsichtlich einiger Regelungen und einzelner Länder möglich. Darüber hinaus kann eine Zweidrittelmehrheit, die mindestens die Hälfte der Vertragsparteien umfasst, nach Art. XXV Abs. 5 GATT sogenannte Waiver ausstellen. Diese befreien bestimmte Vertragsparteien von den im GATT enthaltenen Verpflichtungen. Dabei zeichnet sich eine großzügige Vertragspraxis bezüglich der Erteilung der Waiver ab.

(II) Freihandelszonen und Zollunionen

Auch Freihandelszonen und Zollunionen sind unter gewissen Umständen, geregelt in Art. XXIV GATT, erlaubt. Solche Freihandelszonen sind geeignet, den durch das GATT geschaffenen Freihandel und die Marktoffenheit zu untergraben. Durch die Möglichkeit der Bildung solcher Zollunionen und Freihandelsabkommen wird die Förderung des Regionalismus bzw. des Bilateralismus auf Kosten des Multilateralismus ermöglicht.[67] Nach Art. XXIV Abs. 4 S. 2 GATT muss Zweck von Zollunionen und Freihandelszonen die Erleichterung des Handels zwischen den teilnehmenden Gebieten sein. Dem Handel anderer Vertragsparteien mit diesen Gebieten dürfen dadurch aber keine Schranken gesetzt werden. Inwiefern die Pflicht zur Anerkennung dieses Ziels umgesetzt wird, ist allerdings fraglich. Um die durch die Freihandelszonen und Zollunionen provozierte Handelsumlenkung zu mindern, erkennt Abs. 8 nur solche Zollunionen an, in denen die Handelsschranken im Binnenverkehr wenigstens für annähernd den gesamten Handel aus den Ländern, die der Zollunion angehören, beseitigt werden und die gegenüber Dritt-Vertragsparteien einheitliche Zölle und Handelsvorschriften anwenden. Als Freihandelszonen werden ebenfalls nur diejenigen Zollgebiete anerkannt, zwischen denen die Handelsschranken für annähernd den gesamten Handel ihrer eigenen Produkte beseitigt wurden. Die unterschiedlichen Zolltarife gegenüber Drittstaaten bleiben dagegen erhalten. Hier ist fraglich, ob die alte Europäische Wirtschaftsgemeinschaft, die Gemeinschaft für Kohle und Stahl und die Europäische Atomgemeinschaft der Römischen Verträge diesen Anforderungen genügten, sahen sie doch eine eher sektorale Protektion vor. So konnte auch im Verfahren zur Anerkennung der GATT-Konformität der Europäischen Wirtschaftsgemeinschaft, insbesondere was deren Agrarpolitik und den Gemeinsamen Außenzolltarif betraf, keine Einigung erzielt werden. Ohne dass diese Frage jemals geklärt wurde, erkannte man de facto die EWG an.[68] Das im GATT-Gefüge herrschende Zusammenspiel von Recht, Politik und Macht wird hier augenscheinlich.[69] Mit der Ausweitung der Wirtschaftsgemeinschaft auf die Europäische Gemeinschaft dürfte dieses Problem an Relevanz verloren haben.

(III) Begünstigung der Entwicklungsländer

Außerdem wird die Begünstigung der wirtschaftlich schwachen Entwicklungs- und Schwellenländer durch die Aufnahme zahlreicher Sondervorschriften gefördert. Diese Sondervorschriften bedeuten eine Abkehr von der Meistbegünstigung und der Gegenseitigkeit. Der Erfolg der Entwicklungsländer bei der Durchsetzung ihrer Interessen, welcher in der Abhaltung der Konferenz über Handelsfragen (UNCTAD) im

---

[67] Beise u.a., Grauzonen im Welthandel, S. 43.
[68] vgl. nur Petersmann in: Hilf/Petersmann, GATT und EG, S. 119ff. (128-130).
[69] so Hailbronner/Bierwagen in: JA 1988, S. 318ff. (322).

Jahre 1964 im Rahmen der Vereinten Nationen und deren Einführung als Untergliederung in das System der UNO gipfelte, ist dabei beachtlich. Erste Zollpräferenzen für bestimmte Produkte wurden de facto bereits durch die Dillon-Runde 1960/1961 geschaffen. Der bereits erwähnte, 1965/1966 angefügte und eine Vorzugsbehandlung der Mitgliedstaaten schaffende Teil IV des GATT enthält einen Art. XXVI, welcher in seinen Abs. 5, 6 und 8 die Einschränkung des Meistbegünstigungsprinzips und des Grundsatzes der Gegenseitigkeit vorsieht. Danach gelten die allgemeinen Vorschriften für die Entwicklungsländer zwar grundsätzlich uneingeschränkt, doch müssen sie in den Verhandlungen nur solche Zugeständnisse erbringen, die ihren entwicklungs-, finanz- und handelspolitischen Bedürfnissen entsprechen. 1979, am Ende der Tokyo-Runde, kam es zur sogenannten Enabling-clause-Entscheidung, wonach ein allgemeines Präferenzzollsystem, eine Vorzugsbehandlung bei nichttarifären Handelsbeschränkungen, Präferenzen zwischen Entwicklungsländern und spezielle Maßnahmen zugunsten der ärmsten Länder von den Vertragsparteien akzeptiert wurden (= generalized system of preferences – GSP). Problematisch an dieser Entscheidung ist, dass durch sie systematisch das Meistbegünstigungsprinzip eingeschränkt wird, indem Entwicklungsländern eine günstigere Behandlung zukommt als anderen Ländern.

(IV) Mengenmäßige Beschränkungen

Weitere Ausnahmen bestehen für den Bereich der mengenmäßigen Beschränkungen, welche grundsätzlich nach Art. XI GATT verboten sind. So findet sich in Abs. 2 die Erlaubnis mengenmäßiger Beschränkungen für die Gewährung der Versorgung des Landes mit lebensnotwendigen Gütern und zur Erhaltung der Landwirtschaft. Art. XII GATT erlaubt mengenmäßige Beschränkungen zum Schutz der Zahlungsbilanz, welche nach Art. XIV GATT sogar in Ausnahme zu Art. XIII GATT diskriminierend wirken dürfen. Die Art. XI bis XIV GATT werden aber größtenteils nicht als allgemeines Beschränkungsverbot, sondern lediglich als Diskriminierungsverbot verstanden.[70]

(V) Escape Clause

Die Schutzklausel des Art. XIX GATT (escape clause) gestattet eine Rücknahme eingegangener Verpflichtungen, wenn infolge unvorhergesehener Entwicklungen eine Ware in derart überhöhten Mengen und unter Bedingungen eingeführt wird, dass dem Einfuhrland ein ernsthafter Schaden zugefügt wird oder zu werden droht.

(VI) Exportsubventionen

Weiterhin sind durch Art. XVI GATT Exportsubventionen erlaubt. Art. XVI GATT sieht die Möglichkeit vor, Subventionen zu gewähren, wobei allerdings Abschnitt B dieser Vorschrift auf die schädigenden Auswirkungen von Ausfuhrsubventionen und die Möglichkeit der Behinderung der Erreichung der Ziele des GATT-Abkommens hinweist. Die Vertragsparteien sollen die Gewährung von Subventionen bei der Ausfuhr von Grundstoffen vermeiden. Abschnitt A sieht eine Notifizierungspflicht für Subventionen vor. Es besteht ein Übereinkommen, welches die Regeln über Subventionen

---

[70] Weiß in: EuR 1999, S. 499ff. (502); Bail in: EuZW 1990, S. 433ff. (434); a.A. Ott, GATT und WTO im EG-Recht, S. 94; Petersmann in: RabelsZ 1983, S.479ff. (485).

auslegt.[71] Auf diesen Kodex einigte man sich für das GATT 1947 bereits in der Tokio-Runde. Er enthält Regeln über die Subventionen, deren Abwehr und ein Streitschlichtungsverfahren.

(VII) Antisubventionsmaßnahmen

Auch das gemäß Art. VI GATT bestehende grundsätzliche Verbot von Antidumpingmaßnahmen wird Ausnahmen zugänglich gemacht. Art. VI GATT sieht ein allgemeines Verbot schädigenden Dumpings und die Möglichkeit, hiergegen mit Antidumping- und Ausgleichszöllen vorzugehen, vor. Zur Durchführung des Art. VI GATT besteht seit 1994 ein Übereinkommen (Antidumping-Kodex).[72]

(VIII) Art. XX GATT

Neben den speziellen Ausnahmen enthält das GATT auch eine Reihe von sich allgemein auf die vertraglichen Verpflichtungen beziehenden Ausnahmen. Dabei reichen die in Art. XX GATT aufgeführten Ausnahmen am weitesten. Diese Vorschrift enthält einen Ausnahmekatalog, auf den sich die Staaten, die handelsbeschränkende Maßnahmen ergreifen, unter bestimmten Voraussetzungen stützen können. Dazu gehören Maßnahmen zum Schutze der öffentlichen Sittlichkeit (lit. a), zum Schutze des Lebens und der Gesundheit von Menschen, Tieren und Pflanzen (lit. b), Maßnahmen für die Einfuhr von Gold und Silber (lit. c), Maßnahmen, die zur Durchführung von dem GATT entsprechenden Gesetzen oder Auflagen erforderlich sind (lit. d), Maßnahmen hinsichtlich der in Strafvollzugsanstalten hergestellten Waren (lit. e), Maßnahmen zum Schutze nationalen Kulturguts von künstlerischem, geschichtlichem oder archäologischem Wert (lit. f), Maßnahmen zur Erhaltung erschöpflicher Naturschätze, sofern solche Maßnahmen im Zusammenhang mit Beschränkungen der inländischen Produktion oder des inländischen Verbrauchs angewendet werden (lit. g.), Maßnahmen zur Durchführung von Verpflichtungen im Rahmen eines zwischenstaatlichen Grundstoffabkommens (lit. h), Maßnahmen, die Beschränkungen der Ausfuhr inländischer Rohstoffe zur Folge haben (lit. i) und Maßnahmen, dio für den Erwerb oder die Verteilung von Waren wesentlich sind, an denen ein allgemeiner oder örtlicher Mangel besteht (lit. j). Dabei steht die Rechtfertigung von Handelsbeschränkungen nach dem Ausnahmekatalog des Art. XX GATT unter dem allgemeinen Vorbehalt, „dass die ... Maßnahmen nicht so angewendet werden, dass sie zu einer willkürlichen und ungerechtfertigten Diskriminierung zwischen Ländern, in denen gleiche Verhältnisse bestehen, oder zu einer verschleierten Beschränkung des internationalen Handels führen".

Art. XXI GATT sieht eine Erlaubnis zugunsten besonderer Maßnahmen zur Wahrung der Sicherheit vor.

c) Durchbrechungen außerhalb des GATT

Neben den Ausnahmevorschriften zu den Prinzipien und Verboten des GATT bestehen Durchbrechungen der GATT-Regeln. Als bestes Beispiel dienen die Textilab-

---

[71] Hummer/Weiss, Vom GATT `47 zur WTO `94, S. 571ff., Übereinkommen über Subventionen und Ausgleichsmaßnahmen (samt Anhängen I bis VII), vom 15. April 1994.

[72] Hummer/Weiss, Vom GATT `47 zur WTO `94, S. 571ff., Übereinkommen zur Durchführung des Artikels VI des Allgemeinen Zoll- und Handelsabkommens 1994 (samt Anhängen I bis III) vom 15. April 1994.

kommen, in deren Rahmen jährlich steigende Einfuhrquoten ausgehandelt werden. Im Interesse des Lieferlandes werden durch diese Abkommen unter Verzicht des Lieferlandes auf die volle Ausnutzung vorhandener Exportchancen Exportselbstbeschränkungen vereinbart.[73] Den Textilabkommen wird vorgeworfen, die Zerrüttung der Märkte in den Industriestaaten durch Billiglohnländer zu fördern.[74] Der Sonderweg für den internationalen Textilhandel begann im Jahre 1962 mit dem von den USA betriebenen Baumwolltextilabkommen. Dieses wurde zweimal verlängert. Während es zumindest noch als kurzfristiges Abkommen deklariert wurde, nannte man das 1973 entstandene Nachfolge-Abkommen bereits „Long-Term Arrangement Regarding International Trade in Cotton Textiles" (LTA) und integrierte es in das Welttextilabkommen (Multifibre Arrangement, MFA). Hierbei handelte es sich um die einzige multilaterale Ausnahmeregelung, die einen Sektor insgesamt aus dem Regelwerk des GATT ausnahm.[75] In seinem Rahmen wurden bilaterale Selbstbeschränkungsabkommen geschlossen.[76] Vor allem die Entwicklungsländer forderten die Beendigung des Abkommens und die Integration des Textilsektors in das GATT.[77] Noch während der Uruguay-Runde zeigten die Industriestaaten, darunter auch die EG, sich wesentlich zurückhaltender und forderten zunächst eine Stärkung der GATT-Regeln, bevor der Textilsektor in das GATT integriert werde.[78] Das neue Textilabkommen der Uruguay-Runde kommt dieser Forderung entgegen. Es will den Textilien- und Bekleidungshandel bis zum 01.01. 2005 in das GATT integrieren, indem die Restriktionen des Welttextilabkommens schrittweise abgebaut werden.
Auch der Agrarsektor war von Anfang an von den meisten GATT-Bestimmungen ausgenommen, wie Artt. XI Abs. 2c und XVI Abs. 3 GATT zeigen.
Daneben bestehen die vielen sogenannten freiwilligen bilateral ausgehandelten Selbstbeschränkungen. Sie sind in verschiedenen Erscheinungsformen anzutreffen: als einseitige private oder staatliche Beschränkungen (sogenannte voluntary export restraints, VERs), als bilaterale Beschränkungsabkommen (voluntary restraint agreements, VRAs) und als multilaterale Beschränkungsabkommen (orderly market agreements, OMAs). Sie privilegieren Erzeuger billiger Produkte, führen zur Kartellierung und Oligopolisierung der Märkte und benachteiligen die Verbraucher durch höhere Kosten. Ihnen wird vorgeworfen, den multilateralen Ansatz des GATT zu unterlaufen.[79] Sie stellen aufgrund ihrer politischen Eigendynamik und der Undurchsichtigkeit der tatsächlichen Kosten der Schutzmaßnahme die wohl schädlichsten Handelsbarrieren dar.[80] GATT-konform sind allerdings – wie Art. XI GATT zeigt – solche Selbstbeschränkungsabkommen, bei denen die Selbstbeschränkung im Interesse des Abnehmerlandes erfolgt und keine andere Partei des GATT diskriminiert oder geschädigt wird.[81]

---

[73] Zimmer in: AWD 1969, S. 297ff. (297).
[74] Hailbronner/Bierwagen in: JA 1988, S. 318ff. (325).
[75] Krenzler in: Hilf/Petersmann, GATT und EG, S. 225ff. (226).
[76] Borchmann in: EuZW 1990, S. 339ff. (341).
[77] Beise in: EuZW 1990, S. 465ff. (465).
[78] Borchmann in: EuZW 1990, S. 339ff. (341).
[79] v. Bogdandy in: RIW 1991, S. 55ff. (55).
[80] Tumlir in: Hilf/Petersmann, GATT und EG, S. 87ff. (93f.).
[81] Krenzler in: EuR 1977, S. 177ff. (178).

3. Mitgliedschaft

An den der Konferenz in Havanna vorausgegangenen Verhandlungen über einen gegenseitigen Zollabbau nahmen 23 Staaten teil.[82] Seit dem 01.01.1948 wenden acht Signatarstaaten aufgrund seines „Protokolls über die vorläufige Anwendung des Allgemeinen Zoll- und Handelsabkommens“[83] vom 30.10.1947 das GATT provisorisch an. Die übrigen Vertragsparteien setzten erst in den Folgemonaten das Abkommen in Kraft.[84] Heute gehören dem GATT 146 Staaten (Stand: 04. 04. 2003) als Vertragsparteien an.[85] Der Beitritt erfolgt nach Beantragung der Aufnahme und Verhandlungen zwischen der die Aufnahme begehrenden Regierung und der Gesamtheit der GATT-Mitglieder (den Vertragsparteien) gemäß Art. XXXIII GATT durch Beschluss der Vertragsparteien mit Zwei-Drittel-Mehrheit.[86] Für Entwicklungsländer gelten dabei Ausnahmen.

Unter den Mitgliedstaaten sind alle Mitgliedstaaten der Europäischen Gemeinschaften. Sie waren bereits im Zeitpunkt des Abschlusses der EG-Verträge beziehungsweise bevor sie nachträglich den Gemeinschaften beitraten GATT-Mitglieder. Belgien, Frankreich, Großbritannien, Luxemburg und die Niederlande wendeten das GATT aufgrund des Anwendungsprotokolls vom 30.10.1947 seit dem 01.01.1948 an. Dänemark, Griechenland und Italien traten dem GATT 1947 im Jahre 1950 aufgrund des Beitrittsprotokolls von Annecy bei. Deutschland wurde mit Unterzeichnung des Protokolls von Torquay vom 21. April 1951 mit Wirkung zum 01. Oktober 1951 Mitglied des Abkommens. Im Jahre 1967 wurde ein Beitrittsabkommen mit Irland geschlossen. Die Europäische Gemeinschaft dagegen war kein Mitglied des GATT 1947, wurde aber so behandelt.[87] Die Kommission wirkte seit der Dillon-Runde in allen GATT-Organen wie eine GATT-Vertragspartei sui generis mit.[88] Dies liegt an der Übertragung wesentlicher Kompetenzen im Bereich der Handelspolitik von den Mitgliedstaaten auf die Gemeinschaft. Seit Ende der Übergangszeit (ab 1969) übt die Kommission fast alle Rechte und Pflichten der EG-Staaten aus dem GATT im Namen der damaligen EWG oder der EG aus.[89] Sie ist in die Stellung ihrer Mitgliedstaaten hineingewachsen[90] und nach der Rechtsprechung des EuGH an die Vorschriften des GATT 1947 gebunden[91]. In späteren Urteilen hält der EuGH fest, dass die Gemeinschaft an die Stelle der Mitgliedsaaten getreten und damit eine Substitutionswirkung erfolgt sei.[92]

---

[82] Herdegen, Internationales Wirtschaftsrecht, § 7, Rdnr. 2, 4.
[83] s. Hummer/Weiss, Vom GATT ´47 zur WTO ´94, Nr. 3, S. 6.
[84] Letztel, Streitbeilegung, S. 23.
[85] http://www.wto.org/english/thewto_e/whatis_e/whatis_e.htm.
[86] Köpernik in: JuS 1976, S. 779 (780).
[87] Herdegen, Internationales Wirtschaftsrecht, § 7, Rdnr. 4; GA Mayras, Schlussanträge, EuGH, Urteil vom 12.12.1972, verb. Rs. 21-24/72, Slg. 1972, S. 1219 (1239), International Fruit Company NV und andere / Produktschap voor groenten en fruit.
[88] Petersmann in: Hilf/Petersmann, GATT und EG, S. 119ff. (127).
[89] Eine Ausnahme bildete lediglich der Budgetausschuss des GATT. Die Budgetbeiträge wurden nach wie vor von den EG-Mitgliedstaaten aus ihren nationalen Finanzhaushalten beglichen. Die Kommission war im GATT-Budgetausschuss daher nicht vertreten.
[90] Herdegen, Internationales Wirtschaftsrecht, § 7, Rn. 4.
[91] EuGH a.a.O., Fußn. 87 (Int. Fruit Company) S.1227f.
[92] EuGH, Urteil vom 19.11.1975, Rs. 38/75, Slg. 1975, S. 1439ff. (1449), Zollagent der NV Nederlandse Spoorwegen / Inspektor der Einfuhrzölle und Verbrauchsteuern; EuGH, Urteil vom 16.03.1983, verb. Rs. 267-269/81, Slg. 1983, S. 801ff. (828), Rz. 13, Amministrazione delle finanze dello Stato / Società Petrolifera Italiana S.p.A. (SPI) und S.p.A. Michelin Italiana (SAMI).

Seit Ende der Übergangsphase der EWG wurde ein Großteil der Abkommen nur noch von der EWG geschlossen. Eine Beteiligung der Mitgliedstaaten am Abschluss der internationalen Abkommen im Rahmen des GATT fand oft gar nicht mehr oder lediglich ergänzend im Rahmen eines gemischten Abkommens statt. Eine Ausnahme wurde nur bei den Beitrittsprotokollen sowie den Übereinkommen von 1979 über technische Handelshemmnisse und den Handel mit zivilen Luftfahrzeugen gemacht. Die juristische Überprüfung dieser Rechtsnachfolge war bereits Gegenstand von Untersuchungen[93] und soll daher an dieser Stelle nicht mehr vertieft werden, insbesondere auch deshalb nicht, weil es sich hierbei um ein nunmehr historisches Problem handelt. Die EG ist unstreitig Vertragspartei der WTO und damit des GATT 1994.

II. Aufgehen des GATT in der WTO

Seit Entstehung des GATT fanden mehrere Welthandelsrunden statt, welche sich die Weiterentwicklung des GATT-Systems zur Aufgabe machten. Die wichtigste unter ihnen war die Uruguay-Runde, die von 1986 bis 1994 tagte und gleichzeitig die langwierigste aller Handelsrunden war.[94] Durch sie sollte die Errungenschaft des GATT, nämlich durch Gleichbehandlung mehr Rechtssicherheit zu schaffen und im internationalen Verkehr eine machtorientierte durch eine regelorientierte Politik zu ersetzen, vervollständigt werden.[95] An den Verhandlungen im Rahmen der Uruguay-Runde nahmen 117 Staaten teil, nämlich die 114 damaligen Vertragsparteien des GATT ohne das ehemalige Jugoslawien und vier weitere Staaten, die bis dahin noch keine Mitglieder waren, namentlich China, Algerien, Honduras und Paraguay.[96] 124 Staaten waren im Jahre 1994, also bei Abschluss der Verhandlungen der Uruguay-Runde, Mitglied des GATT-Abkommens.[97] Am 15. April 1994 wurde in Marrakesch (Marokko) nach über siebenjähriger Verhandlungsdauer die Schlussakte (Final Act) von 117 Staaten unterzeichnet. In Zukunft sollen die Handelsrunden zeitlich beschränkt werden, um ein zu langes Hinziehen der Verhandlungen wie bei der Uruguay-Runde zu verhindern.[98] Mit der den Abschluss der Uruguay-Runde darstellenden Akte wird die Ordnung des Welthandels auf eine qualitativ neue Stufe gehoben.[99]
Die Resultate dieser Handelsrunde sind im Bereich der Zölle und anderen Handelsbeschränkungen beachtlich. Es wurden weitere Zollsenkungen um 33-100% erreicht. Dadurch wurde der Marktzugang im Bereich des Weltgüterhandels erheblich erleichtert. Die Industriegüterzölle wurden um durchschnittlich 40% gesenkt, die Spitzenzollsätze, die über 15% betrugen, halbiert. Außerdem wurden die Zölle auf Pharmazeutika, medizinische Apparate sowie Baumaschinen vollständig abgeschafft. Auch die Entwicklungs- und Schwellenländer wurden erstmals in diese Zollsenkungen und

---

[93] Insoweit sei auf die Ausführungen bei Kapteyn/VerLoren van Themaat, Introduction to the EC Law, S. 794; Petersmann, CMLR 1983, 397ff. (399); GTE-Tomuschat, ex-Art. 210, Rdnr. 52f.; Streinz, Europarecht, Rdnr. 598; Berrisch, Völkerrechtlicher Status der EG im GATT, S. 96; Ott, GATT und WTO im EG-Recht, S. 112ff.; Ehlermann in: Hilf/Petersmann, GATT und EG, S. 203ff. (204ff.); Pernice in: EuR 1991, S. 273ff. verwiesen.
[94] vgl. zu Vorgeschichte, Zielen, Etappen und Verhandlungsmaximen der Uruguay-Runde Bail in: EuZW 1990, S. 433ff., 465ff. Hilpold in: RIW 1993, S. 657; Jackson in: RGDIP 1994, S. 675ff.; Kuijper in: EJIL 1995, S.
[95] Oppermann/Beise in: EA 1994, S. 195ff. (201).
[96] Canal-Forgues in: RGDIP 1994, S. 689ff. (689, Fußn. 2).
[97] Petersmann in: CMLR 1994, S. 1157ff. (1222).
[98] Wenig/Schübel in: EuZW 1999, S. 545.
[99] Beise u.a., Grauzonen im Welthandel, S. 33.

–Bindungen einbezogen. Außerdem wurde auf Initiative der EG eine Einigung über die grandfather-clause erzielt. Der Vorbehalt in § 1b des Protokolls über die vorläufige Anwendung des GATT wurde aufgehoben.
Außerdem wurde das Streitschlichtungsverfahren überarbeitet und verrechtlicht. Zu diesem Zweck gilt nunmehr das neue Dispute Settlement Understanding (DSU).[100] Das DSU sollte die drei hauptsächlichen Schwächen des alten GATT korrigieren, nämlich die Zersplitterung der Regeln, die durch das Vorhandensein verschiedener Streitbeilegungsmechanismen entstand und eine Kontrolle der Funktionsfähigkeit des GATT schwierig machte, die Möglichkeit, Verfahren zu verschleppen und das fehlende Respektieren der Empfehlungen der zur Streitschlichtung berufenen Gruppen.[101]
Die weitreichendste Neuerung war die Schaffung der WTO, in deren Rahmen das GATT, ergänzt durch zwölf Verträge wie zum Beispiel das Abkommen über den Abbau technischer Handelshemmnisse, neben dem Übereinkommen über den Dienstleistungshandel (GATS, General Agreement on Trade in Services) und dem Übereinkommen über handelsbezogene Aspekte des Rechts des geistigen Eigentums (TRIPS, Agreement on Trade-Related Aspects of Intellectual Property Rights) eingegliedert wurde. Die WTO mit Sitz in Genf[102] nahm am 01.01.1995 ihre Arbeit auf. Ihre Aufgaben liegen in der handelspolitischen Überwachung, der Streitschlichtung, im Umweltschutz sowie in Maßnahmen zugunsten der wirtschaftlich schwachen Länder.[103] Die WTO bildet eine gemeinsame vertragliche und organisatorische Struktur für die verschiedenen Aufgabenbereiche aller Abkommen.[104] Die drei erwähnten Handelsabkommen GATT, GATS und TRIPs bilden die Hauptsäule der neuen Welthandelsordnung. Der WTO kommen innerhalb des Bretton Woods Systems drei wichtige Funktionen zu, nämlich die Aufgabe eines rechtlichen Verhaltenskodex, die Funktion einer Welthandelsorganisation[105] und eines Forums für Verhandlungen.[106] Darüber hinaus wird ihr durch das Abkommen zur Errichtung der Welthandelsorganisation (WTOÜ) in ihrer rechtlichen Substanz auch die Funktion einer Verfassung des multilateralen Welthandels (Art. II, III WTOÜ) zugesprochen.[107] Art. XV WTOÜ normiert das an keine Voraussetzungen geknüpfte Recht jedes Mitgliedstaates zum Verlassen der Organisation sechs Monate nach der schriftlichen Rücktrittsanzeige. Dieser wirksame Schutz gegen ein leichtfertiges Überstimmen von Mitgliedern gegen gebildete Mehrheiten war wohl das überzeugendste Argument der WTO-Befürworter

---

[100] Deutsche Version in: ABl. EG 1994 Nr. L 336, S. 234ff.; s. auch Hummer/Weiss, Vom GATT `47 zur WTO `94, S. 431ff.
[101] Pace in: RGDIP 2000, S. 615ff. (616).
[102] Sitzabkommen Schweiz/WTO vom 02.06.1995.
[103] Ludi in: RIW 1996, S. 193ff. (194).
[104] Barth in: NJW 1994, S. 2811f. (2811).
[105] vgl. beispielsweise Art. II Abs. 1 WTOÜ: „Die WTO bildet den gemeinsamen institutionellen Rahmen für die Wahrnehmung der Handelsbeziehungen zwischen ihren Mitgliedern in Angelegenheiten im Zusammenhang mit den Abkommen und den dazugehörigen Rechtsinstrumenten, die in den Anhängen zum vorliegenden Abkommen enthalten sind." und Art. III Abs. 1 WTOÜ: Die WTO soll „die Durchführung, die Verwaltung und das Funktionieren des vorliegenden Abkommens und der Multilateralen Handelsabkommen sowie die Verwirklichung ihrer Ziele" fördern.
[106] Petersmann in: CMLR 1994, S. 1157ff. (1160).
[107] Oppermann in: RIW 1995, S. 919ff. (924).

im amerikanischen Kongress gegen die Befürchtungen der WTO-Kritiker, die Mitgliedschaft in der WTO führe zu Souveränitätsbeschränkungen.[108]
Ein für das organisatorische Gefüge wichtiger Fortschritt stellt der sogenannte „single-package"-Ansatz dar, wonach alle beitretenden Staaten zur Übernahme aller Abkommen der Uruguay-Runde verpflichtet sind. Eine Ausnahme hiervon gilt nur für die in Annex 4 aufgelisteten plurilateralen Abkommen zum öffentlichen Beschaffungswesen, dem Handel mit Zivilluftfahrzeugen, über Milcherzeugnisse und Rindfleisch, welche gemäß Art. 2 Abs. 3 WTOÜ nur die ratifizierungswilligen Staaten binden, für diese aber Teil des WTO-Abkommens sind.[109] Wesentliches Manko des alten GATT 1947 war dagegen, dass es ein sogenanntes „GATT à la carte" erlaubte, wodurch das GATT-Recht einem Flickenteppich bestehend aus in sich sehr unübersichtlichen Regelungen glich, deren Rechte und Pflichten zwischen den Vertragsparteien in höchst unterschiedlicher Weise übernommen wurde.[110]
Die WTO ist die institutionelle Klammer aller Abkommen.[111] Nach Art. VIII WTOÜ verfügt die WTO nunmehr über Rechtspersönlichkeit und Rechtsfähigkeit, also die notwendigen Privilegien und Immunitäten, um ihre Funktionen wirksam auszuüben, insbesondere auch, um auf den internationalen Handel einwirken zu können.[112]
Bei dem am 15. April 1994 angenommenen Übereinkommen zur Gründung der WTO (WTOÜ) handelt es sich nicht nur um das längste jemals geschlossene Abkommen (es umfasst ca. 26.000 Seiten), sondern auch um das wichtigste weltweite Abkommen seit der UN-Charta von 1945.[113] Es ergänzt – 50 Jahre nach der Bretton Woods Konferenz – die rechtliche Struktur des Bretton Woods Systems, basierend auf dem Internationalen Währungsfonds, der Bank für den Wiederaufbau und Entwicklung und der WTO. Allerdings weist die WTO im Vergleich zu den vorgenannten Organisationen die Besonderheit auf, nicht Sonderorganisation der UNO zu sein.
Im November 2001 wurde auf der WTO-Tagung in Doha (Qatar) eine neue Welthandelsrunde eröffnet. Verhandlungsgegenstand sind die vermehrte Unterstützung für die am wenigsten entwickelten Länder, eine fortschreitende Liberalisierung der Dienstleistungsmärkte, die Klärung von Fragen des geistigen Eigentums, insbesondere hinsichtlich Patenten für biotechnologische Erfindungen, Maßnahmen des Umweltschutzes und die Beseitigung fortbestehender Wettbewerbsverzerrungen vor allem durch EU-Exportsubventionen für Agrarprodukte. Die in diesem Rahmen abgehaltene Ministerkonferenz in Cancún, Mexiko, wurde im September 2003 für gescheitert erklärt.

III. Inhalt des WTO-Übereinkommens

Das WTO-Übereinkommensgefüge besteht zunächst aus den Übereinkommen über den Güterhandel, aufgelistet in Annex 1A. Annex 1A umfasst das GATT 1994 (General Agreement on Tariffs and Trade), sechs Uruguay-Round-Übereinkommen zur Durchführung diverser GATT-Vorschriften (Art. II, XII, XVII, XVIII, XXVI, XXV, XXVIII), das Marrakesch-Protokoll zum GATT 1994 und 12 zusätzliche multilaterale Übereinkünfte über

---

[108] Oppermann in: RIW 1995, S. 919ff. (925).
[109] Canal-Forgues in: RGDIP 1994, S. 689ff. (691); Petersmann in: CMLR 1994, S. 1157ff. (1162).
[110] Oppermann in: RIW 1995, S. 919ff. (922); Petersmann in: CMLR 1994, S. 1157ff. (1161f.).
[111] Ludl in: RIW 1996, S. 193ff. (194).
[112] Canal-Forgues in: RGDIP 1994, S. 689ff. (690).
[113] Petersmann in: CMLR 1994, S. 1157ff. (1160).

- die Landwirtschaft,
- die Anwendung gesundheitspolizeilicher und pflanzenschutzrechtlicher Maßnahmen,
- Textilien und Bekleidung,
- technische Handelshemmnisse,
- handelsbezogene Investitionsmaßnahmen (TRIMS),
- Kontrollen vor dem Versand,
- Ursprungsregeln,
- Einfuhrlizenzverfahren,
- Schutzmaßnahmen,
- Antidumpingmaßnahmen (Übereinkommen zur Durchführung von Art. VI GATT),
- Subventionen und Ausgleichsmaßnahmen und über den Zollwert (Übereinkommen zur Durchführung von Art. VII GATT).

Das neue GATT 1994 unterscheidet sich lediglich rechtlich von dem alten GATT 1947. Die grundlegenden Prinzipien des GATT 1947 – Meistbegünstigung, Nichtdiskriminierung, Gegenseitigkeit, Zollabbau, Verbot nichttarifärer Handelshemmnisse und Rücksichtnahme auf Entwicklungsländer - werden über das GATT 1994 in die WTO überführt. Den Schutz der Umwelt sieht die Präambel als neues Allgemeinprinzip vor.

Annex 1B betrifft das GATS (General Agreement on Trade in Services). Es ruht auf 3 Säulen, und zwar erstens auf einem Rahmenübereinkommen, welches auf alle WTO-Mitgliedstaaten anwendbar ist und dessen Prinzipien (wie zum Beispiel das Meistbegünstigungsprinzip, most favoured nations clause[114]) für jede Dienstleistung in jedem Sektor gelten, mit Ausnahme der Dienstleistungen im Bereich der Staatsgewalt. Die zweite Säule bilden die nationalen Verzeichnisse über „spezifische Bindungen des Marktzutritts, der Inländerbehandlung und der zusätzlichen Bindungen" und die nationalen Listen der befristeten Ausnahmen zum Meistbegünstigungsprinzip, welche in Übereinstimmung mit dem GATS-Anhang über Ausnahmen von Art. 2 ergriffen wurden. Die dritte Säule enthält eine Anzahl von Anhängen betreffend die Freizügigkeit natürlicher Personen, die Dienstleistungen im Rahmen des Abkommens, über Luftverkehrsdienstleistungen und Finanzdienstleistungen, über Verhandlungen über Seeverkehrsdienstleistungen, über das Fernmeldewesen und über Verhandlungen über Fernmeldegrunddienste. Im audiovisuellen Bereich besteht eine vorläufige sogenannte kulturelle Ausnahme von der Liberalisierungsverpflichtung, weil zwischen der EU und den USA in diesem Bereich keine Einigung erzielt werden konnte.

Das GATS erfasst sektoral nach dem Prinzip des „universalen Deckungsbereichs" alle kommerziell handelbaren Dienstleistungen.[115] Es besteht eine sogenannte Sektorenliste[116], wonach das Abkommen „Professional Services" (hierunter fallen nach deutschem Verständnis überwiegend freie Berufe), Computerdienstleistungen, Werbung, Consulting, Telekommunikation, audiovisuelle Dienstleistungen, Bau, Handel,

---

[114] vgl. Footer in: LIEI 2002, S. 7ff. (10f.).
[115] Barth in: EuZW 1994, S. 455ff. (455).
[116] Services Sectoral Classification List, MTN.GNS/W/120, s. http://www.wto.org/english/tratop_e/serv_e/mtn_gns_w_120_e.doc.

private Bildungsdienstleistungen, Umweltdienste, Finanzdienstleistungen (Banken, Versicherungen), Tourismus und Verkehr (See-, Luft- und Landverkehr) erfasst.[117]

Annex 1C enthält schließlich das TRIPS (Agreement on Trade-Related Aspects of intellectual Property Rights).

In Annex 2 ist die Streitbeilegungsvereinbarung (DSU, Understanding on Rules and Procedures Governing the Settlement of Disputes) festgehalten, während Annex 3 das Verfahren zur Überprüfung der Handelspolitik der WTO-Mitgliedstaaten, den TPRM (Trade Policy Review Mechanism) enthält. Letztere Anhänge sind auf alle multilateralen WTO-Übereinkünfte anwendbar. Beim TPRM handelt es sich um einen Überwachungsmechanismus, der eine möglichst weitgehende Transparenz der von den WTO-Mitgliedstaaten betriebenen Handelspolitik ermöglichen soll. Die Überwachung, für deren Durchführung der Trade Policy Review Body zuständig ist, findet für jedes einzelne Mitgliedsland in regelmäßigen Abständen statt, wobei die großen Handelsnationen USA, Japan und Kanada und die EG alle 2 Jahre überprüft werden. Die Handelspolitik der anderen Staaten wird alle vier bis sechs Jahre einer Prüfung unterzogen.
Annex 4 schließlich enthält die vier plurilateralen Abkommen zum öffentlichen Beschaffungswesen (Agreement on Government Procurement, GPA), zum Handel mit Zivilluftfahrzeugen, über Milcherzeugnisse und über Rindfleisch. Die beiden letztgenannten Abkommen sind allerdings nicht mehr in Kraft.

IV. Die Organisationsstruktur der WTO

Die WTO wird von den mitgliedstaatlichen Regierungen geführt. Alle wichtigen Entscheidungen werden von den Mitgliedern insgesamt getroffen, und zwar entweder von den Ministern, die sich alle zwei Jahre treffen, oder von Beamten, die sich regelmäßig in Genf treffen. Die Entscheidungen werden grundsätzlich durch Konsens gefällt. Auf die WTO selbst wurden keine Kompetenzen in dem Sinne übertragen, dass sie auf die individuelle nationale Politik Einfluss nehmen könnte. Jede WTO-Regel, die sich in die nationalen Politiken einmischt, beruht auf einer Entscheidung der Mitgliedstaaten. Auch Sanktionen gegen Mitgliedstaaten werden aufgrund gemeinsamer Entscheidung der Mitgliedstaaten und nicht durch die Organisation selbst verhängt.
Die Organisation lässt sich in vier Ebenen einteilen. Die Struktur ergibt sich insbesondere aus den Art. IV und VI WTOÜ.
Oberstes Organ ist gemäß Art. IV Abs. 1 WTOÜ die Ministerkonferenz. Sie setzt sich aus Vertretern aller Mitgliedstaaten auf Ministerebene zusammen. Die Ministerkonferenz stellt die politische Stärkung des früheren Organs der VERTRAGSPARTEIEN unter dem GATT 1947 dar, welches zwar einmal jährlich tagte, aber deren Sitzungen in den seltensten Fällen auf Ministerebene stattfanden. Der Ministerkonferenz kommt innerhalb des institutionellen Rahmens der WTO primäre Zielumsetzungsbefugnis zu.[118] Sie kann Entscheidungen in allen Bereichen der multilateralen Handelsabkommen treffen. Sie besitzt also eine Art Allzuständigkeit.

---

[117] Barth in : EuZW 1994, S. 455ff. (456).
[118] Hilpold in: RIW 1998, S. 90ff. (90).

Zwischen den Sitzungen der Ministerkonferenz nimmt deren Aufgaben nach Art. IV Abs. 2 WTOÜ der Allgemeine WTO-Rat wahr, welchen man einer zweiten Ebene zuordnen kann. Dieser setzt sich aus Repräsentanten der Mitgliedstaaten, die nicht der Ministerebene angehören, zusammen und hält gemäß Art. IV Abs. 2 WTOÜ Sitzungen ab, wann immer es zweckdienlich ist. Neben dem Allgemeinen Rat bestehen der Dispute Settlement Body (DSB) und der Trade Policy Review Body, welchem die handelspolitische Überwachung gemäß Anhang 3 (Verfahren zur Überprüfung der Handelspolitik der WTO-Mitgliedstaaten, TPRM, Trade Policy Review Mechanism) obliegt. Nach Art. IV Abs. 3, 4 WTOÜ nimmt der Allgemeine Rat die Aufgaben des DSB und des Trade Policy Review Body wahr. Diese drei Organe setzen sich ebenfalls aus Vertretern aller Mitgliedstaaten zusammen. Genau genommen handelt es sich bei diesen drei Organen um ein und dieselbe Körperschaft. Wie Art. IV WTOÜ zeigt, sind sie alle der Allgemeine Rat.

Im dritten Level werden die drei Räte zusammengefasst. Gemäß Art. IV Abs. 5 WTOÜ bestehen sie für die großen Bereiche im Rahmen des Einheitsabkommens, nämlich für den Güter- und Dienstleistungshandel und das TRIPs-Abkommen. Sie erstatten Bericht an den Allgemeinen Rat und sind verantwortlich für die Überwachung des jeweiligen Handelsabkommens der Annexe 1A-C. Die Mitgliedschaft steht allen Mitgliedstaaten zu, ohne dabei obligatorisch zu sein.

Sowohl die Ministerkonferenz, als auch der Generalrat oder die besonderen Räte haben die Möglichkeit, im Rahmen ihrer Zuständigkeit nachgeordnete Organe und Gremien in vierter Ebene einzusetzen, um ihre Aufgaben erfüllen zu können. Sie werden als Ausschüsse bezeichnet. Die Ermächtigungsgrundlage für die Gremien findet sich in Art. IV Abs. 6 WTOÜ. Es bestehen drei feste Ausschüsse, nämlich der „Ausschuss für Handel und Entwicklung" („Committee on Trade and Development"), der „Ausschuss für Beschränkungen zum Schutz der Zahlungsbilanz" („Committee on Balance-of-Payments Restrictions") und der „Haushalts-, Finanz- und Verwaltungsausschuss" („Committee on Budget, Finance and Administration"). Aufgabe dieser Ausschüsse ist es, die Funktionen zu erfüllen, die ihnen durch das WTOÜ und die multilateralen Handelsabkommen zuerkannt werden. Daneben kann der Allgemeine Rat zusätzliche Ausschüsse einrichten, wenn er dies für angemessen hält.

Art. IV Abs. 7 WTOÜ schreibt die Errichtung bestimmter Komitees vor. Auch diese Komitees bestehen aus allen WTO-Mitgliedern.

Auch der DSB hat zwei Untergliederungen. Dabei handelt es sich zum einen um die Panels, welche sich aus Experten zusammensetzen, die mit der Entscheidung über Streitigkeiten zwischen den Mitgliedstaaten betraut sind, und das Rechtsmittelorgan, den Appellate Body.

Art. VI WTOÜ schließlich enthält die Rechtsgrundlage für die Einrichtung eines Sekretariates, welche im GATT 1947 noch fehlte. Die Leitung obliegt dem Generaldirektor, Mike Moore. Der Generaldirektor ist der höchste Beamte der WTO. Die Aufgaben des WTO-Sekretariats bestehen in der Vorbereitung und der Durchführung der Verhandlungen zwischen den Mitgliedern der WTO und der organisatorischen Unterstützung aller Organe bei der Bewältigung ihrer Aufgaben. Außerdem hat das Sekretariat Öffentlichkeitsarbeit zu leisten, indem es die Entwicklung des Welthandels analysiert, die Erkenntnisse aufarbeitet und der Öffentlichkeit zugänglich macht. Hauptmedium ist dabei das Internet. Im WTO-Sekretariat sind zurzeit 550 Personen beschäftigt.[119]

---

[119] vgl. http://www.wto.org/english/thewto_e/whatis_e/whatis_e.htm

Die Entscheidungsfindung geschieht gemäß Art. IX Abs. 1 WTOÜ durch Konsens, knüpft also an die unter dem GATT 1947 übliche Praxis der Beschlussfassung an. Nach dem Konsensprinzip gilt eine Entscheidung als einstimmig angenommen, wenn kein anwesendes Mitglied förmlich Einspruch erhebt. Vorbehaltlich abweichender Vertragsbestimmungen wird, wenn eine Entscheidung nicht im Konsens gefasst werden kann, über die strittige Angelegenheit abgestimmt, wobei jedem Mitglied eine Stimme zukommt. Die EG verfügt über so viele Stimmen, wie sie Mitglieder hat, zurzeit also noch 15. Die Beschlüsse der Ministerkonferenz und des Allgemeinen Rates gelten grundsätzlich als mit der Mehrheit der abgegebenen Stimmen angenommen. Die Entscheidungen über die Auslegung des WTOÜ und der multilateralen Handelsabkommen, welche der Ministerkonferenz und dem Allgemeinen Rate zustehen, sind dagegen mit Dreiviertelmehrheit zu treffen. Auch die Erlaubnis zur Aussetzung einzelner Verpflichtungen der WTO-Abkommen zugunsten eines Staates bedarf gemäß Art. IX Abs. 3 WTOÜ einer Dreiviertelmehrheit. Beitrittsbeschlüsse setzen gemäß Art. XII Abs. 2 WTOÜ eine Zweidrittelmehrheit voraus, genau wie die Ausstellung von Waivern nach Art. XXV Abs. 5 GATT. Selbst Vertragsänderungen bedürfen gemäß Art. X § 1 WTOÜ lediglich einer Zweidrittelmehrheit, mit Ausnahme der Änderung fundamentaler WTO-Prinzipien, die in Art. X Abs. 2 WTOÜ aufgelistet sind. Art. IX Abs. 1 S. 1 WTOÜ macht jedoch deutlich, dass die Suche nach dem allgemeinen Konsens vorherrschend bleiben soll.[120] Nur um die WTO mit ihren 146 Mitgliedern nicht beschlussunfähig zu machen, sehen die Art IX, X und XII WTOÜ Mehrheitsentscheidungen vor.

V. Mitgliedschaft der Europäischen Gemeinschaften

Heute (Stand: 04.04. 2003) gehören der Welthandelsorganisation 146 Staaten an.[121] Im September 2001 trat nach langen Verhandlungen auch die Republik China bei. Die Europäische Union ist als einzige internationale Organisation Mitglied der WTO. Die Europäische Union ist selbst kein Völkerrechtssubjekt. Ihr fehlt es an Rechtspersönlichkeit und damit an einer eigenen Vertragsschlusskompetenz.[122] Die Europäische Union ist über die drei Gemeinschaften handlungsfähig. Sie sind Völkerrechtssubjekte und damit Träger von Rechten und Pflichten.[123] Die Mitgliedstaaten selbst haben ihren Willen dazu mit der Schaffung des Art. 281 EG kundgetan. Ursprünglich waren nur Staaten als Völkerrechtssubjekte anerkannt. Allerdings musste eine volle Mitgliedschaft als Konsequenz aus der Tatsache resultieren, dass die EG in manchen Politikbereichen über ausschließliche Zuständigkeiten verfügt.[124] Daher ist auch der EuGH schon in seinem Gutachten 1/78 davon ausgegangen, dass die EG in diesen Bereichen Mitglied einer internationalen Organisation sein kann, um ihre Zuständigkeiten auszuüben.[125] Von dieser Situation gingen auch die Vertragsparteien der zukünftigen WTO bei der Abfassung des WTOÜ aus. Die Art. XIff. WTOÜ unterscheiden zwischen ursprünglichen und später beitretenden Mitgliedern. Als ursprüng-

---

[120] so auch Oppermann in: RIW 1995, S. 919ff. (925).

[121] http://www.wto.org/english/thewto_e/whatis_e/whatis_e.htm; Liste der Mitgliedstaaten mit Eintrittsdatum s. http://www.wto.org/english/thewto_e/ whatis_e/org6_e.htm.

[122] Gilsdorf in: EuR 1996, S. 145ff. (146).

[123] Dauses/*Arnold*, Handbuch des EU-Wirtschaftsrechts, Bd. 2, K. I, Rdnr. 46.

[124] Hobe/Müller-Sartori in: JuS 2002, S. 8ff. (11).

[125] EuGH, Gutachten 1/78 vom 04.10.1979, Slg. 1979, S. 2871ff. (2894ff.), Rz. 3, Internationales Naturkautschuk-Übereinkommen.

liche Mitglieder werden diejenigen bezeichnet, welche zum Zeitpunkt des Inkrafttretens der WTO Vertragsparteien des GATT 1947 waren und die den multilateralen Teil des WTO-Vertragswerks übernehmen.[126] Spätere WTO-Mitglieder, also solche, die nicht Mitglied des GATT 1947 waren, schließen mit der WTO ein besonderes Abkommen über ihren Beitritt. Zwar haben die WTO-Mitglieder ein starkes Interesse an möglichst weitgehender Universalität, werden aus diesem Grunde also keine unüberwindbaren Hürden für beitrittswillige Staaten anstreben. Dennoch haben es die ursprünglichen Mitglieder und das WTO-Sekretariat bis zu einem gewissen Grad in der Hand, auf den Inhalt der Beitrittsprotokolle, und damit auf die Reichweite der Rechte und Pflichten der neuen Mitglieder, Einfluss zu nehmen.
Da die Europäischen Gemeinschaften nicht Mitglied des GATT waren, liegt die Annahme, dass sie erst während oder nach Gründung der WTO Mitglied geworden sind, nahe. Doch erkennt Art. XI Abs. 1 WTOÜ sie als Gründungsmitglied der WTO an. Damit ergibt sich für die Gemeinschaften die wichtige Neuerung zum GATT 1947, dass ihr – als einzige zwischenstaatliche Organisation, ausdrücklich die Mitgliedschaft eröffnet wird. Dies ist ein eindrucksvoller Beleg für den besonderen Status, den sich die Gemeinschaften im Kreise der Welthandelspartner über den Aufbau ihrer Gemeinsamen Handelspolitik errungen haben[127], insbesondere wenn man bedenkt, dass neben den Europäischen Gemeinschaften viele weitere regionale Freihandelszonen gegründet wurden.[128]
Auch die Mitgliedstaaten der Europäischen Union bleiben Mitglieder. Es handelt sich daher bei den WTO-Übereinkünften um sogenannte gemischte Abkommen[129], welche von den Gemeinschaften und seinen Mitgliedern dann eingegangen werden, wenn sowohl die Mitgliedstaaten als auch die Gemeinschaften auf den zu regelnden Gebieten Kompetenzen innehaben.[130]
In seinem Gutachten 1/94 hat der EuGH für das Regelungsgebiet des GATT, also alle Fragen, die die Regelung des Handelsverkehrs betreffen, die Zuständigkeit zugunsten der Gemeinschaften erklärt. Für die übrigen Gebiete nimmt er eine gemischte Zuständigkeit sowohl der Mitgliedstaaten als auch der Gemeinschaften an.[131]

C. Rechtsschutzmöglichkeiten

Es sind viele Konstellationen denkbar, durch die europäische Wirtschaftsteilnehmer in ihrer Handelsfreiheit gestört werden können. Handelshemmnisse können sowohl von Staaten, die nicht der EU angehören, als auch von den Organen der Europäischen Gemeinschaften ausgehen. Durch die Verwirklichung des Gemeinsamen Marktes und dem damit einhergehenden Übergehen der Ausübungsbefugnisse der

---

[126] Oppermann in: RIW 1995, S. 919ff. (922); Letzel, Streitbeilegung, S. 59f.; vgl. Art. XI Abs. 1 WTOÜ.
[127] Oppermann in: RIW 1995, S. 919ff. (922).
[128] Errichtung der nordamerikanischen Freihandelszone („NAFTA") 1993 mit der Perspektive einer gesamtamerikanischen Erweiterung bis 2005; Gründung des gemeinsamen Marktes „Mercosur" von 1991 in Südamerika zwischen Argentinien, Brasilien, Paraguay und Uruguay; Verwirklichung der 1967 gegründeten südostasiatischen Freihandelsassoziation „ASEAN"; Vision der asiatisch-pazifischen großen Freihandelszone „APEC" bis 2020.
[129] Ott, GATT und WTO im EG-Recht, S.211.
[130] Oppermann, Europarecht, Rdnr. 1712; Streinz, Europarecht, Rdnr. 428.
[131] EuGH, Gutachten 1/94, a.a.O., Fußn. 4.

Rechtsetzungskompetenzen auf dem Gebiet des Warenhandels auf die Gemeinschaften sind handelsbeschränkende Rechtsakte von Seiten der EU-Mitgliedstaaten allerdings kaum noch denkbar.
Gegen jede dieser Maßnahmen müssen dem einzelnen Wirtschaftsteilnehmer rechtsstaatliche Verfahrens- und Rechtsschutzmöglichkeiten zur Seite stehen, denn auch die EU erkennt das Grundrecht auf rechtliches Gehör als allgemeinen Grundsatz des Gemeinschaftsrechts an.[132] Ob diese Möglichkeiten den natürlichen oder juristischen Personen in ausreichendem Maße zustehen, wird bezweifelt.[133]
Wie sich zeigen wird, stehen den Einzelnen unterschiedliche Rechtsschutzmöglichkeiten zur Verfügung, je nachdem, ob die Beeinträchtigung des freien Handels von den Gemeinschaftsorganen oder aber von Drittstaaten ausgeht.

I. Handelshemmnisse aus Drittstaaten

Zunächst sollen die Rechtsschutzmöglichkeiten gegenüber Drittstaaten erörtert werden.

1. Antidumping-/Antisubventionsverordnungen

Im Rahmen der WTO hat sich ein effizientes Streitbeilegungsverfahren herausgebildet, welches es den Mitgliedern der WTO ermöglicht, sich gegen Wirtschaftshemmnisse zu wehren, die von Staaten, die ebenfalls Mitglied in der WTO sind, ausgehen. Allerdings steht es ausschließlich Staaten, genauer gesagt, den Vertragsparteien der WTO, zu, sich an das Streitbeilegungsorgan, den Dispute Settlement Body (DSB) zu wenden. Einzelnen ist das Recht, die Einsetzung eines Panels beim DSB zu beantragen, verwehrt. Aus diesem Grunde haben die Rechtssetzungsorgane der Gemeinschaft nach Möglichkeiten gesucht, auch den europäischen Wirtschaftsteilnehmern ein Verfahren bereitzustellen, mit dem sie die Kommission veranlassen können, ihre Rechte im Rahmen der WTO geltend zu machen und den Dispute Settlement Body anzurufen. Hintergrund dieses Verfahrens ist, dass die Kommission oftmals nicht die Möglichkeiten hat, alle Arten von Handelsverstößen auf der Seite von Drittstaaten zu erkennen und zu sanktionieren. Die Unternehmen sind diejenigen, die die direkten Möglichkeiten haben, diese Handelsverstöße aufzudecken. Sie sind als erste von handelsbeschränkenden Maßnahmen betroffen. Sie sitzen durch ihre größere Produkt- und Marktkenntnis sozusagen an der Quelle. Um die europäischen Unternehmen dazu zu bewegen, diese Verstöße der Kommission mitzuteilen, wurden verschiedene Verordnungen erlassen, die den Gemeinschaftsunternehmen ein Antragsrecht auf Einleitung eines Untersuchungsverfahrens gegen den Drittstaat zugestehen und im Anschluss daran die Verhängung von Sanktionen gegen Drittstaaten vorsehen, wenn die erforderlichen Voraussetzungen für diese Sanktionen vorlie-

---

[132] EuGH, Urteil vom 14.05.1974, Rs. 4/73, Slg. 1974, S. 491ff. (507), Rz. 13f., J. Nold, Kohlen- und Baustoffgroßhandlung / Kommission der Europäischen Gemeinschaften; EuGH, Urteil vom 09.11.1983, Rs. 322/81, Slg. 1983, 3461ff. (3498), Rz. 7, N.V. Nederlandsche Banden-Industrie Michelin / Kommission der Europäischen Gemeinschaften; EuGH, Urteil vom 21.09.1989, verb. Rs. 46/87 und 227/88, Slg. 1989, S. 2859ff. (2923), Rz. 14, Hoechst AG / Kommission der Europäischen Gemeinschaften.
[133] F.A.Z. vom 28.02.2001, Nr. 50, S. 29; Münster, S.Z. vom 30.07.1997, Nr. 147, S. 29.

gen. Es handelt sich um verschiedene Antidumping- und Antisubventions-Verordnungen.[134] Das Verfahren der verschiedenen Verordnungen ist sehr ähnlich.

a) Entstehung der Verordnungen

Das GATT sah in seinem Art. VI von Anfang an Antidumpingregeln zur Ahndung unfairer Handelspraktiken vor. Ergänzt und verfeinert wurde diese völkerrechtlich bindende Regel seit 1968 durch die Antidumping- und Subventionskodizes des GATT[135]. Nach Art. VI GATT ist Dumping der rechtliche Oberbegriff für das Verbringen einer Ware auf den Markt eines anderen Landes unter ihrem normalen Wert. Wie der normale Wert zu ermitteln ist, definiert Art. VI GATT. Weiteres objektives Tatbestandsmerkmal ist außerdem das Erreichen einer bestimmten Schädigungswelle, um die Rechtsfolgen des Preisdumpings in der Form von Schutzzöllen auszulösen.[136]

Die Tokio-Runde 1979 führte zum Abschluss eines Abkommens zur Auslegung und Anwendung der Art. VI, XVI und XXIII des GATT betreffend Subventionen und Ausgleichszölle.[137] Eine Subvention ist gemäß der Definition des Art. XVI GATT und Art. 7 des Übereinkommens über Subventionen eine staatliche Hilfe, die von einem Unterzeichner gewährt oder aufrecht erhalten wird und, auch in der Form von Einkommens- oder Preisstützung, unmittelbar oder mittelbar die Wirkung hat, die Ausfuhr einer Ware aus dessen Gebiet zu steigern oder die Einfuhr in dessen Gebiet zu vermindern.

---

[134] z.B. Verordnung (EWG) Nr. 3017/79 des Rates vom 20.12.1979 über den Schutz gegen gedumpte und subventionierte Einfuhren aus nicht zur Europäischen Wirtschaftsgemeinschaft gehörenden Ländern, ABl. vom 31.12.1979, Nr. L. 339, S. 1ff.; Verordnung (EWG) Nr. 2176/84 des Rates vom 23.07.1984 über den Schutz gegen gedumpte oder subventionierte Einfuhren aus nicht zur Europäischen Wirtschaftsgemeinschaft gehörenden Ländern, ABl. vom 30.07.1984, Nr. L 201, S. 1ff. (löst VO Nr. 3017/79 ab); Verordnung (EWG) Nr. 2641/84 zur Stärkung der Gemeinsamen Handelspolitik und insbesondere des Schutzes gegen unerlaubte Handelspraktiken, ABl. vom 20.09.1984, Nr. L 252, S. 1ff.; Verordnung (EWG) Nr. 2423/88 des Rates vom 11.07.1988 über den Schutz gegen gedumpte oder subventionierte Einfuhren aus nicht zur Europäischen Wirtschaftsgemeinschaft gehörenden Ländern, ABl. 1988, L 209, S. 1ff.(Nachfolge-VO von VO Nr. 2176/84); Verordnung (EG) Nr. 3286/94 des Rates vom 22.12.1994 zur Festlegung der Verfahren der Gemeinschaft im Bereich der gemeinsamen Handelspolitik zur Ausübung der Rechte der Gemeinschaft nach internationalen Handelsregeln, insbesondere den im Rahmen der Welthandelsorganisation vereinbarten Regeln, ABl. vom 31.12.1994, Nr. L 349, S. 71ff.; Verordnung (EG) des Rates Nr. 3283/94 vom 22.12.1994 über den Schutz gegen gedumpte Einfuhren aus nicht zur Europäischen Gemeinschaft gehörenden Ländern in: ABl. vom 31.12.1994, Nr. L 349 (ersetzt VO Nr. 2423/88 für den Bereich des Antidumpings, jetzt Verordnung (EG) Nr. 384/96 des Rates vom 22.12.1995 über den Schutz gegen gedumpte Einfuhren aus nicht zur Europäischen Gemeinschaft gehörenden Ländern, in: ABl. Nr. L 56, S. 1ff. vom 06.03.1996, geändert durch Verordnung (EG) Nr. 2238/2000 des Rates vom 09. Oktober 2000 zur Änderung der Verordnung (EG) Nr. 384/96 über den Schutz gegen gedumpte Einfuhren aus nicht zur Europäischen Gemeinschaft gehörenden Ländern, in: ABl. L 257, S. 2f. vom 11.10.2000); Verordnung (EG) Nr. 3284/94 vom 22.12.1994 des Rates über den Schutz gegen subventionierte Einfuhren aus nicht zur Europäischen Gemeinschaft gehörenden Ländern in: ABl. vom 31.12.1994 Nr. L 349 (ersetzt die VO Nr. 2423/88 für den Bereich der Subventionen).

[135] Übereinkommen zur Durchführung des Art. VI GATT, sog. Antidumping-Kodex, von 1968: BGBl. II 1968, 1200; von 1979: ABl. L 71, S.72 u. 71, S.90 vom 17.03.1980; von 1994: Anhang 1A WTO-Abkommen, s. ABl. L 336, S. 103 vom 23.12.1994.

[136] Weber in: EuR 1985, S. 1ff. (3).

[137] ABl. L 71, S. 90 vom 17.03.1980.

Der Unterschied zwischen einem Dumping und einer Subvention besteht demnach darin, dass der Dumpingtatbestand von privater Seite erfüllt wird, während Subventionen von staatlicher Seite gewährt werden.[138]
Die jeweiligen Durchführungsübereinkommen zu den genannten GATT-Vorschriften enthalten ebenfalls Begriffsbestimmungen.

Auch auf europäischer Ebene entstand das Bestreben, ein hauptsächlich handelspolitisches Schutzinstrument einer Verrechtlichung zugänglich zu machen, um handelspolitische Streitfragen durch Verfahrensregeln zu entschärfen und eine Streitschlichtung zu ermöglichen.[139] Dies geschah in Form der Antidumping- und Antisubventionsverordnungen. Den Start bildete die Verordnung Nr. 459/68 als Reaktion auf das erste Abkommen zur Durchführung des Art. VI GATT 1947.[140] Zur Realisierung des in der Tokio-Runde beschlossenen neuen Antidumpingkodex und des Antisubventionsübereinkommens erließ die Gemeinschaft daraufhin die VO Nr. 3017/79[141], welche später durch die VO Nr. 2176/84[142] und dann durch die VO 2423/88[143] ersetzt wurde.
Anders als Art. VI des GATT ist das Antidumping- und Antisubventionsrecht der Gemeinschaft nicht nur auf andere GATT-Mitglieder anwendbar, sondern erstreckt seinen räumlichen Anwendungsbereich auf alle Drittländer, es sei denn, Vorschriften aus besonderen Assoziationsabkommen greifen.

Im Rahmen der Uruguay-Runde wurden die Bedingungen für die Einleitung von Antidumping-Verfahren präzisiert. Dies geschah durch die Schaffung des Übereinkommens zur Durchführung des Artikels VI des GATT 1994 (Antidumping-Kodex von 1994).[144]
Im Anschluss an die Veränderungen der internationalen Antidumping- und Antisubventionsregeln wurde auch die Antidumping- und Antisubventions-VO der Europäischen Gemeinschaft geändert.[145] Es gibt seitdem stets zwei voneinander getrennte Verordnungen, und zwar eine Antidumping-Verordnung und eine Antisubventionsverordnung. Die Antidumping-Verordnung wurde zwischenzeitlich durch VO Nr. 384/96[146]ersetzt, welche durch VO Nr. 2238/2000[147] und die VO Nr. 1972/02[148] ge-

---

[138] Bleckmann, Europarecht, Rn. 1457.
[139] Weber in: EuR 1985, S. 1ff. (10).
[140] Verordnung (EWG) Nr. 459/68 des Rats vom 05. 04. 1968 über den Schutz gegen Praktiken von Dumping, Prämien oder Subventionen aus nicht zur EWG gehörenden Ländern in: ABl. L 93, S. 1 vom 17.04.1968.
[141] Verordnung (EWG) Nr. 3017/79 a.a.O., Fußn. 134.
[142] Verordnung (EWG) Nr. 2176/84 a.a.O., Fußn. 134.
[143] Verordnung Nr. 2423/88 a.a.O., Fußn. 134.
[144] ABl. der EG vom 31.12.1994, Nr. L 336, S. 103ff., s. auch Hummer/Weiss, Vom GATT ´47 zur WTO ´94, S. 553ff. (571ff.).
[145] vgl. Fußn. 134.
[146] Verordnung (EG) Nr. 384/96 des Rates vom 22.12.1995 über den Schutz gegen gedumpte Einfuhren aus nicht zur Europäischen Gmeinschaft gehörenden Ländern, ABl. L 56, S. 1ff. vom 06.03.1996.
[147] Verordnung (EG) Nr. 2238/2000 des Rates vom 09.10.2000 zur Änderung der Verordnung (EG) Nr. 384/96 über den Schutz gegen gedumpte Einfuhren aus nicht zur Europäischen Gemeinschaft gehörenden Ländern, ABl. L 257, S. 2f. vom 11.10.2000.
[148] Verordnung (EG) Nr. 1972/2002 des Rates vom 05.11.2002 zur Änderung der Verordnung (EG) 384/96 über den Schutz gegen gedumpte Einfuhren aus nicht zur Europäischen Gemeinschaft gehörenden Ländern, ABl. L 305, S. 1ff. vom 07.11.2002.

ändert wurde. Wie auch schon vorher orientieren sie sich strikt an den Bestimmungen des GATT. Diese Anbindung der Dumpingmaßnahmen der Gemeinschaft an die Vorschriften des GATT führt dazu, dass für die Drittstaaten, die der WTO angehören, auf dieser Grundlage eine völkerrechtliche Verpflichtung zur Einhaltung der Vorschriften besteht.[149] Die Transparenz des Verfahrens soll dabei zu seiner Fairness beitragen. Ihr trägt die Europäische Gemeinschaft durch Veröffentlichung aller Verfahrensstufen in den Amtsblättern Rechnung. Die abgewiesenen Anträge auf Einleitung einer Antidumping- oder Antisubventionsuntersuchung werden allerdings nicht veröffentlicht. Dies macht es schwierig, die Effektivität dieses Verfahrens und die Wirksamkeit des Rechtsschutzes, der den Einzelnen dadurch gebührt, einzuschätzen. Die Kommission berichtet über ihre Praxis in jährlichen Berichten.
Ziel der gemeinschaftlichen Ein- und Ausfuhrregelungen wie mengenmäßige Ein- und Ausfuhrbeschränkungen ist die Lenkung der „normalen" Warenströme, die eine Gefahr für die Wirtschaft im Gemeinsamen Markt bedeuten können[150].[151] Die von den Antidumpingverordnungen vorgesehenen Maßnahmen richten sich dagegen gegen spezifische, als Dumping bezeichnete Praktiken des internationalen Handels. Antidumping ist danach ein Ordnungsmittel der Wettbewerbspolitik in der Marktwirtschaft.
Voraussetzung für das Einschreiten der Kommission ist neben der zulässigen Antragstellung das Vorliegen eines Dumpings oder einer Subvention, die unmittelbar durch den Ausfuhrstaat oder mittelbar aus staatlichen Mitteln gewährt wird und den Preis einer Ware entsprechend beeinflusst. Die Art. 1-3 der Verordnungen enthalten stets Definitionen der Begriffe „Dumping" und „Subvention". Dadurch muss eine bedeutende Schädigung eines bestehenden Wirtschaftszweiges oder eine erhebliche Verzögerung der Errichtung eines neuen Wirtschaftszweiges in der EG entstanden sein. Schließlich muss zwischen Dumping-Praktiken oder Subvention und Schaden ein ursächlicher Zusammenhang bestehen. Ist ein betroffener Wirtschaftskreis[152] der Ansicht, diese Voraussetzungen liegen vor, wird das Verfahren auf ihren Antrag hin eingeleitet.[153] Zunächst ist ein Vorverfahren durch einen Ausschuss in Form von Konsultationen durchzuführen. Sollte sich nach den Konsultationen ergeben, dass Schutzmaßnahmen nicht erforderlich sind, sehen die Verordnungen die Einstellung des Verfahrens vor. Stellt sich nach den Konsultationen dagegen heraus, dass genügend Beweismittel gegen den Staat vorliegen, um die Einleitung eines Verfahrens zu rechtfertigen, wird das Verfahren eingeleitet. Dies wird im Amtsblatt bekannt gegeben. Durch das Angebot von Verpflichtungen seitens des Verletzerstaats können die Untersuchungen ohne Festsetzung vorläufiger oder endgültiger Zölle eingestellt werden, wenn die Kommission die Verpflichtungen für annehmbar hält. Die Verordnungen sehen vorläufige Zölle vor, wenn nach einer ersten Sachaufklärung tatsächlich ein Dumping oder eine Subvention und ein Schaden vorliegen. Nach einer endgültigen Feststellung des Sachverhalts können endgültige Antidumping- oder Aus-

[149] Hakenberg, Grundzüge, S. 173.
[150] dies deshalb, weil diese verbotenen Praktiken günstigere Produktionsbedingungen wie niedrigere Lohn- und Sozialkosten oder Rohstoffpreise im Exportland bedeuten.
[151] Nicolaysen, Europarecht II, S. 504.
[152] Die Definition des betroffenen Wirtschaftskreises findet sich in den neueren Verordnungen, z.B. Art. 6 VO Nr. 3284/94, Art. 4 VO Nr. 3283/94, Art. 4 VO Nr. 384/96.
[153] über das Antidumping-Verfahren nach der inzwischen abgelösten VO Nr. 2176/84 vgl. ausführlich Schwarze in: EuR 1986, S. 217ff. (221ff.).

gleichszölle festgesetzt werden. Die Verordnungen enthalten allgemeine Bestimmungen über die zu erhebenden Zölle. Über endgültige Antidumpingzölle entscheidet der Rat mit einfacher Mehrheit.[154] Üblicherweise gelten die Zölle für fünf Jahre. Sie laufen automatisch aus, wenn kein Gemeinschaftshersteller zwischenzeitlich die Überprüfung des Zolls beantragt und dabei die Erforderlichkeit ihrer Aufrechterhaltung festgestellt wird. Die Verordnungen sehen die Überprüfung der Zölle auf Antrag eines Mitgliedstaats, der Kommission oder der betroffenen Partei vor.

b) Entstehung der Trade Barriers Regulation

Dumping und Subventionen sind nicht die einzigen Möglichkeiten, den internationalen Handel zu beeinträchtigen oder den Wettbewerb zu verfälschen. Demnach sind auch die in den Verordnungen Nr. 2238/2000 und 384/96 vorbehaltenen Schutzzölle nur ein Weg, Beeinträchtigungen des internationalen Handels abzuwehren.
Die USA begannen schon früh, lange vor der Gemeinschaft, Rechtsakte zu erlassen, die ihnen bei der Abwehr solcher anderer unerlaubter Handelspraktiken helfen sollten. Mit Section 301 des U.S. Trade Act of 1974 schufen sich die Vereinigten Staaten ein innerstaatliches Mittel, welches den Präsidenten ermächtigt, einseitige Handelssanktionen gegen Staaten zu ergreifen, die unfaire Handelspraktiken gegenüber den USA betreiben.[155] Die Notwendigkeit für eine solche Ermächtigung wurde darin gesehen, dass die handelspolitische Kompetenz verfassungsmäßig beim Kongress liegt.[156] Seitdem haben einzelne amerikanische Unternehmen die Möglichkeit, Untersuchungen und Gegenmaßnahmen der Exekutive zu veranlassen, wobei die meisten Anträge amerikanischer Unternehmen gegen die Agrarpolitik der Gemeinschaft gerichtet waren.[157]
Es dauerte zehn Jahre, bis die Europäischen Gemeinschaften auf den amerikanischen Rechtssetzungsakt reagierten. Die Realisierung des gemeinschaftsinternen Marktes brauchte eine Verstärkung der wirtschaftlichen Verteidigungsinstrumente gegenüber Drittländern.[158]
Dies geschah durch die Schaffung des „Neuen Handelspolitischen Instruments" (NHI)[159], welches die Möglichkeit für einen Wirtschaftszweig der Gemeinschaft vorsah, bei der Kommission einen Antrag auf Ergreifen von Maßnahmen gegen Wirtschaftshemmnisse zu stellen. Nach Erlass der Verordnungen des Rates zum Schutz gegen gedumpte und subventionierte Einfuhren[160] und zur Erstellung einer gemeinsamen Einfuhrregelung[161] sollte mit der Schaffung des NHI der Gemeinschaft die Möglichkeit geboten werden, in wirksamer Weise gegen alle nur denkbaren „unerlaubten" Handelspraktiken vorzugehen.[162] Ziel der Verordnung war neben der Abwehr unerlaubter Handelspraktiken die Stärkung des gemeinsamen handelspolitischen Auftretens.[163] Der Erlass der Verordnung wurde von der deutschen Regierung

---

[154] 12. Antidumpingbericht der EG, S. 80, http://europa.eu.int/comm/trade/pdf/ adrep_1994_de.pdf; 18. Antidumpingbericht der EG, S. 19, http://europa.eu.int/ comm/trade/pdf/adrep_2000_de.pdf.
[155] McDonald in: RIW 1999, S. 356ff. (356).
[156] Abel in : Hilf/Petersmann, GATT und EG, S. 73ff. (78).
[157] Mavroidis, Handelspolitische Abwehrmechanismen, S. 141f.
[158] Delacotte in: Revue du Marché commun et de l'Union européenne 1993, S. 410ff. (410).
[159] Verordnung Nr. 2641/84 a.a.O., Fußn. 134 (NHI).
[160] Verordnung (EWG) Nr. 2176/84 a.a.O., Fußn. 134.
[161] Verordnung (EWG) Nr. 288/82 vom 05.02. 1982, ABl. Nr. L 35, S. 1 vom 09.02.1982.
[162] Hilf/Rolf in: RIW 1985, S. 297ff. (299).
[163] vgl. Hailbronner/Bierwagen in: NJW 1989, S. 1385ff. (1391).

abgelehnt, weil sie in der damaligen Welthandelssituation Liberalisierungssignale statt Drohgebärden wie ein solches Schutzinstrument für opportun hielt. Durch die Regelung des Art. 113 EWGV (jetzt Art. 133 EG), die es dem Ministerrat ermöglicht, auf Vorschlag der Kommission jederzeit erforderliche Maßnahmen im handelspolitischen Bereich zu erlassen, bestünde kein Bedarf an einem solchen Instrument.[164] Während die Befürworter[165] mit der Notwendigkeit des Gleichziehens der Gemeinschaft im Rahmen der handelspolitischen Nachrüstung und der energischen Verteidigung ihrer legitimen Interessen argumentierten, befürchteten die Gegner, dass die Verordnung entsprechend ihrem amerikanischen Korrelat dazu führen könnte, Handelspartner ständig unter Druck zu setzen[166]. Man befürchtete einen versteckten Protektionismus, der zu Zeiten eines sich stabilisierenden Welthandels ein falsches Signal setzen könnte.[167]

Das NHI konnte sich nur wenig Beliebtheit erfreuen. Dies wurde unter anderem auf die hohen Anforderungen an die Antragsbefugnis zurückgeführt, die die Vertretung eines gesamten Wirtschaftszweiges und die Geltendmachung einer Schädigung voraussetzte.[168]

Im Jahre 1992 machte die Kommission von ihrem Recht aus Art. 211 EG Gebrauch und schlug dem Rat den Erlass einer neuen Verordnung[169] vor, die auf die Harmonisierung der Entscheidungsfindung der handelnden Organe gerichtet war, um sie schneller und wirksamer zu machen. Dahinter stand die Einsicht, dass vorherrschendes Ziel der Gemeinschaft die Förderung der Errichtung des Gemeinsamen Marktes sei.[170] Die Förderung der Handelspolitik sei dafür unerlässlich. Außerdem müsse verhindert werden, dass die Kluft zwischen den liberalen Mitgliedstaaten einerseits und den protektionistischen andererseits nicht die Wirksamkeit der Verteidigungsinstrumente schwächt. Der Kommissionsvorschlag sah die Übertragung der Entscheidungsgewalt über die Frage der Verhängung von Sanktionen nach der Antidumping- und Antisubventions-Verordnung, dem NHI und der clause de sauvegarde auf einen Verwaltungsausschuss vor, in dessen Rahmen die Mitgliedstaaten über die Verhängung von Sanktionen gegen den Drittstaat beratschlagen, bevor die Kommission die Entscheidung fällt. Im Rat kam der Kommissionsvorschlag aufgrund der negativen Voten der Mitgliedstaaten Deutschland, der Niederlande, Großbritanniens, Luxemburgs und Dänemarks nicht zur Annahme. Die Angst vor einer übermäßigen Konzentration der Kompetenzen bei der Kommission und einem Souveränitätsverlust bei den Mitgliedstaaten war zu groß. Auf der anderen Seite stand die Notwendigkeit eines effektiveren Mechanismus für die Verhängung von Handelssanktionen, um insbesondere ein Gegengewicht zu den starken Handelsinstrumenten Japans und der USA zu schaffen.

---

164 Abel in: Hilf/Petersmann, GATT und EG, S. 73ff. (78).
165 vgl. Schlussfolgerungen des Europäischen Rates vom 29.06.1982, Bull.EG 6 - 1982, Ziff. 1.5.2.
166 Ausschuss für Wirtschaft des Deutschen BT, BT-Drs., 10/596 vom 10.11.1983, S. 2.
167 Hilf/Rolf in: RIW 1985, S. 297ff. (297).
168 Ohlhoff/Schloemann in: RIW 1999, S. 649ff. (651).
169 vgl. Delacotte, S. 419 Fußn. 25.
170 Delacotte in: RMC 1993, S. 410ff. (419).

Schließlich wurde das NHI im Jahre 1994 durch die Trade Barriers Regulation[171] abgelöst. Die Änderungen, die mit der Uruguay-Runde einhergingen, machten es erforderlich, das NHI dahingehend zu reformieren, die Öffnung abgeschotteter Drittlandsmärkte und die rechtstreue Durchsetzung der internationalen Handelsregeln zu erreichen.[172] Die neue Verordnung ist Ausfluss der sogenannten „Neuen Marktzugangsstrategie der Gemeinschaft", mit der die EG eine Beseitigung internationaler Handelsbarrieren und die Stärkung der WTO-Regeln anstrebt.[173] Die Gemeinschaft zielt damit in außenpolitischer Hinsicht auf den Übergang von einer hauptsächlich defensiven, den Gemeinschaftsmarkt vor unfairen Methoden und Importen schützenden, zu einer vornehmlich den Zugang zu Drittmärkten öffnenden offensiven Politik.[174] Außerdem wurde die Antragsberechtigung im Rahmen der Trade Barriers Regulation verbessert, indem nunmehr auch einzelne Wirtschaftsteilnehmer die Kommission anrufen können.[175]

c) Das Verfahren der Trade Barriers Regulation

Die Ziele, die die Gemeinschaften mit dem durch die Trade Barriers Regulation vorgesehen Antragsverfahren erreichen wollen, sind in Art. 1 niedergelegt. Danach sollen die Rechte der Gemeinschaft im Bereich der Gemeinsamen Handelspolitik nach internationalen Handelsregeln gewährleistet werden. Gemäß Art. 1 soll ein Verfahren bereitgestellt werden, um gegen von dritten Staaten errichtete Handelshemmnisse vorgehen zu können.

Antragsberechtigt ist nach Art. 4 jedes Gemeinschaftsunternehmen oder jede Vereinigung, unabhängig von einer Rechtspersönlichkeit. Außerdem kann seit der Ablösung des NHI durch die Trade Barriers Regulation gem. Art. 3 jede natürliche oder juristische Person oder Vereinigung ohne Rechtspersönlichkeit, die im Namen eines Wirtschaftszweiges der Gemeinschaft handelt, die Kommission anrufen. Eine Definition des Begriffes „Wirtschaftszweig" findet sich in Art. 2 Abs. 5, der Begriff „Gemeinschaftsunternehmen" ist in Art. 2 Abs. 6 legaldefiniert. Gemäß Art. 6 sind auch die Mitgliedstaaten berechtigt, den Antrag zu stellen.

Ist die Kommission der Auffassung, dass genügend Beweise für das Vorliegen eines Handelshemmnisses ausgehend von einem Drittstaat vorliegen, leitet die Kommission gem. Art. 8 ein gemeinschaftliches Untersuchungsverfahren ein.

Weitere Voraussetzung dafür ist das Vorliegen eines Gemeinschaftsinteresses, welches das Untersuchungsverfahren notwendig macht. Dieser Filter wurde deshalb in das Antragsverfahren eingebaut, weil nicht erst die Schutzmaßnahmen selbst, sondern bereits das zugrunde liegende Untersuchungsverfahren geeignet ist, wirtschaftlichen Druck auf den betroffenen Handelspartner auszuüben.[176] Außerdem hatte die Kommission die Intention, die Möglichkeit gerichtlicher Überprüfung zu vermeiden.[177] Zusätzlich ermöglichen insbesondere die Antidumping- und Antisubventionsverord-

---

[171] Verordnung (EG) Nr. 3286/94 des Rates vom 22.12.1994 zur Festlegung der Verfahren der Gemeinschaft im Bereich der gemeinsamen Handelspolitik zur Ausübung der Rechte der Gemeinschaft nach Internationalen Handelsregeln, vom 22.12.1994, ABl. 1994, Nr. L 349, S. 71ff.

[172] Prieß/Pitschas in: EWS 2000, S. 185 (187).

[173] hierzu Berrisch/Kamann in: EuZW 1999, S. 714ff. (715, 720).

[174] Berrisch/Kamann in: EuZW 1999, S. 101ff. (101).

[175] Prieß/Pitschas in: EWS 2000, S. 185 (187); Berrisch/Kamann in EuZW 1999, S. 101 (103).

[176] Hilf/Rolf in: RIW 1985, S. 297 (305f.).

[177] Castillo de la Torre in: CMLR 30 (1993), S. 687ff. (706).

nungen die Erhebung vorläufiger Zölle durch die Kommission.[178] Diese beiden Druckmittel werden als „Einfuhrschutz auf Bestellung" teilweise scharf kritisiert.[179] Denn während des Untersuchungsverfahrens sei das beklagte Unternehmen zum einen erheblichen Kosten ausgesetzt. Zum anderen bestünde die Gefahr, dass das beklagte Unternehmen wegen seiner aus dem Untersuchungsverfahren der Kommission resultierenden Lähmung den ganzen Markt, auf welchem es sich durch erhebliche Investitionen und Anstrengungen eine starke Stellung verschafft hat, an Konkurrenten verliere. Um den Schwebezustand während des Untersuchungsverfahrens und spätere eventuelle Ausgleichs- oder Antidumpingabgaben zu vermeiden, bleibe dem Unternehmen nur die Möglichkeit, ihre Exporte in die Gemeinschaft auf ein Maß zurückzufahren, welches nach Auffassung der Kommission die schädlichen Auswirkungen gegenstandslos mache. Damit würde eine Strafe gegen den Antragsgegner verhängt und den Interessen des Antragstellers genüge getan, ohne dass dem beklagten Unternehmen ein Verstoß gegen Handelsregeln nachgewiesen werden müsse. Ein fundamentaler Grundsatz rechtlichen Vorgehens würde dadurch geopfert.

Indes ist festzuhalten, dass vorläufige Zölle ausschließlich dann erhoben werden, wenn in dem frühen Stadium der Untersuchung bereits ausreichend Beweise für eine verursachte Schädigung vorliegen. Außerdem schreiben die verschiedenen Verordnungen gerade vor, dass die Aufnahme der Untersuchung gegen den Antragsgegner mit dem Interesse der Gemeinschaft an der Einleitung einer Untersuchung abzuwägen sind, eben weil der Kommission bewusst ist, dass die Untersuchung einen nicht unerheblichen Druck auf das betroffene Unternehmen ausübt. Die Belange des Antragsgegners werden also in ausreichendem Maße berücksichtigt. Er wird erst beeinträchtigt, wenn tatsächliche Anhaltspunkte für ein gegen Handelsregeln verstoßendes Verhalten vorliegen.

Ziel des Untersuchungsverfahrens ist, herauszufinden, ob die Interessen der Gemeinschaft an der Gewährleistung und Durchsetzung ihrer Rechte nach internationalen Handelsregeln eine Maßnahme gegen das angegriffene Handelshemmnis erfordern oder nicht. Je nachdem werden handelspolitische Maßnahmen beschlossen, Art. 12, oder das Verfahren wird eingestellt, Art. 11.

Die Entscheidung zur Ergreifung von Sanktionsmaßnahmen erfolgt gemäß Art. 12-14 im Rahmen der Trade Barriers Regulation als Beschluss der Kommission. Die Antidumping-Verordnung Nr. 2176/84 sieht in ihrem Art. 13 Abs. 1 dagegen vor, dass sowohl endgültige als auch vorläufige Antidumping- oder Ausgleichszölle in Gestalt einer Verordnung erhoben werden. Dies ist einer der wenigen Unterschiede zu den Antidumping-Verordnungen.

d) Vergleich zu amerikanischen Schutzmaßnahmen, insb. Section 301

Die USA erheben auf der Basis des Tariff Act of 1930[180] als Rechtsgrundlage auf fast alle Importe Zölle. Diese Befugnis betrifft insbesondere diejenigen Importwaren, für deren Herstellung, Gewinnung oder Ausfuhr von einer ausländischen Regierung eine

---

[178] Art. 11 VO Nr. 2176/84 a.a.O, Fußn. 134; Art. 11 VO Nr. 2423/88 a.a.O., Fußn. 134; Art. 7 VO Nr. 3283/94 a.a.O., Fußn. 134.

[179] Tumlir in: Hilf/Petersmann, GATT und EG, S. 87ff. (111).

[180] Gesetz vom 17.06.1930, 46 Stat. 687, 19 U.S.C.

Prämie oder Subvention gewährt worden ist.[181] Seit dem Erlass des „Antidumping Act"[182] im Jahre 1921 kann auf jede Ware, die Gegenstand eines Dumping ist, ein Schutzzoll erhoben werden. Zusätzlich zu den üblichen Zöllen werden daher Ausgleichs- und Antidumpingabgaben erhoben, wenn Waren zu unangemessen („unfairly") niedrigen Preisen an amerikanische Importeure verkauft werden.[183] Ein amerikanisches Gericht umschrieb einst die Zielsetzung des Antidumping Act 1921 mit den Worten, dass das Gesetz erlassen worden sei, um die amerikanische Industrie vor den nachteiligen Auswirkungen zu schützen, die sich als Folge von Billigeinfuhren ausländischer Waren ergeben.[184] Die Ausgleichsabgaben („countervailing duties") dienen dabei dazu, diejenigen Wettbewerbsvorteile ausländischer in die USA exportierender Händler zu verringern, die diesem gegenüber dem amerikanischen Hersteller dadurch entstehen, dass seine Herstellungskosten durch Subventionen verringert werden.[185]

Auch Art. VI Abs. 3 des GATT sieht die Möglichkeit für die Vertragsparteien vor, jede für die Herstellung, Gewinnung oder Ausfuhr einer Ware gewährte Prämie oder Subvention durch einen Sonderzoll auszugleichen. Antidumpingzölle werden erhoben, um die vorteilhafte Preisstellung, die ein ausländischer Händler aufgrund der Anwendung von Dumpingmaßnahmen beim Export in ein anderes Land erwirbt, auszugleichen.[186] Dumping ist der Verkauf von Waren in einem anderen Land unter ihrem angemessenen Wert („fair value"), kurz: Preisdiskriminierung.[187] Der angemessene Preis muss sich danach bestimmen, zu welchem die Ware im Inland unter gleichen Bedingungen verkauft würde.[188] Genau wie das europäische Sekundärrecht sieht auch das amerikanische Antidumpingrecht vor, dass Antidumpingzölle nur auf eine Ware erhoben werden dürfen.[189] Die amerikanischen Vorschriften über Ausgleichs- und Antidumpingabgaben, die im „Antidumping Act" von 1921 vorgesehen waren, wurden durch den sogenannten Trade Agreement Act of 1979[190] (Gesetz über Handelsabkommen) an verschiedene Handelsabkommen angepasst. Außerdem sollte dieser Act die amerikanische Beteiligung an mehreren multilateralen Handelsabkommen im Rahmen der Tokio-Runde auf der Grundlage des GATT umsetzen.[191]
Durch den „Revenue Act" 1916[192] besteht die Möglichkeit für amerikanische Unternehmen, direkte Klage auf dreifachen Schadensersatz gegen jeden zu erheben, der Waren unter Einstandspreis verkauft.

Die Vereinigten Staaten pflegen – wie die Fülle an Gesetzen zeigt – eine lange Rechtstradition was Einfuhrabwehrgesetze angeht.[193] Diese Tradition begann, bevor internationale Abkommen, betreffend den Welthandel, vereinbart wurden. Im Ver-

---

[181] Gesetz vom 17.06.1930 a.a.O., Fußn. 180, § 1303.
[182] Gesetz vom 27.05.1921, 42 Stat. 11, 19 U.S.C., § 160 et seq.
[183] Hess/Franke in: RIW 1982, S. 644ff. (644).
[184] U.S.D.C., District of Columbia, 1978, Davis Walker Corp. / W. Michael Blumenthal, 460 F.Supp. 283.
[185] Hess/Franke in: RIW 1982, S. 644ff. (644).
[186] Hess/Franke in: RIW 1982, S. 644ff. (644).
[187] Toepke in: RIW 1983, S. 761ff. (762).
[188] Weber in: EuR 1985, S. 1ff. (1); Hess/Franke in: RIW 1982, S. 644ff. (644).
[189] vgl. Toepke in: RIW 1983, S. 761ff. (762), FN 11.
[190] Gesetz vom 26.07.1979, Publ. Law 96-39, 93 Stat. 193.
[191] Hess/Franke in: RIW 1982, S. 644ff. (645).
[192] Gesetz vom 08.09.1916, 29 Stat. 756, 798, 15 U.S.C. § 72.
[193] Toepke in: RIW 1983, S. 761ff. (762).

gleich zur amerikanischen Schutz- und Gesetzgebungspraxis ist die europäische Praxis eher zögerlich und begann im Vergleich sehr spät, selbst wenn man beachtet, dass die europäische Wirtschaftsgemeinschaft erst im Jahre 1957 gegründet wurde.

Im Rahmen dieser Bearbeitung, die keinen Schwerpunkt auf einen Rechtsvergleich legen will, soll – als Konsequenz zur Darstellung des Verfahrens der Trade Barriers Regulation – kurz die Section 301 des Trade Act 1974 dargestellt werden.[194]
Section 301 des Trade Act 1974 ermöglicht der amerikanischen Regierung neben den bereits vorgestellten Maßnahmen die Verhängung von Handelssanktionen gegen Drittstaaten, die durch illoyale Handelsmethoden Bestimmungen der internationalen Handelsverträge missachten. Den Begriff der illoyalen Handelspraktiken dehnt dieser Rechtsakt über das vom GATT vorgesehene Maß aus. Danach sind einseitige Repressailien auch gegen Akte, die nicht Dumping oder Subvention darstellen, erlaubt. Auf diese Weise sehen sich Drittstaaten Handelssanktionen ausgesetzt, ohne gegen internationale Vertragsbestimmungen verstoßen zu haben.[195] Durch weitere Akte wie den Trade Agreements Act aus dem Jahre 1979, den Trade and Tariff Act 1984 und insbesondere den Trade and Competitiveness Act von 1988 wurde die amerikanische Gesetzgebung in diesem Bereich noch repressiver. Section 301 des U.S. Trade Act ist sehr umstritten und steht im Verdacht, gegen die Streitbeilegungsregeln der WTO zu verstoßen.[196] Ein Panel-Bericht ist - mangels Antrag - über diesen Rechtsakt noch nicht ergangen. Allerdings droht den USA ein Antrag beim DSB seitens der Europäischen Gemeinschaften. Nachdem die Amerikaner der EU mit einseitigen Handelssanktionen wegen der Nichtumsetzung der WTO-Panel-Beschlüsse im Hinblick auf die umstrittene Bananenmarktordnung drohen, wehrt sich die EU wiederum mit der Androhung einer Klage vor dem Streitbeilegungsorgan der WTO.[197]
Doch ist in diese Überlegungen der EU die Frage einzubeziehen, ob und wie die USA innerstaatlich an die Panel-Beschlüsse gebunden sind. Im Konfliktfall zwischen einer Bestimmung eines WTO-Abkommens und normalem Bundesrecht ist nämlich ein absoluter Vorrang des US-Bundesrechts nach dem Gesetz 19 USC 22 Sec. 3512(a)(1) vorgesehen. Weil Panelberichte im U.S.-amerikanischen Recht nicht vollstreckt werden können, wird die Ansicht vertreten, dass ein Panel-Beschluss keine rechtliche innerstaatliche Bindung habe.[198]
Die Trade Barriers Regulation hingegen legt in Art. 1 fest, dass sämtliche Maßnahmen nur im Einklang mit den internationalen Verpflichtungen und Verfahren getroffen werden dürfen. Damit sind Maßnahmen gegen von dritten Staaten errichtete Handelshemmnisse nicht losgelöst von den völkerrechtlichen Verpflichtungen der EG zulässig, womit sich die Trade Barriers Regulation in den völkerrechtlichen Rahmen einfügt.[199] Sie macht ein Vorgehen gegen Drittstaaten als Reaktion auf deren handelsbeschränkende Maßnahmen gemäß Art. 12 Abs. 2 von einem vorher durchgeführten Streitbeilegungsverfahren abhängig.

---

[194] ausführlich hierzu Klebes-Pelissier in: RTDE 2002, S. 183ff.
[195] Delacotte in: RMC 1991, S. 410ff. (418).
[196] McDonald in: RIW 1999, S. 356ff. (356).
[197] McDonald in: RIW 1999, S. 356ff. (357).
[198] McDonald in: RIW 1999, S. 356ff. (357).
[199] zum Verhältnis der WTO zu Section 301 vgl. Klebes-Pelissier in: RTDE 2002, S. 183ff.

Damit ist die Trade Barriers Regulation anders als die Section 301 des U.S. Trade Act of 1974 kein Mittel, durch das ungeachtet des existierenden völkerrechtlichen Rahmens den von der internationalen Gemeinschaft verfolgten Handelsinteressen zum Durchbruch verholfen werden soll und kann.[200] Es ist nicht gelungen, die Vereinigten Staaten dazu zu verpflichten, ihre Section 301 dahingehend zu ändern, dass alle Streitfälle zunächst dem DSB vorzulegen sind, bevor einseitige Maßnahmen aufgrund der Section 301 ergriffen werden.[201]

Trotz dieser völkerrechtsfreundlichen Rechtssetzung durch die Gemeinschaftsorgane war das NHI bei seinem Erlass umstritten. Wie bereits erwähnt[202] stimmten Deutschland und auch die Niederlande und Dänemark im Rat gegen den Erlass eines solchen Instruments. Sie waren der Überzeugung, dass die bisherigen handelspolitischen Instrumente ausgereicht hätten, um die Gemeinschaftsinteressen zu wahren.[203] Diese Stimmen werden aber - nachdem das defensive „Neue Handelspolitische Instrument" durch die offensive, auf Öffnung der Märkte zielende Trade Barriers Regulation ersetzt wurde, nach und nach verstummen.

Die Trade Barriers Regulation schafft ein wirksames Mittel, gegen GATT-Verstöße und andere Handelshemmnisse vorzugehen und fördert somit die Durchsetzung des auf die Liberalisierung des Welthandels gerichteten WTO-Rechts.

Ob dieses Mittel allerdings ausreichend ist, um die Belange des Einzelnen wirkungsvoll und effektiv durchzusetzen, ist eine andere Frage. Teilweise wird dies unter Hinweis auf die Anzahl der eröffneten Untersuchungen bejaht.[204] Es darf aber nicht vergessen werden, dass das Motiv, das hinter diesen Antidumping- und Antisubventionsverordnungen steckt, nicht die Optimierung des Rechtsschutzes der Einzelnen ist. Es geht dabei vielmehr darum, Möglichkeiten zu schaffen, Handelsbeschränkungen seitens Drittstaaten schneller zu entdecken und diesen entgegenwirken zu können. Es handelt sich um ein politisch geprägtes System, in dessen Rahmen die Kommission über einen sehr weiten Ermessenspielraum verfügt.

Aus diesem Grunde kritisieren selbst diejenigen, die den Antidumping- und Antisubventionsverordnungen eine hohe Wirksamkeit zuschreiben, die Trade Barriers Regulation beziehungsweise die Vorgängerverordnung NHI aufgrund gewisser Unzulänglichkeiten.[205] Viele der Kritikpunkte der Literatur konnten zwischenzeitlich durch die Ersetzung des NHI durch die Trade Barriers Regulation ausgelöscht werden. Dies betrifft insbesondere die Klageberechtigung und die Verrechtlichung des Streitbeilegungsverfahrens, von dessen positiven Ausgang die Rechtmäßigkeit der Verhängung von Handelssanktionen gegen den Drittstaat abhängt. Der Kritikpunkt des Ziels des Verfahrens, die international zugestandenen Rechte der Kommission, also der Gemeinschaft zu schützen anstatt den Rechtsschutz des Einzelnen vor Augen zu haben, bleibt allerdings.

---

[200] Prieß/Pitschas in: EWS 2000, S. 185 (186).
[201] Cottier in: CMLR 1998, S. 325ff. (360).
[202] s.o. S. 36f.
[203] vgl. Große Anfrage - Protektionismus - vom 29.06.1984, BT-Drs. 10/1700 vom 02.07.1984; Bericht des Ausschusses für Wirtschaft des Deutschen BT, BT-Drs. 10/596 vom 10.11.1983.
[204] Delacotte in: RMC 1993, S. 410ff. (411).
[205] Delacotte in: RMC 1991, S. 410ff. (417f.).

e) Die Reaktionsmöglichkeiten der Kommission auf festgestellte Handelshemmnisse

Stellt sich im Laufe des Verfahrens heraus, dass die Interessen ein Eingreifen erfordern, ordnet Art. 12 Abs. 2 an, dass die Gemeinschaft in den Fällen, in denen ihr ein internationales Streitbeilegungsverfahren zur Verfügung steht, erst nach dessen Durchlaufen das Recht hat, die in Art. 13 bezeichneten Maßnahmen zu ergreifen.
In den Fällen, in denen die Kommission einen Verstoß gegen die Regeln des GATT (oder der anderen WTO-Abkommen) feststellt, hat sie die Möglichkeit und Pflicht, das Streitbeilegungsverfahren der WTO einzuleiten.
Die Trade Barriers Regulation gibt also den im Rahmen des Streitbeilegungsverfahrens der WTO nicht antragsberechtigten einzelnen Wirtschaftsteilnehmern die Möglichkeit, ihre wirtschaftlichen Interessen mittelbar vor dem Dispute Settlement Body geltend zu machen. Es finden sich durchaus Fälle, in denen die Kommission zugunsten von Gemeinschaftsunternehmen gegen schädigende Handelspraktiken von Drittstaaten aktiv geworden ist.[206] Die Schwäche der Trade Barriers Regulation aus der Perspektive des einzelnen Wirtschaftsteilnehmers gesehen liegt allerdings in dem Erfordernis des Gemeinschaftsinteresses an der Ergreifung von Maßnahmen. Daher ist die Effektivität dieses Verfahrens gegen unlautere Handelspraktiken von Drittstaaten unter Rechtsschutzgesichtspunkten fraglich.

2. Das Streitbeilegungsverfahren vor dem DSB

Meinungsverschiedenheiten zwischen Mitgliedern der WTO-Abkommen werden üblicherweise entweder auf diplomatischem Wege oder durch andere Verfahren ohne Beteiligung des GATT[207], oder aber im Rahmen des Streitschlichtungsverfahrens beigelegt.[208] Daneben besteht eine Art „subsidiäre Allzuständigkeit“[209] des IGH, der nach Art. 36 Abs. 2 lit. b IGH-Statut für alle Rechtsstreitigkeiten des internationalen Rechts zuständig ist. Das Streitbeilegungsverfahren der WTO kann dann in Gang gesetzt werden, wenn einem Mitglied ein Verstoß gegen eines der WTO-Abkommen, und zwar sowohl der multilateralen, als auch der plurilateralen, von einem Mitglied vorgeworfen wird.[210]
Die EG gehört zu den Mitgliedern, die von dem Streitbeilegungssystem am meisten Gebrauch machen.[211]

a) Neuerungen seit Inkrafttreten der WTO

Das GATT 1947 regelte lediglich in Art. XXIII das Streitbeilegungsverfahren. Es erwies sich als ungeeignet für eine wirksame Streitbeilegung.[212] Art. XXIII GATT sah

---

[206] Einen Überblick über anhängige Verfahren hält die Website der EU bereit: http://europa.eu.int/comm/trade/index_en.htm; zur Praxis der Kommission im Jahre 1999 vgl. Berrisch/Kamann in: EuZW 1999, S. 714ff. (720).
[207] vgl. zum Beispiel das als Meilenstein bezeichnete Schiedsgerichtsverfahren in der Sache Mitsubishi vor dem US Supreme Court, Mitsubishi Motors Corp. V. Soler Chrysler-Plymouth, Inc., 53 United States Law Week 5069 (02.07. 1985); hierzu ausführlich Lange/Wiessner in: RIW 1985, S. 757ff. Solche Verfahren kommen insbesondere in Betracht, wenn Private im transnationalen Verkehr streiten. So war es auch im Mitsubishi-Fall. Private haben gar nicht erst die Möglichkeit, den DSB anzurufen.
[208] Bast/Schmidt in: RIW 1991, S. 929ff. (931).
[209] so Reinisch in: RIW 2002, S. 449ff. (452).
[210] Sittmann in: RIW 1997, S. 749ff. (750).
[211] Cottier in: CMLR 1998, S. 325ff. (351).

vor, dass ein Staat sich gegen das Zunichtemachen oder Schmälern seiner ihm durch das GATT gewährten Vorteile beschweren konnte. Im Rahmen des GATT 1947 haben sich vier Verfahrenstypen herausgebildet, nämlich das Konsultationsverfahren, das Vermittlungsverfahren, das Panel-Verfahren und das Schiedsverfahren.[213] Diese Verfahrenstypen stehen den Vertragsparteien des GATT zur Verfügung und können teilweise auch kumulativ in Anspruch genommen werden. Gemeinsam bilden sie das Streitbeilegungssystem des GATT. Das Vermittlungsverfahren, welches in den völkerrechtlichen Varianten der guten Dienste, der Schlichtung und der Vermittlung in Erscheinung tritt, fand seine Grundlage in mehreren Beschlüssen der Vertragsparteien. Als Zwischenergebnis der Uruguay-Runde wurde das Schiedsverfahren als Alternative zum Panel-Verfahren eingeführt.[214] Es unterscheidet sich vom Panel-Verfahren hauptsächlich dadurch, dass die Einsetzung nur im Einvernehmen beider Streitparteien und nur unter der Bedingung der vorherigen Anerkennung des Schiedsspruchs erfolgen kann. Für den Fall, dass Konsultationen zwischen den streitenden Parteien auf der bilateralen Verhandlungsstufe nach Art. XXII Abs. 1 GATT oder auf multilateralem Wege nach Art. XXII Abs. 2 GATT und der Versuch, eine befriedigende Regelung auszuhandeln, scheiterten, setzte der GATT-Rat nach Art. XXIII GATT ein GATT-Panel mit Experten, die aus nicht in die Streitigkeit involvierten Staaten stammten, ein.[215] Über das Zunichtemachen und die Schmälerung von Zugeständnissen und Vorteilen aus dem Abkommen hinaus erfasst Art. XXIII GATT jede Behinderung der Erreichung eines der Ziele des Abkommens (a) aufgrund der Nichterfüllung von Abkommensbestimmungen, (b) aufgrund des Ergreifens bestimmter Maßnahmen, selbst wenn diese nicht gegen das Abkommen verstoßen, oder (c) weil irgendeine andere Sachlage gegeben ist. Nachdem die Einrichtung von Sachverständigen-Panels zunächst gewohnheitsrechtlich entwickelt wurde, kam es im Jahre 1979 erstmalig zu einer rechtlichen Verankerung dieser Praxis durch die sogenannte „Beschreibung der üblichen GATT-Praxis“[216]. Eine Präzisierung und Stärkung des Verfahrens erfolgte durch Beschlüsse der Vertragsparteien aus den Jahren 1982 und 1984.[217] Diese Präzisierungen waren erforderlich, weil Art. XXIII GATT das Panel-Verfahren nur sehr unzureichend und vage regelte. Eine echte Verfahrensordnung konnte das GATT aber auch mit Hilfe der zusätzlichen Beschlüsse aus den Jahren 1979, 1982 und 1984 nicht bieten.

Im Rahmen der Verhandlungen über die Gründung der WTO, der Uruguay-Runde, wurde dann das DSU geschaffen, welches in 27 Artikeln die Streitbeilegungsregeln des aus dem GATT 1947 übernommenen Art. XXIII präzisiert. Dadurch hat sie ihre Wirtschaftsordnung unter den Schutz einer eigenen Gerichtsbarkeit gestellt.[218]

---

[212] Backes in: RIW 1995, S. 916ff. (916); zur Arbeitsweise eines GATT-1947-Panels vgl. Plank in: JIA 1987, S. 52ff.

[213] Benedek, Rechtsordnung des GATT, S. 309.

[214] Improvements to the GATT Dispute Settlement Rules and Procedures, FOCUS, GATT-Newsletter No. 61, Uruguay Round Special Issue, May 1989, S. 9-12 (10).

[215] Shell in: DLJ 1995, S. 829ff. (841f.).

[216] Vereinbarte Beschreibung der üblichen GATT-Praxis auf dem Gebiet der Streitbeilegung, Anhang zur „Vereinbarung über Notifizierung, Konsultationen, Streitbeilegung und Überwachung“ vom 28.11.1979, BISD 26S (1980), 215-218; Hummer/Weiss, Vom GATT '47 zum GATT '94, S. 778ff. (784ff.).

[217] BISD 29S (1983), 13ff. BISD 31S (1985), 9f.

[218] Meier in: EuZW 1997, S. 719 (720).

Die Ziele des Streitbeilegungssystems sind, wie Art. 3 Abs. 2 DSU zeigt, zweierlei: Zum einen sollen die Rechte der Vertragsparteien gewahrt und geschützt werden, die ihnen aus den verschiedenen Abkommen erwachsen; zum anderen soll der Inhalt der einzelnen Vertragsbestimmungen gemäß den gewohnheitsrechtlichen Auslegungsregeln des Völkerrechts geklärt werden.
Nach Art. 2 DSU verwaltet eine spezielle Institution, der DSB, die Regeln und Verfahren des DSU. Der DSB entscheidet über die Annahme der Berichte der Panels und des Appellate Body und überwacht die Umsetzung der Berichte in den Mitgliedstaaten.[219] Es handelt sich um eine Unterorganisation der WTO mit eigenem Sekretariat. Wie bereits erwähnt[220] nimmt der Allgemeine Rat die Aufgabe des DSB wahr. Der DSB ist allein zuständig für die Streitbeilegung aller GATT-Bereiche. Ihm wird die Möglichkeit eingeräumt, so viele Versammlungen wie erforderlich abzuhalten, seinen eigenen Präsidenten zu haben und seine eigene Verfahrensordnung zu schaffen. Im alten GATT 1947 war es das Sekretariat des GATT, welches im Falle von Meinungsverschiedenheiten zwischen den GATT-Mitgliedern wegen seiner Aufgabe, im Namen der Vertragsparteien zu handeln, angerufen wurde. Auf der Grundlage des Art. XXIII wurde das DSB dann als Sondergruppe eingerichtet.[221]
Für die Durchführung des Verfahrens werden sogenannte Panels errichtet. Diese erstellen einen Bericht, der vom DSB angenommen oder abgelehnt werden kann. Schon vor Schaffung des DSU, nämlich seit 1955, ging das GATT-Sekretariat dazu über, Panels zu gründen, welche aus drei bis fünf Experten bestanden und als unabhängige Streitschlichter tätig wurden, während vor 1955 Streitigkeiten gemeinsam von den Vertragsparteien oder durch das Einsetzen von Arbeitsgruppen, zusammengesetzt aus diplomatischen Repräsentanten, gelöst wurden.[222]
Den Vertragsparteien hat sich durch die Reform des Streitbeilegungssystems die Möglichkeit eröffnet, ihre Beschwerden gegen andere GATT-Parteien auf jedes der in den Annexen zum WTOÜ enthaltenen Abkommen zu stützen. Dazu gehören neben den drei Pfeilern GATT, GATS und TRIPs auch die plurilateralen Abkommen, vorausgesetzt, die jeweilige Vertragspartei ist Unterzeichner dieses Abkommens. Da das WTOÜ eines eigenen Streitbeilegungsverfahrens ermangelt, sind die Regeln des DSU auch auf jede Meinungsverschiedenheit, die die Interpretation und Anwendung des WTO-Abkommens selbst betrifft, anwendbar.[223] Bei der Zuständigkeit des DSB für die Abwicklung aller Streitbeilegungsverfahren in allen Sektoren handelt es sich um eine Neuerung. Vor Gründung der WTO gab das Streitbeilegungsverfahren der klagenden Partei die Möglichkeit, willkürlich das ihr am günstigsten erscheinende Abkommen auszuwählen, ohne dass sich die beklagte Partei zur Verteidigung auf ein anderes Abkommen berufen konnte (sogenanntes „forum shopping“).[224] Diese Zersplitterung des Streitbeilegungssystems ist nun ausgeschlossen. Durch die allgemeine, umfassende Zuständigkeit des DSB ist jetzt gewährleistet, dass die Panels und der Appellate Body ihre Entscheidung unter Berücksichtigung aller einschlägigen Vorschriften des gesamten Vertragswerks stützen können. Dies führt zu einer zu-

---

[219] Beneyto in: EuZW 1996, S. 295ff. (296).
[220] s.o. S. 29.
[221] Canal-Forgues in: RGDIP 1994, S. 689ff. (697).
[222] Shell in: DLJ 1995, S. 829ff. (841).
[223] Canal-Forgues in: RIW 1994, S, 689ff. (695).
[224] Jansen in: EuZW 1994, S. 333ff. (334).

nehmenden Verrechtlichung des Bereichs der internationalen Handelsbeziehungen („rule of law in international economic and trade relations“).[225]
Die Mitglieder der WTO-Abkommen haben nunmehr einen Anspruch auf die Einsetzung eines Panels, wohingegen dessen Einsetzung früher durch ein Veto verhindert werden konnte.[226]
Durch ein einfaches Veto eines Mitglieds des GATT 1947 konnte früher ferner die Annahme eines Panel-Berichtes abgelehnt werden. Ein Staat, der gegen GATT-Regeln verstieß, konnte, obwohl ein solcher Verstoß von den Vertragsparteien festgestellt wurde, dank seines Vetorechts Entscheidungen gegen ihn ohne die Unterstützung durch andere Vertragsparteien verhindern. Deutlich wird das auf europäischer Ebene zum Beispiel für die Bananenmarktverordnung. Durch das Veto der EG verhinderte diese noch im Jahre 1994 die Verabschiedung eines die GATT-Widrigkeit dieser umstrittenen Verordnung feststellenden Panelberichts. Nach Art. XXV Abs. 4 GATT bedurfte die Annahme eines Panelberichts nur einer einfachen Mehrheit. Von dieser Möglichkeit wurde in der Praxis allerdings nie Gebrauch gemacht.
Seit der Einführung des neuen Verfahrens des DSU ist für die Nichtannahme eines Panelberichts Einstimmigkeit vonnöten (so genannter umgekehrter Konsens). Mit seiner Annahme wird er verbindliches sekundäres WTO-Recht.
Außerdem wurden straffe Verfahrensfristen eingeführt, wonach ein Verfahren insgesamt maximal 36 Monate, nämlich bis zu 12 Monate für das Verfahren in zwei Instanzen bis zur Entscheidung durch den DSB (Art. 20 DSU) und 15 bis zu 18 Monate für die Implementierung dieser Entscheidung (Art. 21 Abs. 4 S. 1 DSU), dauern darf. Ausnahmsweise kann diese Frist überschritten werden, wenn das Panel oder die Rechtsmittelinstanz sich – wegen der Komplexität des Falles - dazu entschließt, die Dauer des Verfahrens zu verlängern (Art. 12 Abs. 9, Art. 17 Abs. 5 DSU). Dies ist im Vergleich zu nationalen Verfahren angesichts der Komplexität, die die zu klärenden Fälle teilweise aufweisen, bemerkenswert. Einen solchen straffen Fahrplan sah das alte GATT nicht vor. Die frühere Möglichkeit für die Vertragsparteien, unliebsame Verfahren zu verschleppen, um die Einsetzung eines Panels zu vermeiden oder die Annahme eines Panelberichts zu blockieren, wurde somit abgeschafft.
Von zentraler Bedeutung ist ferner die Einführung einer Rechtsmittelinstanz, des Standing Appellate Body. Diese Instanz wurde aufgrund der Einführung des umgekehrten Konsenses für erforderlich gehalten.[227] Ihre Schaffung verwirklicht die Absicht der GATT-Vertragsparteien, das Verfahren der Streitbeilegung justiziabler zu gestalten. Der Spruchkörper besteht aus sieben Personen, die einen ständigen Ausschuss bilden. Drei der Mitglieder des Appellate Body entscheiden jeweils über einen Fall. Die ständige Verfügbarkeit der potentiellen Ausschussmitglieder ist aufgrund der kurzen Entscheidungsfristen vonnöten. Die Mitglieder dürfen keiner Regierung angehören. Sie werden durch den DSB für vier Jahre gewählt; eine einmalige Wiederernennung ist möglich. Die Überprüfung der Entscheidungen des Panels durch den Appellate Body ist gemäß Art. 17 Abs. 6 und Art. 13 DSU auf Rechtsfragen beschränkt.

---

[225] Ipsen/Haltern in: RIW 1994, S. 717ff. (722).
[226] Cottier in: Müller-Graff, Die EG in der WTO, S. 179ff. (179).
[227] Jansen in: EuZW 1996, S. 513.

Auch die Teilnahmemöglichkeiten dritter Parteien wurden gestärkt. Natürliche und juristische Personen werden immer häufiger von Panelentscheidungen betroffen, berühren sie doch die Umwelt[228], Menschenrechte, die Gesundheit oder Ernährung.[229] Zwar können nur Staaten den DSB anrufen. Privatpersonen sind weiterhin nicht verfahrenslegitimiert. Der Ruf nach der Schaffung eines Antragsrechts für Unternehmen oder Unternehmensverbände konnte sich nicht durchsetzen.[230] Diese Beschränkung rührt daher, dass das WTO-Abkommen genau wie zuvor schon das GATT 1947 ausschließlich auf die Interaktion von Staaten gerichtet ist.[231] Doch wird inzwischen nichtgouvernementalen Organisationen die Teilhabe durch sogenannte amicus briefs, also schriftliche Stellungnahmen, eröffnet. Dies geschah durch einen viel beachteten Schritt des Appellate Body.[232] Im Gegensatz zum Panel im vorangegangenen Verfahren sah sich die Rechtsmittelinstanz trotz Art. 13 DSU, der von der „Einholung“ von Auskünften und technischem Rat spricht, nicht daran gehindert, Schriftsätze zu berücksichtigen, die von Nichtregierungsorganisationen unaufgefordert eingereicht worden waren. Die Rechtsmittelinstanz gesteht den Panels und sich selbst allerdings einen weiten Ermessenspielraum bei der Beurteilung zu, ob und inwieweit sie solche Stellungnahmen berücksichtigen wollen.[233] In der Literatur wird dieser Entscheidung teilweise erhebliche Bedeutung beigemessen.[234] Bei der Durchführung von Streitbeilegungsverfahren ergänze sie die bereits mögliche mittelbare Beteiligung von Verbänden und Unternehmen durch Unterstützung der verfahrensbeteiligten Staaten. Eine solche mittelbare Beteiligung können die Parteien dadurch erreichen, dass sie einen der verfahrensbeteiligten Staaten zur Aufnahme ihrer Stellungnahme in seinen Schriftsatz bewegen. Doch wird zur Optimierung dieser Möglichkeit für Nichtregierungsorganisationen, sich vor den Streitschlichtungsinstanzen der WTO Gehör zu verschaffen, auch verlangt, das eingeräumte Ermessen bei der Frage der Beachtung der Stellungnahmen explizit einzuschränken.[235] Panel oder Appellate Body müssten sich wenigstens kurz mit dem Inhalt der Stellungnahmen auseinandersetzen. Die bisherige Rechtsprechung etabliert weder ein Recht der Nichtregierungsorganisationen, amicus briefs in das Verfahren einzubringen, noch ist es eine Pflicht des Panels oder des Appelate Body, sie zu beachten.[236]

Für multinationale Unternehmen, die wegen ihrer internationalen Verflechtungen kaum einem Staat zuzuordnen sind, ist diese Lockerung der Zugangsrechte nicht zufriedenstellend.[237] Einerseits können sie aufgrund ihrer mangelnden Bindung an einen Staat nur schwierig mit dessen Unterstützung rechnen. Andererseits sind sie nach wie vor häufig auf das Wohlwollen eines Staates angewiesen, um ihre Interes-

---

[228] zu Konflikten zwischen Weltwirtschaft und Umweltschutz siehe Hilf in: NVwZ 2000, S. 481ff. mit der Maßgabe, dass diese Konflikte nur aufgrund gleichrangiger Geltung und Abwägung bewältigt werden können.

[229] Lavranos in: LIEI 2002, S. 73ff. (80).

[230] Backes in: RIW 1995, S. 916ff. (916).

[231] Letzel, Streitbeilegung, S. 254f.

[232] Shrimp / Turtle- Entscheidung: United States - Import Prohibition of Certain Shrimp and Shrimp Products, AB – 1998 – 4, WT/DS58/AB/R vom 12.10.1998, S. 34ff.

[233] siehe zu dieser Entscheidung Ohlhoff in: EuZW 1999, S. 139ff.; Leier in: EuZW 1999, S. 204ff. (207, 210).

[234] Ohlhoff in: EuZW 1999, S. 139ff. (142).

[235] Leier in: EuZW 1999, S. 204ff. (210).

[236] Lavranos in: LIEI 2002, S. 73ff. (80).

[237] Backes in: RIW 1995, S. 916ff. (916).

sen durchzusetzen. Das Unternehmen bleibt abhängig von der Frage, ob der Staat über ausreichend Einfluss und Interesse an der Durchsetzung der Belange des betreffenden Unternehmens hat. Ihnen kann nur eine Ausweitung der Verfahrenslegitimation auf Unternehmen effektiv helfen. Hiervon ist die WTO allerdings weit entfernt.
Eine Vertretung der Parteien durch private, international tätige Rechtsanwälte, die bei den Streitparteien nicht in einem dauerhaften öffentlich-rechtlichen Beschäftigungsverhältnis stehen, ist nach wie vor nicht ausdrücklich geregelt. Allerdings soll eine derartige Prozessvertretung nunmehr zulässig sein. Dies hat der Appellate Body im Verfahren über die Bananenmarktverordnung[238] damit begründet, dass das DSU nicht vorschreibt, durch welche Personen die Parteien zu vertreten sind. Das vorinstanzliche Panel hatte auf den Antrag der USA hin die privaten Rechtsanwälte einiger karibischer Staaten vom Verfahren ausgeschlossen.[239] Es begründete seine Entscheidung mit dem Grundsatz der Vertraulichkeit und des Schutzes kleinerer Staaten vor zu hohen Verfahrenskosten. Im Rechtsmittelverfahren wurden die Anwälte vom Appellate Body wieder zugelassen. Allerdings hielt der Appellate Body die Zulassung privater Rechtsanwälte nicht für einen Rechtsmittelgrund. Die Wiederzulassung der Anwälte durch den Appellate Body ist daher nicht maßgebend für die Zukunft.[240]
Detaillierte Regeln wurden schließlich für die Überwachung der Implementierung der Empfehlungen des Panels oder des Appellate Body nach Art. 21 DSU durch den DSB und in der Entschädigung und Aussetzung von Zugeständnissen gem. Art. 22 DSU eingeführt.
Die WTO hat aber nach wie vor keine Eigeninitiative zur Feststellung von Verstößen gegen WTO-Regeln. Sie ist insofern auf seine Mitglieder angewiesen.
Die aufgezeigten Neuerungen verdeutlichen die zunehmende Verrechtlichung, durch die das GATT in ein internationales Handelssystem eingefügt wurde und in dessen Rahmen die rule of law Einzug hält.[241] Genau wie die EG kann die durch die Reform geschaffene eigene Gerichtsbarkeit die Welthandelsordnung allerdings nicht durchsetzen. Ihr fehlen insofern die Mittel in Form von Vollstreckungsregeln und Vollstreckungsstellen. Sie ist als Rechtsgemeinschaft auf die freiwillige Beachtung des Rechts durch ihre Mitglieder angewiesen.[242]
Insgesamt lässt die steigende Anzahl von Streitbeilegungsfällen und die Zunahme der Themenfelder, über die gestritten wird, auf die große Akzeptanz des neuen Verfahrens durch die Vertragsparteien schließen.[243]

b) Das Verfahren bis zur Rechtskräftigkeit des Panelberichts

(I) Vorverfahren: Konsultationen

Zunächst sind gemäß Art. 4 DSU Konsultationen zwischen den streitbefangenen Parteien vorgesehen. Neben dem vom DSU vorgesehenen Konsultationsverfahren

---

[238] „European Community - Regime for the Importation, Sale and Distribution of Bananas", WT/DS 27/AB/R, 8, http://www.wto.org/wto/dispute/bulletin.htm.
[239] WT/DS27, http://www.wto.org/english/tratop_e/dispu_e/dispu_status_e/htm# 1996.
[240] Witt in: RIW 2000, S. 691ff. (695).
[241] Shell in: DLJ 1995, S. 829ff. (833f.)
[242] Meier in: EuZW 1997, S. 719ff. (720).
[243] Hohmann in: RIW 2001, S. 649ff. (649).

sind auch andere, informelle Bestrebungen möglich, damit die streitenden Staaten ihren Konflikt einer Lösung zuführen können.[244] Art. 5 DSU sieht Gute Dienste in jedem Verfahrensstadium vor. Das DSU möchte das frühere System der Bevorzugung von Konsultationen als Streitbeilegungsmechanismus nicht in Frage stellen. Im Gegenteil zielt es gerade darauf ab, dieses Schlichtungssystem zu verstärken. Es stellt eines der Charakteristika des Streitbeilegungssystems des DSU dar.[245] Dies machen auch die Abs. 3 und 5 des Art. 4 und Art. 3 Abs. 7, S. 2, 3 DSU deutlich. Die Durchführung von Konsultationen zwischen dem beschwerdeführenden WTO-Mitgliedstaat und dem vermeintlichen Störer bleibt gemäß Art. 4 Abs. 5 DSU also echte Zulässigkeitsvoraussetzung für die Einsetzung eines Panels.[246] Als diplomatisches Vorverfahren bilden sie die erste Phase im Rahmen des Ablaufs eines WTO-Streitbeilegungsverfahrens. Eine Aufwertung erfährt dieser Verfahrensteil auch aufgrund Art. 4 Abs. 1 DSU, wonach die Vertragsparteien ihren Entschluss, die Effektivität des Konsultationsverfahrens zu stärken und zu verbessern, bekräftigen müssen.
Gemäß Art. 4 Abs. 4 DSU beginnt die Konsultationsphase mit der schriftlichen, die Gründe des Ersuchens, die genaue Bezeichnung der strittigen Maßnahmen und die vermeintliche Rechtsgrundlage enthaltenden Notifikation an die störende Vertragspartei, den DSB und die entsprechenden Räte und Ausschüsse der möglicherweise verletzten Übereinkommen. Gemäß Art. 4 Abs. 2 DSU ist der Adressat des Konsultationsantrags gehalten, die Beschwerde wohlwollend zu prüfen und ausreichend Gelegenheit zu Konsultationen einzuräumen. Vereinbaren die Streitparteien nichts anderes, so ist der beschwerte Staat gemäß Art. 4 Abs. 3 DSU verpflichtet, innerhalb von 10 Tagen nach Erhalt der Beschwerde Stellung zu nehmen. Innerhalb von 30 Tagen nach Eingang der Beschwerde hat er die Konsultationen mit dem ernsthaften Vorsatz zu eröffnen, eine beiderseits zufriedenstellende Lösung zu erzielen. Sollte sich der beschwerte WTO-Mitgliedstaat an diese oder an die zwischen den streitenden Parteien vereinbarten Fristen nicht halten, kann der die Konsultationen begehrende Staat gemäß Art. 4 Abs. 3 S. 2 DSU unmittelbar die Einsetzung eines Panels verlangen.
Nicht geregelt ist durch das DSU, in welcher Weise und auf welcher Ebene die Konsultationen durchzuführen sind. Ihr diplomatischer Charakter offenbart sich, wie auch Art. 4 Abs. 6 DSU zeigt, darin, dass sie streng vertraulich geführt werden müssen und die Rechte des beschwerdeführenden Staates im weiteren Verfahren nicht beeinträchtigen dürfen. Bezüglich des Ausgangs der Konsultationen sind die Streitparteien völlig frei. Einziger Rechtmäßigkeitsmaßstab des erzielten Ergebnisses ist das WTO-Recht (Art. 3 Abs. 5 DSU).
Um die Beeinträchtigung der Rechte dritter Vertragsparteien auszuschließen, gibt Art. 4 Abs. 11 DSU denjenigen Staaten, die ein wesentliches Interesse an den Konsultationen geltend machen, die Möglichkeit der Nebenintervention innerhalb von 10 Tagen. Weitere Voraussetzung ist gemäß Art. 4 Abs. 11 S. 2 DSU die Zustimmung des vermeintlichen Störerstaats.

(II) Fristen für die Konsultationen und deren Scheitern

---

[244] Letzel, Streitbeilegung, S. 264.
[245] Canal-Forgues in: RGDIP 1994, S. 689ff. (698f.).
[246] Letzel, Streitbeilegung, S. 250.

Führen die Konsultationen nicht dazu, die Streitigkeit innerhalb von 60 Tagen nach Eingang des Antrags auf Aufnahme von Konsultationen im Verhandlungswege beizulegen, so hat der beschwerdeführende Staat die Möglichkeit, nach Art. 4 Abs. 7 S. 1 DSU spätestens nach 60 Tagen die Einsetzung eines Panels vom DSB zu verlangen. Dies kann, wenn beide Parteien die Konsultationen als gescheitert ansehen, nach Art. 4 Abs. 7 S. 2 DSU auch schon vor Ablauf der 60-Tage-Frist geschehen. In besonders dringenden Fällen, zum Beispiel wenn schnell verderbliche Ware betroffen ist, gelten gemäß Art. 4 Abs. 8 DSU kürzere Fristen von 10 Tagen für den Beginn von Konsultationen und 20 Tagen für die Einsetzung eines Panels.
Im Falle der Beteiligung eines Entwicklungslandes an den Konsultationen gesteht Art. 12 Abs. 10 S. 1, 2 DSU den Streitparteien zu, die Frist für die Beendigung der Konsultationen zu verlängern. Nach Ablauf der verlängerten Frist entscheidet der Vorsitzende des DSB nach Rücksprache mit den Streitparteien über eine weitere Verlängerung der Konsultationsfrist. Diese Vorgehensweise dient aber nur in dem Fall, dass das Entwicklungsland diejenige Partei ist, der ein gegen die WTO-Abkommen verstoßendes Verhalten vorgeworfen wird.
Im umgekehrten Fall des als Beschwerdeführer auftretenden Entwicklungslandes bleibt es hingegen bei den normalen Fristen des Art. 4 DSU. In diesen Fällen ist auch Art. 4 Abs. 9 DSU besonders zu beachten, weil ein Großteil der von den Entwicklungsländern angestrengten Verfahren landwirtschaftliche Produkte betreffen und daher ein dringender Fall im Sinne dieser Vorschrift vorliegt.[247]

(III) Einrichtung eines Panels

Anders als unter dem Regime des GATT 1947 macht Art. 6 Abs. 1 DSU nunmehr deutlich, dass jeder beschwerdeführende Staat unter der Voraussetzung, dass die Konsultationen als gescheitert anzusehen sind, ein Recht auf Einsetzung eines Panels hat.[248] Die Einsetzung kann gemäß dieser Vorschrift nur noch verhindert werden, wenn alle Vertragsparteien die Einsetzung ablehnen.
Die Einsetzung des Panels muss gemäß Art. 6 Abs. 2 DSU schriftlich beantragt werden.
Art. 8 DSU regelt die Zusammensetzung des Panels. Nach dessen Abs. 5 sind die Panels grundsätzlich mit drei Ausschussmitgliedern zu besetzen. Die Anforderungen, die an die Paneljuroren gestellt werden, sind in Abs. 1 niedergelegt. Nach Abs. 3 dürfen keine Staatsangehörigen der Streitparteien bzw. der Nebenintervenienten als Panelmitglieder mitwirken. Für Verfahren mit Beteiligung der Europäischen Gemeinschaften bedeutet dies, dass eine erhebliche Anzahl an Ausschussmitgliedern von vornherein ausgeschlossen ist, nämlich alle diejenigen, die die Staatsangehörigkeit eines der fünfzehn Mitgliedstaaten haben. Darüber hinaus wird angeregt, auch die Staatsangehörigen derjenigen Staaten, die ein besonderes, erkennbares Interesse am Ausgang des Verfahrens haben, nicht als Panelmitglieder im betreffenden Ver-

---

[247] Kufour in: JWT 1997, S. 117ff. (134), insb. Fußn. 105.
[248] Petersmann in: CMLR 1994, S. 1157ff. (1213); Dillon in: MJIL 1995, S. 349ff. (383); Cottier in: CMLR 1998, S. 325ff. (336).

fahren zuzulassen.[249] Inzwischen werden Stimmen laut, die den Ausschluss derjenigen Panelmitglieder, die die Staatsangehörigkeit eines an dem Streit beteiligten Staates haben, kritisieren.[250] Die Beteiligung dieser Panelmitglieder sei entgegen der Regelung des DSU sinnvoll, da sie das Verständnis des Panels für die streitige Maßnahme des vermeintlichen Verletzerstaats erhöhen. Außerdem stelle sie sicher, dass Panelmitglieder aus Entwicklungsländern an Entwicklungsländer involvierenden Streitigkeiten teilnehmen können. In anderen Streitbeilegungssystemen habe die Nationalität der Spruchkörperteilnehmer ebenfalls keine Auswirkung auf die Besetzung, so im ICJ, im Europäischen Gerichtshof für Menschenrechte oder in der NAFTA.
Die Ausschussmitglieder, die auf einer vom Sekretariat nach Art. 8 Abs. 4 DSU zu erstellenden Liste geführt werden, sind nach Art. 8 Abs. 6 DSU vom Sekretariat auszuwählen. Von diesen Vorschlägen dürfen die Streitparteien nur bei Vorliegen zwingender Gründe abweichen. Kann innerhalb des Sekretariats keine Einigung erzielt werden, sieht Art. 8 Abs. 6 DSU ein Auswahlrecht des Generaldirektors im Einvernehmen mit dem Vorsitzenden des DSB und des einschlägigen Rates oder Komitees vor.
Die finanzielle Entschädigung der Panelmitglieder regelt Art. 8 Abs. XI DSU.
Der Regelungsumfang des Art. 8 DSU – immerhin besteht die Vorschrift aus 11 Absätzen - zeigt, wie viel Wert die Mitglieder der WTO-Übereinkommen auf die Zusammensetzung der Untersuchungsausschüsse gelegt haben. Diese Gewichtung lässt sich damit begründen, dass die Einsetzung vor Schaffung des DSU oft erhebliche Zeit in Anspruch nahm.[251]

(IV) Verfahren

Die Aufgabe des Panels liegt nach Art. 11 DSU in der Unterstützung des DSB bei der Erfüllung seiner Aufgaben, die ihm aus dem DSU und aus den WTO-Abkommen obliegen. In diesem Rahmen soll eine objektive Würdigung der Angelegenheit und eine ausführliche Tatsachenfeststellung vorgenommen werden; außerdem soll die Anwendbarkeit der einschlägigen Abkommen auf den Streitfall und dessen Vereinbarkeit mit den ermittelten Vorschriften überprüft werden. Art. 12 Abs. 1 DSU gewährt den Panels einen nicht unerheblichen Freiraum. Nach dieser Vorschrift darf von den grundsätzlich zu befolgenden, in Anlage 3 zum DSU[252] vorgesehenen Verfahrensregeln „nach Konsultierung der Streitparteien“ abgewichen werden. So kann die Art der Durchführung des Verfahrens an die Besonderheiten des ihnen zur Entscheidung vorgelegten Streitfalles angepasst werden. Ein Vergleich zu den Formulierungen zum Beispiel der Art. 7 Abs. 1, 8 Abs. 5, 25 Abs. 2 DSU, die ausdrücklich das Einverständnis der Streitparteien über die Änderung des Verfahrens verlangen, zeigt, dass für ein Abweichen von den Verfahrensregeln des Anhangs 3 keine Zustimmung seitens der Streitparteien vonnöten ist. Die Konsultierungspflicht ist lediglich Ausdruck des Grundsatzes des rechtlichen Gehörs.[253]
Das Streitbeilegungsverfahren ist, im Vergleich zu nationalen Verfahren, an sehr strikte und ehrgeizige Zeitvorgaben gebunden. Das Panelverfahren dauert nach der

---

[249] Letzel, Streitbeilegung, S. 269f.
[250] Lavranos in: LIEI 2002, S. 73ff. (78).
[251] Benedek, Rechtsordnung des GATT, S. 333.
[252] vgl. Hummer/Weiss, Vom GATT `47 zur WTO `94, S. 462ff.
[253] Letzel, Streitbeilegung, S. 274.

Höchstzeitenregelung des Art. 12 Abs. 8 DSU in der Regel maximal sechs Monate. Die Berechnung der Frist beginnt im Zeitpunkt der Einrichtung und Erteilung des Mandates und endet mit der Verabschiedung des Schlussberichts. Geht es um eilige Fälle, insbesondere um Streitigkeiten verderbliche Waren betreffend, soll ein Abschluss des Verfahrens gemäß Art. 12 Abs. 8 S. 2 DSU innerhalb von drei Monaten angestrebt werden. In komplizierten Fällen darf das Verfahren gemäß Art. 12 Abs. 9 DSU auf neun Monate erstreckt werden, nachdem das Panel dem DSB die Gründe für die Verzögerung mitgeteilt hat. Gemäß Art. 12 Abs. 12 DSU besteht außerdem die Möglichkeit für das Panel, seine Arbeit nach seiner Errichtung jederzeit auf Antrag einer Partei für maximal 12 Monate auszusetzen. Es tritt dann für die Dauer der Unterbrechung eine Hemmung der Fristen der Art. 12 Abs. 8 und 9, 20 Abs. 1 und 21 Abs. 4 DSU ein. Die Einführung solcher Zeitpläne lehnt sich an Section 301 an, wonach die US-amerikanische Verwaltung innerhalb von 18 Monaten eine Maßnahme ergreifen muss.[254]

Das Verfahren beginnt damit, dass das Panel nach seiner Einrichtung binnen einer Woche einen Zeitplan aufstellt, Art. 12 Abs. 3 DSU. Gemäß Art. 12 Abs. 4 DSU ist bei der Festlegung des Zeitplans darauf zu achten, dass den Streitparteien ausreichend Zeit für die Ausarbeitung und Einreichung ihrer Schriftsätze bleibt. Grundsätzlich ist nach den Verfahrensregeln des Anhangs 3 zunächst ein schriftliches Vorverfahren durchzuführen, welches den Streitparteien die Gelegenheit zur Darlegung ihrer Argumente gibt.

Erst danach finden die Zusammenkünfte der Panelmitglieder statt, in deren Rahmen den Streitparteien Gelegenheit zur Stellungnahme durch Plädoyers gegeben wird. Die Verfahrensregeln des Anhangs 3 sehen hierfür eine bestimmte – unverbindliche – Reihenfolge vor.

Das Panel erstellt vorab einen Zwischenbericht gemäß Art. 15 Abs. 1 DSU. Zuvor legt das Panel den Parteien den beschreibenden Teil (Sachverhalt und Beweisführung) dieses Zwischenabschlussberichtes vor. Diesen können die Parteien innerhalb einer vom Panel gesetzten Frist kommentieren. Nach Ablauf der Frist erhalten die Parteien den gesamten Abschlussbericht, also den – gegebenenfalls geänderten Sachverhalt und die Beweisführung und auch die tatsächlichen und rechtlichen Feststellungen und Schlussfolgerungen. Gemäß Art. 15 Abs. 2 S. 2 DSU können die Parteien beantragen, bestimmte Aspekte des Zwischenberichts erneut zu überprüfen, bevor der Bericht an den DSB weitergeleitet wird.

Das Panel verfasst schließlich einen endgültigen Abschlussbericht. Die Mindestanforderungen an diesen Bericht sind in Art. 12 Abs. 7 DSU niedergelegt. Sie richten sich danach, ob eine die streitbefangenen Parteien zufriedenstellende Lösung im Rahmen des Verfahrens erreicht werden konnte oder nicht. Art. 14 Abs. 2 DSU sieht dabei vor, dass diese Berichte unter Ausschluss der Streitparteien „im Lichte der zur Verfügung gestellten Auskünfte und Erklärungen verfasst" werden.

Gemäß Art. 16 Abs. 1 DSU wird der Abschlussbericht des befassten Panels nicht vor Ablauf von 20 Tagen nach Verteilung an die Mitglieder des DSB als durch das DSB angenommen angesehen. Dies dient dazu, den Mitgliedern ausreichend Zeit zur Prüfung der Berichte zu geben. Bis zu 10 Tage vor der Sitzung des DSB, auf welcher der betreffende Panel-Abschlussbericht erörtert werden soll, müssen die Mitglieder gemäß Art. 16 Abs. 2 DSU eventuelle Einwände schriftlich erhoben haben. Spätes-

---

[254] Cottier in: CMLR 1998, S. 325ff. (344).

tens innerhalb von 60 Tagen muss der DSB über die Annahme des Berichts entscheiden, gegebenenfalls unter Einberufung einer Sondersitzung, ansonsten, unter der Voraussetzung, dass die Frist des Abs. 1 gewahrt bleibt, auf einer regulär terminierten Sitzung[255]. Über die Ablehnung eines Panelberichts kann nur einstimmig entschieden werden. Grundsätzlich wird der Bericht auf dieser Sitzung angenommen. Dies unterbleibt gemäß Art. 16 Abs. 4 DSU ausnahmsweise, wenn entweder der DSU durch Konsens gegen die Annahme entscheidet, oder wenn eine Streitpartei erklärt, Rechtsmittel einzulegen. Im zweiten Fall wird die endgültige Entscheidung über die Annahme bis zum Abschluss des Rechtsmittelverfahrens aufgeschoben. Die Tatsache, dass der Appellate Body nicht über verbindlich beschlossene, sondern nur über schwebend unwirksame Berichte entscheidet, gewährleistet, dass der DSB das letzte Wort über die Annahme des durch die Entscheidung des Appellate Body gegebenenfalls geänderten Berichts behält.[256]

Die unterlegene Partei hat die Möglichkeit der Anrufung des Appellate Body. Das Verfahren regelt sich nach den Artt. 17 bis 20 DSU und außerdem nach den Regeln über die Errichtung, das Verfahren und der Spruchpraxis des Appellate Body.[257] Diese nachfolgende Rechtsmittelinstanz ist gemäß Art. 17 Abs. 6 DSU auf die in dem angefochtenen Panel-Abschlussbericht behandelten Rechtsfragen und auf die Rechtsauslegung beschränkt. Das vorangestellte Panelverfahren ist daher die einzige Tatsacheninstanz innerhalb des WTO- Streitverfahrens. Die Dauer des Verfahrens richtet sich nach Art. 17 Abs. 5 DSU, wonach das Verfahren, vom Zeitpunkt der Rechtsmitteleinlegung an bis zur Verteilung des Abschlussberichts an die Mitglieder des DSB gerechnet, grundsätzlich nicht länger als maximal 60 Tage dauern darf. Bei eiligen Verfahren ist der Beschleunigungsgrundsatz des Art. 4 Abs. 9 DSU zu beachten. In kompliziert gelagerten Fällen darf das Panel das Verfahren dagegen auf 90 Tage erstrecken, wenn es die Verzögerung ausreichend begründet und die voraussichtliche weitere Dauer des Verfahrens angibt.

Nur die Streitparteien sind gemäß Art. 17 Abs. 4 DSU berechtigt, Rechtsmittel einzulegen. Bis auf die Fristbindung durch Art. 16 Abs. 4 DSU bestehen keine einschränkenden Voraussetzungen für deren Zulässigkeit. Nachteil dieser offenen Regelung ist, dass aufgrund der Einfachheit, ein Rechtsmittelverfahren anzustrengen, die Einlegung des Rechtsmittels mehr und mehr zur Regel werden könnte.

Genau wie im Ausgangs- Panelverfahren wird - hier durch den Appellate Body - gemäß Nr. 26 Abs. 1 der Verfahrensregeln des Appellate Body ein Zeitplan für den Ablauf des Verfahrens festgelegt. Im Rahmen einer Sitzung des Appellate Body erhalten die Streitparteien und die Nebenintervenienten Gelegenheit zur Stellungnahme. Daran schließt sich der Abschlussbericht des Appellate Body, welcher – genau wie der Panel-Abschlussbericht – mit einer Empfehlung im Sinne des Art. 19 Abs. 1 DSU endet.

Der Appellate Body muss die Ergebnisse - spätestens nach 90 Tagen - erneut dem DSB vorlegen. Weitere 30 Tage bleiben dem DSB, um den Bericht anzunehmen beziehungsweise abzulehnen. Für die Ablehnung ist nach Art. 17 Abs. 14 DSU Konsens erforderlich. Diese Technik des umgekehrten Konsens hat maßgeblich zur Stärkung des Streitbeilegungssystems beigetragen, führt er doch zu einer quasi-

---

[255] vgl. Fußn. 7 zu Art. 16 Abs. 4 DSU, vgl. Hummer/Weiss, Vom GATT `47 zur WTO `94, S. 447.
[256] Letzel, Streitbeilegung, S. 304.
[257] abgedruckt in: Hummer/Weiss, Vom GATT `47 zur WTO `94, S. 470ff.

automatischen Annahme des Abschlussberichts und damit zur Verrechtlichung des Streitbeilegungsverfahrens und zum Verschwinden einer der großen Schwächen des alten GATT-Streitbeilegungssystems.[258] Mit der Annahme wird der Panelbericht endgültig rechtskräftig und die Streitparteien sind verpflichtet, seinen Inhalt zu akzeptieren. Damit wird die Panelentscheidung sekundäres WTO-Recht.

c) Umsetzung der Entscheidung des DSB

Die unterlegene Partei ist zur Umsetzung der Empfehlungen des Panels verpflichtet. Dies unterstreicht Art. 21 Abs. 1 DSU, indem er die Wichtigkeit der unverzüglichen Erfüllung für eine effektive Lösung von Streitigkeiten betont.
Zunächst hat der Verletzerstaat gemäß Art. 21 Abs. 3 S. 1 DSU innerhalb von 30 Tagen einen Vollzugsbericht zu erstellen. Hiermit informiert der Rechtsbrecher den DSB darüber, in welcher Art und Weise er den Inhalt des Panel- oder Rechtsmittelabschlussberichts zu implementieren gedenkt. Für die Umsetzung des Berichts gewährt Art. 21 Abs. 3 S. 2 DSU dem Verletzerstaat eine angemessene Frist. Art. 21 Abs. 5 DSU bietet die Möglichkeit eines weiteren Panelverfahrens für den Fall, dass Streitigkeiten über die Vereinbarkeit der Umsetzungsmaßnahmen mit dem Abschlussbericht entstehen. Das Panel hat innerhalb von 90 Tagen über die Frage zu befinden. Erst nach Abschluss dieses Verfahrens ist die Möglichkeit von Maßnahmen nach Art. 22 DSU eröffnet, wenn die Parteien sich im Streit darüber befinden, ob die von der unterlegenen Partei getroffenen Maßnahmen den Empfehlungen des Panels entsprechen.[259]
Art. 21 Abs. 6 DSU regelt die Überwachung der Implementierung der Panel- oder Rechtsmittelabschlussberichte. Nicht nur die Streitparteien, sondern jedes, auch bisher am Verfahren unbeteiligte Mitglied des DSB kann jederzeit die Frage aufwerfen, ob die Empfehlungen oder Entschließungen ordnungsgemäß durchgeführt werden.
Sollte es dem Verletzerstaat, aus welchen Gründen auch immer, nicht gelingen, innerhalb des Implementierungszeitraums des Art. 21 Abs. 3 DSU die beanstandete und durch den Abschlussbericht für WTO-rechtswidrig erklärte Maßnahme zurückzunehmen beziehungsweise WTO-rechtskonform auszugestalten, ergibt sich für ihn aus Art. 22 Abs. 2 DSU die Verpflichtung, mit der anderen Streitpartei Verhandlungen über eine angemessene Entschädigung zum Ausgleich derjenigen wirtschaftlichen Schäden, die ihr durch die fehlende oder nicht ordnungsgemäße Implementierung entstanden sind. Art. 22 Abs. 2 S. 2 DSU sieht einen Zeitraum von 20 Tagen für die Erzielung einer Einigung vor.
Kann ein Einvernehmen über den Umfang der Entschädigungsleistung nicht erzielt werden, kann die geschädigte Streitpartei nach Ablauf dieser Frist den DSB um die Genehmigung ersuchen, Zugeständnisse und andere Verpflichtungen auszusetzen. Grundprinzip der Aussetzung von Konzessionen ist die Äquivalenz von Schaden und Sanktion; die Sanktionen sollen keinen Strafcharakter haben, sondern lediglich einen Ausgleich für die Nachteile darstellen, die der Staat erdulden musste.[260] Dies wird teilweise kritisiert.[261] Über diese Ausgleichsfunktion hinaus bestünde kein Anreiz für die Vertragspartner zu rechtmäßigem Verhalten. Außerdem würden durch die Aus-

---

[258] Canal-Forgues in: RGDIP 1994, S. 689ff. (703); Petersmann in: CMLR 1994, S. 1157ff. (1215).
[259] Kuschel in: EuZW 1999, S. 74ff. (77).
[260] Jürgensen in: RIW 2000, S. 577ff. (580).
[261] Puth in: EuR 2001, S. 707ff. (713).

setzung von Zugeständnissen auch und in besonderem Maße die privaten Produzenten des WTO-rechtswidrigen Staates benachteiligt.[262]
Gemäß Art. 22 Abs. 2 S. 2, Abs. 3 e) S. 2 DSU ist der Antrag auf Genehmigung der Aussetzung von Zugeständnissen an den DSB und zeitgleich an die einschlägigen Räte zu richten. Allerdings impliziert das Umschwenken von (gescheiterten) Entschädigungsverhandlungen auf das Aussetzen von Zugeständnissen nicht, dass der geschädigte Staat damit auf sein ursprüngliches Begehr nach der Rücknahme oder Änderung der WTO-rechtswidrigen Maßnahme verzichtet. Er beschreitet vielmehr einen anderen Weg, um den WTO-rechtskonformen Zustand herzustellen. Der verletzte Staat ist dabei auf seine eigene Vergeltungskraft beschränkt. Er kann nur seine eigenen Zugeständnisse an den Verletzerstaat aussetzen. Auf die kumulierte Vergeltungskraft der anderen, am Streit unbeteiligten Staaten kann er nicht zurückgreifen. Schwache Staaten, wie zum Beispiel die Entwicklungsländer, haben daher wenige Möglichkeiten, die großen Industriestaaten derartig unter Druck zu setzen, dass sie sie dazu bringen können, die beanstandete Maßnahme zurückzunehmen oder WTO-rechtskonform auszugestalten.
Grundsätzlich dürfen Zugeständnisse gemäß Art. 22 Abs. 3 a) DSU nur auf dem Gebiet ausgesetzt werden, in welchem der Rechtsbruch erfolgt ist. Das heißt, es muss sowohl dasselbe Abkommen, als auch derselbe Handelssektor[263] betroffen sein. Erst wenn die Aussetzung dieser Zugeständnisse nicht fruchtet, dürfen nach Art. 22 Abs. 3 b) DSU auch andere Gebiete von den Aussetzungen betroffen werden. Als ultima ratio können schließlich nach Art. 22 Abs. 3 c) DSU die Zugeständnisse aus anderen Abkommen[264] ausgesetzt werden (sogenannte cross retaliation). Ob die Aussetzung der Zugeständnisse keinen Erfolg verspricht oder unmöglich ist, entscheidet sich aus der Sicht des geschädigten Staates. Gemäß Art. 22 Abs. 3 e) DSU bedürfen die Anträge auf die Genehmigung eines Vorgehens nach Art. 22 Abs. 3 b) und c) DSU einer Begründung. Die Auswahl der Art der Vergeltung im Sinne des Art. 22 Abs. 3 a)-c) DSU muss gemäß Art. 22 Abs. 3 d) DSU unter Berücksichtigung der Bedeutung des jeweiligen Handels für die Partei und der allgemeinen wirtschaftlichen Konsequenzen der Aussetzung von Zugeständnissen für die schädigende Partei erfolgen. Eine cross retaliation erfolgte erstmalig durch Ecuador gegenüber der Gemeinschaft im Zuge des Bananenmarktstreits.[265]
Die Genehmigung der Aussetzung von Zugeständnissen erfolgt durch den DSB gemäß Art. 22 Abs. 6 DSU 30 Tage nach Ablauf des gemäß Art. 21 Abs. 3 DSU festgesetzten Zeitraums, es sei denn, die Mitglieder entscheiden sich im Konsens für die Zurückweisung des Antrags. Für den Fall, dass sich der Verletzerstaat gegen den Umfang der Aussetzung der Zugeständnisse wendet, insbesondere weil der geschädigte Staat die Grundsätze des Art. 22 Abs. 3 DSU nicht eingehalten habe, schreibt Art. 22 Abs. 6 S. 2 DSU vor, dass die Angelegenheit dem Schiedsverfahren zu übertragen ist, welches gemäß Art. 22 Abs. 6 S. 3 DSU von dem ursprünglichen Panel durchzuführen ist.
Art. 22 Abs. 8 DSU schreibt schließlich vor, dass die Aussetzung der Zugeständnisse nur so lange aufrecht erhalten werden darf, wie die Maßnahme des Verletzerstaats

[262] Puth in: EuR 2001, S. 707ff. (713f.).
[263] vgl. Art. 22 Abs. 3 f) DSU.
[264] vgl. Art. 22 Abs. 3 g) DSU.
[265] Vranes in: EuZW 2001, S. 10ff.

nicht zurückgenommen oder an die Vorgaben des Abschlussberichts angepasst wird, oder die Parteien sich anderweitig einvernehmlich einigen. Diese Vorschrift zeigt, dass die Aufhebung des WTO-rechtswidrigen Zustandes im Vordergrund steht und die Leistung von Entschädigung oder die Aussetzung von Zugeständnissen als Zwangsmaßnahmen dienen, um das eigentliche Ziel der WTO-Konformität letztendlich doch noch zu erreichen.[266]

Das schwache GATT-Streitbeilegungsverfahren von 1947 ohne ausreichende Durchsetzungsmöglichkeiten hat sich durch die Schaffung des DSB und des DSU zu einem wirklichen gerichtlichen System im Bereich des internationalen Handels entwickelt.[267] In vielen Bereichen bestehen inzwischen detaillierte Vorschriften, die sich qualitativ nicht von nationalen Vorschriften oder Europarecht unterscheiden.[268]

3. Rechtsschutz gegen die Entscheidung

Es gilt zu untersuchen, inwiefern sich der einzelne Wirtschaftsteilnehmer gegen die ablehnende Entscheidung der Kommission über die Einleitung eines Verfahrens bzw. über die Verhängung von Antidumping- oder Ausgleichszöllen wehren kann. Hat er nämlich einen Antrag auf Verfahrenseinleitung bei der Kommission gestellt mit dem Ziel, dass die Gemeinschaft Sanktionen gegen den unerlaubte Handelspraktiken anwendenden Drittstaat verhängt, hat die Kommission zwei Möglichkeiten, das Begehren des Antragstellers zu stoppen. Die Wahrung der Verteidigungsrechte ist nach inzwischen ständiger Rechtsprechung des EuGH ein fundamentaler Grundsatz des Gemeinschaftsrechts.[269]

Um beim Verfahren der Trade Barriers Regulation zu bleiben, kann die Kommission zunächst den Antrag auf Einleitung eines Verfahrens gem. Art. 3f. der Trade Barriers Regulation nach Art. 5 Abs. 3, 4 der VO ablehnen. Gibt die Kommission dem Antrag auf Verfahrenseinleitung gem. Art. 8 Abs. 1 der VO statt, wird ein Untersuchungsverfahren eingeleitet. Sie hat dann ein weiteres Mal die Möglichkeit, Sanktionsmaßnahmen gegen den Drittstaat zu verhindern, indem sie das Verfahren gem. Art. 12, 14 Trade Barriers Regulation einstellt.

Darüber hinaus können die Wirtschaftszweige oder Unternehmen durch die Annahme von Verpflichtungserklärungen anstelle der Festsetzung von Zöllen, die Festsetzung zu niedriger Zölle oder die Beschränkung von Zollfestsetzungen auf einen zu engen Bereich von Produkten betroffen sein.[270]

Die Antragsteller mögen sich durch diese abschlägigen Bescheide oder fehlenden Sanktionsmaßnahmen ungerecht behandelt fühlen und Rechtsschutz begehren. Dieses Rechtsschutzbegehren steht im Spannungsverhältnis zwischen – häufig wirtschaftspolitisch motivierter - hoheitlicher Regelungsmacht und Verwaltungseffizienz einerseits und Schutz der Rechtspositionen und Interessen der Einzelnen andererseits.[271] Die vom EuGH gewährten Rechtsschutzmöglichkeiten der betroffenen Wirtschaftsunternehmen sind daher Gegenstand der folgenden Ausführungen.

---

[266] Letzel, Streitbeilegung, S. 333.
[267] Canal-Forgues in: RGDIP 1994, S. 689ff. (707); wohl auch Cottier in: CMLR 1998, S. 325ff. (335ff.).
[268] Cottier in: CMLR 1998, S. 325ff. (331).
[269] hierzu Berrisch/Kamann in: EuZW 1999, S. 714ff. (718) in Bezug auf das Antidumpingrecht.
[270] Rabe in: EuR 1991, S. 236ff. (239).
[271] Schwarze in: EuR 1986, S. 217ff. (217).

a) Reichweite des Rechtsschutzes

Im Rahmen der Rechtssache Fediol I[272] wehrte sich die Vereinigung der Ölmühlenindustrie der EWG (FEDIOL) in Brüssel gegen die Einfuhr von Sojaschrot aus der Föderativen Republik Brasilien, indem sie ein Antisubventionsverfahren bei der Kommission beantragte. Artikel 5 der Verordnung Nr. 3017/79[273] sah die Möglichkeit für denjenigen, der im Namen eines Wirtschaftszweiges der Gemeinschaft handelt, welcher sich durch gedumpte oder subventionierte Einfuhren geschädigt oder bedroht fühlt, einen Antrag auf Einleitung eines Verfahrens zu stellen, vor.
Die Kommission teilte der Klägerin mit, dass sie nicht beabsichtige, ein Verfahren gegen Brasilien einzuleiten. Die streitigen Subventionen seien nicht mehr in Geltung und ihre Auswirkungen reichten nicht aus, um die Einleitung eines Verfahrens zu rechtfertigen.
Daraufhin erhob die Klägerin Nichtigkeitsklage gemäß Art. 230 Abs. 4 EG vor dem EuGH, mit dem Antrag, die negative Entscheidung der Kommission über den Antrag auf Einleitung des Antisubventionsverfahrens aufzuheben.
Die Kommission bezweifelte, dass die Klägerin einen Rechtsanspruch auf Einleitung eines Antisubventionsverfahrens habe.[274] Sie beantragte beim EuGH, zunächst nur über die Zulässigkeit der Klage zu entscheiden. Diesem Antrag kam der EuGH nach. Im Ergebnis wurde die Klage für zulässig erachtet und die Fortsetzung des Verfahrens angeordnet.
Das Klagerecht der Klägerin wurde dem Sinngehalt der Grundsätze, auf denen die Art. 164 und 173 EWGV (jetzt Art. 220 und 230 EG) beruhen, entnommen. Die gerichtliche Kontrolle der Beurteilung des Sachverhalts und der Verhängung der von der VO 3017/79 vorgesehenen Schutzmaßnahmen durch die Kommission müsse der Natur der den Gemeinschaftsorganen auf diesem Gebiet zustehenden Befugnisse Rechnung tragen.[275] Den Antragstellern könne somit nicht das Recht verweigert werden, gerichtlich alles geltend zu machen, was die Prüfung ermöglicht, ob die Kommission die den Antragstellern eingeräumten Verfahrensgarantien beachtet, offensichtliche Fehler bei der Würdigung des Sachverhalts begangen, wesentliche Gesichtspunkte nicht berücksichtigt oder Ermessensmissbrauch betrieben habe.[276]
Der EuGH hat hier die Rechtsschutzmöglichkeiten auf der Basis der Artt. 220, 230 EG weiterentwickelt.[277] An den Wortlaut des Art. 230 Abs. 4 EG klammerte er sich nicht. Er hielt vielmehr die Frage für ausschlaggebend, ob dem Wirtschaftsteilnehmer ausreichender Rechtsschutz zukam.

Diese Rechtsprechung nahm ihren Fortgang in der Entscheidung *Fediol III*[278], wo die Fediol erneut einen Antrag auf Verhängung von Handelssanktionen stellte.[279] Dies-

---

[272] EuGH, Urteil vom 04.10.1983, Rs. 191/82, Slg. 1983, S. 2913ff. (2935), Rz. 30, Vereinigung der Ölmühlenindustrie der EWG (FEDIOL I) / Kommission der Europäischen Gemeinschaften.
[273] Verordnung Nr. 3017/79 a.a.O., Fußn. 134, S. 1.
[274] EuGH a.a.O., Fußn. 272 (FEDIOL I), S. 2918.
[275] EuGH a.a.O., Fußn. 272 (FEDIOL I), S. 2935, Rz. 29.
[276] EuGH a.a.O., Fußn. 272 (FEDIOL I), S. 2935, Rz. 30.
[277] Rabe in: RIW 1991, S. 236ff. (238).
[278] EuGH, Urteil vom 22.06.1989, Rs. 70/87, Slg. 1989, S. 1781ff., Vereinigung der Ölmühlenindustrie der EWG (FEDIOL III) / Kommission der Europäischen Gemeinschaften.
[279] s. dazu auch u., S. 94f.

mal richtete sich der Antrag auf angeblich unerlaubte Handelspraktiken Argentiniens bei der Ausfuhr von Sojaschrot in die Gemeinschaft.
Ihr Antragsrecht stützte die Fediol auf die Verordnung Nr. 2641/84 (NHI)[280]. Die Kommission verneinte unter Bezugnahme auf materielle Gründe - ein Verstoß gegen Völkerrecht liege nicht vor - die Notwendigkeit der Verhängung von Handelssanktionen. Die Fediol erhob erneut Nichtigkeitsklage gem. Art. 230 EG gegen die Kommissionsentscheidung. Der EuGH führte aus, dass aus der Tatsache, dass das NHI den betroffenen Wirtschaftsteilnehmern das Recht einräume, sich zum Zwecke der Darlegung unlauterer Handelspraktiken des Drittstaats vor der Kommission auf die Bestimmungen des GATT zu berufen, den Wirtschaftsteilnehmern das Recht erwachse, die Rechtmäßigkeit der Kommissionsentscheidung gerichtlich überprüfen zu lassen.[281] Der EuGH schloss also von dem durch das NHI gewährte Antragsrecht der Klägerin auf das Recht zur Überprüfung der Entscheidung der Kommission im Wege der Nichtigkeitsklage nach Art. 230 EG.[282]

Im Rahmen der Nichtigkeitsklage *Brother/Taiwan*[283] lehnte der EuGH die Möglichkeit der Überprüfung eines Kommissionsbeschlusses[284], mit dem ein Antidumpingverfahren bezüglich der Ausfuhren aus einem Drittstaat eingestellt wurde, und eines Vermerks an die Mitgliedstaaten[285] ab. Das Verfahren wurde deshalb eingestellt, weil die ausgeführten Waren ihren Ursprung nicht in Taiwan hätten, sondern vielmehr aus Japan kämen.[286] Ein solcher Beschluss könne den betroffenen Hersteller beziehungsweise Exporteur im Drittland nicht beschweren. Die nationalen Zollbehörden seien nämlich bei der Ermittlung des Ursprungs einer Ware nur dann gebunden, wenn dieser Ursprung bereits von der Kommission nach den Kriterien und dem Verfahren der Verordnung Nr. 802/68 des Rates vom 27.06.1968 über die gemeinsame Begriffsbestimmung für den Warenursprung bestimmt worden ist.[287] Der Kommissionsbeschluss und der Vermerk enthalten also lediglich eine Aufforderung an die Mitgliedstaaten, aufgrund ihrer nationalen Rechtsvorschriften über den Warenursprung zu entscheiden.[288]
Der EuGH berief sich daher auf die Vorschrift des Art. 230 Abs. 4 EG und unterzog der Frage nach der unmittelbaren und individuellen Betroffenheit des Klägers einer strengen Prüfung. Die Klagebefugnis des Wirtschaftsteilnehmers verneinte er im Ergebnis, offenbar aufgrund fehlender Unmittelbarkeit.

---

[280] VO a.a.O., Fußn. 134 (NHI).
[281] EuGH, a.a.O, Fußn. 278 (FEDIOL III), S. 1831, Rz. 22.
[282] Diese Schlussfolgerung zieht auch Rabe in: EuR 1991, S. 236ff. (239).
[283] EuGH, Beschluss vom 30.09.1987, Rs. 229/86, Slg. 1987, S. 3757ff., Brother Industries Limited und andere / Kommission der Europäischen Gemeinschaften.
[284] Beschluss 86/193/EWG zur Einstellung des Antidumpingverfahrens betreffend die Einfuhren von elektrischen Schreibmaschinen mit Ursprung in Taiwan, ABl. 1986, L 140, S. 52.
[285] Vermerk des Generaldirektors für Auswärtige Beziehungen der Kommission der Europäischen Gemeinschaften vom 05.06.1986 an alle Mitgliedstaaten.
[286] Beschluss 86/193/EWG, a.a.O., Fußn. 284, Begründungserwägungen, Nr. 8, 9; Nr. 1 des Vermerks a.a.O.
[287] Beschluss des EuGH a.a.O., Fußn. 284, S. 3762.
[288] Beschluss des EuGH a.a.O., Fußn. 284, S. 3763.

Die Rechtssache *Timex*[289] betraf die Nichtigkeitsklage eines Unternehmens gegen eine Antidumpingverordnung des Rates[290], welche die Festsetzung eines Antidumpingzolls gegen Importe aus Drittstaaten mit maßgeblichem Bezug zur wirtschaftlichen Lage dieses Unternehmens zum Gegenstand hat und diesem Unternehmen nicht weit genug ging. Das Verfahren auf Erlass dieser Verordnung wurde vom Verband britischer Uhrenhersteller nach dem Verfahren der Verordnung Nr. 3017/79[291] eingeleitet. Anders als im Rahmen des Verfahrens nach der Trade Barriers Regulation ergeht die Entscheidung über die Verhängung von Antidumping- oder Ausgleichszöllen gegen den Drittstaat gemäß Art. 13 VO Nr. 3017/97 in Gestalt einer Verordnung. Der Klägerin kam ein solches Antragsrecht zur Verhängung von Antidumpingzöllen indes nicht zu. Sie repräsentierte nämlich nicht einen Wirtschaftszweig der Gemeinschaft. Das Antragsrecht war nach der *Fediol*-Rechtsprechung des EuGH allerdings Voraussetzung für das Klagerecht gewesen.[292]
Das klagende Unternehmen wurde im Verlauf des Verfahrens gehört. Die nach der Anhörung der Klägerin erlassene und anschließend angegriffene Verordnung sei nach Auffassung des EuGH ausdrücklich von den Ausführungen der Klägerin bestimmt worden. In der Verordnung wurde ausgeführt, dass der Antidumpingzoll „in Anbetracht des Ausmaßes der Schäden, die der Timex-Corporation durch die gedumpten Einfuhren zugefügt worden sind", festgesetzt wurde. Somit beruhe die angegriffene Verordnung auf der individuellen Situation der Klägerin.[293] Es handele sich bei der angegriffenen Verordnung daher in Wahrheit um eine Entscheidung, welche die Klägerin unmittelbar und individuell betreffe.[294] Aus diesem Grund müsse der Klägerin ein Klagerecht zustehen.
Hier hat der EuGH also nicht auf seinen Grundsatz aus der Rechtssache *Fediol* zurückgegriffen[295], sondern er hat dem Unternehmen die Klageberechtigung auch ohne Antragsrecht nach Art. 5 der Antidumpingverordnung Nr. 3017/79, allein aufgrund seiner individuellen Situation, zugesprochen.

b) Zwischenergebnis

Der EuGH lässt die Überprüfung der Kommissionsentscheidung im Wege der Nichtigkeitsklage grundsätzlich zu. Dies gilt für die Überprüfung sowohl der Ablehnung der Einleitung eines Verfahrens (*Fediol I*), als auch der Einstellung eines begonnenen Untersuchungsverfahrens (*Fediol III*). Während er im Rahmen der *Fediol*-Entscheidungen aus dem Antragsrecht des Wirtschaftsteilnehmers auf das Klagerecht schloss, machte er die Zulässigkeit der Klage in anderen Entscheidungen von der unmittelbaren und individuellen Betroffenheit des Wirtschaftsteilnehmers im Sinne des Art. 230 Abs. 4 EG abhängig. Hier kann auch das Beispiel des *Bro-*

---

[289] EuGH, Urteil vom 20.03.1985, Rs. 264/82, Slg. 1985, S. 849ff., Timex Corporation / Rat und Kommission der Europäischen Gemeinschaften.
[290] Verordnung Nr. 1882/82 des Rates vom 12.07.1982 zur Einführung eines endgültigen Antidumpingzolls auf mechanische Armbanduhren mit Ursprung in den UdSSR, ABl. 1982, L 207 vom 15.07.1982, S. 1.
[291] Verordnung Nr. 3017/79 a.a.O., Fußn. 134, S. 1.
[292] Dies kritisiert Schwarze in EuR 1986, S. 217ff. (222) als übertriebenen Formalismus. Nach ihm sei Antragstellern, die einen bedeutenden Anteil eines Wirtschaftszweiges innehaben, ein Antragsrecht zuzuerkennen. Eine Unterstützung durch andere, kleinere, betroffene Unternehmen sei unnötig.
[293] Urteil a.a.O., Fußn. 289 (Timex), S. 866, Rz. 15.
[294] Urteil a.a.O., Fußn. 289 (Timex), S. 866, Rz. 16.
[295] Aus dem Antragsrecht erwachse das Klagerecht.

ther/Taiwan- Falls dienen, wo der EuGH die Klagebefugnis für den Hersteller bzw. Exporteur im Drittland ablehnte, dessen Rechtsstellung durch die Einstellung des Untersuchungsverfahrens weder mittelbar noch unmittelbar nachteilig berührt gewesen sei.[296]

Die Ablehnung der Klagebefugnis ist in den Fällen des Vorgehens gegen nachteilige Kommissionsentscheidungen über Zulässigkeit und Erfolg eines Antrags auf Verhängung von Wirtschaftssanktionen dennoch eher die Ausnahme. Offensichtlich haben Erwägungen über ausreichenden Rechtsschutz insbesondere im Hinblick auf außereuropäische Unternehmen, denen ausschließlich der Weg zum EuGH bleibt, eine maßgebliche Rolle bei der Entwicklung des Rechtsschutzes durch den EuGH in diesem Bereich gespielt.[297] Den mitgliedstaatlichen Unternehmen bleibt immerhin der Weg vor die nationalen Gerichte, die dann die Möglichkeit haben, dem EuGH im Rahmen des Verfahrens aufkommende rechtliche Fragen nach Art. 234 EG zur Auslegung vorzulegen.

Der EuGH gewährt inzwischen auch denjenigen Herstellern und Exporteuren aus Drittstaaten ein Klagerecht nach Art. 230 Abs. 4 EG, denen Dumpingpraktiken vorgeworfen werden. Sie seien in jedem Falle unmittelbar und individuell betroffen.[298] In der Literatur wird der Rechtsschutz gegen die Beschlüsse der Kommission größtenteils begrüßt.[299] Allerdings gibt es Stimmen, die die Auslegung der Klagebefugnis nach Art. 230 Abs. 4 EG durch den EuGH kritisieren.[300] Die Herleitung des Klagerechts durch die einzelfallartige schwammige Auslegung der Begriffe der unmittelbaren und individuellen Betroffenheit stehe auf wackeligen Beinen. Die Kodifizierung eines Individualklagerechts wird vorgeschlagen.

Im übrigen zeigt ein Vergleich zum amerikanischen Antidumpingrecht, dass auch dort eine weitreichende Klagebefugnis gegen alle verfahrensbeendenden oder verfahrensaussetzenden Maßnahmen vor dem zuständigen Court of International Trade (CIT) eingeräumt wird. Dies wird seit 1979 gesetzlich in Section 516A, Title V, Tariff Act of 1930, eingeführt durch den Trade Agreements Act of 1979, geregelt.

II. Rechtsschutz gegen Handelshemmnisse seitens EG-Organen

Auch von den Organen der Gemeinschaft können Wirtschaftshemmnisse ausgehen, die die Wirtschaftsteilnehmer in ihrer wirtschaftlichen Freiheit beeinträchtigen können. Es soll untersucht werden, vor welchen Stellen und in welchem Umfang Rechtsschutz erlangt werden kann.

---

[296] EuGH a.a.O., Fußn. 283 (Brother Industries).

[297] Weber in: EuR 1985, S. 1ff. (19).

[298] EuGH, Urteil vom 21.02.1984, verb. Rs. 239 und 275/82, Slg. 1984, S. 1005ff., Allied Corporation und andere / Kommission der Europäischen Gemeinschaften.

[299] Prieß/Pitschas in: EWS 2000, S. 185 (188); Rabe in: EuR 1991, S. 236ff. (249); Schwarze in: EuR 1986, S. 217ff. (239); Petersmann in: Hilf/Petersmann, GATT und EG, S. 119ff. (165); Weber in: EuR 1985, S. 1ff. (13f.), der von einer gewichtigen Rechtsschutzlücke spricht, deren Schließung aufgrund der auf nationaler Ebene auf der grundrechtlich orientierten Deutung der Verfahrensteilhabe und dem Rechtsstaatsprinzip eine Selbstverständlichkeit sein muss.

[300] Rabe in: EuR 1991, S. 236ff. (249); Schwarze in: EuR 1986, S. 217ff. (227ff.), der von einem gekünstelten Beweis für das Vorliegen einer Entscheidung seitens des EuGH spricht, und stattdessen die offene Akzeptanz der Notwendigkeit der Fortentwicklung des Rechtsschutzes verlangt. Allerdings geht Schwarze hauptsächlich auf den Rechtsschutz der Drittlands-Unternehmen gegen die Verhängung von Antidumpingzöllen ein.

1. Rechtsschutz vor der Kommission

Es stellt sich die Frage, inwiefern europäische Wirtschaftsteilnehmer vor der Kommission Rechtsschutz gegen von den Gemeinschaftsorganen ausgehende Wirtschaftshemmnisse erlangen können.

Zunächst besteht gemäß Art. 134 EG für die Kommission die Möglichkeit, gegen Verlagerungen von Handelsströmen zur Vermeidung von Störungen der mitgliedstaatlichen handelspolitischen Maßnahmen Methoden zur Zusammenarbeit der Mitgliedstaaten zu empfehlen. Denn auch von Mitgliedstaaten können natürlich Freihandelsbeschränkungen ausgehen. Doch hat diese Vorschrift mehr und mehr an Bedeutung verloren, stellt diese Regelung doch auf das Vorhandensein von Unterschieden zwischen den in den Mitgliedstaaten gegenüber einem Drittland geltenden Einfuhrregelungen ab, die sich aus der ursprünglich fehlenden Verwirklichung der Gemeinsamen Handelspolitik ergaben.[301]

In Frage käme ein Rechtsschutz im Rahmen der Trade Barriers Regulation, indem der betroffene Wirtschaftsteilnehmer die Kommission anruft, um das handelshemmende Verhalten eines Gemeinschaftsorgans zu rügen.

Die Trade Barriers Regulation beruht auf Art. 133 Abs. 1 EG, welcher als einer der Grundsätze der gemeinsamen Handelspolitik sogenannte handelspolitische Schutzmaßnahmen nennt. Die Gemeinschaft bezweckte daher mit Erlass derselben die Schaffung eines wirkungsvollen Mechanismus, um gegen Handelshemmnisse, insbesondere nicht-tarifäre, die von Drittstaaten ausgingen, vorzugehen.

Aus diesem Grund bietet die Trade Barriers Regulation nur Schutz, wenn der Wirtschaftsteilnehmer das Vorliegen eines Wirtschaftshemmnisses geltend macht, das von außerhalb der Gemeinschaften herrührt.[302] Gegen Wirtschaftshemmnisse, die von den Rechtsetzungsorganen der Gemeinschaften ausgehen, bietet diese Verordnung keinen Schutz. Es ist daher ineffektiv gegen gemeinschaftliche handelsbeschränkende Maßnahmen und schützt gegen drittstaatliche Maßnahmen auch nur unter der Voraussetzung des Gemeinschaftsinteresses.[303]

2. Schutz durch den Heimatstaat

Denkbar ist ein Schutz durch den Heimatstaat des betroffenen Unternehmens, welcher Mitglied der Gemeinschaften ist.

a) aufgrund seiner Stellung als Mitglied der Gemeinschaften

Die einzelnen Mitgliedstaaten der Gemeinschaften sind als Mitglieder des Rates am gemeinschaftlichen Rechtssetzungsprozess beteiligt.

Verfügt das Unternehmen über eine ausreichende Lobby, kann der Mitgliedstaat im Rahmen des Rechtssetzungsverfahrens ein Interesse daran haben, seine Stimmen zugunsten des betroffenen Wirtschaftsteilnehmers geltend zu machen und versuchen, den Erlass von diesem Unternehmen ungünstigen Rechtsakten zu unterbinden.

Der Rat hat gemäß Art. 202 3.Spiegelstrich EG die Rechtsetzungsinitiative. Allerdings beruht die Beschlussfassung im Rahmen des Rates gemäß Art. 205 Abs. 1 EG auf dem Mehrheitsprinzip. Deutschland als bevölkerungsreichster Staat verfügt zwar

---

[301] Hailbronner/Bierwagen in: NJW 1989, S. 1385ff. (1388).
[302] Prieß/Pitschas in: EWS 2000, S. 185 (186).
[303] s.o. S. 38.

gemäß Art. 205 Abs. 2 EG über großen Einfluss auf die Beschlussfassung, doch reicht allein das deutsche Veto nicht zur Verhinderung der erforderlichen Mehrheit.
Ein weiteres Problem ist die zunehmende Internationalisierung der Unternehmen. Oft ist nicht mehr feststellbar, in welchem Staat sie ihre Wurzeln haben. Zwar kann dies anhand der sogenannten Sitz- beziehungsweise Gründungstheorie herausgefunden werden. Auf diese Weise können die Unternehmen einzelnen Staaten zugeordnet werden, doch haben sie durch ihre Internationalisierung einen so geringen Bezug zu dem betreffenden Staat, dass die Wahrnehmung der Belange des Unternehmens für den Staat von untergeordnetem Interesse ist.
Ein Schutz durch die Mitgliedstaaten im Rahmen ihrer Einflussmöglichkeiten bei der Rechtssetzung ist somit unzulänglich.

b) Anrufung des Dispute Settlement Body durch den Heimatstaat

Jedem Staat, der Mitglied in der WTO ist, steht das Recht zu, das Streitbeilegungsorgan der WTO, den Dispute Settlement Body, anzurufen, um ein Panelverfahren gegen ein anderes Mitglied der WTO einzuleiten. Wie bereits dargelegt[304], steht den Privaten beziehungsweise privaten Unternehmen keine Klagemöglichkeit vor dem DSB zu. Sie sind insofern von den WTO-Mitgliedstaaten abhängig, deren Entscheidung, den DSB wegen einer angeblichen Verletzung des WTO-Rechts durch einen anderen Staat anzurufen, allein auf ihrem politischen Ermessen beruht. Folge der auf Staaten beschränkten Beteiligtenfähigkeit ist, dass das WTO-Recht nur dann durchgesetzt werden kann, wenn dies der Interessenlage eines WTO-Mitgliedstaats entspricht und dieser sich daher veranlasst fühlt, ein Streitbeilegungsverfahren in Gang zu setzen.[305] Nur wenn das Unternehmen, welches sich in seinem freien Handel beschränkt fühlt, über ausreichend Einfluss in einem der WTO angehörenden Staat verfügt, oder aber der Staat sich selbst durch den anzugreifenden Akt nachteilig beeinträchtigt fühlt, hat es eine Chance, dass sein Begehr mittelbar über seinen Staat vom DSB erhört wird. Weitere Voraussetzungen sind darüber hinaus zunächst, dass die Handelsbeschränkung von einer staatlichen Maßnahme herrührt und eben nicht allein aufgrund privaten Handelns entsteht. Außerdem muss der Mitgliedstaat, der zugunsten des beschwerten Unternehmens tätig wird, gemäß Art. XXIII GATT geltend machen können, „... dass Zugeständnisse oder sonstige Vorteile, die sich mittelbar oder unmittelbar aufgrund dieses Abkommens für (sie) [die betreffende Partei] ergeben, zunichte gemacht oder geschmälert werden, ...".

(I) Das Problem der Kompetenzverteilung

Ein besonderes Problem für die Einzelnen beziehungsweise die privaten Unternehmen in Europa ergibt sich aus der parallelen Mitgliedschaft von Europäischer Gemeinschaft und deren Mitgliedstaaten im Rahmen der WTO. Hier ist nämlich fraglich, ob die Mitgliedstaaten der Europäischen Gemeinschaften überhaupt noch das Recht haben, unabhängig von der Kommission gegen Handelsverstöße durch Anrufung des DSB vorzugehen. Aufgrund der Kompetenzausübungsbefugnisse der Gemeinschaften könnten hier nationale Alleingänge ausgeschlossen sein.
Gemäß Art. 133 EG werden die gesamten Kompetenzen im Bereich der Gemeinsamen Handelspolitik seit Ende der Übergangsphase im Jahr 1969 gemäß ex- Art. 7

---

[304] s.o., S. 47.
[305] Stoll in: ZaöRV 1997, S. 83ff. (133).

EWGV, der inzwischen aufgehoben ist, nunmehr ausschließlich von der Europäischen Gemeinschaft wahrgenommen. Gemäß Art. 14 EG ist seit Anfang 1993 der Gemeinsame Binnenmarkt vollendet. Aufgrund dieser ausschließlichen Kompetenzwahrnehmung durch die Gemeinschaft im Bereich der Handelspolitik ist es den Mitgliedstaaten der Gemeinschaft verwehrt, im handelspolitischen Bereich tätig zu werden. Das GATT regelt den Bereich des Außenhandels seiner Mitglieder. Außerdem wurde vom EuGH die „implied-power"-Doktrin entwickelt, wonach der Gemeinschaft ungeachtet des Wortlauts einer Ermächtigungsnorm all jene Kompetenzen zustehen, die zur wirksamen und sinnvollen Erfüllung der bereits ausdrücklich eingeräumten Befugnis ergänzend erforderlich sind.[306]

Streitig ist allerdings, ob diese Kompetenzen ausreichend für die Annahme der ausschließlichen Zuständigkeit der Gemeinschaft hinsichtlich aller WTO-Abkommen sind. Die Mitgliedstaaten, denen die Einflussmöglichkeiten auf die Handelspolitik durch die Kompetenzwahrnehmung durch die Gemeinschaft zu entgleiten drohte, verneinten eine ausschließliche Kompetenz der Gemeinschaft.[307] Schon lange vor der Uruguay-Runde bestanden einige Mitgliedstaaten beim Abschluss einiger GATT-Kodices darauf, diese neben der Gemeinschaft als Vertragspartner zu unterzeichnen, obwohl der Kommission die Verhandlungsführung vom Rat anvertraut wurde.[308] Die Mitgliedstaaten waren der Auffassung, dass die WTO-Abkommen und vorher die GATT-Kodices wichtige Bereiche enthalten würden, welche im Kompetenzbereich der Mitgliedstaaten verblieben, so dass ein gemischtes Abkommen vorläge. Art. 133 EG sei als Rechtsgrundlage nicht ausreichend und auch auf der Grundlage der „implied-power"-Doktrin komme der Gemeinschaft keine exklusive Abschlusskompetenz für alle Teile des Abkommens zu.[309]

(II) Das Gutachten 1/94 des EuGH

Mit der Frage der Verteilung der Befugnisse zur Kompetenzwahrnehmung zwischen der Gemeinschaft und ihren Mitgliedstaaten hat sich das Gutachten 1/94 des EuGH[310] beschäftigt.

Dieses verfasste der EuGH am 15. November 1994, nachdem die Kommission ihn gem. 228 Abs. 6 EGV (jetzt Art. 300 Abs. 6 EG) angerufen hatte, um die Frage, ob die Gemeinschaft ausschließlich für den Abschluss der im Rahmen der Uruguay-Runde ausgehandelten Abkommen zuständig sei, zu klären.[311]

Fraglich war insbesondere, ob Art. 113 EGV (jetzt Art. 133 EG) als alleinige Rechtsgrundlage für die ausschließliche Zuständigkeit der Gemeinschaft beim Abschluss der Uruguay-Abkommen ausreichend sein konnte.[312] Der EuGH schloss sich bezüglich des GATT und der anderen multilateralen Handelsübereinkünfte der Auffassung der Kommission an, die die alleinige Zuständigkeit der Gemeinschaft angenommen

---

[306] EuGH, Urteil vom 09.07.1987, verb. Rs. 281, 283-285, 287/85, Bundesrepublik Deutschland und andere / Kommission der Europäischen Gemeinschaften („Wanderungspolitik – Zuständigkeit der Gemeinschaft"), Slg. 1987, S. 3203ff. (3250ff., insb. 3251), Rz. 9ff.; Schweitzer/Hummer, EuR, Rn. 338.

[307] Kuijper in: EJIL 1995, S. 222ff. (223); Hilf in: EJIL 1995, S. 245ff. (147f.).

[308] Weissenberg in: EuR 1980, S. 75ff. (76).

[309] Royla in: EuR 2001, S. 495 (513).

[310] EuGH a.a.O., Fußn. 4 (Gutachten 1/94).

[311] Hilpold, Die EU im GATT/WTO-System, S. 106.

[312] Hilpold, Die EU im GATT/WTO-System, S. 103f.

hatte. Als Rechtsgrundlage sah der EuGH Art. 113 EGV (jetzt Art. 133 EG) als ausreichend an.
Im Gegensatz zum GATT-Abkommen nahm der EuGH eine andere Position als die Kommission bei der Frage der Zuständigkeitsverteilung im Rahmen des GATS- und des TRIPs-Abkommens ein. Hier entschied er sich für eine zwischen der Gemeinschaft und den Mitgliedstaaten geteilte Zuständigkeit für den Abschluss dieser Abkommen.[313]
Beim WTO-Abkommen handelt es sich mithin um ein gemischtes Abkommen. GATT-widrige Maßnahmen der Gemeinschaftsorgane können nicht mehr Grundlage für die Anrufung des DSB durch einen Mitgliedstaat der Europäischen Union sein.

(III) Fazit

Die Anrufung des Dispute Settlement Body ist den Mitgliedstaaten somit verwehrt, wenn sie sich gegen angeblich GATT-widrige Maßnahmen der Gemeinschaftsorgane oder außereuropäische staatliche Organe zur Wehr setzen wollen. Hier ist jeder Mitgliedstaat genau wie seine Bürger auf das Verfahren der Verordnung 3286/94 verwiesen. Nur in den Fällen, in denen der Streit die TRIPs- oder GATS- Bestimmungen betrifft, sind auch die Mitgliedstaaten neben der Gemeinschaft befugt, das Verfahren vor dem DSB in Gang zu setzen.[314]
Die Mitgliedschaft eines Mitgliedstaats der Europäischen Gemeinschaften in der WTO führt folglich nicht zu einem möglichen Rechtsschutz des Einzelnen gegen ihn beeinträchtigende GATT-widrige Maßnahmen.

3. Rechtsschutz vor dem EuG bzw. dem EuGH

Vor dem EuGH könnte sich zugunsten des Einzelnen die Nichtigkeitsklage gem. Art. 230 Abs. 4 EG anbieten. Voraussetzung für die Erhebung einer Nichtigkeitsklage durch den Einzelnen ist, dass es sich bei dem angegriffenen Akt um eine Einzelfallentscheidung im Sinne des Art. 230 Abs. 4 EG handelt. Neben der Nichtigkeitsklage besteht zugunsten des Einzelnen das Vorabentscheidungsverfahren gem. Art. 234 EG, in dessen Rahmen ein nationales Gericht, vor dem ein Rechtsstreit anhängig ist, in dessen Verlauf entweder die Auslegung selbst oder die Gültigkeit oder Auslegung von aufgrund des Vertrages vorgenommenen Handlungen der Organe erörtert werden, die Aussetzung des Verfahrens beschließt und dem EuGH die Frage zur Vorabentscheidung vorlegt. Dieses Verfahren dient der Sicherstellung der Einheitlichkeit der Auslegung des Gemeinschaftsrechts. Der Gemeinschaftsbürger beginnt also seinen Rechtszug gegen GATT-widrige Maßnahmen vor einem nationalen Gericht.[315]
Die Mitgliedstaaten können zugunsten der Wirtschaftsteilnehmer selber den EuGH anrufen.
Den Mitgliedstaaten steht zum einen ebenfalls die Nichtigkeitsklage des Art. 230 Abs. 2 EG zur Verfügung. Unterlässt ein Gemeinschaftsorgan den Erlass eines

---

[313] EuGH a.a.O., Fußn. 4 (Gutachten 1/94), S. 5404, Rz. 53; S. 5409, Rz. 71; S. 5417, Rz. 98; S. 5419, Rz. 105.
[314] Beneyto in: EuZW 1996, S. 295ff. (297).
[315] EuGH, Urteil vom 20.04.1994, Rs. C-58/93, Slg. 1994, S. I-1353ff. (1369), Rz. 19, Zoubir Yousfi / Belgischer Staat.

Rechtssatzes, haben die Mitgliedstaaten außerdem die Möglichkeit, die Untätigkeitsklage gem. Art. 232 EG zu erheben.

a) Vorabentscheidungsverfahren, Art. 234 EG

In der Rechtssache *International Fruit Company* wurde erstmals versucht, im Rahmen des Vorabentscheidungsverfahrens gegen einen vermeintlich GATT-widrigen Rechtsakt der Gemeinschaft vorzugehen.[316]
Die Vorschriften des GATT 1947 wurden wie gezeigt im Rahmen der Gründung der WTO einer Überarbeitung unterzogen. Daher ist bei der Beurteilung der unmittelbaren Anwendbarkeit der Vorschriften des GATT zwischen dem GATT 1947 und dem GATT 1994 zu unterscheiden.

(I) Zulässigkeit des Vorabentscheidungsverfahrens

Im Rahmen der Zulässigkeit der Einleitung eines Vorabentscheidungsverfahrens des Einzelnen zum Zwecke der Überprüfung eines Gemeinschaftsaktes auf seine Rechtmäßigkeit stellt sich vordergründig das Problem der Zuständigkeit des EuGH zur Auslegung. Gemäß Art. 234 Abs. 1 b) EG entscheidet der EuGH nämlich nur über die Gültigkeit oder Auslegung der Handlungen der Gemeinschaftsorgane. Fraglich ist, ob der Abschluss eines Gemeinschaftsabkommens eine solche Handlung darstellt.
Dies wird vom EuGH in ständiger Rechtsprechung bejaht. Nachdem er diese Vorfrage zunächst nur inzident klärte, indem er die Vorlagefrage beantwortete, bejahte er im Rahmen der Entscheidung *Haegeman* seine Auslegungszuständigkeit erstmals ausdrücklich.[317]
Seine Auslegungszuständigkeit erstreckte er durch seine Rechtsprechung *International Fruit Company* auch auf Abkommen, in denen die Gemeinschaft weder ursprüngliche Abschlusspartei, noch später beigetreten war, sondern nur als de facto Mitglied akzeptiert wurde.[318]
Als selbstverständlich erschien diese Auslegung indes nicht. So wurde Art. 234 Abs. 1 b) EG gemeinhin dahin verstanden, dass es sich bei den „Handlungen der Organe" der Gemeinschaft um gemeinschaftliches Sekundärrecht, mithin um die in Art. 249 EG aufgezählten Verordnungen, Richtlinien und Entscheidungen handele.[319]
Allerdings sprechen gewichtige Gründe für die Subsumtion der Gemeinschaftsabkommen unter den Begriff der Handlungen der Gemeinschaftsorgane.
Ziel des Vorabentscheidungsverfahrens ist es nämlich, die einheitliche Auslegung und Anwendung des Gemeinschaftsrechts von allen Gerichten in den verschiedenen Mitgliedstaaten sicherzustellen.[320] Damit sollen Rechtsunsicherheit und Wettbewerbsverzerrungen vermieden werden.[321]
Außerdem hat der EuGH in ständiger Rechtsprechung festgestellt, dass es sich beim Völkervertragsrecht um einen integrierenden Bestandteil des Gemeinschaftsrechts

---

[316] EuGH a.a.O., Fußn. 87 (International Fruit Company).
[317] EuGH, Urteil vom 30.04.1974, Rs. 181/73, Slg. 1974, S. 449ff. (460), Rz. 2ff., R. & V. Haegeman / Belgischer Staat.
[318] EuGH a.a.O., Fußn. 87 (Int. Fruit Company), S. 1227f., Rz.14ff.
[319] Everling, Vorabentscheidungsverfahren, S. 25; Gündisch, Rechtsschutz, S. 96; Koenig/Sander, EG-Prozessrecht, Rn. 463; Hakenberg/Stix-Hackl, Verfahren, S. 59.
[320] Rengeling/Middeke/Gellermann, Rechtsschutz in der EU, Rn. 347.
[321] Dauses, Vorabentscheidungsverfahren, S. 46.

handelt.[322] Mithin hat es genau wie das Sekundärrecht Eingang in die Hierarchie des Gemeinschaftsrechts gefunden.
Bei den Gemeinschaftsabkommen handelt es sich um die Ausübung einer gemeinsamen Politik der Gemeinschaft. In den Bereichen, in denen der Gemeinschaft die Vertragsschlusskompetenz zukommt, muss ihr auch die Zuständigkeit für die Auslegung dieser Verträge zukommen. Andernfalls wäre die einheitliche Auslegung der Abkommen in den Mitgliedstaaten gefährdet.[323]
Diese Gründe überzeugen auch einen Großteil der Literatur.[324]
Von der Zuständigkeit zur Auslegung der GATT-Vorschriften durch den EuGH ist mithin auszugehen. Andere Zulässigkeitsprobleme sind für den Bereich des GATT nicht ersichtlich.

(II) Prüfung der innergemeinschaftlichen Rechtswirkung eines Abkommens durch den EuGH

Die innergemeinschaftlichen Rechtswirkungen von Gemeinschaftsabkommen werden vom EuGH auf zwei Stufen bestimmt.[325]
Er unterscheidet zwischen der Bindung der Gemeinschaft an das Abkommen und der unmittelbaren Anwendbarkeit, welche es dem Einzelnen erlaubt, sich vor Gericht auf die Bestimmungen des Abkommens zu berufen, um die Gültigkeit einer Handlung der Gemeinschaft in Frage zu stellen.[326]

(1) Geltung der Gemeinschaftsabkommen im Gemeinschaftsrecht

Der EuGH beurteilt zunächst die Geltung des betreffenden Gemeinschaftsabkommens im Gemeinschaftsrecht. Keine Abkommensbestimmung kann unmittelbare Anwendbarkeit erfahren, ohne zuvor in die gemeinschaftliche bzw. nationale Rechtsordnung inkorporiert worden zu sein.[327] Für die Beurteilung der Rechtswirkungen von Gemeinschaftsabkommen ist Art. 300 Abs. 7 EG heranzuziehen. Diese Vorschrift bestimmt, dass abgeschlossene Abkommen für Gemeinschaftsorgane und Mitgliedstaaten verbindlich sind. Obwohl dies lediglich bedeutet, dass aufgrund des Vertragsschlusses eine völkerrechtliche Bindungswirkung eintritt[328], ist der EuGH über die Bestimmung des Art. 300 Abs. 7 EG hinausgegangen und erkennt an, dass von der Gemeinschaft geschlossene Verträge integrierende Bestandteile des Gemeinschaftsrechts darstellen[329].
Beim GATT handelt es sich allerdings nicht um ein Abkommen, welches ursprünglich von der Gemeinschaft selbst abgeschlossen wurde. Vielmehr waren es im Jahre 1947, also vor Gründung der Europäischen Gemeinschaften, die zukünftigen Mit-

---

[322] EuGH a.a.O., Fußn. 317 (Haegeman), S. 460, Rz. 2ff.
[323] EuGH, Urteil vom 26.10.1982, Rs. 104/81, Slg 1982, S. 3641ff. (3662, 3665), Rz. 13f., 22, Hauptzollamt Mainz / C.A. Kupferberg & Cie. KG a.A.
[324] Gündisch, Rechtsschutz, S. 97; Koenig/Sander, EG-Prozessrecht, Rn. 463; Hakenberg/Stix-Hackl, Verfahren, S. 58.
[325] EuGH a.a.O., Fußn. 317 (Haegeman), S. 460, Rz. 2ff.; EuGH a.a.O., Fußn. 323 (Kupferberg), S. 3662, 3665, Rz. 13f., 22.
[326] Berrisch/Kamann in: EWS 2000, S. 89 ff. (89).
[327] EuGH a.a.O., Fußn. 87 (Int. Fruit Company), S. 1227, Rz. 7ff.; Winter in: CMLR 1972, S. 425ff. (438).
[328] *Hailbronner* in: Handkomm., Art. 228, Rn. 38.
[329] EuGH a.a.O. Fußn. 317 (Haegeman), S. 460, Rz. 2ff.; EuGH a.a.O., Fußn. 323 (Kupferberg), S. 3662, Rz. 13.

gliedstaaten, die das Gemeinsame Handelsabkommen unterzeichnet haben oder ihm später beigetreten sind.[330] Insofern wird Art. 307 EG relevant, wonach die von den Mitgliedstaaten vor ihrem Beitritt zu den Europäischen Gemeinschaften geschlossenen internationalen Abkommen nicht vom Gemeinschaftsrecht berührt werden.

Allerdings hat der EuGH seine Bindung an das GATT anerkannt, obwohl er selbst nicht Vertragspartei ist.[331] Die Gemeinschaft habe durch die Ausübung der Kompetenzen in der Zoll- und Handelspolitik die einst von den Mitgliedstaaten wahrgenommenen Befugnisse übernommen und dadurch eine Bindung an die Vorschriften des GATT erreicht.[332] Aus diesem Grunde ist Art. 307 EG für das GATT ohne Bedeutung. Die Gemeinschaft ist dadurch, dass sie sich tatsächlich wie ein Mitglied des GATT verhält und von den übrigen Parteien wie ein solches akzeptiert wird, in gleicher Weise gebunden wie an die von ihr selbst gemäß Art. 300 Abs. 7 EG geschlossenen Abkommen.[333]

Somit ergibt sich eine Bindung der Europäischen Gemeinschaft an das GATT bereits aus Art. 300 Abs. 7 EG. Die Gemeinschaft ist mithin gemeinschaftsrechtlich verpflichtet, sich an die Vorschriften des GATT zu halten.

Teilweise wird auch argumentiert, dass Art. 300 EG einen generellen Vollzugsbefehl oder Transformator enthalte.[334] Aus diesem Grund könne die Gemeinschaft an das GATT gebunden sein, obwohl ein Abschlussakt der Gemeinschaftsorgane fehlt.

Für das GATT 1947 wird allerdings teilweise[335] bestritten, dass der EuGH die Gemeinschaft im Sinne der *Haegeman*-Formel, wonach die Bestimmungen des Abkommens ab dem Zeitpunkt seines Inkrafttretens einen „integrierenden Bestandteil der Gemeinschaftsrechtsordnung" und der Rechtsordnungen der Mitgliedstaaten bilden, an das Abkommen gebunden sehe[336]. Dies sei damit zu erklären, dass die Gemeinschaft selbst dieses Abkommen nicht abgeschlossen habe, sie vielmehr nur durch eine Funktionennachfolge in die Rechte und Pflichten der Mitgliedstaaten eingetreten sei. Dies bedeute, dass keine innergemeinschaftliche Geltung des GATT eingetreten sei, sondern lediglich eine völkerrechtliche Bindungswirkung. Diese Erkenntnis wird darauf gestützt, dass der EuGH die *Haegeman*-Formel in seinen Urteilen das GATT betreffend nicht verwende, das GATT also nicht expressis verbis als integrierenden Bestandteil des Gemeinschaftsrechts bezeichne.[337] Dies werde von anderen Literaturstimmen häufig übersehen.[338]

Indes ist zweifelhaft, ob aus diesem Fehlen der Formulierung des „integrierenden Bestandteils" eine derartige Schlussfolgerung gezogen werden kann.[339] Genau wie

---

[330] s. für die Beitrittsdaten der einzelnen Mitgliedstaaten zum GATT S. 18.

[331] EuGH a.a.O., Fußn. 87, (Int. Fruit Company) S. 1227f, Rz. 14ff.; Herdegen, Internationales Wirtschaftsrecht, § 7, Rdnr. 1. EuGH a.a.O., Fußn. 87, (Int. Fruit Company) S. 1227f, Rz. 14ff.

[332] Royla in: EuR 2001, S. 495 (502).

[333] GA Mayras, Schlussanträge, EuGH a.a.O., Fußn. 87 (Int. Fruit Company) S. 1239.

[334] Bleckmann in: JIR 18 (1975), S. 300ff. (302).

[335] Berrisch/Kamann in: EWS 2000, S. 89ff. (90); Schroeder/Selmayr in: JA 1998, S. 344ff. (347).

[336] EuGH a.a.O., Fußn. 317 (Haegeman)

[337] Schroeder/Selmayr in: JZ 1998, S. 344ff. (346).

[338] Die Behauptung, das GATT sei integrierender Bestandteil des Gemeinschaftsrechts sei vielfach ungeprüft übernommen worden, so von Berrisch in: EuR 1994, S. 461ff. (468); Weber in: EuZW 1997, S. 165ff. (168); Bleckmann in: JIR 1994, S. 300 (302) und in der deutschen Rechtsprechung VG Frankfurt in: EuZW 1997, S. 181 (192).

[339] ebenso Hilpold, Die EU im GATT/WTO-System, S. 189.

die restliche Staatenwelt bekennt sich die Gemeinschaft nicht zu einem bestimmten Inkorporationsmodell.[340] Der EuGH hat allein deshalb auf den Begriff des „integrierenden Bestandteils" verzichtet, weil er aufgrund der Sonderstellung des GATT eine andere Erklärung für die Bindung der Gemeinschaft an das GATT finden musste. Für das GATT wurde daher der Begriff der „Funktionsnachfolge" geprägt. Allein aus dem Fehlen der Behauptung, es handele sich beim GATT 1947 um einen integrierenden Bestandteil des Gemeinschaftsrechts lässt sich nicht die Schlussfolgerung ableiten, der EuGH gehe von einer qualitativ minderwertigen Bindung, nämlich einer nur völkerrechtlichen anstatt einer gemeinschaftsrechtlichen Integration, aus. Die Gemeinschaft ist daher an das GATT 1947[341] genauso gebunden wie an jedes andere Abkommen auch. Diese Behauptung des Generalanwalts Mayras in der Rechtssache *International Fruit Company*[342] wurde weder in einem nachfolgenden Urteil, noch in einem Schlussantrag jemals in Zweifel gezogen. Es ist daher davon auszugehen, dass der EuGH im Rahmen der Überprüfung der Wirkungen des GATT 1947 die gewöhnliche Zwei-Schritt-Prüfung nach seiner Geltung im ersten und seiner unmittelbaren Anwendbarkeit im zweiten Schritt beibehielt.
Die WTO-Abkommen hat die Gemeinschaft hingegen, anders als das GATT 1947, selbst unterzeichnet. Neben den Mitgliedstaaten und den übrigen unterzeichnenden Drittstaaten ist sie Vertragspartei des GATT 1994. Somit ist sie nach der seit dem *Haegeman*-Urteil ständigen Rechtsprechung des EuGH an die WTO-Abkommen gebunden, welche seit ihrem Inkrafttreten einen integrierenden Bestandteil des Gemeinschaftsrechts darstellen.
Die Tatsache, dass die von der Gemeinschaft ordnungsgemäß abgeschlossenen völkerrechtlichen Verträge von ihrem Inkrafttreten an einen integrierenden Bestandteil des Gemeinschaftsrechts bilden, bedeutet somit, dass die Bestimmungen dieser Abkommen zu dem in der Gemeinschaft geltenden Recht gehören und die Gemeinschaftsorgane binden.

(2) Rang des Völkerrechts in der Rechtsordnung der EG

Für die Frage, an welchem Recht das Gemeinschaftsrecht für die Beurteilung seiner Rechtmäßigkeit gemessen werden kann, ist zunächst die Rangordnung der einzelnen Rechte relevant. Nach der ständigen Rechtsprechung des EuGH steht für die Gemeinschaft verbindliches Völkerrecht zwischen den Gründungsverträgen und autonom gesetztem abgeleitetem Gemeinschaftsrecht.[343]
Dem EuGH kommt gemäß Art. 220 EG die gewichtige Aufgabe der Sicherstellung der Wahrung des Rechts bei der Auslegung und Anwendung des EG-Vertrages zu. Gemäß Art. 7 Abs. 1 EG darf er als Gemeinschaftsorgan nur nach Maßgabe der Gemeinschaftsverträge tätig werden. Er ist also bei seiner Rechtsprechung auf die Auslegung und Anwendung des Gemeinschaftsrechts beschränkt. Nach seiner ständigen Rechtsprechung[344] stellt das durch den Abschluss von Gemeinschaftsabkommen begründete Recht ab dessen Inkrafttreten einen „integrierenden Bestandteil"

---

[340] Hilpold, Die EU im GATT/WTO-System, S. 189.
[341] Für das GATT 1994 ist dieser Streit nicht mehr relevant, da dieses Abkommen nicht nur von den Mitgliedstaaten allein, sondern auch von der Gemeinschaft unterzeichnet wurde.
[342] Schlussanträge GA Mayras, EuGH a.a.O., Fußn. 87 (Int. Fruit Company), S. 1239.
[343] EuGH, Urteil vom 07.02.1973, Rs. 40/72, Slg. 1973, S. 125ff. (146), Rz. 31, I. Schröder KG / Bundesrepublik Deutschland.
[344] EuGH a.a.O., Fußn. 317 (Haegeman), S. 460, Rz. 2ff.

des Gemeinschaftsrechts dar. Somit hat er auch dieses Völkervertragsrecht bei seiner Tätigkeit zu beachten.[345] Dieses Ergebnis erschließt sich zum einen aus Art. 234 Abs. 1 lit. b) EG[346] und zum anderen aus Art. 300 Abs. 2, 7 EG.[347] Diese automatische Integration bewirkt, dass es sich bei den Gemeinschaftsabkommen um das „Recht", welches der EuGH nach dem weiten Wortlaut des Art. 220 EG bei der Anwendung und Auslegung des Vertrags zu wahren hat, handelt.
Dieses für die Gemeinschaft verbindliche Völkerrecht, unabhängig davon, ob es sich um Völkervertragsrecht oder um allgemeines Völkerrecht handelt, ist daher Prüfungsmaßstab für die Rechtmäßigkeit von gemeinschaftlichem Sekundärrecht.

(3) Die unmittelbare Anwendbarkeit der Gemeinschaftsabkommen zugunsten des einzelnen Wirtschaftsteilnehmers

Der EuGH trennt von der Frage der innergemeinschaftlichen Rechtsnatur von Gemeinschaftsabkommen die Frage der unmittelbaren Anwendbarkeit bzw. Wirkung[348] des Abkommens.[349]
Die Tatsache, dass die Gemeinschaft an das Recht des GATT gebunden ist, bedeutet nach Ansicht des EuGH und der Literatur noch lange nicht, dass sich der Einzelne oder die Mitgliedstaaten vor dem EuGH auf die Vorschriften des GATT berufen können, wenn sie die Rechtswidrigkeit eines Gemeinschaftsakts rügen wollen.[350] Voraussetzung für die Möglichkeit des Einzelnen, sich vor Behörden und Gerichten auf eine Vorschrift berufen zu können und aus ihr selbst Rechte herzuleiten, ist die unmittelbare Anwendbarkeit dieser Vorschrift.[351] Die innerstaatliche beziehungsweise innergemeinschaftliche Geltung ist dabei Voraussetzung der unmittelbaren Anwendbarkeit.[352] Die Vorschrift muss geeignet sein, Rechtswirkungen nicht nur im Verhältnis der Vertragspartner zueinander, sondern zwischen Privatpersonen oder zwischen Privaten und Staaten hervorzurufen.[353] Hier geht es also nicht um die Heranziehung der fraglichen Bestimmung des Gemeinschaftsabkommens durch den EuGH, sondern darum, ob sich der Einzelne vor den nationalen Behörden und Gerichten auf die Bestimmung berufen kann, um die Rechte, die ihm diese Bestimmung gewährt, geltend machen zu können. Es geht also um die Geltung und Anwendung der Vorschrift im Einzelfall, ob also nationale Gerichte oder Behörden auf der Grundlage eines Gemeinschaftsabkommens rechtsverbindliche Entscheidungen an Privatpersonen richten können, während sich der EuGH mit den abstrakten Fragen hierfür, nämlich einerseits, ob die Norm überhaupt einer unmittelbaren Anwendbarkeit zugänglich ist, und andererseits, ob er sie im Wege des Art. 234 Abs. 1b) EG auslegt oder abstrakt für gültig oder ungültig erklärt, beschäftigt.[354] Gleichzeitig betrifft die Frage der unmittelbaren Anwendbarkeit aber auch die Möglichkeit der Gemeinschaft, die vollständige

---

[345] so auch Schroeder/Selmayr in: JZ 1998, S. 344ff. (345).
[346] vgl. EuGH a.a.O., Fußn. 317 (Haegeman), S. 460, Rz. 2ff.
[347] EuGH a.a.O., Fußn. 323 (Kupferberg), S. 3662, Rz. 11.
[348] Die Verfasserin benutzt die beiden Begriffe als Synonyme.
[349] zur unmittelbaren Anwendbarkeit allgemein vgl. Laurer in: ÖJZ 1976, S. 35ff.
[350] s. Grundsatzentscheidung Int. Fruit Company, a.a.O., Fußn. 87, S. 1227ff., Rz. 7/9ff., 20ff.; statt aller in der Lit. Fikentscher in: FS Steindorff, S. 1175ff. (1186).
[351] Groh/Wündisch in: GRUR Int. 2001, S. 497ff. (502).
[352] Bleckmann, Innerstaatliche Anwendbarkeit völkerrechtlicher Verträge, S. 114; Koller, unmittelbare Anwendbarkeit, S. 67.
[353] Veelken in: RIW 1988, S. 112ff. (113).
[354] So sind Vorlagefragen, die sich konkret auf einen Sachverhalt beziehen, unzulässig.

Verfügungsgewalt über das handelspolitische Instrumentarium auf internationaler Ebene, unabhängig von gerichtlichen Verfahren und Eingriffen, zu behalten.[355]
Unmittelbar anwendbar ist eine Bestimmung eines völkerrechtlichen Abkommens in der Gemeinschaft dann, wenn sie nach ihrem Wortlaut und nach dem Gegenstand sowie der Art des Abkommens eine eindeutige und unbedingte Verpflichtung enthält, deren Erfüllung oder deren Wirkungen nicht vom Erlass eines weiteren Aktes abhängen.[356]
Der EuGH überprüft die unmittelbare Anwendbarkeit eines Abkommens grundsätzlich in zwei Schritten, wobei er zunächst anhand von Sinn, Aufbau und Wortlaut des Abkommens untersucht, inwieweit die besondere Natur des Abkommens seine unmittelbare Anwendbarkeit ausschließt.[357] Dabei ging die Tendenz des EuGH stets zu einer großzügigen Bejahung der unmittelbaren Anwendbarkeit.[358]
In einem zweiten Schritt prüft der EuGH, ob die jeweils relevante Einzelbestimmung eines Abkommens eine unbedingte und eindeutige Verpflichtung enthält und sich daher Einzelne auf diese Bestimmung berufen können.[359] Diese Prüfung entspricht der Rechtsprechung des EuGH zur unmittelbaren Wirkung von Gemeinschaftsrechtsnormen.[360] Auch bezüglich des zweiten Prüfungsschritts lässt sich eine großzügige Tendenz des EuGH erkennen[361], teilweise verneinte er das Vorliegen dieser Voraussetzung aber auch[362].

(III) Rechtsprechung bis zur Gründung der WTO

(1) Urteil International Fruit Company

In der Rechtssache *International Fruit Company* beschäftigte sich der EuGH erstmals mit der unmittelbaren Anwendbarkeit der Regeln des GATT. Unter Hinweis auf die „große Geschmeidigkeit“ seiner Bestimmungen, die politisch dominierte Streitbeilegung und das Recht zu einseitigen Schutzmaßnahmen verneinte der EuGH die unmittelbare Wirkung der Bestimmungen des GATT.[363] Nach seiner Präambel sei das Abkommen „auf der Grundlage der Gegenseitigkeit und zum gemeinsamen Nutzen“

---

[355] Hilf/Schorkopf in: EuR 2000, S. 74ff. (74).
[356] EuGH, Urteil vom 14.12.2000, verb. Rs. C-300/98 und C-392/98, Slg. 2000, S. I-11307ff., Parfums Christian Dior SA/Tuk Consultancy BV und Assco Gerüste GmbH, Rob van Dijk, handelnd unter der Firma „Assco Holland Steigers Plettac Nederland“/Wilhelm Layher GmbH & Co. KG, Layher BV, S. 11359, Rz. 42; EuGH, Urteil vom 16.06.1998, Rs. C-162/96, Slg. 1998, S. I-3655, S. 3704, Rdnr. 46, A. Racke GmbH & Co. / Hauptzollamt Mainz.
[357] GA Darmon, Schlussanträge, EuGH, Urteil vom 20.09.1990, Rs. C-192/89, Slg. 1990, S. I-3461ff. (3501), Rdnr. 11, S.Z. Sevince / Staatssecretaris van Justitie; Schroeder/Selmayr in:JZ 1998, S. 344 (346).
[358] EuGH a.a.O., Fußn. 323 (Kupferberg), S. 3663f., Rz 8; EuGH, Urteil vom 05.02.1976, Rs. 87/75, Slg. 1976, 129ff. (141), Rz. 22f., Conceria Daniele Bresciani / Italienische Finanzverwaltung; EuGH, Urteil vom 12.12.1995, Rs. C-469/93, Slg. 1995, S. I-4533ff. (4567), Rz. 31ff., Amministrazione delle finanze dello Stato / Chiquita Italia SpA.
[359] EuGH a.a.O., Fußn. 358 (Bresciani), S. 140f., Rn. 22f.; Berrisch/Kamann in: EWS 2000, S. 89ff. (90).
[360] EuGH, Urteil vom 05.02.1963, Rs. 26/62, Slg. 1963, S. 1ff. (25), N.V. Algemene Transport- en Expeditie Onderneming Van Gend en Loos / Niederländische Finanzverwaltung.
[361] EuGH a.a.O., Fußn. 323 (Kupferberg), S. 3665, Rz. 23ff.; EuGH a.a.O., Fußn. 358 (Chiquita), S. 4572, Rz. 57.
[362] EuGH, Urteil vom 30.09.1987, Rs. 12/86, Slg. 1987, S. 3719ff. (3752ff.), Rz. 15-25, Meryem Demirel / Stadt Schwäbisch Gmünd; EuGH a.a.O., Fußn. 358 (Chiquita), S. 4569ff., Rz. 41ff.
[363] EuGH a.a.O., Fußn. 87 (Int. Fruit Company), S. 1228f., Rz. 23ff.

ausgehandelt worden. Die Geschmeidigkeit seiner Bestimmungen gelte insbesondere für die Vorschriften über Abweichungen von den allgemeinen Regeln, über Maßnahmen, die bei außergewöhnlichen Schwierigkeiten getroffen werden können, und über die Regelung von Meinungsverschiedenheiten zwischen den Vertragsparteien. Der EuGH zog die Regeln über die Streitbeilegung, insbesondere Art. XXII und XXIII GATT, heran, um die Geschmeidigkeit und die geringe Verrechtlichung des Streitbeilegungssystems aufzuzeigen.
Der EuGH lehnte daher schon im ersten Schritt der Prüfung der unmittelbaren Anwendbarkeit, nämlich bei der Frage, ob das Abkommen insgesamt fähig ist, dem Einzelnen Rechte zu verleihen, auf die er sich vor Gericht berufen kann, die unmittelbare Anwendbarkeit ab.
Der EuGH könne daher die Rechtsakte der Gemeinschaftsorgane nicht an den Bestimmungen des GATT 1947 messen.

(2) Urteil Schlüter

Gegenstand des Urteils *Schlüter*[364] war ebenfalls die unmittelbare Anwendbarkeit von GATT-Vorschriften, und zwar Art. II des GATT. Dem EuGH wurden Fragen über die Auslegung und die Gültigkeit verschiedener Bestimmungen der Verordnung Nr. 974/71 des Rates vom 12. 05. 1971, die als Reaktion auf die vorübergehende Erweiterung der Bandbreiten der Währungen einiger Mitgliedstaaten für den Agrarsektor beschlossen wurde, vorgelegt. Der EuGH verweigerte die Beurteilung der Rechtmäßigkeit anhand des GATT aufgrund seiner fehlenden unmittelbaren Anwendbarkeit, obwohl das Vorlagegericht die Frage nach der unmittelbaren Anwendbarkeit nicht gestellt hatte.
Der EuGH stellte fest, dass sich der Einzelne im Verfahren des Art. 177 EWGV (jetzt Art. 234 EG) nur dann auf eine Bestimmung des Völkerrechts berufen könne, „wenn diese Bestimmung die Gemeinschaft bindet und so beschaffen ist, dass sie ein Recht der Gemeinschaftsangehörigen begründet, sich vor Gericht auf sie zu berufen".[365] Dies spiegelt die klassische Zwei-Schritt-Prüfung der innerstaatlichen Wirkung eines Abkommens wieder.
Bezüglich der ersten Voraussetzung stellte der EuGH eine Bindung in dem in Art. II GATT vorgesehenen Umfang fest. Zum Zwecke der Feststellung des Vorliegens der zweiten Voraussetzung überprüfte der EuGH Sinn, Aufbau und Wortlaut des Abkommens.[366] Wiederum verwies er auf die in der Präambel vorgesehene Gegenseitigkeit und die große Geschmeidigkeit der Bestimmungen des GATT.[367] Ausschlaggebend scheint also das unter dem GATT 1947 geltende Streitbeilegungssystem zu sein. Aufgrund der Tatsache, dass der konsolidierte Zollsatz in den Gemeinsamen Zolltarif übernommen und damit Bestandteil der Gemeinschaftsrechtsordnung geworden sei, eigne sich die Bestimmung, Rechte und Pflichten für den Einzelnen zu erzeugen.[368]

(3) Urteil Nederlandse Spoorwegen

---

[364] EuGH, Urteil vom 24.10.1973, Rs. 9/73, Slg. 1973, S. 1135ff., Carl Schlüter / Hauptzollamt Lörrach.
[365] EuGH a.a.O., Fußn. 364 (Schlüter), S. 1156f. Rz. 27.
[366] EuGH a.a.O., Fußn. 364 (Schlüter), S. 1157, Rz. 28f.
[367] EuGH a.a.O., Fußn. 364 (Schlüter), S. 1157, Rz. 29.
[368] EuGH a.a.O., Fußn. 364 (Schlüter), S. 1158, Rz. 32.

Auch in der Rechtssache *Nederlandse Spoorwegen*[369] berief sich ein Marktbürger vergeblich auf verschiedene GATT-Bestimmungen, um die Gültigkeit einer Gemeinschaftsordnung zu bestreiten. Ein niederländisches Verwaltungsgericht stellte hier die Frage, ob die Verpflichtung, die die Niederlande im GATT-Abkommen seinerzeit eingegangen sind, nach dem niederländischen Verfassungsrecht oder dem Gemeinschaftsrecht zu bestimmen und zu beurteilen sei.[370]
Hierzu stellte der Gerichtshof fest, dass nunmehr die Gemeinschaft anstelle der Mitgliedstaaten für die Erfüllung der GATT-Verpflichtungen einzustehen habe. Aus diesem Grund beurteile sich deren rechtliche Verbindlichkeit ebenfalls nach dem Gemeinschaftsrecht und nicht mehr nach dem nationalen Recht der Mitgliedstaaten.[371]
Diese Sichtweise des EuGH überzeugt, wäre es doch unvereinbar mit einer gemeinsamen Handelspolitik der Gemeinschaft, wenn ein Gemeinschaftsabkommen, welches diese Politik darstellt, nicht dieselbe Durchschlagskraft in allen Mitgliedstaaten hätte.
Darüber hinaus stellte das Vorlagegericht die Frage, ob es mit Rücksicht auf den Vorrang des Gemeinschaftsrechts nicht verpflichtet ist, die Gültigkeit des dem GATT entgegenstehenden Gemeinschaftsakts nachzuprüfen, „unabhängig davon, ob eine GATT-Bestimmung geeignet ist, für die Bürger Rechte zu erzeugen, auf die sie sich vor Gericht berufen können".[372] Außerdem stellte das niederländische Vorlagegericht eine Frage nach der Vereinbarkeit der Verordnung 1/71 mit dem Abkommen vom 15.12.1950 über das Zolltarifschema für die Einreihung der Waren in die Zolltarife.
Daraufhin überprüfte der EuGH nach der schlichten Feststellung, dass die Gemeinschaft an dieses Zolltarifschema genauso gebunden sei wie an das GATT, die Gültigkeit des Gemeinschaftsaktes im Lichte des Art. II GATT und des Abkommens über das Zolltarifschema für die Einreihung von Waren in die Zolltarife, ohne zu untersuchen, ob sich der Einzelne auf diese Bestimmung überhaupt berufen kann.[373]
Damit weicht der EuGH von seiner bisherigen Rechtsprechung ab, wonach die unmittelbare Anwendbarkeit eines Abkommens unbedingte Voraussetzung für die Nachprüfung der Gültigkeit eines ihm entgegenstehenden Gemeinschaftsaktes war.[374] Noch in *International Fruit Company* stellte der EuGH fest, dass "die Gültigkeit einer Verordnung ... durch Art. XI des GATT nicht berührt werden" kann, wenn die Abkommensbestimmung nicht unmittelbar anwendbar ist.[375] Demnach schloss die fehlende unmittelbare Anwendbarkeit einer solchen Bestimmung die Nachprüfung des Gemeinschaftsaktes aus, selbst wenn er einer Bestimmung des GATT entgegenstünde, und schützt so zwangsläufig seine Gültigkeit.
Diese Abkehr von seiner bisherigen Rechtsprechung erstaunt umso mehr, wenn man beachtet, dass Generalanwalt Reischl unter Berufung auf die vorangegangenen Urteile *International Fruit Company* und *Schlüter* die unmittelbare Anwendbarkeit des GATT als unabdingbare Voraussetzung für die Nachprüfbarkeit des Gemeinschaftsakts angesehen hatte.[376]

---

[369] EuGH a.a.O., Fußn. 92 (Nederlandse Spoorwegen).
[370] EuGH a.a.O., Fußn. 92 (Nederlandse Spoorwegen), S. 1442.
[371] EuGH a.a.O., Fußn. 92 (Nederlandse Spoorwegen), S. 1449, Rz. 15f.
[372] EuGH a.a.O., Fußn. 92 (Nederlandse Spoorwegen), S. 1442.
[373] EuGH a.a.O., Fußn. 92 (Nederlandse Spoorwegen) S. 1441; 1448ff., Rz. 13ff.; 1450ff., Rz. 20ff.
[374] vgl. nur Urteile International Fruit Company a.a.O., Fußn. 87 und Schlüter a.a.O., Fußn. 364.
[375] EuGH a.a.O., Fußn. 87 (Int. Fruit Company), S. 1129, Rz. 28.
[376] EuGH a.a.O., Fußn. 92 (Nederlandse Spoorwegen), S. 1452ff. (1457).

(4) Urteil Dürbeck

Der EuGH verzichtete im Fall Dürbeck[377] ebenfalls auf die Voraussetzung der unmittelbaren Anwendbarkeit. Auch hier hatte Generalanwalt Reischl auf die in den Urteilen *International Fruit Company* und *Schlüter* festgestellte Unfähigkeit der GATT-Vorschriften, als Maßstab für die Überprüfung von Sekundärrecht zu dienen, hingewiesen.[378]
Der EuGH überprüfte die Gültigkeit einer durch eine Kommissionsverordnung eingeführten, vorübergehenden Schutzmaßnahme im Lichte der GATT-Vorschriften, nämlich der Verpflichtungen der Art. II und III des GATT.[379] Er stellte fest, dass die Behauptung der Klägerin, die Schutzmaßnahmen liefen den Verpflichtungen der Gemeinschaft zuwider, nicht geeignet sei, die Gültigkeit der Schutzmaßnahmen in Frage zu stellen.[380] Im Rahmen dieser Feststellung beruft sich der EuGH auf die Untersuchung einer Sondergruppe, die die Vereinbarkeit der Schutzmaßnahmen mit den Regeln des GATT zu überprüfen hatte und einen Verstoß dieser Maßnahmen gegen Art. II und III des GATT ausschloss.

(5) *SIOT*-Urteil

Das *SIOT*-Urteil[381] war deshalb interessant, weil die Vorlagefragen, aufgrund derer das Urteil ergangen war, von italienischen Gerichten vorgelegt worden waren. Diese bejahten in den siebziger Jahren in ständiger Rechtsprechung die unmittelbare Anwendbarkeit der GATT-Vorschriften, bevor der EuGH die Kompetenz zur Auslegung des GATT für sich beanspruchte.[382]
Der EuGH stellte zunächst fest, dass die Gemeinschaft Österreich gegenüber durch die Bestimmungen des GATT gebunden sei.[383]
Anschließend prüfte und verneinte der EuGH die unmittelbare Anwendbarkeit des Art. V GATT.[384] Diese Vorschrift enthält den Grundsatz der Durchfuhrfreiheit für den Verkehr durch das Gebiet jeder Vertragspartei nach und aus dem Gebiet der anderen Vertragsparteien. Er näherte sich damit wieder seiner Rechtsprechung in *International Fruit Company* und *Schlüter* an.

(6) Urteil SPI / SAMI

Im Urteil *SPI/SAMI*[385] ging es um einen Verstoß eines italienischen Gesetzes, welches die Einführung von neuen Verwaltungsabgaben vorsah, gegen Vorschriften des GATT, insbesondere gegen seine Präambel in Verbindung mit den Artt. II Abs. 1 b), III Abs. 2, VI und VIII. Das Urteil erging am selben Tag wie das Urteil *SIOT*. Explizit stellte das Vorlagegericht Fragen nach der innergemeinschaftlichen Wirkung des

---

[377] EuGH, Urteil vom 05.05.1981, Rs. 112/80, Slg. 1981, S. 1095ff., Firma Anton Dürbeck / Hauptzollamt Frankfurt am Main – Flughafen.
[378] EuGH a.a.O., Fußn. 377 (Dürbeck), S. 1138.
[379] EuGH a.a.O., Fußn. 377 (Dürbeck), S. 1120, Rz. 45f.
[380] EuGH a.a.O., Fußn. 377 (Dürbeck), S. 1150, Rz. 45.
[381] EuGH, Urteil vom 16.03.1983, Rs. 266/81, Slg. 1983, S. 731ff., Società Italiana oer l'Oleodotto Transalpino (SIOT) / Ministero delle finanze, Ministero della marina mercantile, Circoscrizione doganale di Trieste und Ente autonomo del porto di Trieste.
[382] vgl. hierzu Panebianco in: Hilf/Petersmann, GATT und EG, S. 313ff. (315f.).
[383] EuGH a.a.O., Fußn. 381 (SIOT), S. 780, Rz. 26.
[384] EuGH a.a.O., Fußn. 381 (SIOT), S. 780, Rz. 28.
[385] EuGH a.a.O., Fußn. 92 (SPI/SAMI).

GATT und der im Rahmen dieses Abkommens geschlossenen Tarifprotokolle und der Auslegung einiger Bestimmungen dieses Abkommens.[386]
Zunächst nahm der EuGH Stellung zu seiner Auslegungsbefugnis im Rahmen des Art. 177 EWGV (jetzt Art. 234 EG) und wiederholte hierzu größtenteils seine bereits in *International Fruit Company* getätigten Ansichten. Da die Gemeinschaft mit Inkrafttreten des Gemeinsamen Zolltarifs im Jahre 1968 die Zuständigkeit im Rahmen der Gemeinsamen Handelspolitik von den Mitgliedstaaten übernommen habe, sei der EuGH nun auch für die Einheitlichkeit der Auslegung im gesamten Gemeinschaftsgebiet zuständig. Jede Divergenz bei Auslegung und Anwendung des Abkommens würde dem Ziel der Gemeinsamen Handelspolitik zuwiderlaufen.[387] Es sei dabei unerheblich, ob es dem Vorlagegericht um die Überprüfung der Gültigkeit von Gemeinschaftsakten oder aber um die Vereinbarkeit innerstaatlicher Rechtsvorschriften mit der Gemeinschaft gehe.[388]
Im Folgenden widmete sich der EuGH der unmittelbaren Anwendbarkeit der GATT-Bestimmungen.[389] Hierfür verwies er zunächst auf die Rechtssache *International Fruit Company* und wiederholte dann seine wichtigsten Argumente zur Systematik des GATT gegen die unmittelbare Anwendbarkeit des Abkommens. Im Ergebnis stellte er fest, dass sich Einzelne nicht auf die Vorschriften des GATT und der Tarifprotokolle vor Gericht berufen können.

(7) Urteil Singer & Geigy

Bei dem Urteil *Singer & Geigy*[390] handelte es sich um ein weiteres Vorabentscheidungsverfahren, in dem ein italienisches Gericht dem EuGH Fragen zur Auslegung des GATT und zur Reichweite seiner Auslegungsbefugnis vorgelegt hat. Es erging am selben Tag wie die Urteile *SIOT* und *SPI/SAMI*. Hierauf und auf die weitgehende Identität der Vorlagefragen verwies der EuGH selbst.[391] In diesem Fall stellte das italienische Vorlagegericht die Fragen nach der Auslegung der GATT-Bestimmungen, um im Rahmen des nationalen Rechtstreits über die Vereinbarkeit der Erhöhung einer Abgabe für Dienstleistungen der Verwaltung mit diesen Vorschriften entscheiden zu können. Unter Verweis auf die Ausführungen im Urteil *SPI/SAMI* wiederholte der EuGH lediglich die Leitsätze.[392]

(8) Urteil Atlanta

Das mit einem Rechtsstreit zwischen Importeuren sogenannter Dollarbananen und dem Bundesamt für Ernährung und Forstwirtschaft, welches den Gesellschaften der Atlanta-Gruppe Einfuhrkontingente für die Einfuhr der Bananen zuwies, befasste VG Frankfurt legte dem EuGH Fragen zur Gültigkeit der Bananenmarkt-Verordnung vor. Im Rahmen seines Urteils[393] verwies der EuGH auf sein Urteil *Deutschland/Rat*[394],

---

[386] EuGH a.a.O., Fußn. 92 (SPI/SAMI), S. 807.
[387] EuGH a.a.O., Fußn. 92 (SPI/SAMI), S. 828, Rz. 14.
[388] EuGH a.a.O., Fußn. 92 (SPI/SAMI), S. 828, Rz. 15.
[389] EuGH a.a.O., Fußn. 92 (SPI/SAMI), S. 830ff., Rz. 21ff.
[390] EuGH, Urteil vom 16.03.1983, Rs. C-290-291/81, Slg. 1983, S. 847ff., Compagnia Singer S.p.A. / Amministrazione delle finanze dello Stato.
[391] EuGH a.a.O., Fußn. 390 (Singer), S. 861, Rz. 6.
[392] EuGH a.a.O., Fußn. 390 (Singer), S. 861f., Rz. 7f.
[393] EuGH, Urteil vom 09.11.1995, Rs. C-466/93, Slg. 1995, S. I-3799ff., Atlanta Fruchthandelsgesellschaft mbH u.a. (II)/ Bundesamt für Ernährung und Forstwirtschaft.

wo er die Klage als unbegründet abgewiesen hatte. Die unmittelbare Anwendbarkeit verneinte er mit seinem üblichen Hinweis auf die große Flexibilität des GATT.[395]
Der EuGH prüfte im Anschluss an die Darstellung des Inhalts des Urteils *Deutschland/Rat* nur noch eine Verletzung der Formvorschrift des Art. 190 EGV (jetzt Art. 253 EG) beim Erlass der Bananenmarkt-Verordnung.[396]

(9) Urteil Chiquita

An diesem Urteil[397] ist interessant, dass der EuGH sowohl eine Beurteilung der unmittelbaren Anwendbarkeit von Bestimmungen des GATT, als auch von Bestimmungen des Vierten AKP-EWG-Abkommens tätigen musste.
Der EuGH verwies hier auf seine ständige Rechtsprechung, wonach zur Beantwortung der Frage, ob den Vorschriften eines Gemeinschaftsabkommens unmittelbare Wirkung zukomme, „stets Sinn, Aufbau und Wortlaut des Abkommens zu prüfen" sei.[398]
Der EuGH urteilte unter Berufung auf seine wiederholten Ausführungen zur Systematik des GATT, dass dieses aufgrund seiner großen Flexibilität keinerlei Bestimmungen enthalte, auf die sich der Einzelne vor Gericht berufen könne.[399] Damit schloss der EuGH die unmittelbare Anwendbarkeit für das gesamte GATT entsprechend seiner ständigen Rechtsprechung aus.
Die unmittelbare Anwendbarkeit des Vierten AKP-EWG-Abkommens bejahte er hingegen.[400] Hierfür führte er die Ungleichartigkeit dieses Abkommens und des GATT an.[401] Das AKP-EWG-Abkommen bezwecke die Förderung der wirtschaftlichen und sozialen Entwicklung der afrikanischen Staaten. Unter Berufung auf das Urteil *Bresciani*[402] sei die unmittelbare Wirkung der Bestimmungen des Abkommens nicht wegen des aus der Zielrichtung des Abkommens resultierenden Ungleichgewichts ausgeschlossen.[403]
Im Folgenden untersucht der EuGH das italienische, eine inländische Abgabe vorsehende Gesetz nur anhand der Vorschriften des AKP-EWG-Abkommens.[404]

(10) Zwischenergebnis

Der EuGH verneint in ständiger konsequenter Rechtsprechung die unmittelbare Anwendbarkeit der GATT-Vorschriften. Weniger konsequent ist der EuGH, wenn es darum geht, dem Ersuchen des vorlegenden Gerichts nach der Auslegung eines nationalen oder gemeinschaftlichen Rechtsaktes im Lichte der GATT-Bestimmungen nachzukommen. So lehnt er diese teilweise unter Berufung auf die fehlende unmit-

---

[394] EuGH, Urteil vom 05.10.1994, Rs. C-280/93, Slg. 1994, I-4973ff., Bundesrepublik Deutschland / Rat der Europäischen Union.
[395] s. hierzu auch unten S. 89f.
[396] EuGH a.a.O., Fußn. 393 (Atlanta II), S. 3808f., Rz. 12ff.
[397] EuGH a.a.O., Fußn. 358 (Chiquita).
[398] EuGH a.a.O., Fußn. 358 (Chiquita), S. 4565, Rz. 25.
[399] EuGH a.a.O., Fußn. 358 (Chiquita), S. 4568, Rz. 37.
[400] EuGH a.a.O., Fußn. 358 (Chiquita), S. 4567, Rz. 35; S. 4568, Rz. 37.
[401] EuGH a.a.O., Fußn. 358 (Chiquita), S. 4567, Rz. 31.
[402] EuGH a.a.O., Fußn. 358 (Bresciani).
[403] EuGH a.a.O., Fußn. 358 (Chiquita), S. 4567, Rz. 34.
[404] EuGH a.a.O., Fußn, 358 (Chiquita), S. 4568ff., Rz. 38ff.

telbare Anwendbarkeit ab[405], während er in anderen Fällen dem Ersuchen nachkam[406].

(IV) Rechtslage nach Gründung der WTO

Fraglich ist, ob die Schaffung der WTO zu einer anderen Beurteilung der unmittelbaren Anwendbarkeit des GATT führte.[407]

(1) Die Auffassung des Rates zur unmittelbaren Anwendbarkeit der WTO-Abkommen

Mit dem Beschluss 94/800 des Rates[408] wurden die multilateralen Handelsübereinkommen im Rahmen der Uruguay-Runde genehmigt. In der 11. Begründungserwägung[409] heißt es dort: „Das Übereinkommen zur Errichtung der Welthandelsorganisation einschließlich seiner Anhänge ist nicht so angelegt, dass es unmittelbar vor den Rechtsprechungsorganen der Gemeinschaft und der Mitgliedstaaten angeführt werden kann."
Somit lehnt der Rat die unmittelbare Anwendbarkeit der WTO-Abkommen ab.

(2) Rechtsprechung seit Inkrafttreten der WTO am 01.01.1995

Seit Gründung der WTO sind verschiedene Vorabentscheidungsverfahren vor dem EuGH durchgeführt worden. Die oben erwähnte Zwei-Schritt-Prüfung wurde auch hier zugrunde gelegt.

(a) Rechtssache *Affish*

In der Rechtssache *Affish*[410] hatte der EuGH erstmalig die Gelegenheit zur Überprüfung der Bestimmungen des Übereinkommens über die Anwendung gesundheitspolizeilicher und pflanzenschutzrechtlicher Maßnahmen[411] auf ihre unmittelbare Anwendbarkeit. Es ging um die Nichtigerklärung der Entscheidung Nr. 95/119/EG vom 07.04.1995, welche die Einfuhr japanischer Fischereierzeugnisse einschränkt. Fragen nach der unmittelbaren Anwendbarkeit von Bestimmungen in WTO-Abkommen wurden nicht explizit gestellt. Doch machte die Klägerin des Ausgangsrechtsstreits, die Firma Affish, geltend, Einzelne könnten sich vor den nationalen Gerichten auf die Bestimmungen des Abkommens berufen.[412] Für den Fall, dass der EuGH dieser Auffassung nicht folgen sollte, machte Affish geltend, das Gemeinschaftsgericht sei zumindest verpflichtet, die streitige Entscheidung im Lichte des Abkommens auszulegen.

---

[405] vgl. International Fruit Company, EuGH a.a.O., Fußn. 87; Schlüter, EuGH a.a.O., Fußn. 364; Atlanta II, EuGH a.a.O., Fußn. 393; Chiquita, EuGH a.a.O., Fußn. 358.
[406] vgl. Nederlandse Spoorwegen, EuGH a.a.O., Fußn. 92; Dürbeck, EuGH a.a.O., Fußn. 377.
[407] zur Reform des Welthandelssystems s. ausführlich S. 24ff.
[408] Beschluss 94/800/EG des Rates vom 22.12.1994 über den Abschluss der Übereinkünfte im Rahmen der multilateralen Verhandlungen der Uruguay-Runde (1986-1994) in ABl. L 336, S. 1ff.
[409] Beschluss a.a.O., Fußn. 408 (Beschluss 94/800/EG), 11. Begründungserwägung, S. 2.
[410] EuGH, Urteil vom 17.07.1997, Rs. C-183/95, Slg. 1997, I-4315ff., Affish BV / Rijksdienst voor de keuring van Vee en Vlees.
[411] Anhang IA des Übereinkommens zur Errichtung der Welthandelsorganisation.
[412] vgl. Darstellung in Schlussanträgen, a.a.O., Fußn. 410 (Affish), S. 4350f.

Der EuGH entzog sich einer Entscheidung darüber, ob die WTO-Übereinkünfte unmittelbar anwendbare Vorschriften enthalten[413] und schloss sich damit nicht der Auffassung Generalanwalts Cosmas' an. Dieser hielt die Überprüfung dieser Vorfrage für erforderlich, obwohl sie vom Vorlagegericht nicht explizit gestellt worden war.[414] Er lehnte die unmittelbare Anwendbarkeit unter Verweis auf die auch nach Inkrafttreten der WTO bestehende Flexibilität der Bestimmungen der WTO-Abkommen und auf die Bevorzugung der Entwicklungsländer ab.[415]
Nach Auffassung des EuGH habe das vorlegende Gericht den Gerichtshof nicht ersucht, die streitige Entscheidung anhand des Übereinkommens zu prüfen. Er brauche diese Prüfung auch nicht von Amts wegen vorzunehmen.

(b) Rechtssache T. Port

Auch in der Rechtssache *T.Port*[416] ist die unmittelbare Wirkung der WTO-Vorschriften überprüft worden. Im Ausgangsverfahren wehrte sich die Klägerin, ein traditioneller Importeur von Drittlandsbananen, gegen die von der Beklagten erhobene Nachentrichtung von Zöllen. Diese wurden deshalb erhoben, weil zugunsten der Klägerin im Wege des einstweiligen Rechtsschutzes ein Posten Bananen abgefertigt wurde, ohne dass die Klägerin eine Einfuhrbescheinigung vorlegte. Hierzu war sie nach der neuen Bananenmarktordnung[417], Art. 17 Abs. 1, verpflichtet. Nach Art. 19 Abs. 2 der VO wird ein bestimmtes Einfuhrvolumen festgesetzt. Dementsprechend werden Einfuhrbescheinigungen ausgestellt. Da das Finanzamt Zweifel an der Rechtmäßigkeit der Bananenmarktverordnung hatte, insbesondere eine Unvereinbarkeit der Verordnung mit einigen Vorschriften des GATT befürchtete, legte es dem EuGH unter anderem Fragen nach der Auslegung des Art. 300 Abs. 1 EG und nach dem Verhältnis zwischen dem GATT und der Bananenmarktverordnung zur Vorabentscheidung vor. Mit Vorlagefrage 3 stellte das Vorlagegericht explizit die Frage nach der unmittelbaren Anwendbarkeit der WTO-Vorschriften.[418]
Der EuGH verneinte bereits den Anwendungsvorrang der GATT-Vorschriften, die durch die Bananenmarktverordnung verletzt sein könnton.[419] Der EuGH sprach dem GATT die Wirkung des Art. 234 Abs. 1 EGV (jetzt Art. 307 Abs. 1 EG) ab.[420] Dies begründete er damit, dass es sich bei der Ausgangsrechtsstreitigkeit um die Nachentrichtung von Zöllen für Einfuhren von Bananen aus Ecuador im Jahre 1995 handelte. Ecuador war zu diesem Zeitpunkt aber noch nicht Vertragspartei des GATT, sondern trat dem Abkommen erst im Jahre 1996 bei. Ecuador konnte daher aus dem GATT keine Rechte herleiten, deren Beachtung ihm gegenüber es von den Mitgliedstaaten der EG verlangen konnte. Aus diesem Grund hielt der EuGH Art. 307 Abs. 1 EG für nicht einschlägig.

---

[413] EuGH a.a.O., Fußn. 410 (Affish), S. 4362ff., Rz. 28.
[414] GA Cosmas, Schlussanträge a.a.O., Fußn. 410 (Affish), S. 4351.
[415] GA Cosmas, Schlussanträge a.a.O., Fußn. 410 (Affish), 4353ff., Rz. 119ff.
[416] EuGH, Urteil vom 10.03.1998, Rs. C-364/95 u. C-365/95, Slg. 1998, S. I-1023ff., T.Port GmbH & Co. / Hauptzollamt Hamburg-Jonas.
[417] Verordnung (EWG) Nr. 404/93 des Rates vom 13. Februar 1993 über die gemeinsame Marktorganisation von Bananen, ABl. L 47 vom 25.02.1993, S. 1. Verordnung zuletzt geändert durch die Verordnung (EG) Nr. 2587/2001 des Rates vom 19.12.2001, ABl. L 345 vom 29.12.2001, S. 13.
[418] EuGH a.a.O., Fußn. 416 (T. Port), 3. Vorlagefrage, S. 1028.
[419] EuGH a.a.O., Fußn. 416 (T. Port), 1. Leitsatz, S. 1024.
[420] EuGH a.a.O., Fußn. 416 (T. Port), S. 1051f., Rz. 58ff.

Die Frage nach der unmittelbaren Anwendbarkeit der GATT-Vorschriften wurde vom EuGH gar nicht mehr beantwortet.[421] Auch die Überprüfung der Vereinbarkeit der streitigen Verordnung mit Vorschriften des GATT, wonach der EuGH durch Vorlagefrage 2a) ersucht worden war, verweigerte der EuGH.[422]

(c) Rechtssache OGT Fruchthandelsgesellschaft

In dieser Rechtssache[423] musste der EuGH erstmalig im Rahmen eines Vorabentscheidungsverfahrens zur unmittelbaren Anwendbarkeit des GATT 1994 Stellung nehmen. Es handelte es sich um ein vereinfachtes Beschlussverfahren nach Art. 104 § 3 VerfO. Die Durchführung eines solchen Beschlussverfahrens setzt voraus, dass die Vorlagefrage mit einer bereits beantworteten identisch ist oder die Antwort klar (!) aus der bisherigen Rechtsprechung abgeleitet werden kann bzw. keinen Raum für vernünftige Zweifel lässt.[424]

Es ging – wie in der Rechtssache *T.Port* - um einen Rechtsstreit zwischen einem Importeur von Drittlandsbananen und dem Hauptzollamt St. Annen über die Erhebung von Zöllen auf die Einfuhr von Bananen aus Ecuador.

Auch hier sprach der EuGH dem Einzelnen die Möglichkeit ab, sich vor Gericht auf die relevanten Artt. I und XIII des GATT zu berufen, obwohl sich die rechtliche Lage durch die Neuordnung des GATT im Rahmen der WTO geändert hatte. Er führte aus, dass sich die Antwort auf die Vorlagefrage nach der unmittelbaren Anwendbarkeit der GATT-Bestimmungen aus der bisherigen Rechtsprechung des EuGH ergebe und aus diesen Gründen das Beschlussverfahren des Art. 104 § 3 VerfO EuGH statthaft sei.[425] Diese Ausführungen waren zu erwarten, nachdem zuvor die Entscheidungen in den Rechtssachen *Portugal/Rat*[426] und *Dior*[427] ergangen waren. Auf diese Urteile stützte der EuGH sich auch. Danach gehörten die WTO-Übereinkünfte einschließlich ihrer Anhänge „wegen ihrer Natur und ihrer Struktur grundsätzlich nicht zu den Vorschriften, an denen der EuGH gem. Art. 230 Abs. 1 EG die Rechtmäßigkeit von Handlungen der Gemeinschaftsorgane misst".[428]

Auch dem Vorbringen, Art. 234 EGV (jetzt Art. 307 EG) begründe ein Recht des Einzelnen, sich vor Gericht auf Vorschriften des GATT zu berufen, trat der EuGH entgegen. Zwar könne man trotz der rechtlichen Unterscheidung des GATT 1994 vom GATT 1947 und der Tatsache, dass das GATT 1994 – im Gegensatz zum GATT 1947 - aufgrund einer ausschließlichen Kompetenz von der Gemeinschaft selbst geschlossen wurde, Art. 234 EGV (jetzt Art. 307 EG) auf das GATT anwenden.[429] Doch selbst dann begründe diese Vorschrift des EG-Vertrages keine unmittelbare Wirkung

---

[421] EuGH a.a.O., Fußn. 416 (T. Port), S. 1053, Rz. 67.
[422] EuGH a.a.O., Fußn. 416 (T. Port), S. 1053, Rz. 68f.
[423] EuGH, Beschluss vom 02.05.2001, Rs. C-307/99, Slg. 2001, S. I-3159ff., OGT Fruchthandelsgesellschaft mbH/Hauptzollamt Hamburg-St. Annen.
[424] Rengeling/Middeke/Gellermann, Rechtsschutz in der EU, 1994, Rn. 594; EuGH, Beschluss vom 22.11.2001, Rs. C-80/01, Slg. 2001, S. I-9141ff. (9151), Rz. 16, Michel SARL / Recettes des douanes.
[425] EuGH a.a.O., Fußn. 423 (OGT FruchthandelsGmbH), S. 3170, Rz. 23.
[426] EuGH, Urteil vom 23.11.1999, Rs. C-149/96, Slg. 1999, S. I-8395ff., Portugiesische Republik/Rat der Europäischen Union.
[427] EuGH a.a.O., Fußn. 356 (Dior).
[428] EuGH a.a.O., Fußn. 426 (Portugal/Rat), S. 8439, Rz. 47.
[429] so vom EuGH gemacht in der Rs. T. Port, s.o. S. 77f. unter Verweis auf die Kontinuität des GATT, Art. XXVI Abs. 1 GATT.

der Bestimmungen der Übereinkunft.[430] Der EuGH berief sich hierbei auf seine ständige, durch das Urteil *Burgoa*[431] begründete Rechtsprechung.
Die vom Vorlagegericht begehrte Auslegung der Bananenmarktverordnung im Lichte des GATT 1994 nahm der EuGH nicht mehr vor. Mit dieser Rechtsprechung macht der EuGH mehr als deutlich, dass er nicht gewillt ist, seine Haltung in absehbarer Zeit zu ändern.[432]

(3) Schlussfolgerung zu den Urteilen

Bezüglich des GATT behält der EuGH unter Variierung seiner Argumentation seine strikte Linie bei. Die Ablehnung der unmittelbaren Anwendbarkeit des GATT 1947 begründete der EuGH noch mit der großen Geschmeidigkeit der Vorschriften. Das GATT 1994 ermangele deshalb der unmittelbaren Anwendbarkeit, weil ihm zum einen das Element der Gegenseitigkeit fehle. Zum anderen lasse das Streitbeilegungssystem, hier wird vom EuGH die Vorschrift des Art. 22 Abs. 2 DSU zitiert, eine nationale bzw. Streitbeilegung auf Gemeinschaftsebene nicht zu.

b) Nichtigkeitsklage Art. 230 EG

Auch im Rahmen der Nichtigkeitsklage gemäß Art. 230 EG beschäftigte sich der EuGH mit der Frage der unmittelbaren Anwendbarkeit. Der EuGH hat im Rahmen dieser Klageart die Frage zu klären, ob das GATT Rechtsnormen i.S.d. Art. 230 Abs. 2 EG enthält. Danach müssten die Rechtsnormen des GATT bei der Durchführung des Vertrages zur Gründung der Europäischen Gemeinschaften anwendbar sein.
Auch hier soll die Entwicklung vor und nach Gründung der WTO dargestellt werden.

(I) Zulässigkeit der Nichtigkeitsklage

Die Nichtigkeitsklage müsste zunächst zulässig sein.
Während sich das Vorabentscheidungsverfahren vornehmlich an den einzelnen Gemeinschaftsbürger richtet, der im Rahmen eines nationalen Verfahrens die Vorlage durch das nationale Gericht des Ausgangsrechtsstreits vor den EuGH bewirkt, privilegiert die Nichtigkeitsklage die Gemeinschaftsorgane Rat und Kommission und die Mitgliedstaaten. Die natürlichen und juristischen Personen in der Gemeinschaft müssen weitergehende Zulässigkeitskriterien erfüllen, bevor der EuGH die Klage zur Entscheidung annimmt. Aus diesem Grunde wird zwischen privilegierten und nicht privilegierten Klagebefugten unterschieden.[433]

(1) Individualklage

Die sachliche Zuständigkeit für Nichtigkeitsklagen liegt für die Klagen natürlicher und juristischer Personen gemäß Art. 225 Abs. 1 EG seit dessen Gründung im Jahre 1988 beim EuG.

(a) Klageberechtigte

---

[430] EuGH a.a.O., Fußn. 423 (OGT FruchthandelGmbH), S. 3171f., Rz. 29f.
[431] EuGH, Urteil vom 14.10.1980, Rs. 812/79, Slg. 1980, S. 2787ff. (2803), Rz. 10f., Strafverfahren gegen Juan C. Burgoa.
[432] so auch v. Danwitz in: JZ 2001, S. 721ff. (723); Groh in: EuZW 2001, S. 662f. (662).
[433] Koenig/Sander, EG-Prozessrecht, Rn. 225.

Unter den Begriff der juristischen Personen fallen alle rechtsfähigen Personenvereinigungen.[434] Er umfasst also alle Körperschaften und Vereinigungen des öffentlichen und privaten Rechts, denen die Rechtsordnung, der sie unterfallen, die Fähigkeit, Träger von Rechten und Pflichten zu sein, verliehen hat.[435] Demnach kann sich die Rechtsfähigkeit nach Völkerrecht, Gemeinschaftsrecht und nationalem Recht richten. Im letzten Fall kann eine dem deutschen Gesellschaftsrecht unterfallende Vereinigung unter den Begriff fallen, wenn es sich um eine juristische Person des Privatrechts oder auch des öffentlichen Rechts handelt.[436] Im Hinblick auf die Terminologie des Art. 230 Abs. 4 EG, wo von juristischen Personen die Rede ist, könnte man annehmen, dass ein Klagerecht derjenigen Vereinigungen ausgeschlossen sei, die nach der zuständigen Rechtsordnung keine juristische Person darstellen. Im deutschen Recht wären hiervon beispielsweise die Personenvereinigungen oHG und KG betroffen. Der EuGH sieht jedoch in dem Begriff der juristischen Person einen eigenständigen gemeinschaftsrechtlichen Begriff, der „nicht notwendigerweise mit den Begriffen übereinstimmt, die in den verschiedenen Rechtsordnungen der Mitgliedstaaten verwendet werden".[437] Der EuGH verlangt dementsprechend lediglich, dass der Kläger die Merkmale aufweist, „an welche die Rechtspersönlichkeit anknüpft"[438]. Der gemeinschaftliche Begriff ist daher sehr weit zu verstehen.

(b) Klagegegenstand

Für die Beurteilung des Klagegegenstandes richtet sich die Nichtigkeitsklage gegen das „Handeln" der Organe der Gemeinschaft. Dabei ist davon auszugehen, dass mit dem Handeln der Organe die Handlungsformen, die Art. 249 EG den Organen zur Verfügung stellt, gemeint sind.[439] Art. 230 Abs. 1 EG nimmt die Empfehlungen und Stellungnahmen wegen ihrer Unverbindlichkeit aus dem Kreis der Handlungsformen des Art. 249 EG aus. Somit handelt es sich bei den angreifbaren Handlungen der Gemeinschaftsorgane um Verordnungen, Richtlinien und Entscheidungen. Die Tatsache aber, dass Art. 230 EG eben auf die Aufzählung dieser drei Handlungsformen verzichtet und den allgemeinen Begriff des Handelns gewählt hat, impliziert, dass man bei der Konzeption des Vertrages einen umfassenden, weitreichenden Rechtsschutz im Blick hatte.[440] Der Rechtsschutz soll daher für alle Arten von Organhandlungen, die dazu bestimmt sind, Rechtswirkungen zu erzeugen, möglich sein. Die Rechtsnatur des Akts spielt dabei keine Rolle. Eine Beschränkung auf den Rechtsschutz gegen Handlungen im Sinne des Art. 249 EG ist also unzulässig.[441]

---

[434] Erichsen/Weiß in: Jura 1990, S. 528ff. (530).

[435] Constantinesco, Recht der Europäischen Gemeinschaften, Bd. I, S. 852f.; GA Lagrange, Schlussanträge vom 20.11.1962, verb. Rs. 16 und 17/62, Slg. 1962, S. 960ff. (988), Confédération nationale des producteurs de fruits et légumes und andere / Rat der Europäischen Wirtschaftsgemeinschaft.

[436] Rengeling/Middeke/Gellermann, Rechtsschutz in der EU, Rn. 134.

[437] EuGH, Urteil vom 28.10.1982, Rs. 135/81, Slg. 1982, S. 3799ff. (3808), Rz. 10, Groupement des Agences de Voyages, a.s.b.l. / Kommission der Europäischen Gemeinschaften.

[438] EuGH, Beschluss vom 14.11.1963, Rs. 15/63, Slg. 1964, S. 108ff. (110); Claude Lassalle / Europäisches Parlament.

[439] Daig, Nichtigkeits- und Untätigkeitsklagen, S. 33.

[440] Gündisch, Rechtsschutz, S. 79.

[441] EuGH, Urteil vom 31.03.1971, Rs. 22/70, Slg. 1971, S. 263ff. (277), Rz. 38-42, Kommission der Europäischen Gemeinschaften / Rat der Europäischen Gemeinschaften (AETR); EuGH, Urteil vom 13.11.1991, Rs. C-303/90, Slg. 1991, S. 5315ff. (5343), Rz. 8, Französische Republik / Kommission der Europäischen Gemeinschaften.

(c) Klagebefugnis

Art. 230 EG macht Individualklagen vom Vorliegen einer Klagebefugnis abhängig. Von einem solchen Erfordernis spricht man dann, wenn nach der einschlägigen Verfahrensordnung die Gewährung von Rechtsschutz davon abhängt, dass der Kläger eine individuelle Betroffenheit von besonderer Qualität geltend macht.[442] Dementsprechend ist die Klagemöglichkeit einer natürlichen oder juristischen Person in Art. 230 Abs. 4 EG auf an sie gerichtete Entscheidungen und auf an sie als Verordnungen ergangene Entscheidungen oder an Dritte ergangene Entscheidungen, die sie unmittelbar und individuell betreffen, beschränkt. Der Begriff der Entscheidung ist dabei in dem technischen Sinne zu verstehen, den ihm Art. 249 EG verleiht.[443] Als Richtlinien ergangene Gemeinschaftsakte sind daher vom Einzelnen nicht anfechtbar.[444] Zwar könne ein normativer Akt, der für alle Wirtschaftsteilnehmer gilt, unter bestimmten Umständen einzelne von ihnen unmittelbar und individuell betreffen.[445] Dies könne jedoch nicht bei einer Richtlinie der Fall sein. Denn der Gemeinschaftsgesetzgeber sei nur dann, wenn er Verordnungen erlassen darf, ermächtigt, Verpflichtungen mit unmittelbarer Wirkung zu Lasten der Einzelnen anzuordnen.[446]
Die bisher im GATT-/WTO-Bereich berührten Gemeinschaftsakte waren hauptsächlich als Verordnungen ergangen.[447] Voraussetzung für ihre Anfechtung im Wege der Nichtigkeitsklage wäre also, dass diese Verordnung in Wahrheit als Entscheidung hätte erlassen werden müssen. Die Entscheidung unterscheidet sich von der Verordnung durch ihre auf die Regelung eines Einzelfalls gerichtete Verbindlichkeit. Die Verordnung gilt hingegen allgemein, ist also an jedermann gerichtet. Hier ergibt sich ein schwieriges Abgrenzungsproblem. Zu unterscheiden sind danach solche Organhandlungen, die als nicht anfechtbare, abstrakt-generelle Verordnungen einzuordnen sind und solche, die als rechtsschutzfähige, individuell-konkrete Scheinverordnungen zu beurteilen sind.[448]

(i) Rechtsprechung

Der EuGH zeigt sich zunehmend großzügig bei der Annahme von Nichtigkeitsklagen Einzelner gegen normative Rechtsakte. Unter bestimmten Voraussetzungen lässt er sie auch gegen solche Verordnungen zu, die aufgrund ihrer Geltung für einen unüberschaubaren Kreis von Adressaten einen generellen Regelungscharakter haben und sich dadurch von der Entscheidung unterscheiden.[449] Direktklagen gegen generelle Rechtsakte lässt der EuGH demnach zu, wenn der Kläger die Kriterien der unmittelbaren und individuellen Betroffenheit erfüllt.[450] Nach dem EuGH kommt es für

---

[442] Erichsen/Weiß in: Jura 1990, S. 528ff. (531).
[443] EuGH a.a.O., Fußn. 435 (Confédération nationale), S. 978.
[444] EuGH, Beschluss vom 23.11.1995, Rs. C-10/95, Slg. 1995, S. I-4149ff. (4160), Rz. 32ff., Asociatión Espanola de Empresas de la Carne (Asocarne) / Rat der Europäischen Union.
[445] EuGH, Urteil vom 17.01.1985, Rs. 11/82, Slg. 1985, S. 207ff., Rz. 11-32, Piraiki-Patraiki; EuG, Urteil vom 27.06.2000, verb. Rs. T-172/98, T-175/98 und T-177/98, Slg. 2000, S. II-2487ff. (2504), Rz. 30, Salamander AG u.a. / Europäisches Parlament und Europäische Kommission.
[446] EuGH a.a.O., Fußn. 445 (Salamander), S. 2511, Rz. 57.
[447] als bekanntestes Beispiel dient die bereits erwähnte Bananenmarkt-Verordnung, a.a.O., Fußn. 417.
[448] Koenig/Sander, EG-Prozessrecht, Rn. 261.
[449] Herdegen, Europarecht, Rn. 215.
[450] EuGH, Urteil vom 21.06.1993, Rs. C-276/93, Slg. 1993, S. I-3345ff. (3349f.), Rz. 7f., Chiquita Banana u.a. / Rat.

die individuelle Betroffenheit entscheidend darauf an, dass sie den Kläger aus dem Kreis aller übrigen Personen heraushebt, und ihn daher in ähnlicher Weise wie den Adressaten individualisiert (sogenannte Plaumann-Formel).[451]
Voraussetzung ist also, dass der Kläger in einem besonderen, sich von anderen Beeinträchtigten unterscheidenden Maße von der angegriffenen Verordnung betroffen ist. Er darf also nicht nur in seiner Eigenschaft als wirtschaftlich Tätiger betroffen sein. Insofern würde er nämlich nur einer von vielen sein, die sich in derselben Lage befänden. Diese individuelle Betroffenheit nachzuweisen, stellt sich als äußerst schwierig dar.
In der Tat hat bis heute im Bereich des GATT-/WTO-Rechts kaum ein einzelner Wirtschaftsteilnehmer eine Nichtigkeitsklage gegen vermeintlich gegen das internationale Handelsrecht verstoßende Gemeinschaftsakte erfolgreich angestrengt.
Im Rahmen der Nichtigkeitsklage *Atlanta*[452] hatte der EuGH Gelegenheit, die Grenzen des Primärrechtsschutzes gegen die Bananenmarktordnung aufzuzeigen. Hier klagten sieben deutsche Bananenimporteure gegen die auf der umstrittenen Verordnung beruhende Festsetzung von Zollkontingenten für die Einfuhr von Bananen. Gemäß Art. 92 § 2, 91 § 3,4 EuGH- Verfahrensordnung prüfte der EuGH die Prozessvoraussetzung der unmittelbaren und individuellen Betroffenheit.[453] Im Ergebnis erklärte er die Klage ohne mündliche Verhandlung durch Beschluss[454] gemäß Art. 119 seiner Verfahrensordnung für unzulässig.[455]
Er begründete die fehlende individuelle Betroffenheit damit, dass die Vorschriften der Bananenmarktverordnung für objektiv festgelegte Sachverhalte gelten und Rechtswirkungen nur gegenüber abstrakt und generell erfassten Personengruppen entfalten.[456] Es handele sich demnach nach Ansicht des EuGH bei der Bananenmarkt-Verordnung um eine echte Verordnung, die eben nicht in Wahrheit eine Entscheidung darstellt.
Die Atlanta-Gruppe hatte zwei Jahre später erneut die Gelegenheit, die Bananenmarkt-Verordnung vom EuGH auf ihre Rechtmäßigkeit hin überprüfen zu lassen. Allerdings handelte es sich diesmal um ein Vorabentscheidungsverfahren.[457]
Im Jahre 2000 kam es zu einem erneuten Rechtsstreit über die Bananenmarktordnung vor dem Gericht erster Instanz.[458] Allerdings wurde hier mit der Nichtigkeitsklage nicht die Gültigkeit der Bananenmarktverordnung angegriffen, sondern vielmehr versucht, ein Recht aus dieser Verordnung herzuleiten. Die Klägerinnen hatten bei

---

[451] EuGH, Urteil vom 15.07.1963, Rs. 25/62, Slg. 1963, S. 213ff. (238f.), Firma Plaumann & Co. / Kommission der Europäischen Wirtschaftsgemeinschaft; EuGH, Urteil vom 18.05.1994, Rs. C-309/89, Slg. 1994, S. I-1853ff. (1886), Rz. 20, Codorniu SA / Rat der Europäischen Union; EuGH, Urteil vom 15.05.1991, Rs. C-358/89, Slg. 1991, S. I-2501ff. (2532), Rz. 17, Extramet Industrie SA / Rat der Europäischen Gemeinschaften.
[452] EuGH, Beschluss vom 21.06.1993, Rs. C-286/93, EuR 1993, S. 282f., Atlanta AG Bremen und sechs weitere deutsche Unternehmen mit Sitz in Bremen bzw. Hamburg / Rat der Europäischen Gemeinschaften und Europäische Wirtschaftsgemeinschaft.
[453] EuGH a.a.O., Fußn. 452 (Atlanta u.a.), S. 283, Rz. 4.
[454] zur Bedeutung des Beschlussverfahrens vgl. Rs. OGT FruchthandelsGmbH, S. 82f.
[455] EuGH a.a.O., Fußn. 452 (Atlanta u.a.), S. 284, Rz. 13.
[456] EuGH a.a.O., Fußn. 452 (Atlanta u.a.), S. 284, Rz. 11.
[457] s.o. S. 74f..
[458] EuG, Urteil vom 08.06.2000, verb. Rs. T-79/96, T-260/97 und T-117/98, Slg. 2000, S. II-2193ff., Camar Srl und Tico Srl / Kommission der Europäischen Gemeinschaften und Rat der Europäischen Union.

der Kommission die Ergreifung von Maßnahmen nach Art. 16 Abs. 3 der Verordnung 404/93 (Bananenmarkt-VO) beantragt. Diese Vorschrift sah die Anpassung von Zollkontingenten im Falle des Auftretens außergewöhnlicher Umstände, die sich auf die Produktions- oder Einfuhrbedingungen auswirken, vor. Die antragstellenden Klägerinnen sahen die Voraussetzungen für die Anpassung nach dieser Vorschrift für gegeben an, weil sich die verfügbare Menge somalischer Bananen aufgrund eines Klimaproblems verringert hätte. Die Kommission verweigerte die Anpassung der Kontingente.
Das EuG bejahte die individuelle Betroffenheit der Klägerinnen.[459] Das Gericht führte hierfür aus, dass die Klägerinnen die wichtigsten Einführerinnen von somalischen Bananen und daher in besonderem Maße vom Rückgang der verfügbaren Mengen betroffen seien. Aus diesem Grund seien die Klägerinnen aufgrund von Umständen berührt, die sie aus dem Kreis aller übrigen auf diesem Markt tätigen Wirtschaftsteilnehmer herausheben würden.[460] Die individuelle Betroffenheit und damit die Zulässigkeit der Klage wurden vom EuG also bejaht.
Allerdings hat die beklagte Kommission inzwischen beim EuGH Rechtsmittel eingelegt.[461] Die Generalanwältin Stix-Hackl lehnt in ihren Schlussanträgen[462] die Auffassung des Gerichts erster Instanz ab. Die Klägerinnen seien nicht individuell durch die Nichtvornahme der Anpassung der Zollkontingente durch die Kommission betroffen. Dafür verweist die Generalanwältin zunächst auf die ständige Rechtsprechung des EuGH, wonach es darauf ankäme, dass bestimmte persönliche Eigenschaften oder besondere Umstände den Kläger aus dem Kreis aller übrigen Personen herausheben.[463] Dabei müsse eine gewisse rechtliche Betroffenheit vorliegen.[464] Die Tatsache, dass die Klägerinnen als die größten Importeure die größten Mengen an Bananen aus Somalia einführten und dadurch wirtschaftlich in besonderem Maße betroffen seien, sei kein ausschlaggebendes Kriterium für die Bejahung der Klagebefugnis.[465] Mit dieser Auffassung macht die Generalanwältin den vom EuG gewährten Rechtsschutz wieder zunichte. Sie stellt den Rechtsschutz der einzelnen Wirtschaftsteilnehmer auf europäischer Ebene erneut in Frage. Der EuGH hat sich dem angeschlossen. Er führt aus, dass die Bestimmbarkeit der von der Maßnahme betroffenen Personen nach Zahl oder Identität allein keine individuelle Betroffenheit begründe.[466]
Einen erneuten Vorstoß hat das EuG in einer Entscheidung[467] gewagt, in deren Rahmen es um eine EG-Verordnung ging, die die Mindestgröße von Schleppnetzmaschen auf 10 cm festlegt. Die Verordnung bezweckte mit dieser Regelung den Schutz des Seehechtsbestands. Sie bedeutet eine Verschärfung der Fischereibestimmungen für die Gewässer südlich von Irland.

---

[459] EuG a.a.O., Fußn. 458 (Camar Srl), S. 2227, Rz. 96.
[460] EuG a.a.O., Fußn. 458 (Camar Srl) a.E.
[461] EuGH, Urteil vom 10.12.2002, Rs. C-312/00, Slg. 2002, S. I-11390ff., Kommission der Europäischen Gemeinschaften / Camar Srl u. Tico Srl.
[462] Schlussanträge vom 16.04.2002, Slg. 2002, S. I-11355ff..
[463] Schlussanträge a.a.O., Fußn. 462, S. I-11370, Erwägung 49 unter Verweis auf das Urteil des EuGH vom 22.11.2001 in der Rs. C-451/98, Slg. 2001, S. I-8949, Rz. 49, Antillean Rice Mills / Rat.
[464] Schlussanträge a.a.O., Fußn. 463 (Antillean Rice Mills), Erwägung 51.
[465] Schlussanträge a.a.O., Fußn. 463 (Antillean Rice Mills), Erwägungen 56f., 59.
[466] EuGH, Urteil vom 10.12.2002, a.a.O., Fußn. 461 (Camar Srl), S. I-11427, Rz. 74.
[467] EuG, Urteil vom 03.05.2002, Rs. T-177/01, EuZW 2002, S. 412ff., Jégo-Quéré et Cie SA / Kommission der EG, nicht rechtskräftig.

Zur Klage eines französischen Unternehmens führte das EuG aus, dass die Klage nach den bisherigen Maßstäben mangels individueller Betroffenheit für unzulässig erklärt werden müsse. So führte auch die Kommission aus, dass das allgemeine Verbot von Maschenöffnungen, die eine geringere als die festgelegte Größe aufwiesen, für alle Wirtschaftsteilnehmer gelte, die im betreffenden Gebiet Fischerei betrieben.[468] Auch das EuG sah in der betreffenden Regelung eine Vorschrift, die sich abstrakt an unbestimmte Personengruppen wende und für objektiv bestimmte Sachverhalte gelte, so dass sie ihrem Wesen nach allgemeine Geltung habe.[469] Zwar sieht das EuG die unmittelbare Betroffenheit nach ständiger Rechtsprechung aus dem Grund für gegeben an, dass die Vorschrift keiner weiteren nationalen Maßnahme bedarf, um Wirkungen gegenüber der Klägerin zu entfalten.[470] Eine Individualisierung im Sinne der ständigen Rechtsprechung des EuGH zur individuellen Betroffenheit verneint das EuG hingegen.[471] Allerdings erkannte das EuG einen Mangel im Individualrechtsschutz und deshalb die Notwendigkeit der Ausdehnung der Klagebefugnis Privater an. Die Klägerin hatte nämlich – neben der Nichtigkeitsklage – keine andere Rechtsschutzmöglichkeit, um sich gegen die Verordnung zur Wehr zu setzen. Unter Bezugnahme auf die Grundrechtsüberlieferungen der Mitgliedstaaten, die EMRK und die europäische Grundrechte-Charta, woraus sich das Recht des Individuums auf einen wirksamen Rechtsbehelf ergebe, erkennt das EuG eine individuelle Betroffenheit nunmehr bereits dann an, wenn „diese Bestimmung ihre Rechtsposition unzweifelhaft und gegenwärtig beeinträchtigt, indem sie ihre Rechte einschränkt oder ihr Pflichten auferlegt".[472] Auf die Zahl der Betroffenen eines Rechtsakts der Gemeinschaft soll es nicht mehr ankommen. Eine solche Ausweitung der Klagebefugnis Einzelner im Falle des Fehlens anderweitigen Rechtsschutzes wurde bereits seit den sechziger Jahren gefordert.[473]

Die Tendenzen des Generalanwalts Jacobs[474] in seinen Schlussanträgen zu einem Rechtsmittelverfahren gegen ein marktordnungsrechtliches Urteil des EuG[475] zeigen Tendenzen zur großzügigeren Bejahung der individuellen Betroffenheit in der Sphäre des EuGH. Das EuG hatte die Nichtigkeitsklage eines landwirtschaftlichen Verbandes gegen eine Ratsverordnung unter Bezugnahme auf die bisherige Rechtsprechung mangels individueller Betroffenheit abgelehnt.[476] Generalanwalt Jacobs hingegen sah die Rechtsprechung des EuGH zur Klagebefugnis individueller Kläger als problematisch an. Art. 230 Abs. 4 EG müsse so ausgelegt werden, dass er mit dem Grundrecht auf effektiven Rechtsschutz vereinbar sei.[477] Dabei dürfe nicht ausschlaggebend sein, ob dem Einzelnen auf nationaler Ebene Rechtsschutz zukäme.[478] Ansonsten seien die Gemeinschaftsgerichte entgegen ihren Kompetenzen

---

[468] EuG a.a.O., Fußn. 467 (Jégo-Quéré), S. 412, Rz. 15.
[469] EuG a.a.O., Fußn. 467 (Jégo-Quéré), S. 413, Rz. 23f.
[470] EuG a.a.O., Fußn. 467 (Jégo-Quéré), S. 413, Rz. 26.
[471] EuG a.a.O., Fußn. 467 (Jégo-Quéré), S. 413, Rz. 38.
[472] EuG a.a.O., Fußn. 467 (Jégo-Quéré), S. 415, Rz. 51.
[473] vgl. hierzu Lübbig in: EuZW 2002, S. 415f.
[474] Schlussanträge GA Jacobs vom 21.03.2002, Rs. C-50/00 P, Unión de Pequenos Agricultores / Rat der Europäischen Union, noch nicht amtl. veröffentl.
[475] EuG, Beschluss vom 23.11.1999, Rs. T-173/98, Slg. 1999, S. II-3357ff., Unión de Pequenos Agricultores / Rat der Europäischen Union.
[476] EuG a.a.O., Fußn. 475 (Unión de Pequenos Agricultores), S. 3371ff., Rz. 35ff., 65.
[477] Schlussanträge GA Jacobs, EuGH a.a.O., Fußn. 474 (Unión de Pequenos Agricultores), Rz. 37.
[478] Schlussanträge GA Jacobs, EuGH a.a.O., Fußn. 474 (Unión de Pequenos Agricultores), Rz. 102.

gezwungen, nationales Verfahrensrecht auszulegen. Außerdem seien die verschiedenen nationalen Verfahrensordnungen so unterschiedlich ausgestaltet, dass es zu einer Ungleichbehandlung zwischen den Staatsangehörigen käme. Während der Staatsangehörige des einen Mitgliedstaates mangels nationaler Rechtsschutzmöglichkeiten über die Nichtigkeitsklage direkten Zugang zu den Gemeinschaftsgerichten hätte, müsste ein anderer sich auf den nationalen Rechtsweg mit der vom Willen des nationalen Gerichts abhängigen Möglichkeit des Vorlageverfahrens nach Art. 234 EG beschränken lassen. Einzig zufriedenstellende Lösung sei nach Auffassung des Generalanwalts die Anerkennung einer weiten Auslegung des Begriffs der individuellen Betroffenheit des Art. 230 Abs. 4 EG dahingehend, dass es zukünftig reichen solle, wenn die beanstandete Handlung erhebliche nachteilige Auswirkungen auf die Interessen des Individualklägers haben kann.[479]

Der EuGH ist dem Votum seines Generalanwalts indessen nicht gefolgt, obwohl die Praxis des EuGH, in den meisten Fällen den Schlussanträgen seiner Generalanwälte zu folgen[480], dafür gesprochen hätte. Dagegen sprach bereits vor Veröffentlichung des Urteils, dass der EuGH noch vor kurzem im kleinen Plenum (11 Richter) seine bisherige ständige, restriktive Rechtsprechung bestätigt hatte.[481] Der EuGH beharrte auf seiner Forderung, dass zur Erhebung der Nichtigkeitsklage nach Art. 230 Abs. 4 EG die fragliche Handlung die klagende natürliche oder juristische Person wegen bestimmter persönlicher Eigenschaften oder wegen besonderer, sie aus dem Kreis aller übrigen Personen heraushebender Umstände berührt und sie dadurch in ähnlicher Weise individualisiert wie einen Adressaten.[482] Zwar seien bei der Prüfung durch den Gerichtshof auch die Grundrechte, die sich aus der Gemeinschaftsrechtsordnung herleiten und wozu auch das Recht auf einen effektiven gerichtlichen Schutz der Rechte des Einzelnen gehöre, zu beachten.[483] Doch sehe der EG-Vertrag mit seinen in Art. 230 Abs. 4, 234 und 241 EG geregelten Rechtsbehelfen ein umfassendes und vollständiges System von Rechtsbehelfen und Verfahren vor.[484] Fehle einem Einzelnen die Klagemöglichkeit nach Art. 230 Abs. 4 EG wegen mangelnder individueller Betroffenheit, so bliebe ihm die Möglichkeit des Vorabentscheidungsverfahrens. Es sei daher Sache der Mitgliedstaaten, ihr Rechtsschutzsystem so auszugestalten, dass ein effektiver Rechtsschutz gewährleistet sei.[485] Diese Pflicht ergebe sich aus Art. 10 EG, welcher den Grundsatz der loyalen Zusammenarbeit vorsieht. Die nationalen Verfahrensvorschriften seien von den nationalen Gerichten so auszulegen, dass natürliche und juristische Personen die Rechtmäßigkeit nationaler Entscheidungen oder anderer Maßnahmen, die auf einer Gemeinschaftshandlung mit allgemeiner Geltung beruhen, gerichtlich anfechten und sich dabei auf die Ungültigkeit der Handlung berufen können.[486] Schließlich verbiete sich die Beurteilung der Klagebefugnis danach, ob auf nationaler Ebene Rechtsschutz gewährt wird und da-

---

[479] Schlussanträge GA Jacobs, EuGH a.a.O., Fußn. 474 (Unión de Pequenos Agricultores), Rz. 102.

[480] Hakenberg/Stix-Hackl, Verfahren, S. 25; Koenig/Sander, EG-Prozessrecht, Rn. 49; Gündisch, Rechtsschutz, S. 62.

[481] EuGH a.a.O., Fußn. 463 (Antillean Rice Mills).

[482] EuGH, Urteil vom 25.07.2002, Rs. C-50/00 P, Unión de Pequenos Agricultores / Rat der Europäischen Union, unterstützt durch Kommission der Europäischen Gemeinschaften, EuZW 2002, S. 426ff., Rz. 36. Ständige Rspr., vgl. EuGH a.a.O., Fußn. 451 (Plaumann), S. 238f.

[483] EuGH a.a.O., Fußn. 482 (Unión de Pequenos Agricultores), Rz. 39.

[484] EuGH a.a.O., Fußn. 482 (Unión de Pequenos Agricultores), Rz. 40.

[485] EuGH a.a.O., Fußn. 482 (Unión de Pequenos Agricultores), Rz. 41.

[486] EuGH a.a.O., Fußn. 482 (Unión de Pequenos Agricultores), Rz. 42.

mit das Grundrecht auf effektiven Rechtsschutz erfüllt ist oder nicht, aufgrund der Kompetenzverteilung zwischen Gemeinschaft und Mitgliedstaaten. Eine solche Regelung würde es erforderlich machen, dass der Gemeinschaftsrichter das nationale Verfahrensrecht prüft und auslegt.[487] Diese Problematik hatte der Generalanwalt auch schon gesehen.[488]
Generalanwalt Jacobs, der nach den Schlussanträgen in der Rechtssache *Unión de Pequenos Agricultores*[489] auch in der Rechtssache *Jégo-Quéré* berufen war, wiederholte in seinen Schlussanträgen in dieser Rechtssache seine Zweifel an der Rechtmäßigkeit des Festhaltens des EuGH an der Plaumann-Formel.[490] Letztendlich akzeptierte er jedoch das zuvor ergangene Urteil des EuGH in der Rechtssache *Unión de Pequenos Agricultores*[491] und sah den von der Kommission gegen das Urteil des EuG vorgetragenen Rechtsmittelgrund der fehlenden individuellen Betroffenheit als begründet an.[492]
Im Ergebnis erachtet der EuGH den Rechtsschutz auf Gemeinschaftsebene demnach für ausreichend. Eine Ausweitung des Klagerechts des Einzelnen im Rahmen der Nichtigkeitsklage kann sich daher aus den gemeinschaftlichen Grundrechten nicht ergeben.[493]
Der EuGH zeigt ansonsten die Tendenz, im Rahmen der Antisubventions-, Antidumping- und anderer handelspolitischer Verordnungen nicht an die unmittelbare und individuelle Betroffenheit anzuknüpfen und sorgt damit für eine gewisse Ausweitung des Rechtsschutzes für den Einzelnen.[494] Aus dem im Verwaltungsverfahren vor der Kommission eingeräumten Antragsrecht auf Einleitung von Untersuchungen der Handelspraktiken von Drittstaaten mit dem Ziel der Verhängung von Handelssanktionen seitens der Kommission wird unmittelbar ein gerichtlicher Rechtsschutz hergeleitet.[495] Bereits das Antragsrecht wird vom EuGH als gerichtlich durchsetzbar angesehen. Neben dem europäischen Wirtschaftsteilnehmer, der von der Kommission die Verhängung strengerer Antidumping- und Ausgleichszölle insbesondere gegenüber Importeuren aus Drittstaaten verlangt (Konkurrentenklagen) und hierfür die bereits erlassene, nach Auffassung des Klägers zu milde Antidumping-Verordnung anficht, gewährt der EuGH den Drittlandsimporteuren und –Exporteuren genau wie den europäischen Händlern ein Klagerecht nach Art. 230 EG, um sich gegen die Verhängung der Zölle durch die Kommission zu wehren.[496] Der EuGH macht demnach sein Bestreben deutlich, den Rechtsschutz, der den europäischen oder aus Drittländern stammenden natürlichen und juristischen Personen aus Art. 230 EG erwächst, so weit wie möglich zu verstehen.

---

[487] EuGH a.a.O., Fußn. 482 (Unión de Pequenos Agricultores), Rz. 43.
[488] Schlussanträge GA Jacobs, EuGH a.a.O., Fußn. 474 (Unión de Pequenos Agricultores), Rz. 52.
[489] s.o. S. 84f.
[490] Schlussanträge GA Jacobs vom 10.07.2003, Rs. C-263/02 P, Kommission der Europäischen Gemeinschaften / Jégo-Quéré et Cie SA, Rz. 43ff.
[491] s.o. S. 84.
[492] Schlussanträge a.a.O., Fußn. 490, (Jégo-Quéré), Rz. 46f.
[493] vgl. auch EuGH, Beschluss vom 12.07.2002, Rs. T-163/02 R, EWS 2002, S. 429ff., Montangesellschaft Voss mbH u.a. / Kommission der Europäischen Gemeinschaften.
[494] Schwarze in: EuR 1986, S. 217ff. (223).
[495] s.o., S. 98f. (FEDIOL III).
[496] hierzu Schwarze in: EuR 1986, S. 217ff.Schwarze in: EuR 1986, S. 217ff. (223).

Wie insbesondere das bereits erwähnte *Timex*-Urteil[497] zeigt, nimmt der EuGH die Zulässigkeit einer Individualklage insbesondere dann an, wenn der Kläger an dem zum Erlass des angegriffenen Rechtsakts führenden Verfahren vor der Kommission beteiligt war und dieses Verfahren auch dem Schutz seiner Interessen gedient hat. Doch auch hier hält sich der EuGH an seine ständige Rechtsprechung. Da der durch die angegriffene Verordnung erhobene Antidumpingzoll „in Anbetracht des Ausmaßes der Schäden, die der Timex-Corporation durch die gedumpten Einfuhren zugefügt worden sind" festgelegt wurde, beruhe die streitige Verordnung auf der individuellen Situation der klagenden Firma. Die individuelle Betroffenheit konnte daher vom EuGH bejaht werden.

(ii) Literatur

Obwohl der Großteil der Literatur sich für eine Ausweitung der Klagebefugnis im Rahmen der Nichtigkeitsklage nach Art. 230 Abs. 4 EG ausspricht[498], finden sich auch Stimmen gegen eine weite Auslegung der Zulässigkeitsvoraussetzung der individuellen Betroffenheit.[499] An der Plaumann-Formel sei festzuhalten, da nur sie der Definition der Entscheidung in Art. 230 Abs. 4 und 249 Abs. 4 EG entspreche. Außerdem bedeute das Grundrecht auf effektiven Rechtsschutz nicht, dass ein Klagerecht vor den Gemeinschaftsgerichten bestehen müsse und daher die Voraussetzung der individuellen Betroffenheit in Art. 230 Abs. 4 EG weiter als möglich auszulegen sei. Vielmehr handele der EuGH im Zusammenspiel mit den nationalen Gerichten, die insofern als funktionale Gemeinschaftsgerichte betrachtet werden können.[500] Der vom EuGH vertretenen Subsidiarität des direkten Rechtsschutzes sei der Vorzug zu geben.[501] Doch müsse die Gewährleistung effektiven Rechtsschutzes auf mitgliedstaatlicher Ebene sichergestellt sein. Ansonsten müsse der EuGH oder das EuG bereit sein, einzuspringen.

Gegen diese Ansicht wird angeführt, dass es sich bei der Gemeinschaft um eine Rechtsgemeinschaft handele. Aus diesem Grund solle sie Rechtsschutzanträge gegen gemeinschaftliches Sekundärrecht nicht fürchten, sondern sich dem „Rechtstest" stellen.[502] Es wird sogar diskutiert, ob das Wort „Rechtsschutz" in der Rechtsgemeinschaft der Europäischen Union anderes als in den nationalen Rechtsordnungen meine. Es liege die Annahme nahe, dass Rechtsschutz in den Augen des EuGH nur förderungswürdig sei, wenn er der Durchsetzung des Gemeinschaftsrechts diene.[503]

(iii) Fazit

Trotz teilweise starker Kritik seitens der Literatur hält der EuGH an seiner ablehnenden Haltung gegenüber der Bejahung der Klagebefugnis zugunsten von Einzelnen, die sich nachteilig von Verordnungen betroffen fühlen, fest. Zwar lässt die Rechtsprechung Direktklagen auch gegen generelle Akte zu. Doch muss der Kläger stets

---

[497] s.o. S. 59.
[498] Schohe/Arhold in: EWS 2002, S. 320ff.; Lübbig in: EuZW 2002, S. 415f.; v. Danwitz in: NJW 1993, S. 1108ff.; Moitinho de Almeida in: FS Everling, S. 849ff.
[499] Köngeter in: NJW 2002, S. 2216ff.
[500] Köngeter in: NJW 2002, S. 2216ff. (2217).
[501] Nettesheim in: JZ 2002, S. 928ff. (932).
[502] Schohe in: EWS 2002, S. 424ff. (424).
[503] Schohe in: EWS 2002, S. 424ff. (425).

die Kriterien der unmittelbaren und individuellen Betroffenheit erfüllen. Die Plaumann-Formel wird nach wie vor herangezogen.
Eine gewisse Kompensation der Einschränkung des Primärrechtsschutzes gegen Rechtssetzungsakte der Gemeinschaftsorgane im Rahmen des Verfahrens nach Art. 230 EG bietet die Schadensersatzklage nach Art. 235 i.V.m. Art. 288 Abs. 2 EG und das Verfahren der inzidenten Normenkontrolle gem. Art. 241 EG.[504] Allerdings führt sie nur zu einem Schadensersatzanspruch. Die Aufhebung eines rechtswidrigen Gemeinschaftshandelns kann eine solche Klage nicht herbeiführen.[505]
Sollte der EuGH entgegen seiner derzeitigen Tendenz doch dem Bestreben des EuG und eines Teils der Generalanwälte nach einem effektiveren Rechtsschutz der individuellen Kläger folgen, so würde in Zukunft zwar die Zulässigkeit der Nichtigkeitsklage leichter bejaht werden können. Nicht beseitigt wäre dadurch allerdings die zweite Hürde der auf der Ebene der Begründetheit zu klärenden, oben dargestellten Frage der unmittelbaren Anwendbarkeit derjenigen Vorschriften, auf die der Kläger die Rechtswidrigkeit des angegriffenen Gemeinschaftsaktes stützen will, wie zum Beispiel im Falle der Bananenmarktverordnung das Recht der WTO.

(2) Privilegierte Klagebefugte

Auch die Mitgliedstaaten können durch Erhebung der Nichtigkeitsklage vor dem EuGH Rechtsakte der Gemeinschaft auf ihre Rechtmäßigkeit überprüfen lassen. Zwar ist Gegenstand der Untersuchung die Darstellung der Möglichkeiten für den einzelnen Wirtschaftsteilnehmer, gegen GATT-widriges Verhalten anderer vorzugehen. Doch bestünde die Möglichkeit, dass sich ein Mitgliedstaat für einen betroffenen Wirtschaftszweig auf nationaler Ebene engagiert und so GATT-widriges Verhalten gerichtlich rügt.[506]
Ein Regierungsentwurf zum novellierten Art. 23 Abs. 7 GG sah den Erlass eines Ausführungsgesetzes vor, welches die Verpflichtung der Bundesregierung vorsah, auf Verlangen der Länder in Bereichen der ihnen ausschließlich zugewiesenen Gesetzgebungskompetenzen Klage vor dem EuGH zu erheben.[507] Die Aufbesserung der Rechtsstellung der Länder war deshalb erforderlich, weil den Ländern als unterstaatliche Organisationseinheiten ein eigenes Klagerecht nur über Art. 230 Abs. 4 EG unter erheblich strengeren Voraussetzungen zukommt. Mit dem Begriff der Mitgliedstaaten in Abs. 2 sind nämlich nur die Signatarstaaten in ihrer Gesamtheit als Völkerrechtssubjekt gemeint.[508] Mit dem Ausführungsgesetz könnte auch ein (deutscher) Wirtschaftszweig, der auf Länderebene eine besondere Lobby genießt, Chancen auf die Einleitung einer Nichtigkeitsklage durch seinen Heimatstaat haben. Vorteil des mittelbaren Vorgehens über den Heimatstaat ist die privilegierte Klagebefugnis des Mitgliedstaates gem. Art. 230 Abs. 2 EG.
Der Mitgliedstaat als privilegierter Klagebefugter ist gemäß Art. 230 Abs. 2 EG nicht verpflichtet, seine persönliche Betroffenheit durch den vermeintlich rechtswidrigen Rechtsakt darzulegen. Für ihn hängt die Gewährung von Rechtsschutz nicht von der

---

[504] Herdegen, Europarecht, Rn. 217.
[505] so auch EuG a.a.O., Fußn. 467 (Jégo-Quéré), S. 414, Rz. 46.
[506] vgl. EuGH, Urteil vom 26.05.1982, Rs. 44/81, Slg. 1982, 1855ff., Bundesrepublik Deutschland und Bundesanstalt für Arbeit / Kommission der Europäischen Gemeinschaften; Rengeling/Middeke/Gellermann, Rechtsschutz in EU, Rn. 131.
[507] BT-Drucks.501/92, S. 24.
[508] Rengeling/Middeke/Gellermann, Rechtsschutz in der EU, Rn. 131.

Geltendmachung einer individuellen Betroffenheit besonderer Art ab.[509] Es handelt sich vielmehr um ein objektives Verfahren, welches den Mitgliedstaaten die Erzwingung einer abstrakten Normenkontrolle ermöglicht.[510] Dem Mitgliedstaat kommt mithin die Aufgabe des Hüters der Verträge zu.

(II) Nichtigkeitsklagen vor Gründung der WTO

Die unmittelbare Anwendbarkeit der GATT-Vorschriften im Rahmen der Nichtigkeitsklage wurde im Rahmen der Rechtssache *Deutschland/Rat* behandelt.[511] Hier wehrte sich die Bundesrepublik gegen Teile der Verordnung über die gemeinsame Marktordnung für Bananen.[512]

In diesem Rechtsstreit hat zum ersten Mal ein Mitgliedstaat im Rahmen einer Klage gegen einen Rechtsakt der Gemeinschaft einen Verstoß gegen die Bestimmungen des GATT gerügt, so dass sich dem EuGH erstmalig die Frage stellte, ob es auch in einem solchen Verfahren auf das Kriterium der „direkten Anwendbarkeit" ankommt.[513]

Die unmittelbare Anwendung wurde vom EuGH verneint. Aus dem Sinn, Aufbau und Wortlaut des GATT ergebe sich keine Verpflichtung zu einer unmittelbaren Anwendbarkeit dieser Vorschriften in den internen Rechtsordnungen der Vertragsparteien, weshalb sich auch ein Mitgliedstaat im Rahmen einer Klage gegen einen Rechtsakt der Gemeinschaft auf einen angeblichen Verstoß gegen die Regeln des GATT nicht berufen könne.[514] Spektakulär an der Entscheidung war die Tatsache, dass der EuGH nunmehr die Mitgliedstaaten mit den einzelnen EU-Bürgern auf eine Stufe stellte und es auch ihnen versagte, sich auf die Bestimmungen der WTO-Übereinkünfte im Rahmen der Nichtigkeitsklage zu stützen.

Argumentativ untermauerte der EuGH seine Auffassung erneut mit dem Hinweis auf die große Flexibilität der GATT-Vorschriften.[515] Die Tatsache, dass sich für die klagende Bundesrepublik Schwierigkeiten bei der Anwendung der Verordnung ergeben könnten, könne dabei genauso wenig Einfluss auf die Gültigkeit der Verordnung haben, wie die Folgen, die sich daraus für ihre Tätigkeit ergeben.

Generalanwalt Gulmann unterzog der Rechtsprechung des EuGH zur unmittelbaren Anwendbarkeit des GATT in seinen Schlussanträgen zu diesem Urteil einer ausführlichen Analyse[516], ließ dabei aber die Frage außen vor, ob es einen Unterschied macht, ob sich ein Gemeinschaftsbürger oder aber ein Mitgliedstaat vor dem EuGH auf das GATT beruft. Im Ergebnis war er - genau wie der EuGH - der Ansicht, dass sich die Bundesrepublik Deutschland im Rahmen ihrer Nichtigkeitsklage nicht auf die

---

[509] Erichsen/Weiß in: Jura 1990, S. 528ff. (531).

[510] EuGH, Urteil vom 04.04.1974, Rs. 167/73, Slg. 1974, S. 359ff. (369), Kommission der Europäischen Gemeinschaften / Französische Republik; EuGH, Urteil vom 12.07.1979, Rs. 166/78, Slg. 1979, S. 2575ff. (2596), Regierung der Italienischen Republik / Rat der Europäischen Gemeinschaften „Prämie für Kartoffelstärke"; Koenig/Sander, EG-Prozessrecht, Rn. 226, 228.

[511] EuGH a.a.O., Fußn. 394 (Deutschland/Rat).

[512] Verordnung des Rates (EWG) Nr. 404/93 a.a.O., Fußn. 417.

[513] Berrisch in: EuR 1994, S. 461ff. (469).

[514] EuGH a.a.O., Fußn. 394 (Deutschland/Rat), S. 5073, Rz. 109f.

[515] EuGH a.a.O., Fußn. 394 (Deutschland/Rat), S. 4978, Leitsätze, Rz. 9.

[516] GA Gulmann, Schlussanträge, EuGH a.a.O., Fußn. 394 (Deutschland/Rat), S. 5020ff., Rz. 125-151.

Bestimmungen das GATT berufen könne, eine mögliche Verletzung dieser Vorschriften vom EuGH also nicht zu prüfen sei.[517]

(III) Nach Gründung der WTO

Eine weitere Entscheidung traf der EuGH in der Rechtssache *Portugal/Rat*, wobei sich Portugal gegen einen Beschluss des Rates über eine Textilvereinbarung zwischen der Gemeinschaft und Indien und Pakistan wehrte.[518] Hier ging es erstmals um das GATT 1994.

Nachdem er sich nach Gründung der WTO gezwungen sah, neu Stellung zu der Frage der unmittelbaren Anwendbarkeit zu beziehen, räumte der EuGH ein, dass sich die WTO-Übereinkommen erheblich vom GATT 1947 unterscheiden, insbesondere aufgrund der Stärkung der Schutzregelungen und des Streitbeilegungsmechanismus.[519]

Trotzdem blieb der EuGH seiner Auffassung bezüglich der Wirkung der GATT-Regeln im Gemeinschaftsrecht treu. Auch die WTO-Übereinkünfte gehören grundsätzlich nicht zu den Vorschriften, an denen der EuGH die Rechtmäßigkeit von Handlungen der Gemeinschaftsorgane messe.[520]

Auf die Unvereinbarkeit mit WTO-Recht kann sich nach wie vor weder ein betroffener Mitgliedstaat, noch der Einzelne stützen, wenn er sich vor dem EuGH gegen einen Akt eines Organs der Europäischen Gemeinschaften wehren will.

Dabei half sich der EuGH neben dem Hinweis, dass das Abkommen dem System der Verhandlung nach wie vor einen hohen Stellenwert einräumt[521], mit zwei neuen Argumenten. Zum einen wurde die Regelung des Art. 22 Abs. 2 des Understandings on Rules and Procedures Governing the Settlement of Disputes (DSU) herangezogen. Das dort vorgesehene zweistufige Verfahren ermöglicht es einem Staat nach Durchlaufen des normalen Schiedsverfahrens, Kompensationen oder die Aussetzung von Zugeständnissen zu verlangen, wenn die unterlegene Partei die Empfehlung des Dispute Settlement Body nicht innerhalb der Implementierungsfrist umgesetzt hat.

Würde man die WTO-Übereinkünfte nunmehr unmittelbar anwenden können, nähme man den Mitgliedstaaten der WTO die in Art. 22 Abs. 2 DSU eingeräumte Befugnis, auf dem Verhandlungsweg Lösungen zu erreichen.[522]

Zum anderen stützte sich der EuGH auf das den WTO-Übereinkünften innewohnende Prinzip der Reziprozität.[523] Die WTO-Übereinkommen beruhen nach der Präambel des WTOÜ „auf der Grundlage der Gegenseitigkeit und zum gemeinsamen Nutzen“.[524] Die Tatsache, dass andere WTO-Mitgliedstaaten die direkte Wirkung ablehnten[525], hätte einen Mangel an Gegenseitigkeit zur Konsequenz, was wiederum zu

---

[517] GA Gulmann, Schlussanträge, EuGH a.a.O., Fußn. 394 (Deutschland/Rat), S. 5028, Rz. 151.
[518] EuGH a.a.O., Fußn. 426 (Portugal/Rat).
[519] EuGH a.a.O., Fußn. 426 (Portugal/Rat), S. 8436, Rz. 36.
[520] EuGH a.a.O., Fußn. 426 (Portugal/Rat), S. 8439, Rz. 47; Berrisch/Kamann in: EWS 2000, S. 89ff. (89).
[521] EuGH a.a.O., Fußn. 426 (Portugal/Rat), S. 8436, Rz. 36f.
[522] EuGH a.a.O., Fußn. 426 (Portugal/Rat), S. 8437, Rz. 40.
[523] EuGH a.a.O., Fußn. 426 (Portugal/Rat), S. 8438, Rz. 42ff.
[524] EuGH a.a.O., Fußn. 426 (Portugal/Rat), S. 8438, Rz. 42.
[525] vgl. für die USA The Uruguay Agreements Act, 103D Congress, 2nd Session, House Document 103-316, Vol. 1, 1994, S. 659: "The WTO will have no power to change U.S. law. If there is a conflict between U.S. law and any of the Uruguay Round agreements, section 102 (a) of the implementing bill makes clear that U.S. law will take precedence: No provision of any of the Uruguay Round agree-

einem Ungleichgewicht auf Seiten der Handelspartner der Gemeinschaft bei der Anwendung der WTO-Übereinkünfte führe.[526] Der EuGH stellt hierfür einen Vergleich mit anderen Gemeinschaftsabkommen, denen typischerweise eine gewisse Asymmetrie innewohne, an. Dabei spielt er insbesondere auf das im Urteil *Kupferberg*[527] relevante Abkommen zwischen der EWG und Portugal an. Hier bejahte er trotz fehlender Gegenseitigkeit die unmittelbare Anwendbarkeit der Abkommensbestimmungen. Doch hier könne die einseitige unmittelbare Anwendbarkeit allein auf Seiten der Gemeinschaft zu einem Ungleichgewicht führen. Den Legislativ- und Exekutivorganen der Gemeinschaft werde der Spielraum genommen, während die Organe der Handelspartner der Gemeinschaft über diesen verfügen könnten.[528] Auch könne hier vom EuGH kein durch die sogenannte *Nakajima*- oder *Fediol*-Rechtsprechung[529] begründeter Ausnahmefall festgestellt werden. Der angefochtene Beschluss ziele weder auf die Umsetzung einer aus den WTO-Abkommen resultierenden Verpflichtung in die Gemeinschaftsrechtsordnung ab, noch verweise er auf spezielle Bestimmungen der WTO-Übereinkünfte.[530]
Der zuständige Generalanwalt Saggio äußerte sich dagegen kritisch gegenüber der Haltung des EuGH. Insbesondere kritisierte er die Verweisung der Mitgliedstaaten auf das Kriterium der unmittelbaren Anwendbarkeit.[531] Darüber hinaus würdigte er die Entwicklung des GATT-Systems zum internationalen Organismus der WTO mit einem geschlossenen Streitbeilegungssystem und Verpflichtungen und Verboten unbedingter Art.[532] Im Ergebnis stellte der Generalanwalt fest, dass die Berufung auf WTO-Übereinkünfte kein Zulässigkeitsproblem aufwirft.[533]

(IV) Fazit

Die Angst, sich stärker an internationale Abkommen zu binden als andere Vertragspartner, treibt nicht nur den EuGH zur Vorsicht bei der Feststellung der unmittelbaren Anwendbarkeit der WTO-Abkommen. Neben den Vorteilen, die solche Handelsabkommen bieten, gibt es auch durchaus Restriktionen. Insofern verhält sich die Gemeinschaft nicht anders als der Großteil seiner Handelspartner, wenn sie versucht, sich einer zu starken Bindung an das GATT zu entziehen.
Nach der langen Tradition der Restriktion des Zuganges des Einzelnen zum EuGH reihen sich seit dem Urteil *Deutschland/Rat* auch die Mitgliedstaaten in die Gruppe derjenigen ein, die sich über fehlenden Rechtsschutz auf europäischer Ebene beklagen. Auch ihnen wird die Berufung auf WTO-Recht abgesprochen, um einen Sekundärrechtsakt zu rügen.
Der EuGH stützte sich bezüglich des GATT 1947 auf die drei Argumente des in der Präambel erwähnten Reziprozitätsgrundsatzes („auf der Grundlage der Gegenseitigkeit und zum gemeinsamen Nutzen"), die große Flexibilität der GATT-Bestimmungen

---

ments, nor the application of any such provision to any person or circumstances, that is inconsistent with any law of the United States shall have effect...
[526] Royla in: EuR 2001, S. 495 (504).
[527] EuGH a.a.O., Fußn. 323 (Kupferberg).
[528] EuGH a.a.O., Fußn. 426 (Portugal/Rat), S. 8438f., Rz. 46.
[529] siehe hierzu unten, S. 98f., 99f.
[530] EuGH a.a.O., Fußn. 426 (Portugal/Rat), S. 8440, Rz. 51.
[531] Schlussanträge GA Saggio, EuGH a.a.O., Fußn. 426 (Portugal/Rat), S. 8397ff. (8408), Rz. 18.
[532] Schlussanträge GA Saggio, EuGH a.a.O., Fußn. 426 (Portugal/Rat), S. 8397ff. (8409f.), Rz. 19.
[533] Schlussanträge a.a.O., Fußn. 426 (Portugal/Rat), S. 8414, Rz. 24.

und den Kontext und das System des GATT. Die unmittelbare Anwendbarkeit des GATT 1994 verneinte der EuGH wegen des WTO-Streitbeilegungssystems, welches eine Lösung des Konflikts auf internationaler und nicht schon auf vertragsparteilicher Basis verlange, und wegen der fehlenden Gegenseitigkeit der Annahme der unmittelbaren Anwendbarkeit. Bereits in seiner Rechtsprechung zum GATT 1947 hatte der EuGH auf das dem GATT innewohnende Gegenseitigkeitsprinzip hingewiesen.

c) Ausnahmen vom Grundsatz der Verneinung der unmittelbaren Anwendbarkeit

Der EuGH verneint in ständiger Rechtsprechung die unmittelbare Anwendbarkeit sowohl des GATT 1947, als auch des im Rahmen der Gründung der WTO reformierten GATT (von 1994). Weder dem einzelnen Gemeinschaftsbürger, noch den Mitgliedstaaten soll die Möglichkeit eröffnet werden, sich vor dem EuGH auf das GATT-Recht zu berufen.
Allerdings hat der EuGH seine Rechtsprechung variiert. Teilweise wird diese Rechtsprechung als „Ausnahmen" bezeichnet.

(I) Kommission/Deutschland

Im Rahmen der Rechtssache *Kommission / Deutschland*[534] wirft die Kommission der Bundesrepublik Deutschland im Verfahren nach Art. 169 EGV (jetzt Art. 226 EG) einen Verstoß gegen die Internationale Übereinkunft über Milcherzeugnisse vor, einem Teil der Tokio-Runde des GATT. Gemäß Art. 300 EG sei Deutschland als Mitgliedstaat der Gemeinschaften ebenso an die durch die Gemeinschaft geschlossenen Abkommen mit Drittstaaten gebunden wie die Gemeinschaft selbst. Ohne jede Problematisierung überprüft der EuGH die deutschen Maßnahmen anhand dieses Abkommens, das als Teil des Tokio-Pakets zum GATT-Recht gehört und stellt im Ergebnis einen Verstoß Deutschlands gegen das Abkommen fest.[535]
Dies impliziert den Charakter des WTO-Rechts als Maßstab in der innerunionalen Kontrolle mitgliedstaatlicher Maßnahmen.
Diese Auffassung erstaunt, wenn man bedenkt, dass der EuGH in wohl inzwischen ständiger Rechtsprechung den Mitgliedstaaten im Rahmen der Nichtigkeitsklage die Berufung auf das GATT verweigert.
Unverständlich ist dieses Kontrollbedürfnis des EuGH indes nicht. Die Gemeinschaft ist genauso an das GATT und seine Zusatzabkommen gebunden wie die Mitgliedstaaten auch, haftet daher auch für Verstöße der Mitgliedstaaten gegen die Abkommen.

(II) Interfood/Leifer

(1) Rechtssache Interfood

In dem Verfahren vor dem EuGH *Firma Interfood GmbH gegen Hauptzollamt Hamburg-Ericus*[536] legte das Finanzgericht Hamburg dem EuGH Fragen über die Ausle-

---

[534] EuGH, Urteil vom 10.09.1996, Rs. C-61/94, Slg. 1996, I-3989ff., Kommission der Europäischen Gemeinschaften / Bundesrepublik Deutschland.
[535] EuGH a.a.O., Fußn. 534 (Kommission/Deutschland), S. 4012ff., Rz. 17ff.
[536] EuGH, Urteil vom 26.04.1972, Rs. 92/71, Slg. 1972, 231ff., Firma Interfood GmbH / Hauptzollamt Hamburg-Ericus.

gung bestimmter Tarifstellen des Kapitels 20 des Gemeinsamen Zolltarifs in Verbindung mit der „Zusätzlichen Vorschrift" Nr. 2 zu diesem Kapitel zur Vorabentscheidung vor.

Im Hauptverfahren vor dem Finanzamt Hamburg wehrte sich die Firma Interfood als Klägerin gegen die Anwendung des Zollsatzes für „Aprikosen in Sirup" auf die von ihr importierten Aprikosenkonserven durch das Hauptzollamt Hamburg-Ericus. Dieses hatte die Erhebung des entsprechenden Zolls auf die zur Auslegung vorgelegte „Zusätzliche Vorschrift" gestützt. Deren Sinn und Auslegung war zwischen den Parteien streitig, so dass das Finanzgericht das Verfahren aussetzte.

Der Gemeinsame Zolltarif war Gegenstand von Abkommen zwischen der Gemeinschaft und ihren GATT-Handelspartnern. Daher sah der EuGH die Prinzipien, die den Abkommen im Rahmen des GATT zugrunde liegen, als nützliches Hilfsmittel bei der Auslegung der auf den Gemeinsamen Zolltarif anwendbaren Tarifierungsvorschriften an.[537] Bereits der Generalanwalt Roemer ging hier auf die Verhandlungen der Dillon-Runde im Rahmen des GATT ein, welche zum Abschluss des Abkommens über Zollzugeständnisse und die Konsolidierung von Zollsätzen führten. Grundlage der Verhandlungen war der Gemeinsame Zolltarif.

Der EuGH verzichtete hier darauf, auf das Verhältnis der Gemeinschaft zum GATT-Abkommen einzugehen.

(2) Rechtssache Leifer

Im Rahmen dieses Vorabentscheidungsersuchens[538] legte das Landgericht Darmstadt, welches mit dem Strafverfahren gegen Peter Leifer und andere befasst war, dem EuGH Fragen zur Auslegung der Art. 133, 296 Abs. 1 b, 297 und der Art. 1, 11 der Verordnung Nr. 2603/69[539] in der durch die Verordnung Nr. 3918/91[540] geänderten Fassung vor. Herr Leifer war im Ausgangsverfahren angeklagt, zusammen mit Anderen Anlagen, Anlagenteile sowie Chemikalien ohne die erforderlichen Ausfuhrgenehmigungen in den Irak geliefert zu haben.

In der Begründung seines Urteils stützte der EuGH seine Feststellung über den Geltungsbereich einer auf Art. 133 EG gestützten Verordnung auf eine Vorschrift des GATT, den Art. XI. Diese Vorschrift sei zur Auslegung einer Gemeinschaftsregelung für den internationalen Handel heranzuziehen.[541]

Mit diesem Urteil bestätigte der EuGH also den Grundsatz der völkerrechtskonformen Auslegung auch für das GATT-Abkommen. Danach ist, soweit ein Gemeinschaftsakt oder ein mitgliedstaatlicher Akt einen Auslegungs- oder Ermessensspielraum belässt, diejenige Interpretation zu wählen, die den völkerrechtlichen Pflichten der Gemeinschaft Rechnung trägt.

(3) Zwischenergebnis

Der Gerichtshof legte in diesen Urteilen Sekundärrechtsakte der Gemeinschaft GATT-konform aus, ohne dabei jedoch ihre Gültigkeit in Frage zu stellen.

---

[537] EuGH a.a.O., Fußn. 536 (Interfood), S. 242, Rz. 6.

[538] EuGH, Urteil vom 17.10.1995, Rs. C-83/94, Slg. 1995, I-3231ff., Strafverfahren gegen Peter Leifer u.a.

[539] Verordnung (EWG) Nr. 2603/69 vom 20.12.1969 zur Festlegung einer gemeinsamen Ausfuhrregelung (ABl. L 324, S. 25).

[540] Verordnung (EWG) Nr. 3918/91 des Rates vom 19.12.1991 (ABl. L 372, S. 31).

[541] EuGH a.a.O, Fußn. 538 (Leifer), S. 3247, Rz. 24.

(III) Fall Fediol III

Die Vereinigung der Ölmühlenindustrie der EWG (Fediol) stellte bei der Kommission einen Antrag auf Einleitung eines Verfahrens zur Untersuchung unerlaubter Handelspraktiken Argentiniens bei der Ausfuhr von Sojaschrot in die Gemeinschaft.[542]
Die Verordnung Nr. 2641/84 (NHI)[543] sah ein solches Antragsrecht für Wirtschaftsteilnehmer vor, die im Namen von Erzeugern auftreten.
Die Kommission lehnte den Antrag mit der Begründung ab, dass weder ein Verstoß gegen die von der Antragstellerin angeführten Regeln des Völkerrechts (es handelte sich um Regeln des GATT), noch Beweismittel über Beschränkungen bei der Ausfuhr von Sojabohnen vorlägen.
Daraufhin erhob die Klägerin Nichtigkeitsklage gemäß Art. 230 Abs. 4 EG gegen die Entscheidung der Kommission.
Vor dem EuGH berief sich die beklagte Kommission auf die ständige Rechtsprechung des EuGH. Die Regeln des GATT seien nicht hinreichend spezifiziert, um einzelnen derartige Rechte zu verleihen.[544]

Die Rechtssache *FEDIOL III* ist als Fortsetzung des Rechtsstreits in der Rechtssache *FEDIOL I* zu sehen.[545] Hier wehrte sich die Vereinigung der Ölmühlenindustrie der EWG (FEDIOL) im Rahmen einer Nichtigkeitsklage nach Art. 230 Abs. 4 EG erfolgreich gegen die abschlägige Bescheidung ihres Antrags auf Einleitung eines Antisubventionsverfahrens nach Art. 5 der VO Nr. 3017/79[546] gegen Brasilien durch die Kommission.[547]
Nachdem in der Rechtssache *FEDIOL I* den Antragstellern ein so weitreichendes Prüfungsrecht zugestanden worden war, berief sich die Kommission in der Rechtssache *FEDIOL III* nicht mehr auf die Unzulässigkeit der Klage, sondern führte materielle Gründe gegen die Klage an.
Der EuGH bejahte die Auslegungsbefugnis des Gerichtshofs hinsichtlich der Vorschriften des GATT.[548]
Dabei wies der EuGH zunächst auf seine Rechtsprechung zur unmittelbaren Anwendbarkeit der Vorschriften des GATT hin, die er stets grundsätzlich verneint hat. Im Falle der Verordnung Nr. 2641/84 liege die Sache aber anders. Die Bestimmungen des GATT seien Bestandteil der Regeln des Völkerrechts, auf die Artikel 2 Abs. 1 der Verordnung verweist.
Das Gericht überprüfte daraufhin im Rahmen der Begründetheit die gerügten Praktiken des Antragsgegners Argentinien im Verfahren vor der Kommission, indem es die Richtigkeit der Auslegung der GATT-Regeln durch die Kommission im Rahmen des Art. 2 NHI verifiziert.[549] Im Ergebnis war die Klage allerdings deshalb unbegründet, weil der EuGH in den Handelspraktiken Argentiniens keinen Verstoß gegen GATT-Vorschriften erkennen konnte.

---

[542] s.o., S. 57.
[543] VO a.a.O., Fußn. 134 (NHI).
[544] EuGH a.a.O., Fußn. 278 (Fediol III), S. 1786.
[545] s.o. S. 57f.
[546] Verordnung Nr. 3017/79 a.a.O., Fußn. 134, S. 1.
[547] s.o. S. 57.
[548] EuGH a.a.O., Fußn. 278 (FEDIOL III), S. 1830f., Rz. 18ff.
[549] EuGH a.a.O., Fußn. 278 (FEDIOL III), S. 1834ff., Rz. 35ff.

Nach Ansicht des EuGH ist also den GATT-Regeln durch ihre Aufnahme in den Tatbestand von Sekundärrecht Wirkung im Gemeinschaftsrecht vermittelt worden.[550]

(IV) Fall Nakajima

In der Rechtssache Nakajima[551] wehrte sich die klagende Firma Nakajima mit Sitz in Tokio gegen die Verordnung Nr. 3651/88[552]. Ihre in die Gemeinschaft verkauften Waren wurden aufgrund der angegriffenen Verordnung mit einem endgültigen Antidumpingzoll von 12% belegt. Die angefochtene Verordnung beruhte auf der Verordnung Nr. 2423/88.[553]

Im Rahmen des GATT wurde im Jahre 1979 zur Durchführung des Artikels VI des GATT der Antidumping-Kodex[554] ausgearbeitet. Auf Art. VI des GATT und den Antidumping-Kodex stützte sich die Grundverordnung Nr. 2423/88.

Die Klägerin erhob zum einen die Einrede der Unanwendbarkeit der Artikel 2 Abs. 3, Buchst. b, Ziff. ii und Art. 19 der Grundverordnung Nr. 2423/88 gemäß Art. 241 EG und zum anderen Nichtigkeitsklage gegen die Verordnung Nr. 3651/88 gemäß Art. 230, 231 EG.

Der EuGH stellte zunächst fest, dass sich die Klägerin nicht auf die unmittelbare Anwendbarkeit der Vorschriften des Antidumping-Kodex berufe, die Ausführungen des Rates, der Kodex verleihe ebenso wie das GATT den einzelnen kein Recht, auf das sie sich vor dem EuGH berufen könnten, also in die falsche Richtung gehe.[555]

Die Gemeinschaft sei nach ständiger Rechtsprechung des EuGH an das GATT gebunden, was auch für den Antidumping-Kodex gelten müsse, der zur Durchführung des Art. VI des GATT erlassen wurde.[556]

Nach den Begründungserwägungen zur Grundverordnung Nr. 2423/88 sei diese in Übereinstimmung mit den bestehenden internationalen Verpflichtungen festgelegt worden.

Da also der Gemeinschaftsgesetzgeber mit der Grundverordnung die internationalen - aus Art. VI des GATT und dem Antidumping-Kodex resultierenden - Verpflichtungen der Gemeinschaft erfüllen wollte und die Gemeinschaft an dieses Völkerrecht gemäß Art. 300 Abs. 7 EG gebunden sei, bestehe allein deshalb die Möglichkeit des Wirtschaftsteilnehmers, sich im Wege der Einrede der Rechtswidrigkeit gemäß Art. 241 EG auf die Ungültigkeit der Grundverordnung Nr. 2423/88 zu berufen.[557]

Die unmittelbare Anwendbarkeit des Antidumping-Kodex oder des Art. VI des GATT sei hierfür keine Voraussetzung.

Eine Verletzung des Antidumping-Kodex und damit die Rechtswidrigkeit der Grundverordnung Nr. 2423/88 verneinte der EuGH anschließend jedoch.

---

[550] weitere Verordnungen, die unter diesen Ausnahmetatbestand fallen könnten, also einen expliziten Verweis auf das GATT-/WTO-Recht beinhalten bei Petersmann in: Hilf/Petersmann, GATT und EG, S. 119ff. (S. 136ff.).

[551] EuGH, Urteil vom 07.05.1991, Rs. C-69/89, Slg. 1991, I-2069ff., Nakajima All Precision Co. Ltd / Rat der Europäischen Gemeinschaften.

[552] Verordnung (EWG) Nr. 3651/88 vom 23.11.1988 zur Einführung eines endgültigen Antidumpingzolls auf die Einfuhren von Punkt-Matrix-Druckern mit Ursprung in Japan, ABl. L 317, S. 33.

[553] Verordnung Nr. 2423/88 a.a.O., Fußn. 134.

[554] Übereinkommen zur Durchführung des Artikels VI des Allgemeinen Zoll- und Handelsabkommens 1994 vom 15.04.1994, abgedruckt in Hummer/Weiss, Vom GATT `47 zur WTO `94, S. 571ff.

[555] EuGH a.a.O., Fußn. 551 (Nakajima), S. 2178, Rz. 28.

[556] EuGH a.a.O., Fußn. 551 (Nakajima), S. 2178f., Rz. 29.

[557] EuGH a.a.O., Fußn. 551 (Nakajima), S. 2071, Leitsatz Nr. 1.

Genau wie im Falle *Fediol III* hatte eine Sekundärrechtsnorm die GATT-Regeln in ihrem Tatbestand aufgenommen beziehungsweise umgesetzt und ihnen somit Wirkung im Gemeinschaftsrecht vermittelt.
Während im Falle *Fediol III* auf das GATT-Recht verwiesen wurde, wurde die in Frage stehende Verordnung im Falle *Nakajima* zur Umsetzung der völkerrechtlichen Verpflichtungen erlassen.[558]

(V) Ständige Heranziehung der Nakajima- und Fediol-Rechtsprechung durch den EuGH

(1) Folgerechtsprechung des EuGH

Im Rahmen der Rechtssache *OGT Fruchthandels GmbH*[559] nannte die Klägerin Bestimmungen in der Bananenmarktordnung, welche ihrer Meinung nach auf Bestimmungen des GATT verwiesen. Aus diesem Grund ging der EuGH auf seine in den Rechtssache *Fediol III* und *Nakajima* entwickelte Rechtsprechung ein, wonach er die Rechtmäßigkeit einer Gemeinschaftshandlung anhand von Vorschriften des GATT zu überprüfen habe, wenn die Gemeinschaft eine bestimmte, im Rahmen des GATT übernommene Verpflichtung umsetze oder wenn die Gemeinschaftshandlung ausdrücklich auf spezielle Bestimmungen des GATT verweise.[560]
Das Vorliegen einer solchen Situation bestritt der EuGH allerdings entgegen der Ansicht der Antragstellerin für die Bananenmarktverordnung.[561] Die Bananenmarktordnung bezwecke nämlich gerade nicht die Umsetzung einer bestimmten, im Rahmen des GATT übernommenen Verpflichtung in der Rechtsordnung der Gemeinschaft und verweise auch nicht ausdrücklich auf Vorschriften des GATT.
Ähnliche Ausführungen hatte der EuGH bereits früher getätigt.
Im Urteil *Deutschland/Rat*[562], in der die Bundesrepublik versuchte, sich ebenfalls gegen die Bananenmarktverordnung[563] zu wehren, sprach er wiederum seine *Fediol*- und *Nakajima*-Rechtsprechung an. Er habe die Rechtmäßigkeit des in Frage stehenden Gemeinschaftsaktes nur dann auf seine GATT-Widrigkeit hin zu überprüfen, wenn die Voraussetzungen dieser Rechtsprechung vorliegen.[564]
Die Tatsache, dass diese Voraussetzungen im Falle der Bananenmarktverordnung nicht gegeben seien, ist für den EuGH offensichtlich eindeutig. Jedenfalls lässt er den obigen Ausführungen keine Prüfung bezüglich des Vorliegens der Voraussetzungen folgen.
In der Rechtssache *Portugal/Rat*[565] stellte der EuGH genau wie in der Rechtssache *Deutschland/Rat* fest, dass er nur dann, wenn die Gemeinschaft eine bestimmte völkerrechtliche Verpflichtung umsetze oder wenn die Gemeinschaftshandlung ausdrücklich auf spezielle Bestimmungen völkerrechtlicher Verträge verweist, die Rechtmäßigkeit der fraglichen Gemeinschaftshandlung auf ihre Vereinbarkeit mit

---

[558] Der EuGH wiederholte diese Rechtsprechung in seinem Urteil vom 09.01.2003, Rs. C-76/00, Slg. 2003, S. I-118ff., Petrotub S.A. & Republica/Rat der Europäischen Gemeinschaften.
[559] s.o. S. 82f.
[560] EuGH a.a.O., Fußn. 423 (OGT FruchthandelGmbH), S. 3171, Rz. 27.
[561] EuGH a.a.O., Fußn. 423 (OGT FruchthandelGmbH), S. 3171, Rz. 28.
[562] s.o. S. 89f.
[563] Verordnung (EWG) Nr. 404/93 a.a.O., Fußn. 417.
[564] EuGH a.a.O, Fußn. 394 (Deutschland/Rat), S. 5073, Rz. 111.
[565] s.o. S. 90f.

dem entsprechenden Völkerrecht, hier den Vorschriften der WTO-Übereinkünfte, überprüfen müsse. Damit verwies er auf seine *Fediol-III-* und *Nakajima*-Rechtsprechung.[566]

Anders als im vorerwähnten Urteil zu *Deutschland/Rat* begründete der Gerichtshof hier kurz, warum diese Rechtsprechung auf den vorliegenden Fall nicht übertragbar gewesen sei.[567] Der von Portugal, der Klägerin, angefochtene Beschluss ziele lediglich darauf ab, die von der Gemeinschaft mit Pakistan und Indien ausgehandelten Vereinbarungen zu genehmigen. Darüber hinausgehende Ziele verfolge er nicht.

Grund für die Ausführungen des EuGH über das Nicht-Vorliegen seiner Ausnahmerechtsprechung war die Tatsache, dass Portugal das Vorliegen des Ausnahmetatbestandes durch den angefochtenen Beschluss als gegeben ansah.[568] Der Beschluss genehmige nämlich die Vereinbarungen mit Indien und Pakistan, welche nach Abschluss der Uruguay-Runde zum Zweck der Anwendung der Vorschriften des GATT 1994 und des Abkommens über Textilwaren und Bekleidung (ATC) ausgehandelt worden seien.

Insofern käme die durch die *Nakajima*-Rechtsprechung geschaffene Ausnahme in Frage.

(2) Analyse der Folgerechtsprechung

Im folgenden sollen die Verordnungen, aus denen der EuGH in den Urteilen *Fediol III* und *Nakajima* seine Ausnahme-Rechtsprechung zieht, mit der Rechtsprechung zur Bananenmarktordnung und dem Beschluss Nr. 96/386/EG über den Abschluss von Vereinbarungen mit Indien und Pakistan im Bereich des Marktzugangs für Textilwaren und Bekleidung[569], gegen welches Portugal Nichtigkeitsklage erhoben hatte, verglichen werden.

Im Rahmen des Urteils *Nakajima* leitete der EuGH aus der Tatsache, dass der Gemeinschaftsgesetzgeber mit der Grundverordnung Nr. 2423/88[570] die internationalen - aus Art. VI des GATT und dem Antidumping-Kodex resultierenden - Verpflichtungen der Gemeinschaft erfüllen wollte und die Gemeinschaft an dieses Völkerrecht gemäß Art. 300 Abs. 7 EG gebunden sei, Rechte des Einzelnen her. Die Grundverordnung enthielt Bestimmungen über den Schutz gegen gedumpte oder subventionierte Einfuhren aus nicht zur Europäischen Wirtschaftsgemeinschaft gehörenden Ländern.

Im Rahmen des *FEDIOL III*-Urteils schlussfolgerte der EuGH das Recht des Einzelnen, sich auf GATT-Recht zu berufen, aus der Tatsache, dass Art. 2 Abs. 1 der Verordnung Nr. 2641/84[571] („Neues Handelspolitisches Instrument") auf Regeln des Völkerrechts verweise.

Art. 2 Abs. 1 der VO bestimmt: „Als unerlaubte Handelspraktiken im Sinne dieser Verordnung gelten alle Praktiken von Drittländern, die, was den internationalen Handel betrifft, mit den Regeln des Völkerrechts oder den allgemein anerkannten Regeln unvereinbar sind."

Die Präambel der Bananenmarkt-VO sieht vor: „Im Rahmen dieser gemeinsamen Marktorganisation soll es unter Einhaltung der Gemeinschaftspräferenz und der ver-

---

566 EuGH a.a.O., Fußn. 426 (Portugal/Rat), S. 8439, Rz. 49.
567 EuGH a.a.O., Fußn. 426 (Portugal/Rat), S. 8439f., Rz. 50f.
568 GA Saggio, Schlussanträge, EuGH a.a.O., Fußn. 426 (Portugal/Rat), S. 8404, Erwägung 14.
569 ABlEG 1996 Nr. L 153/47.
570 Verordnung Nr. 2423/88 a.a.O., Fußn. 134.
571 VO a.a.O., Fußn. 134 (NHI).

schiedenen internationalen Verpflichtungen der Gemeinschaft möglich sein, Bananen aus der Gemeinschaft und aus den AKP-Staaten, den traditionellen Bananenlieferanten der Gemeinschaft, zu Preisen auf dem Gemeinschaftsmarkt anzusetzen, die sowohl den Erzeugern angemessene Erlöse gewährleisten als auch für die Verbraucher angemessen sind, ohne jedoch die Ausfuhren von Bananen aus den anderen Bananen erzeugenden Drittländern zu behindern."

Somit verweist auch die Bananenmarktordnung auf internationale Verpflichtungen, die eingehalten werden müssen. Unter diese internationalen Verpflichtungen fällt auch das GATT-Abkommen.

Nach Ansicht des EuGH im *FEDIOL III*-Urteil ist den GATT-Regeln durch ihre Aufnahme in den Tatbestand von Sekundärrecht Wirkung im Gemeinschaftsrecht vermittelt worden. Somit könnte auch hier ein solcher Ausnahmetatbestand gegeben sein.

Im Unterschied zu Art. 2 Abs. 1 VO 2641/84, der auf die Wahrnehmung der Rechte, die der Gemeinschaft und ihren Mitgliedstaten aus den internationalen Handelsabkommen zustehen, erwähnt die Passage in der Präambel der Bananenmarktordnung die Pflichten, die der Gemeinschaft aus dem GATT entstehen.

Trotzdem findet ein Verweis auf internationale Verpflichtungen, also auch das GATT statt, so dass nach dieser Formel der Ausnahmetatbestand gegeben ist.

Allerdings hat der EuGH im Urteil *FEDIOL III* den Umstand, dass eine Verweisung auf das GATT erfolgt, nicht als allein ausschlaggebend für die Schaffung der Ausnahme-Rechtsprechung angesehen. Vielmehr führte er weiter aus, dass das NHI den einzelnen Wirtschaftsteilnehmern das Recht zugestehe, sich gegen unerlaubte Handelspraktiken seitens Drittstaaten auf Verstöße gegen das GATT zu berufen.[572] Damit haben sie auch das Recht, den Gerichtshof anzurufen, um die Rechtmäßigkeit der Entscheidung nachprüfen zu lassen, mit der die Kommission diese Bestimmungen angewandt hat, um über den Antrag nach Art. 3 des NHI zu entscheiden.

Insofern ist fraglich, ob der EuGH seine Ausnahme-Rechtsprechung wirklich auf die Formel reduzieren wollte, dass die Gemeinschaftshandlung ausdrücklich auf spezielle Bestimmungen des GATT verweisen müsse, oder aber ob nicht noch andere Umstände hinzutreten müssten, wie im Falle *FEDIOL III* die Tatsache, dass sich die einzelnen Wirtschaftsteilnehmer gegenüber der Kommission auf GATT-Recht berufen können.

Gegen das Vorliegen weiterer Voraussetzungen spricht, dass der EuGH in seinen folgenden Entscheidungen stets lediglich die Verweisung der Gemeinschaftshandlung auf spezielle Bestimmungen des GATT gefordert hatte.[573] Diese Voraussetzung dürfte die zitierte Passage in der Präambel der Bananenmarktordnung erfüllen.

Für die Notwendigkeit des Vorliegens weiterer Umstände spricht dagegen die anschließende Subsumtion des EuGH in der Rechtssache *OGT FruchthandelsGmbH*, wo er feststellt, dass die Bananenmarktordnung nicht die Umsetzung einer bestimmten, im Rahmen des GATT übernommenen Verpflichtung in der Rechtsordnung der Gemeinschaft sicherstellen solle.

Doch selbst wenn man davon ausgeht, dass auch diese Voraussetzung für das Eingreifen der *FEDIOL III*-Rechtsprechung vorliegen muss, stellt sich die Frage, ob die

---

[572] EuGH a.a.O., Fußn. 278 (FEDIOL III), S. 1830f., Rz. 19, 22.

[573] EuGH a.a.O., Fußn. 423 (OGT FruchthandelsGmbH), S. 3171, Rz. 27; EuGH a.a.O., Fußn. 426 (Portugal/Rat), S. 8439, Rz. 49.

Bananenmarktordnung dieses zweite Kriterium nicht entgegen der Auffassung des EuGH erfüllt.
Denn wie oben bereits ausgeführt, unterscheidet sich die Bananenmarktordnung insofern vom NHI, dass letztere in ihrer Präambel die Rechte, die der Gemeinschaft aus dem GATT erwachsen zu sichern bezweckt, während die Präambel ersterer die Einhaltung der Verpflichtungen aus dem GATT anstrebt. Somit erfüllt die Bananenmarktordnung die Voraussetzung der Sicherstellung der Umsetzung der GATT-Pflichten der Gemeinschaft eher als das NHI.
Da der EuGH die Forderung nach der Berufungsmöglichkeit auf GATT-Regeln in einem gemeinschaftlichen Verfahren in seiner Folgerechtsprechung nie wiederholt hat, scheint es darauf nicht immer anzukommen. Aus diesem Grund ist die Schlussfolgerung des EuGH in der Rechtssache *OGT FruchthandelsGmbH* nicht nachzuvollziehen. Da der EuGH es nie für nötig gehalten hat, seine *FEDIOL*-Rechtsprechung zu präzisieren, sprechen die überzeugenderen Argumente eher für eine Anwendung der im Rahmen des *FEDIOL*-Urteils herausgearbeiteten Ausnahme auch im Rahmen der Beurteilung der Bananenmarktordnung.
Die knappen Ausführungen des EuGH in der Rechtssache *OGT FruchthandelsGmbH*, die noch dazu im Rahmen eines Beschlussverfahrens getätigt wurden, überzeugen daher nicht.
Dasselbe kann auch zur *Portugal/Rat*-Entscheidung gesagt werden. Solange der EuGH seine Rechtsprechung nicht präzisiert und genau eingrenzt, welche Voraussetzungen erfüllt sein müssen, damit der Ausnahmetatbestand greifen kann, erscheinen seine Ausführungen, insbesondere durch die übliche apodiktische Kürze, willkürlich.

(VI) Rechtssachen Dior und Schieving

In den Rechtssachen *Dior*[574] und *Schieving*[575] gab der EuGH den mitgliedstaatlichen Gerichten auf, „bei der Anwendung ihrer nationalen Rechtsvorschriften im Rahmen der Anordnung einstweiliger Maßnahmen zum Schutz von Rechten, die zu diesem Bereich gehören, soweit wie möglich den Wortlaut und den Zweck von Art. 50 Abs. 6 TRIPS-Übereinkommen zu berücksichtigen". Diese Aufgabe komme den nationalen Gerichten deshalb zu, weil Art. 50 TRIPs-Übereinkommen das Verfahren für die Durchsetzung des geistigen Eigentums nicht detailliert regele und es an einer gemeinschaftlichen Regelung auf diesem Gebiet fehle. Mit dem Urteil *Schieving* bemühte sich der EuGH durch die Präzisierung der Zielsetzung des TRIPS, den nationalen Gerichten Auslegungshilfen an die Hand zu geben, um ihnen die selbständige Beantwortung künftiger Auslegungsfragen zu Art. 50 TRIPS zu ermöglichen.
Nachdem aus dem kurz zuvor ergangenen Beschluss in der Rechtssache *OGT Fruchthandels GmbH*[576] die kategorische Ablehnung der unmittelbaren Anwendbarkeit jeglicher WTO-Übereinkünfte durch den EuGH mehr als deutlich wurde, interpretierte man die Verpflichtung der Mitgliedstaaten zur TRIPs-konformen Auslegung im

---

[574] EuGH a.a.O., Fußn. 356.
[575] EuGH, Urteil vom 13.09.2001, Rs. C-89/99, Slg. 2001, S. I-5851, Schieving-Nijstad vof u.a. / Robert Groeneveld.
[576] EuGH a.a.O., Fußn. 423.

Rahmen des Erlasses einstweiliger Maßnahmen in der Literatur teilweise als Entschärfung der Haltung des EuGH.[577]
Im Ergebnis kann man aus diesem Urteil aber auch schließen, dass der EuGH nicht das Ziel anstrebt, innerhalb der Gemeinschaft den WTO-Übereinkünften zu mehr Beachtung zu verhelfen, sondern vielmehr wegen des Mangels an gemeinschaftlichen Bestimmungen die Einheitlichkeit der Auslegung sicherzustellen. So wird einer Vorschrift, die durch die Tatsache der Mitgliedschaft sowohl aller Mitgliedstaaten als auch der Gemeinschaft im gesamten Gebiet der EG gilt, mehr Durchschlagskraft verschafft. Die nationalen Vorschriften werden dadurch in gewisser Weise harmonisiert, wenn ihre Auslegung durch den Zwang zur Beachtung einer im ganzen Gemeinschaftsgebiet geltenden Vorschrift, nämlich Art. 50 Abs. 6 TRIPS, beeinflusst wird.

(VII) Fazit

Beide „Ausnahmen" zur unmittelbaren Anwendbarkeit, *Fediol* und *Nakajima*, sind vom EuGH bereits vor Gründung der WTO, also im Hinblick auf das GATT 1947, entwickelt worden. *Petrotub & Republica* stellt lediglich eine Wiederholung der *Nakajima*-Grundsätze dar. Seit Gründung der WTO und Reformierung des GATT-Rechts zum GATT 1994 ist daher keine weitere Ausnahme vom Grundsatz, die Regeln des GATT nicht unmittelbar anzuwenden, hinzugekommen.
Die Rechtssache *Leifer* ist keine wirkliche Ausnahme, wendet der EuGH doch nur seine eigenen Grundsätze, nämlich den Grundsatz der völkerrechtskonformen Auslegung, an. Wie die Folgerechtsprechung zeigt, wird diese *Leifer*- Rechtsprechung jedoch nicht konsequent fortgeführt. Die Vornahme einer völkerrechtskonformen Auslegung ist im GATT-Bereich eher die Ausnahme. Dagegen zeigen die Urteile *Schieving-Nijstad* und *Dior* eine gewisse Konsequenz. Allerdings muss dazu gesagt werden, dass diese Urteile in kurzer Zeit aufeinander folgten. Ob von einer ständigen Rechtsprechung die Rede sein kann, ist daher fraglich. Der Grund für den EuGH, im TRIPs-Bereich eine weniger strenge Ablehnung der Berufungsmöglichkeit Einzelner auf Abkommensbestimmungen zuzulassen, könnte darin gesehen werden, dass internationale Abkommen über die geistigen Eigentumsrechte die Rechte des Einzelnen in den Mittelpunkt stellen. Einzelne kommen von Natur aus als einzige Eigentumsrechtsinhaber in Betracht.
Teilweise wird behauptet, dass es sich bei der *Fediol*- und *Nakajima*-Rechtsprechung nicht um eine inzidente Überprüfung des sekundären Gemeinschaftsrechts handele, sondern nur um eine GATT-konforme Auslegung der Grundverordnung.[578] Dies werde noch deutlicher durch die auf *Nakajima* folgenden Urteile.[579] Hier beschäftigte sich der EuGH ebenfalls mit der Überprüfbarkeit der Rechtmäßigkeit der EG-Grund-VO anhand des GATT-Antidumpingkodex. Damit würden diese Urteile auf der Linie der *Leifer*-Rechtsprechung liegen, welche, wie bereits festgestellt, ebenfalls keine Aus-

---

[577] so z.B. Groh in: EuZW 2001, S. 662f. (662).
[578] Ott, GATT und WTO im EG-Recht, S. 149 entgegen Drexl in: GRUR Int. 1994, S. 777ff. (784).
[579] EuGH, Urteil vom 13.02.1992, Rs. C-105/90, Slg. 1992, I-677ff., Goldstar Co. Ltd / Rat der Europäischen Gemeinschaften; EuGH, Urteil vom 10.03.1992, Rs. C-175/87, Slg. 1992, 1409ff., Matsushita Electric Industrial Co. Ltd u. Matsushita Electric Trading Co. Ltd / Rat der Europäischen Gemeinschaften; EuGH, Urteil vom 10.03.1992, Rs. C-188/88, Slg. 1992, 1689ff., NMB (Deutschland) GmbH u.a. / Kommission der Europäischen Gemeinschaften.

nahme darstellt, sondern die Erfüllung der Pflicht zur völkerrechtskonformen Auslegung.
Drexl fasst die Rechtsprechung des EuGH folgendermaßen zusammen[580]: „Rechtsinhaber können subjektive Rechte nicht unmittelbar aus dem Abkommen herleiten (International Fruit Company). Soweit jedoch die Gemeinschaft selbst sekundäres Gemeinschaftsrecht erlässt, ist sie an TRIPs [(und das GATT)] gebunden und der EuGH hätte die Rechtmäßigkeit solchen Rechts am TRIPs [(und am GATT)] zu überprüfen (Nakajima)." Doch dazu ist der EuGH schon allein aufgrund seiner Verpflichtung zur völkerrechtskonformen Auslegung verpflichtet. Die Gültigkeit sekundären Gemeinschaftsrechts ist nicht nur am Maßstab des Primärrechts und unmittelbar anwendbarer Gemeinschaftsabkommen zu messen, sondern auch an jedem anderen Abkommen, an das sich die Gemeinschaft gebunden hat. Was das *Nakajima*-Urteil dem Einzelnen nämlich entsprechend der bisherigen Rechtsprechung des EuGH nicht zusteht, ist die Möglichkeit, sich vor dem nationalen Gericht oder der nationalen Behörde auf die GATT-Widrigkeit zu berufen. Dies wird dem Einzelnen nach wie vor versagt. Erst durch die Umsetzung der Vertragsnormen in vollständig neu formuliertes, am Vertrag orientiertes gemeinschaftsinternes Recht werden zu ihrer Erfüllung Rechte und Pflichten im Gemeinschaftsrecht begründet. Demnach ist die *Fediol*- und *Nakajima*- Rechtsprechung eben nicht als Ausnahme zu qualifizieren. Vielmehr stellt diese Rechtsprechung die Bestätigung ohnehin bestehender Verpflichtungen des EuGH unter Formulierung weiterer Voraussetzungen[581] dar. Das GATT-Recht ist hier Maßstab für die innergemeinschaftliche Umsetzung oder für die völkerrechtskonforme Auslegung des Gemeinschaftsrechts.
Es erscheint erstaunlich, knüpft der EuGH seine Pflicht zur völkerrechtskonformen Auslegung an weitere Voraussetzungen. Demnach müsste die Rechtsprechung des EuGH in den Urteilen *Nakajima* und *Fediol* nicht als Ausnahme zur Verneinung der unmittelbaren Anwendbarkeit angesehen werden, sondern vielmehr als Verschlimmerung der bereits problematischen Stellung des Einzelnen vor dem EuGH. Da aber auch die Rechtsprechung *Leifer*, also die GATT-konforme Auslegung des sekundären Gemeinschaftsrechts, schon als Ausnahme angesehen wird[582], ist es wohl eher angemessen, die *Fediol*- und *Nakajima*-Rechtsprechung als Rechtsschutzverbesserung anzusehen, wird doch wenigstens, entgegen der üblichen Praxis des EuGH bezüglich des GATT, die GATT-konforme Auslegung vorgenommen. Bestehen bleibt die Frage, warum der EuGH anderen Sekundärrechtsakten wie zum Beispiel der Bananenmarktordnung diese Bezugnahme auf GATT- bzw. WTO-Recht abgesprochen hat.
Es ist festzuhalten, dass der EuGH trotz der Verrechtlichung, die das GATT-System im Rahmen der Gründung der WTO erfahren hat, keinen Grund gesehen hat, seine Rechtsprechung zur unmittelbaren Anwendbarkeit aufzugeben oder zumindest zu beschränken. Die Rechtsprechung des EuGH zeigt schwer nachvollziehbare Unregelmäßigkeiten.

---

[580] Drexl in: GRUR Int. 1994, S. 777 (784). Drexl macht diese Feststellung für das TRIPs-Übereinkommen. Diese Grundsätze lassen sich jedoch auf das GATT übertragen.
[581] Aufnahme bzw. Umsetzung von GATT-Regeln im Tatbestand von Sekundärrecht.
[582] Anders Berrisch/Kamann in: EWS 2000, S. 89ff. (91), die von einer regelmäßigen GATT-konformen Auslegung durch den EuGH sprechen. Wie oben bei der Analyse zur GATT-Rechtsprechung gezeigt lässt sich jedoch nur schwerlich von einer solchen Regelmäßigkeit sprechen.

d) Auffassung der Literatur zur unmittelbaren Anwendbarkeit völkerrechtlicher Bestimmungen

Die Literatur steht der Auffassung des EuGH zur unmittelbaren Anwendbarkeit von Bestimmungen in Gemeinschaftsabkommen teilweise sehr kritisch gegenüber.
Zunächst sei vorausgesetzt, dass auch hier von der Trennung zwischen Geltung und Anwendbarkeit des Völkerrechts zu unterscheiden ist.[583]

(I) Zu den Rechtsschutzmöglichkeiten der Mitgliedstaaten

Weitgehende Einigkeit herrscht in der Literatur über die Kritik am Festhalten des EuGH am Kriterium der unmittelbaren Anwendbarkeit, wenn es um die Berufungsmöglichkeiten von Staaten auf das WTO-Recht geht.[584]
Größtenteils ging man – da es an klärenden Äußerungen in der Rechtsprechung fehlte - davon aus, dass im Rahmen der Nichtigkeitsklage die Mitgliedstaaten nur die prozessualen Voraussetzungen des Art. 230 EG einzuhalten brauchten und sich die Frage nach der unmittelbaren Anwendbarkeit nicht stellte, berief sich ein Mitgliedstaat auf einen völkerrechtlichen Vertrag wie das GATT.[585] Ein Mitgliedstaat könne sich im Rahmen einer Vertragsverletzungsklage auf eine völkerrechtliche Verpflichtung berufen, wenn er wegen eines Vertragsverstoßes verklagt wird und diese völkerrechtliche Verpflichtung der Erfüllung entgegensteht.[586] Unter diesen Literaturstimmen finden sich auch diejenigen, die zwar die unmittelbare Anwendbarkeit als Kriterium für Staatenklagen ablehnen, sie aber im Rahmen von Individualklagen als Voraussetzung für Rechtsschutz fordern und für die Bestimmungen des GATT ablehnen.[587]

Anderer Auffassung ist – wohl allein - *Bleckmann*.[588] Auch bei einer von einem Staat oder einem Gemeinschaftsorgan erhobenen Nichtigkeitsklage sei die unmittelbare Anwendbarkeit der Völkerrechtsnorm Voraussetzung für eine Überprüfung des Gemeinschaftsaktes anhand dieser Norm. Auch in einem objektiven Verfahren komme es auf die Anwendung durch den Richter und eben nicht auf die Begründung von Rechten an.

---

[583] zu diesem Streit vgl. Nachweise bei Ott, GATT und WTO im EG-Recht, S. 52f.
[584] auch GA Saggio, Schlussanträge, EuGH a.a.O., Fußn. 426 (Portugal/Rat), S. 8408, Rz. 18; Everling in: Hilf/Petersmann, GATT und EG, S. 175ff.; Hahn/Schuster in: EuR 1993, S. 261ff.; Ehlermann in: Hilf/Petersmann, GATT und EG, S. 203ff.; Lenz/*Müller-Ibold*, EGV, Art. 133, Rz. 58; von Bogdandy/Makatsch in: EuZW 2000, S. 261ff.; Everling in: CMLR 1996, S. 399ff.; Kuschel in: EuZW 1995, S. 689ff.; auch v. Danwitz in: JZ 2001, S. 722ff.; Bleckmann, Europarecht, Rdnr. 855; ders. wohl auch in: JIR 18 (1975), S. 300ff.; Berrisch in: EuR 1994, S. 461ff.; Kuschel in: RIW 1995, S. 218ff.
[585] Everling in: Hilf/Petersmann, GATT und EG, S. 175ff. (187); Hahn/Schuster in: EuR 1993, S. 261ff. (280f.); Ehlermann in: Hilf/Petersmann, GATT und EG, S. 203ff. (221); Lenz/*Müller-Ibold*, EGV, Art. 133, Rz. 58; Ott, GATT und WTO im EG-Recht, S. 256.
[586] Everling in: Hilf/Petersmann in: GATT und EG, S. 175ff. (187).
[587] von Bogdandy/Makatsch in: EuZW 2000, S. 261ff. (266); Everling in: CMLR 1996, S. 399ff. (422); Kuschel in: EuZW 1995, S. 689ff. (691) ; auch v. Danwitz in: JZ 2001, S. 722ff. (729f.), der zwar eigentlich die Bejahung der unmittelbaren Wirkung auch zugunsten der Einzelnen für rechtsdogmatisch überzeugend hält, seine Forderung aber wegen der fehlenden politischen Bereitschaft an einer umfassenden weltweiten Wirtschaftsintegration am Beispiel der EG auf die Berufungsmöglichkeit der Mitgliedstaaten auf GATT-Recht beschränken will.
[588] Bleckmann, Europarecht, Rdnr. 855; ders. wohl auch in: JIR 18 (1975), S. 300ff. (303).

Die Begründung für die Bejahung der uneingeschränkten und nicht an Bedingungen wie die unmittelbare Anwendbarkeit geknüpften Möglichkeit der Berufung auf Völkervertragsrecht ist vielfältig.

(1) Das Argument der Unanwendbarkeit des Kriteriums der unmittelbaren Anwendbarkeit auf Nichtigkeitsklagen

So wird angeführt, die durch das Urteil *International Fruit Company* eingeleitete Rechtsprechung des EuGH zur unmittelbaren Anwendbarkeit sei im Hinblick auf Vorlageverfahren nach Art. 234 EG entwickelt worden und damit schwerlich auf Nichtigkeitsklagen nach Art. 230 EG übertragbar.[589] Sämtliche, die Rechtsprechung des EuGH bestätigenden Urteile seien in Verfahren nach Art. 234 EG ergangen, wohingegen diejenigen Entscheidungen, die die Kompetenz des EuGH zur Auslegung des GATT eröffneten, im Rahmen von Nichtigkeitsklagen nach Art. 230 EG ergingen.
Außerdem sei das Konzept der unmittelbaren Anwendbarkeit aus der Theorie von der unmittelbaren Wirkung des Gemeinschaftsrechts im nationalen Rechtsraum abgeleitet.[590] Diese Schlussfolgerung wird gezogen, weil Generalanwalt Mayras in seinen Schlussanträgen zum Grundsatzurteil des EuGH - *International Fruit Company* – ausdrücklich auf die Urteile *van Gend en Loos*[591], *Costa/ENEL*[592] und *Lütticke*[593] verweist. Im Rahmen der Theorie der unmittelbaren Wirkung von Gemeinschaftsrecht seien die Klagerechte der Mitgliedstaaten immer unabhängig gewesen.[594] Die unmittelbare Anwendbarkeit sei keine allgemeine Voraussetzung der Prüfungskompetenz des EuGH. Sie betreffe nach allgemeiner Dogmatik allein die Rechtsstellung des Bürgers, nicht aber diejenige der Mitgliedstaaten im Verhältnis zur Gemeinschaft.

(2) Die Stellung der Mitgliedstaaten im Gemeinschaftssystem

Auch habe der EuGH selbst auf die Unterscheidung zwischen dem Klagerecht der Gemeinschaftsorgane und der Mitgliedstaaten einerseits und demjenigen der natürlichen und juristischen Personen andererseits hingewiesen, welche sich für ihn aus der Auslegung des Art. 230 EG ergebe. Diese Unterscheidung habe sich bis zum Urteil *Deutschland / Rat* auch im Hinblick auf die unmittelbare Anwendbarkeit ausgewirkt. Die Gemeinschaftsorgane und die Mitgliedstaaten müssten demnach das Kriterium der unmittelbaren Wirkung nicht beachten.[595] Vielmehr seien sie als „amici curiae“, berufen, die Legalität des Gemeinschaftsrechts zu bewahren.[596]

(3) Argument der Interessenlage

Schließlich sei die uneingeschränkte Möglichkeit der Mitgliedstaaten, sich vor dem EuGH auf völkerrechtliche Bestimmungen zu berufen, auch zur Wahrung diverser Interessen erforderlich.

---

[589] Hahn/Schuster in: EuR 1993, S. 261ff. (280).
[590] Hahn/Schuster in: EuR 1993, S. 261ff. (281).
[591] EuGH a.a.O., Fußn. 360 (Van Gend en Loos).
[592] EuGH, Urteil vom 15.07.1964, Rs. 6/64, Slg. 1964, S. 1251ff., Flaminio Costa / E.N.E.L.
[593] EuGH, Urteil vom 16.06.1966, Rs. 57/65, Slg. 1966, S. 257ff., Firma Alfons Lütticke GmbH / Hauptzollamt Saarlouis.
[594] v. Bogdandy/Makatsch in: EuZW 2000, S. 261ff. (266).
[595] Ott, GATT und WTO im EG-Recht, S. 256; von Danwitz in: JZ 2001, S. 722ff. (726).
[596] Everling in: CMLR 1996, S. 401ff. (422).

(a) Interesse der Mitgliedstaaten an der Einhaltung und Durchsetzung des Völkerrechts

Zum einen wird das eigene Interesse der Mitgliedstaaten an der Einhaltung des Völkervertragsrechts genannt.[597] Wird es durch nationales oder insbesondere gemeinschaftliches Sekundärrecht verletzt, so hafte für diese Verletzung neben der Gemeinschaft auch der Mitgliedstaat. Der Mitgliedstaat sei verpflichtet, das völkerrechtswidrige Sekundärrecht anzuwenden oder in nationales Recht umzusetzen. Denn auch beim Völkervertragrecht handele es sich nach ständiger Rechtsprechung des EuGH um „integrierende Bestandteile" des Gemeinschaftsrechts. Auf diese Weise verhalte auch der Mitgliedstaat sich neben der Gemeinschaft völkerrechtswidrig. Bezüglich dieser Tatsache wird die Frage gestellt, was der Sinn der Feststellung, das GATT-Recht sei integrierender Bestandteil des Gemeinschaftsrechts, sein kann, wenn ein Verstoß gegen dieses Gemeinschaftsrecht sanktionslos bleibe, weil er von den Mitgliedstaaten nicht angegriffen werden könne. Diese Feststellung des EuGH über den Stand des Völkervertragsrechts im Gemeinschaftsrecht werde damit zur reinen Floskel.[598] Außerdem wären, fände eine gerichtliche Kontrolle des Außenhandelsrechts der EG nicht statt, die Mehrheitsentscheidungen des Rates „sakrosankt".[599] Die Zielsetzung der liberalen Handelspolitik des Art. 131 EG verlange die Zulassung einer internen Korrektur eines GATT-Verstoßes und die Vermeidung internationaler Streitigkeiten.
Handelt es sich um ein gemischtes Abkommen, so stehen die Mitgliedstaaten neben der Gemeinschaft als Vertragspartner. Sie haften also direkt aus dem völkerrechtlichen Vertrag. Sie müssen daher befugt sein, eine drohende völkerrechtliche Haftung durch Rechtsbehelfe, insbesondere durch Nichtigkeitsklage gegen den völkerrechtswidrigen Sekundärrechtsakt der Gemeinschaft, abzuwenden. Das Recht zum Schutz der eigenen Interessen in der Gemeinschaft müsse jedem Mitgliedstaat gegen die Gemeinschaft zuerkannt werden. Die Mitgliedstaaten sind neben der Gemeinschaft Vertragsparteien der WTO-Abkommen. Wird ihnen das Recht, sich vor dem EuGH auf das GATT zu berufen, versagt, so wird ihnen die Einhaltung der internationalen Verpflichtungen unmöglich gemacht.[600]

(b) Die Mitgliedstaaten als Wächter der Gemeinschaftsinteressen

Zum anderen treten die Mitgliedstaaten nicht allein zur Wahrung ihrer eigenen Interessen auf. Zugleich komme ihnen die Aufgabe des Wächters der Gemeinschaftsinteressen zu.[601] Diese Pflichtenstellung der Mitgliedstaaten ergebe sich ganz deutlich wiederum aus dem Normgefüge. Art. 230 EG unterscheide zwischen den privilegierten Klagebefugten, die kein eigenes Rechtsschutzinteresse nachweisen müssen, und den nicht privilegiert Klagebefugten. Erstere Gruppe habe dafür zu sorgen, dass die Gemeinschaft keiner völkerrechtlichen, eventuell mit Sanktionen verbundenen Haftung ausgesetzt wird. Ihnen komme die Funktion der objektiven richterlichen Kontrolle zu. Dabei werde auch wieder das eigene Schutzinteresse jedes Mitgliedstaates

---

[597] Ehlermann a.a.O., S. 221; Lenz/*Müller-Ibold*, EGV, Art. 133, Rz. 58; v. Bogdandy/Makatsch in: EuZW 2000, S. 261ff. (266f.).
[598] Berrisch in: EuR 1994, S. 461ff. (469).
[599] Kuschel in: EuZW 1995, S. 689ff. (691).
[600] Kuschel in: RIW 1995, S. 218ff. (222).
[601] EuGH a.a.O., Fußn. 323 (Kupferberg), S. 3662, Rz. 11ff.

deutlich. Für die Gemeinschaft haften die Mitgliedstaaten intern, wenn sie sich völkervertragsrechtswidrig verhalte. Jeder Mitgliedstaat müsse sich und die Gemeinschaft davor schützen können, durch das Handeln eines Gemeinschaftsorgans oder eines anderen Mitgliedstaates völkerrechtlich zur Verantwortlichkeit gezogen zu werden. Denn sobald die Gemeinschaft haftet, drohe als Konsequenz die interne Haftung der Mitgliedstaaten. Die Kritiker des EuGH werfen diesem vor allem vor, die Begründung seines Urteils mangele an Überzeugungskraft und stünde in Widerspruch zu seiner bisherigen Rechtsprechung.[602] Als eher überzeugend hätte man die Heranziehung des Grundsatzes des venire contra factum proprium angesehen. Denn der einzelne Mitgliedstaat ist innergemeinschaftlich an der Entstehung des GATT-widrigen Gemeinschaftsrechtsaktes beteiligt und könne nach seiner Verabschiedung nicht mehr gegen ihn vorgehen.[603]
Doch lässt der EuGH den Einwand des venire contra factum proprium schon gar nicht gelten. Er ließ eine Nichtigkeitsklage eines Mitgliedstaates gegen einen Akt zu, dem der klagende Mitgliedstaat im Rechtssetzungsverfahren noch vorbehaltlos zugestimmt hatte.[604]

Im Ergebnis wird also die vom EuGH durch seine Urteile *Deutschland / Rat* und *Portugal / Rat* vorgenommene Gleichstellung der Mitgliedstaaten mit den Gemeinschaftsbürgern, was die Berufungsmöglichkeiten auf das GATT im Rahmen einer Klage oder eines Verfahrens vor dem EuGH angeht, größtenteils abgelehnt.

(II) Zum GATT 1947

In der Literatur zeichnete sich eine eher skeptische Einstellung zur unmittelbaren Anwendbarkeit von Bestimmungen des alten GATT 1947 ab.

(1) Stimmen gegen die unmittelbare Anwendbarkeit des GATT 1947

Viele Literaturstimmen wendeten sich gegen die unmittelbare Anwendbarkeit des GATT 1947.[605]

(a) Vorwegnahme des Streitbeilegungsverfahrens auf internationaler Ebene

So wird gegen die unmittelbare Anwendbarkeit ins Feld geführt, dass durch ein weiteres direktes oder indirektes Normenkontrollverfahren gegenüber nationalem und Gemeinschaftsrecht, zu dem die unmittelbare Geltung führen würde, das Streitbeilegungsverfahren einseitig vorweggenommen und den politischen Organen außerdem vom Gerichtshof von vornherein der Spielraum, der für eine wirkungsvolle Handelspolitik im Rahmen des GATT vonnöten ist, entzogen werde.[606] Der Gemeinschaftsbürger sei insofern gegen GATT-widrige Akte geschützt, als der Inhalt der GATT-

---

[602] So deutlich insbesondere Ott, GATT und WTO im EG-Recht, S. 258.
[603] Ott, GATT und WTO im EG-Recht, S. 258f.
[604] EuGH a.a.O., Fußn. 510 („Prämie für Kartoffelstärke") S. 2596, Rz. 6.
[605] Kuschel in: EuZW 1995, S. 689ff. (690); Ehlermann in: Hilf/Petersmann, GATT und EG, S. 203ff. (215f.); ders. in: EuR 1985, S. 91ff. (94); Zuleeg in: ZaöRV 35 (1975), S. 341ff.; Everling in: Hilf/Petersmann, GATT und EG, S. 175ff.; Tagaras in: CDE 1984, S. 15ff.; Fikentscher in: FS Steindorff, S. 1175ff. (1191).
[606] Everling in: Hilf/Petersmann, GATT und EG, S. 175ff. (191).

Norm in den meisten Fällen im autonom gesetzten abgeleiteten Gemeinschaftsrecht umgesetzt sei.[607]
Die vom GATT-Vertragswerk vorgesehene Durchsetzung seiner Vorschriften wurde als Argument gegen die unmittelbare Anwendbarkeit herangezogen.[608] Das GATT sehe ein Streitbeilegungssystem auf internationaler Ebene vor. Es beruhe auf der Notwendigkeit elastischer Verhandlungsführung. Dieses geschmeidige und elastische Verfahren sei in seiner Funktionsfähigkeit gefährdet, käme es zu einer unterschiedlichen Bereitschaft der mitgliedstaatlichen Gerichte, den Regeln des GATT auf nationaler Ebene zu mehr Nachdruck zu verhelfen. Bestünde die Möglichkeit, die Regeln des GATT durch die innerstaatlichen Rechtsanwendungsorgane unwiderruflich und zwingend festzulegen, bestünde außerdem die Gefahr, dass viele Mitglieder des GATT von ihrem Austrittsrecht Gebrauch machten. Sieht also der Vertrag selber ein eigenes Streitbeilegungssystem vor, sei der Vertrag eher nicht der unmittelbaren Anwendbarkeit fähig.[609]

(b) Fehlende Gegenseitigkeit

Auch wird die fehlende Gegenseitigkeit unter Hinweis auf die fehlende unmittelbare Anwendbarkeit im Rechtsraum der neben der EG stärksten Handelspartner, USA und Japan, als Argument herangezogen.[610] Angesichts der Tatsache, dass keiner der anderen GATT-Vertragsparteien das GATT-Recht unmittelbar anwende, verletze der EuGH, würde er entgegen seiner bisherigen Rechtsprechung die unmittelbare Anwendbarkeit des GATT-Rechts bejahen, das Prinzip der Gegenseitigkeit. Die Gemeinschaft müsse sich dagegen absichern, selbst die GATT-Regeln in einem für die Vertragspartner günstigen, großzügigen Sinne zu interpretieren, während sich die Vertragspartner reserviert verhalten und die Gemeinschaft um die von ihr erwartete Gegenleistung bringen.[611] Dies stünde auch nicht im Widerspruch zur Rechtsprechung *Kupferberg*, handele es sich doch hier um einen bilateralen Vertrag, wo eine Verständigung über nach Abschluss des Vertrages auftretende Probleme leicht möglich sei.[612] Die Gegenseitigkeit sei ein wichtiges Strukturprinzip des Völkerrechts, welches seine Durchsetzung sichere. Das Fehlen von Erzwingungsmechanismen sichere diese Erfüllung im Wege schrittweiser Vertragserfüllung.[613]

(c) Möglichkeit der Rechtsdurchsetzung durch andere Verfahren

Mit dem Hinweis, dass etwaige Verletzungen des GATT durch Gemeinschaftsorgane oder Mitgliedstaaten zum Gegenstand von Verfahren nach Art. 226, 227, 230, 232 EG gemacht werden können, wird die Argumentation untermauert.[614] Dieses Argument für einen ausreichenden Rechtsschutz trotz Ablehnung der unmittelbaren Anwendbarkeit der GATT-Vorschriften ist aber – zumindest die Klagen der Mitgliedstaa-

---

[607] Ehlermann in: EuR 1985, S. 91ff. (94).
[608] Zuleeg in: ZaöRV 35 (1975), S. 341ff. (355); Stoll in: ZaöRV 1997, S. 83ff. (140).
[609] Meessen in: CMLR 1976, S. 485ff. (494).
[610] Everling in: Hilf/Petersmann, GATT und EG, S. 175ff. (191); Tagaras in: CDE 1984, S. 15ff. (51).
[611] Tomuschat in: Gedächtnisschrift Constantinesco, S. 801ff. (814).
[612] Tagaras in: CDE 1984, S. 15ff. (51).
[613] Meng in: FS Bernhardt, S. 1063ff. (1075).
[614] Ehlermann in: Hilf/Petersmann, GATT und EG, S. 203ff. (220); Everling in: Hilf/Petersmann, GATT und EG, S. 175ff. (191).

ten betreffend – seit der Entscheidung *Deutschland / Rat*[615] hinfällig. Denn den Mitgliedstaaten wird genau wie den Einzelnen die Hürde der unmittelbaren Anwendbarkeit in den Weg gestellt.

(d) Auslegungskompetenz der Vertragsparteien

Außerdem unterliege das GATT als völkerrechtlicher Vertrag der ständigen Weiterentwicklung und Auslegung. Die Kompetenz zur Auslegung müsse den Vertragsparteien und nicht den Gerichten obliegen, da sonst die Gefahr bestünde, dass es eine Unzahl unterschiedlicher Interpretationen im Rechtsraum der EG und damit Rechtsunsicherheit entstünden, würde jedes nationale europäische Gericht über eine eigene Befugnis zur Überprüfung der Vereinbarkeit von Sekundärrecht mit dem GATT verfügen.[616]

(e) Fehlende Geltung des GATT 1947 im Gemeinschaftsrecht

Schließlich wird von den Verfechtern der sogenannten „Vollzugslehre" angenommen, eine unmittelbare Anwendbarkeit des GATT 1947 sei deshalb nicht möglich, weil die EG an das GATT nicht wegen der Unterzeichnung des GATT sondern aufgrund einer Funktionsnachfolge gebunden sei. Deshalb handele es sich anders als bei den übrigen Gemeinschaftsabkommen beim GATT nicht um „integrierende Bestandteile des Gemeinschaftsrechts". Es stelle schon kein in der Gemeinschaft unmittelbar geltendes Recht dar.[617]

(2) Stimmen für die unmittelbare Anwendbarkeit des GATT 1947

Es fanden sich aber durchaus auch Stimmen, die sich für die unmittelbare Anwendbarkeit von Vorschriften des GATT 1947 aussprachen.[618]

(a) Wortlaut der GATT-Vorschriften

So wurde ausgeführt, der Wortlaut der GATT-Vorschriften deute darauf hin, dass das Abkommen zur unmittelbaren Anwendbarkeit bestimmt sei.[619] Die Verpflichtungen seien, von wenigen Ausnahmen abgesehen[620], als eindeutige Bestimmungen formuliert. Die eindeutige Formulierung als „Muss-Bestimmung" deute in der Regel darauf hin, dass die Vorschriften ohne weiteren Durchführungsakt unmittelbar angewendet

---

[615] EuGH a.a.O., Fußn. 394 (Deutschland/Rat).
[616] Kuschel in: EuZW 1995, S. 689ff. (690).
[617] Schroeder/Selmayr in: JZ 1998, S. 344ff. (347).
[618] Tomuschat in: Gedächtnisschrift Constantinesco, S. 801ff. (812ff.); Hohmann in: EWS 1995, S. 381f.; Hudec in: Hilf/Petersmann, GATT und EG, S. 243ff.; Petersmann in: Hilf/Petersmann, GATT und EG, S. 119ff.; Hilf in: Hilf/Petersmann, GATT und EG, S. 11ff.; Petersmann in: EA 1989, S. 55ff.; Dauses/*Arnold*, Handbuch des EU-Wirtschaftsrechts, Bd. 2, K. I., Rn. 33; Bast/Schmidt in: RIW 1991, S. 929ff.; Tagaras in: CDE 1984, S: 15ff.; Riese in: EuR 1966, S. 24ff.; Zuleeg in: ZaöRV 35 (1975), S. 341ff.; Petersmann in: CMLR 1983, S. 397ff.; Petersmann in: EuZW 1997, S. 325ff.; Kuschel in: EuZW 1995, S. 689ff.; Petersmann in: FS für Bernhardt, S. 1087ff.; Hahn/Schuster in: EuR 1993, S. 261ff.
[619] Hudec in: Hilf/Petersmann, GATT und EG, S. 243ff. (262).
[620] Die wichtigste Ausnahme ist Art. XXIV Abs. 12 GATT. Diese Vorschrift regelt das Verhältnis von GATT-Verpflichtungen zu regionalen und lokalen Regierungs- und Verwaltungsstellen und verlangt von den Vertragsparteien lediglich „die in ihrer Macht stehenden" Maßnahmen, „um in ihrem Gebiet die Beachtung des Abkommens durch die regionalen und örtlichen Regierungs- und Verwaltungsstellen sicherzustellen".

werden sollen. Viele GATT-Vorschriften seien bewusst als inhaltlich präzise, unbedingte und teils ungewöhnlich detaillierte Rechtsnormen formuliert worden, gerade um ihre unmittelbare Anwendbarkeit zu ermöglichen.[621] Dies sei rechtshistorisch belegt.[622]

Auch andere Literaturstimmen haben sich mit den Argumenten des EuGH und der Auslegung der einzelnen Normen des GATT beschäftigt und die Vorschriften dahingehend analysiert, ob sie hinreichend genau und konkret formuliert sind.[623] Die Rechtsprechung des EuGH erfährt dabei viel Kritik, auch von denjenigen, die die unmittelbare Anwendbarkeit ablehnen. Die richterliche Ablehnung entbehre einer ausreichenden Auseinandersetzung mit der Frage nach der unmittelbaren Anwendbarkeit, die Begründung der Ablehnung sei zu knapp.[624]

Weiterhin wird dem EuGH vorgeworfen, er generalisiere die Beurteilung des GATT als zu flexibel zur unmittelbaren Anwendbarkeit. Das GATT beruhe auf einigen wenigen Rechtsgrundsätzen.[625] Die Diskriminierungsverbote und Liberalisierungsregeln seien inhaltlich bestimmt und haben eine wettbewerbsschützende Funktion. Teilweise seien sie präziser und detaillierter formuliert als die auf ihnen beruhenden EG-Vertragsvorschriften über die innergemeinschaftliche Beseitigung von Zöllen, Mengenbeschränkungen und Maßnahmen gleicher Wirkung.[626] Es sei dabei unerheblich für die Beurteilung ihrer Fähigkeit, Rechte für den Einzelnen zu begründen, dass sie sich primär an die Signatarstaaten und nicht an den Einzelnen richten.[627] Dieses das Gemeinschaftsrecht im Bereich des nicht diskriminierenden Handelswettbewerbs ergänzende GATT-Recht, die gemeinschaftlichen Grundsätze der Völkerrechtskonformität, die Gemeinschaftsgrundrechte, insbesondere auf gerichtlichen Schutz, und der Grundsatz der individuellen Außenhandelsfreiheit seien „gute Gründe" für die Annahme, dass auch der Gemeinschaftsbürger sich auf die Einhaltung der GATT-Bestimmungen vor Gericht berufen dürfe.[628] Den GATT-Vertragsparteien würden sich nur wenige Ausnahmevorschriften und damit wenig Einflussmöglichkeiten bei der Einführung mengenmäßiger Beschränkungen aus Zahlungsbilanzgründen in Art. XII GATT bieten.[629] Genauso seien das Meistbegünstigungsprinzip des Art. I GATT, die Verpflichtung zur Einhaltung zur Zollbindung des Art. II GATT und das Diskriminierungsverbot des Art. III GATT eindeutig formuliert und durch die Panel-Entscheidungen in ihrer Anwendung stark konzentriert.

Zwar wird auch unter den Verfechtern der Bejahung der unmittelbaren Anwendbarkeit dem EuGH insofern beigepflichtet, dass eine große Flexibilität der Bestimmungen festzustellen sei.[630] Neben einiger konkret fassbarer Verpflichtungen der Ver-

---

[621] Petersmann in: Hilf/Petersmann, GATT und EG, S. 119ff. (131).
[622] vgl. z.B. Jackson, World Trade, S. 12, Anm. 1.
[623] Hilf in: Hilf/Petersmann, GATT und EG, S. 11ff. (53f.); Petersmann in: EA 1989, S. 55ff. (61); Dauses/*Arnold*, Handbuch des EU-Wirtschaftsrechts, Bd. 2, K. I., Rn. 33; Bast/Schmidt in: RIW 1991, S. 929ff. (933); Tagaras in: CDE 1984, S. 15ff. (51).
[624] Tagaras in: CDE 1984, S. 15ff. (36ff., insb. 41); Ott, GATT und WTO im EG-Recht, S. 168ff.; Kuschel in: EuZW 1995, S. 689ff. (690); Petersmann in: CMLR 1983, S. 397ff. (402).
[625] Petersmann in: CMLR 1983, S. 397ff. (420).
[626] Petersmann in: EuZW 1997, S. 325ff. (326).
[627] Petersmann in: Hilf/Petersmann, GATT und EG, S. 119ff. (131f., 140); Tomuschat in: Gedächtnisschrift Constantinesco, S. 801ff. (811).
[628] Petersmann in: Hilf/Petersmann, GATT und EG, S. 119ff. (140).
[629] Kuschel in: EuZW 1995, S. 689ff. (690).
[630] Tomuschat in: Gedächtnisschrift Constantinesco, S. 801ff. (813).

tragsparteien enthalte das GATT zahlreiche Derogationsmöglichkeiten. Auch hier wird die Möglichkeit der Erteilung eines waivers (Art. XXV Abs. 5 GATT) oder der Duldung GATT-widrigen Verhaltens eines Vertragspartners unter der Voraussetzung der Zahlungen von Kompensationen genannt. Dabei ginge es jedoch nur darum, die „wirtschaftliche Gesamtbalance" zu erhalten.[631] Dieses völkerrechtswidrige Verhalten auf der einen Seite und das Wiedergutmachen auf der anderen Seite auf der Basis einer ausdifferenzierten Verhandlungsmaschinerie zeigten wiederum, dass dem GATT das Prinzip der Gegenseitigkeit innewohne.

(b) Keine Vergleichsmöglichkeit mit nationalem Recht

Dem Argument, auch das nationale Verfahrensrecht sehe keine Normenkontrollklage Privater vor, wird mit dem Hinweis, dass sekundäres Gemeinschaftsrecht, anders als nationales Recht, nicht von einer demokratisch legitimierten „normalen" Gesetzgebung geschaffen werde, entgegengetreten.[632]

Den Bestimmungen des GATT wird demnach „Anwendungsfähigkeit", also die Fähigkeit einer Bestimmung in einem völkerrechtlichen Vertrag, ohne ausführende nationale oder gemeinschaftliche Rechtssätze durch innerstaatliche Verwaltungsbehörden und Gerichte anwendbar zu sein, zuerkannt.[633] Diese Beurteilung des GATT ist mit der rechtlichen Vollkommenheit beziehungsweise der inhaltlichen Unbedingtheit im Sinne der Rechtsprechung des EuGH zur unmittelbaren Anwendbarkeit des Gemeinschaftsrechts zu vergleichen. Das GATT 1947 enthalte Normen, die aufgrund ihrer hinreichend konkreten Formulierung justiziabel und deshalb der unmittelbaren Anwendbarkeit fähig seien.[634]

(c) Verzicht auf Gegenseitigkeit

Bezüglich dieses Reziprozitätsgrundsatzes wird festgestellt, der EuGH habe diesen Grundsatz zu Recht aus dem Rechtsgebäude der Gemeinschaft völlig eliminiert.[635] Wird dieser Grundsatz zwar für völkerrechtliche Verträge als selbstverständlich noch aufrechterhalten, dürfe er aber nicht zur „ökonomisch und GATT-rechtlich unzutreffenden merkantilistischen Annahme verleiten, dass die wirtschaftlichen Vorteile und die Rechtsverbindlichkeit der GATT-Regeln von ihrer Einhaltung durch andere GATT-Vertragsparteien abhängen".[636] Die Einhaltung einer strikten Gegenseitigkeit sei in multilateralen Verträgen mit über 100 Vertragsparteien gar nicht durchführbar.[637] Ein Bestehen auf der Einhaltung des Gegenseitigkeitsprinzips mache weder aus ökonomischen noch aus rechtlichen Gesichtspunkten Sinn.[638] Zwar wird auch die Problematik eines einseitigen Verzichts auf den Gegenseitigkeitsgrundsatz gesehen. Die Gemeinschaft müsse sich dagegen absichern, selbst die GATT-Regeln in einem für die Vertragspartner günstigen, großzügigen Sinne zu interpretieren, wäh-

---

[631] Tomuschat in: Gedächtnisschrift Constantinesco, S. 801ff. (813).
[632] Riese in: EuR 1966, S. 24ff. (36).
[633] Zuleeg in: ZaöRV 35 (1975), S. 341ff. (351f.).
[634] Bast/Schmidt in: RIW 1991, S. 929ff. (933).
[635] Tomuschat in: Gedächtnisschrift Constantinesco, S. 801ff. (811).
[636] Petersmann in: Hilf/Petersmann, GATT und EG, S. 119ff. (133); ders. in: CMLR 20 (1983), S. 397ff. (424ff.).
[637] Petersmann in: CMLR 1983, S. 397ff. (427f.).
[638] Petersmann in: CMLR 1983, S. 397ff. (427f.).

rend sich die Vertragspartner reserviert verhalten und die Gemeinschaft um die von ihr erwartete Gegenleistung bringen.[639] Doch könne dies nicht von der Tatsache ablenken, dass Drittlandsverträge mit ihrem Abschluss zu einem Bestandteil des Gemeinschaftsrechts werden. Es liege in der Logik eines Rechtsstaatsprinzips, jedermann eine Berufung auf dieses Recht zuzugestehen.[640] Einzige Voraussetzung dürfe sein, dass es sich um vollzugsfähige Rechtssätze handele, die keines ausfüllenden Aktes seitens des Gesetzgebers bedürfen. Die Konsequenzen der Unterzeichnung eines Gemeinschaftsabkommens, also die Einführung seiner Bestimmungen in die Gemeinschaftsrechtsordnung, müssen hingenommen werden.[641] Die für den Einzelnen nachteilige Verletzung des Rechts müsse von ihm gerügt werden können. Der Richter habe nicht die Befugnis, sich seiner Pflicht zur Wahrung des Rechts aus Art. 220 EG zu entziehen.

(d) Beruhen des Gemeinschaftsrechts auf den Prinzipien des GATT

Auch wird im Rahmen der Auslegung der GATT-Vorschriften und des Versuchs der Beantwortung der Frage, ob das GATT als Welthandelsverfassung anzusehen ist, festgestellt, dass das Zölle, Mengenbeschränkungen, Diskriminierungen und Maßnahmen gleicher Wirkung verbietende gemeinschaftliche Primärrecht fast wörtlich auf den allgemeinen GATT-Bestimmungen beruhe.[642] Diese EG-Verbote hat der EuGH im Rahmen von Vorabentscheidungsverfahren und Nichtigkeitsklagen einzelner Wirtschaftsteilnehmer als grundrechtsähnliche, individuelle Marktfreiheiten ausgelegt; sie schützen die Einzelnen vor staatlichem Handelsprotektionismus.[643] Dadurch ermögliche das Gemeinschaftsgericht den Marktbürgern die gerichtliche Durchsetzung ihrer Handelsfreiheiten gegenüber protektionistischen Handelsbeschränkungen ihrer eigenen Regierungen. Trotz dieser Ähnlichkeit der vertraglich begründeten Rechte können die Gemeinschaftsbürger den GATT-Regeln vor dem EuGH nicht zur Durchsetzung verhelfen. Eine Berufungsmöglichkeit bleibe ihnen verwehrt. Man wendet sich detailliert gegen die Argumente des EuGH, mit deren Hilfe er die unmittelbare Anwendbarkeit der GATT-Vorschriften verneint.[644] Es wird festgestellt, dass das Völkerrecht Freiheit und Gleichheit gewähren solle und daher grundsätzlich auch zur unmittelbaren Anwendbarkeit geeignet sei. Es hätte daher Ziel der Uruguay-Runde die rechtsstaatliche Stärkung der innerstaatlichen Durchführung, Anwendung und gerichtlichen Kontrolle völkerrechtlicher GATT-Verpflichtungen sein müssen.[645]

(e) Argumente des EuGH

Die vom EuGH genannten Gründe für die Ablehnung der unmittelbaren Anwendbarkeit – Gegenseitigkeitsprinzip, die Schutzklauseln und die große Flexibilität der Vorschriften – beruhten auf einem Missverständnis des GATT-Rechts und seien auch rechtsmethodisch nicht überzeugend.[646] Es sei nichts ungewöhnliches, verzichte das

---

[639] Tomuschat in: Gedächtnisschrift Constantinesco, S. 801ff. (814).
[640] Tomuschat in: Gedächtnisschrift Constantinesco, S. 801ff. (818).
[641] Tomuschat in: Gedächtnisschrift Constantinesco, S. 801ff. (819).
[642] Petersmann in: EA 1989, S. 55ff. (61); ders. in: EuZW 1997, S. 325ff. (326).
[643] Petersmann in: EA 1989, S. 55ff. (61); ders. in: EuZW 1997, S. 325ff. (326).
[644] Petersmann in: CMLR 1983, S. 397ff. (437); Petersmann in: FS für Bernhardt, S. 1087ff. (1123); Petersmann in: Hilf/Petersmann, GATT und EG, S. 119ff. (133).
[645] Petersmann in: EA 1989, S. 55ff. (64).
[646] Petersmann in: Hilf/Petersmann, GATT und EG, S. 119ff. (139).

GATT auf die Festlegung der Modalitäten des innerstaatlichen Vollzugs. Jeder Vertragspartei stehe es frei, die internen Wirkungen des GATT zu bestimmen.[647] Mit einer offeneren Rechtsprechung zur unmittelbaren Anwendbarkeit des GATT-Rechts würde der EuGH auch der bisher zurückhaltenden Einstellung der Mitgliedstaaten gegenüber der rechtlichen Wirkung des GATT entgegenwirken.[648] Die Frage lasse sich allein auf Basis des Gemeinschaftsrechts, nicht aber auf der Ebene des Völkerrechts entscheiden.[649]

Das GATT stelle heute nicht mehr ausschließlich ein Verhandlungsforum dar, ist doch insbesondere das Panel-Streitbeilegungssystem in der Lage, erhebliche Eingriffe in die staatliche Souveränität vorzunehmen.[650] Die Verrechtlichung des Streitbeilegungssystems mache deutlich, dass die Vertragsparteien das GATT als Rechte und Pflichten enthaltend ansehen, die es einzuhalten gelte. Der EuGH habe auch andere Abkommen, die über kein gerichtliches Streitbeilegungsverfahren verfügen, für unmittelbar anwendbar erklärt.[651]

Festgestellt wird auch eine gewisse Widersprüchlichkeit des EuGH, beruft er sich für die Ablehnung der unmittelbaren Anwendbarkeit der GATT-Bestimmungen auf deren zu große Flexibilität und die fehlende Reziprozität der Verpflichtungen, bejaht er aber auf der anderen Seite die unmittelbare Anwendbarkeit von Bestimmungen anderer Abkommen[652], welche dem GATT in der Weichheit ihrer Bestimmungen und fehlenden Reziprozität in nichts nachsteht.[653]

(f) Schwächung des GATT-Rechts

Auch sei Konsequenz eines fehlenden Rechts- und Gerichtsschutzes innerhalb der EG eine, im Vergleich zum von den Gemeinschaftsbürgern gerichtlich durchsetzbaren, internen Zollunionsrecht der EG, wesentlich schwächere rechtliche Wirksamkeit und Konsistenz des Außenhandelsrechts.[654] Die Markt-, Rechts- und Politikintegration der EG werde durch die Ignorierung des Völkerrechts gefährdet, wie insbesondere der Konflikt um den europäischen Bananenmarktprotektionismus zeige.

(g) Vermittelnde Ansicht

Vermittelnd wird teilweise die Bejahung der unmittelbaren Anwendbarkeit von GATT-Regeln im Einzelfall bevorzugt.[655] Die GATT-Regeln seien aufgrund der Anwendungspraxis fortlaufenden Änderungen und Anpassungen im Sinne einer rechtlichen Verfestigung unterworfen. Deshalb müsse sich die Rechtsprechung einen gewissen Spielraum belassen. Diese Einzelfallrechtsprechung würde die verrechtlichenden Tendenzen des GATT stärken. Ein Beurteilungs- und Ermessensspielraum zugunsten der Exekutive würde deren Rechtsbindungsbewusstsein fördern. Gleichzeitig

---

[647] Hahn/Schuster in: EuR 1993, S. 261ff. (279); Petersmann in: Hilf/Petersmann, GATT und EG, S. 119ff. (139).

[648] Hilf in: Hilf/Petersmann, GATT und EG, S. 11ff. (54).

[649] Tomuschat in: Gedächtnisschrift Constantinesco, S. 801ff. (810).

[650] Hahn/Schuster in: EuR 1993, S. 261ff. (279).

[651] Hilf in: Hilf/Petersmann, GATT und EG, S. 11ff. (48).

[652] EuGH, Urteil vom 29.04.1982, Rs. 17/81, Slg. 1982, 1331, Pabst & Richarz KG / Hauptzollamt Oldenburg; Kupferberg a.a.O., Fußn. 323; und Bresciani a.a.O., Fußn. 358.

[653] Tagaras in: CDE 1984, S. 15ff. (36ff.).

[654] Petersmann in: EuZW 1997, S. 325ff. (326).

[655] Hilf in: Hilf/Petersmann, GATT und EG, S. 11ff. (53ff.).

würde der für die Wahrnehmung der Interessen der Gemeinschaft erforderliche Handlungsspielraum bewahrt werden. Vorbedingung für eine solche Einzelfallrechtsprechung sei nicht der förmliche Beitritt der Gemeinschaft zum nur von den Mitgliedstaaten unterzeichneten GATT 1947 gewesen.

(III) Zum GATT 1994

In der Literatur finden sich seit der Gründung der WTO nur noch wenige Stimmen, die die Linie des EuGH zumindest im Ergebnis unterstützen.[656]

(1) Stimmen gegen die unmittelbare Anwendbarkeit des GATT 1994

Teilweise wird der Kurs des EuGH als „Konflikt- bzw. Kollisionsvermeidungsstrategie" bezeichnet.[657] Wortlaut, Systematik und Staatenpraxis würden eine unmittelbare Anwendbarkeit des WTO-Rechts ausschließen. Dadurch begründe das WTO-Recht auch keine subjektiven Rechte zugunsten der Marktbürger.[658] Auch würde sich die Gemeinschaft im Vergleich zu ihren Handelspartnern einer ungleichgewichtigen Bindung an das WTO-Recht unterwerfen.[659] Der Gesichtspunkt der Gegenseitigkeit scheine nicht überwindbar.[660] Zwar sei die unmittelbare Anwendbarkeit der GATT-Regeln nicht schlichtweg abzulehnen, doch erlaube sie „die harte juristische Realität" zurzeit nicht.[661] Das WTO-Vertragswerk sei, anders als der EG-Vertrag, nicht auf die Harmonisierung der mitgliedstaatlichen Rechtsordnungen gerichtet.[662] Daher sei es im Gegensatz zum EG-Vertrag auch nicht auf die unmittelbare Anwendbarkeit ausgelegt. Auch wird befürchtet, dass der EuGH zum WTO-Gericht werde.[663] Zunächst müsse eine internationale Handelsstreitigkeit daher vor den DSB gebracht werden.
Die Richtung des EuGH unterstützen darüber hinaus die Organe der Gemeinschaft. Dies wird zum Beispiel deutlich durch den Vorschlag[664] der Kommission an den Rat der Europäischen Union zu den Abkommen des Welthandelssystems im Rahmen der neuen World Trade Organisation, wo es heißt:

> „Im übrigen kommt es darauf an auszuschließen, dass die Bestimmungen des WTO-Abkommens und seiner Anhänge eine direkte Wirkung haben, dergestalt, dass sie von natürlichen oder juristischen Personen des privaten Rechts bei den Gerichten ihrer Länder in Anspruch genommen werden können. Bereits jetzt ist bekannt, dass die Vereinigten Staaten ebenso wie eine ganze Reihe unserer Handelspartner eine solche direkte Wirkung ausdrücklich ausschließen. Ohne einen entsprechenden ausdrückli-

---

[656] v. Bogdandy in: EuZW 2001, S. 357ff. (362ff.); v. Bogdandy/Makatsch in: EuZW 2000, S. 261ff.; Eeckhout in: CMLR 1997, S. 11ff.; Sack in: EuZW 1997, S. 650f.; im Ergebnis so Schmid in: NJW 1998, S. 190ff. (196); Streinz in: JuS 2000, S. 909ff.; Hilf in: Müller-Graff, Die EG in der WTO, S. 89ff.
[657] v. Bogdandy/Makatsch in: EuZW 2000, S. 261ff. (265).
[658] Sack in: EuZW 1997, S. 650f. (650).
[659] v. Bogdandy/Makatsch in: EuZW 2000, S. 261ff. (266); Schmid in: NJW 1998, S. 190ff. (196); Streinz in: JuS 2000, S. 909ff. (911).
[660] Hilf in: Müller/Graff, Die EG in der WTO, S. 89ff. (91).
[661] Sack in: EuZW 1997, S. 688 (688).
[662] v. Bogdandy in: EuZW 2001, S. 357ff. (362).
[663] Eeckhout in: CMLR 1997, S. 11ff. (50).
[664] Dok. KOM (1994), S. 143 endg. vom 15.04.1994.

chen Ausschluss in dem Rechtsakt der Gemeinschaft über die Annahme der Ergebnisse könnte es zu einem erheblichen Ungleichgewicht bei der tatsächlichen Umsetzung der Verpflichtungen der Gemeinschaft einerseits und der genannten Drittländer andererseits kommen."

Der Rat äußerte sich ablehnend gegenüber der unmittelbaren Anwendbarkeit in seinem Beschluss 94/800.[665] Dort heißt es:

„Das Übereinkommen zur Errichtung der Welthandelsorganisation einschließlich seiner Anhänge ist nicht so angelegt, dass es unmittelbar vor den Rechtsprechungsorganen der Gemeinschaft und der Mitgliedstaaten angeführt werden kann."

(2) Stimmen für die unmittelbare Anwendbarkeit des GATT 1994

Der Großteil der Literatur wendet sich bezüglich der Beurteilung der unmittelbaren Anwendbarkeit des GATT 1994 jedoch gegen die Auffassung des EuGH.[666] Auch deutsche Gerichte zweifeln an der Rechtsstaatlichkeit und der Effektivität des Grundrechtsschutzes in der Gemeinschaft.[667] Bei den Vertragsparteien aufkommende Zweifel, dass durch die Verneinung der unmittelbaren Anwendbarkeit möglicherweise die Bereitschaft des Vertragspartners relativiert wird, den Vertrag entgegen Art. 26 Wiener Vertragsrechtskonvention[668] und dem völkerrechtlichen Gewohnheitsrecht nach Treu und Glauben zu erfüllen, seien berechtigt.[669] Die unmittelbare Anwendbarkeit der WTO-Abkommen wird in der Literatur weitgehend bejaht, sogar von denjenigen, die die unmittelbare Anwendbarkeit des GATT 1947 ablehnen.[670] Auch die amtliche Begründung des deutschen Gesetzes hielt die innerstaatliche unmittelbare Anwendbarkeit für einen „Teil der Vertragsbestimmungen" für gegeben.[671]

(a) Zugehörigkeit zur Gemeinschaftsrechtsordnung

Durch die Unterzeichnung des GATT durch die Gemeinschaft selbst sei das GATT „integrierender Bestandteil" des Gemeinschaftsrechts geworden und damit grund-

[665] Beschluss 94/800/EG a.a.O., Fußn. 408.
[666] Epiney in: EuZW 1999, S. 5ff. (11); Becker-Celik in: EWS 1997, S. 12ff.; Cottier in: CMLR 1998, S. 325ff. (341, 368); Petersmann in: EJIL 6 (1995), S. 161ff.; Stein in: EuZW 1998, S. 261ff. (263); Berrisch/Kamann in: EWS 2000, S. 89ff.; Zonnekeyn in: ELRev 2000, S. 293ff.; Trachtman in: EJIL 1999, S. 655ff.; Petersmann in: Müller-Graff, die EG in der WTO, S. 81ff.; Weber/Moos in: EuZW 1999, S. 229ff.; Stoll/Ress in: EWS 1996, S. 37ff. (41); Petersmann in: FS Bernhardt, S. 1087ff. (1121ff.); Neugärtner/Puth in: JuS 2000, S. 640ff.; Groh/Wündisch in: GRUR Int. 2001, S. 497ff. (502f.) allerdings nur zum TRIPs-Abkommen; wohl auch Drexl in: GRUR Int. 1994, S. 777ff. (784ff.), der zwar eine Analyse nur der unmittelbaren Anwendbarkeit des TRIPs-Abkommens durchführt, allerdings bei einer Betrachtung des gesamten WTO-Rechts die Argumente des EuGH zum GATT 1947 für die WTO-Abkommen widerlegt; kritisch auch Hilf/Schorkopf in: EuR 2000, S. 74ff.
[667] FG Hamburg, einstw. Anordnung vom 19.05.1995 – IV 119/95 H, EuZW 1995, S. 413ff. (416), Firma T.Port / Hauptzollamt Hamburg-Jonas; VGH Kassel, Beschluss vom 09.02.1995 – 8 TG 292/95, EuZW 1995, S. 222ff. (224); BFH, Beschluss vom 09.01.1996 – VII B 225/95, RIW 1996, S. 169f. (169).
[668] Wiener Übereinkommen über das Recht der Verträge vom 23.05.1968, BGBl. 1985, II S. 927.
[669] Meng in: FS Bernhardt, S. 1063ff. (1063).
[670] Schroeder/Selmayr in: JZ 1998, S. 344ff. (348); Meng in: FS Bernhardt, S. 1063ff. (1075); Trachtman in: EJIL 1999, S. 655ff. (664).
[671] BT-Dr 12/7655 (1994), S. 7.

sätzlich dasjenige Recht, anhand dessen der EuGH die Rechtmäßigkeit seines Sekundärrechts prüft. Das verbesserte Streitbeilegungsverfahren bekräftige dieses Ergebnis. Durch die Bejahung der unmittelbaren Wirkung wird den völkerrechtlichen Verträgen und den daraus resultierenden Verpflichtungen für die Gemeinschaft zur effektiven Wirksamkeit verholfen.[672] Entgegen dem völkerrechtlichen Grundsatz, dass Bestimmungen in völkerrechtlichen Verträgen der unmittelbaren Anwendbarkeit unfähig sind, gelte im Gemeinschaftsrecht die Vermutung, dass die Zugehörigkeit einer Vorschrift zur Gemeinschaftsrechtsordnung ihre grundsätzliche Unfähigkeit, unmittelbar anwendbare Bestimmungen zu enthalten, gerade ausschließt. Dies liege daran, dass das Gemeinschaftsrecht, anders als das Völkerrecht, das grundsätzlich nur die Beziehungen zwischen Staaten oder ähnlichen Unterzeichnern regelt, die Rechtssubjektivität des Einzelnen vorsehe.[673] Die Europäische Gemeinschaft habe sich von einer Wirtschaftsgemeinschaft der „Marktbürger" zu einer Rechtsgemeinschaft und politischen Union der „Unionsbürger" weiterentwickelt.[674] Die WTO-Pflichten seien als subjektive Rechte der Marktbürger anzusehen.[675] Dabei weisen die Regeln des GATT eine hinreichende Regelungsdichte auf. Ein konkretisierender einzelstaatlicher Gesetzgebungsakt sei daher nicht erforderlich, so dass sich allein daraus die unmittelbare Anwendbarkeit ergebe.[676] Teilweise sind die GATT-Regeln sogar präziser und unbedingter formuliert als die Regeln des EG-Vertrages, die teilweise auf entsprechenden GATT-Regeln beruhen.[677]

(b) Streitbeilegungssystem

Die Kritik des EuGH am Streitbeilegungssystem könne nach den Neuerungen, die die WTO-Verhandlungen gebracht haben, nicht mehr aufrechterhalten werden.[678] Es sei einem Staat nun nicht mehr möglich, sich einseitig der Annahme eines Panelberichts zu widersetzen. Außerdem seien Sanktionsmechanismen vorgesehen, die den Panelberichten zur Durchsetzung verhelfen würden. Zusammen mit den materiellen Fortentwicklungen der GATT-Regeln führe die Verbesserung des Streitbeilegungssystems dazu, dass es nicht mehr notwendig sei, die unmittelbare Anwendbarkeit der Regeln pauschal zu verneinen.[679] Es widerspräche gerade ihrer Zielsetzung. Die Berufung auf Art. 22 Abs. 2 DSU sei unhaltbar, betreffe diese Regelung doch nur die vorübergehende Möglichkeit zugunsten eines verletzten WTO-Mitglieds, nach Feststellung der GATT-Widrigkeit durch das DSB eine Entschädigungsleistung mit der betroffenen WTO-Vertragspartei zu vereinbaren.[680] Es handele sich also nicht um eine Alternative zur Aufrechterhaltung des WTO-rechtswidrigen Verhaltens. Mit zunehmendem Case Law durch die Panelreporte, die im übrigen durch die zunehmende Transparenz leicht einsehbar seien, werde die Gefahr der uneinheitlichen Inter-

---

[672] Epiney in: EuZW 1999, S. 5ff. (11).
[673] Schroeder/Selmayr in: JZ 1998, S. 344ff. (346).
[674] Petersmann in: EuZW 1997, S. 325ff. (326).
[675] Petersmann in: EJIL 6 (1995), S. 161ff.
[676] Stoll in: ZaöRV 1997, S. 83ff. (128).
[677] Petersmann in: FS Bernhardt, S. 1087ff. (1123); ders. in: Müller-Graff, Die EG in der WTO, S. 81ff. (82).
[678] Becker-Celik in: EWS 1997, S. 12ff. (14).
[679] Meng in: FS Bernhardt, S. 1063ff. (1084f.).
[680] Berrisch/Kamann in: EuZW 2000, S. 89ff. (93); Neugärtner/Puth in: JuS 2002, S. 640ff. (643).

pretation und Auslegung der GATT-Vorschriften durch nationale beziehungsweise gemeinschaftliche Gerichte zunehmend geringer.[681]

(c) Keine Flexibilität der Bestimmungen

Allein die Flexibilität einiger Bestimmungen des GATT, welche durch die Uruguay-Runde nur unwesentlich modifiziert wurden, reiche für die Charakterisierung des GATT als der unmittelbaren Anwendbarkeit unfähig nicht aus.[682] Denn im internationalen Wirtschaftsrecht seien Vorschriften, die die ausnahmsweise Befreiung von den vertraglichen Verpflichtungen vorsehen, charakteristisch und fänden sich sogar im EG-Vertrag. Das Argument der Flexibilität der Bestimmungen stelle keine überzeugende Argumentation dar, sondern diene lediglich dazu, die Rechtsprechung des EuGH zum GATT 1994 seit der Rechtssache *Portugal/Rat* in die Kontinuität der bisherigen Rechtsprechung zu stellen.[683] Außerdem sei das Welthandelssystem insgesamt verrechtlicht worden und dadurch besser durchsetzbar.[684]

(d) Keine Berufung auf das Gegenseitigkeitsprinzip

Auch die Berufung des EuGH auf das Gegenseitigkeitsprinzip in dem Sinne, dass das WTO-Recht eine Asymmetrie in den Verpflichtungen nicht zulasse, wird kritisiert.[685] Die vom EuGH vorgenommene Ungleichbehandlung des WTO-Rechts im Vergleich zu anderen Freihandels- oder Assoziierungsabkommen, deren Regeln wegen der fehlenden Symmetrie der auf beiden Seiten eingegangenen Verpflichtungen eine unmittelbare Anwendbarkeit nichts entgegenstehe, sei nicht gerechtfertigt. Denn ein Blick auf die Sonderbehandlung der Entwicklungsländer im Rahmen der WTO zeige, dass die WTO-Übereinkünfte eine ähnliche Asymmetrie aufwiesen wie andere Freihandels- oder Assoziationsabkommen. Auch zeige ein Blick auf die Vorschrift des Art. 300 Abs. 7 EG, dass die Aussage des EuGH, die WTO-Übereinkünfte seien grundsätzlich nicht der unmittelbaren Anwendbarkeit fähig, jeder Grundlage entzogen sei.[686] Art. 300 Abs. 7 EG sehe eine vorbehaltlose Öffnung des Gemeinschaftsrechts für völkerrechtliche Abkommen im Sinne des Monismus vor. Sie verzichte damit auf die Gegenseitigkeit als Voraussetzung für die innerstaatliche Wirkung von internationalen Abkommen. Die Heranziehung des Reziprozitätsprinzips[687] durch den EuGH wird daher abgelehnt.[688] Dadurch, dass der EuGH sich in die abwartende Position begebe, erst dann die unmittelbare Anwendbarkeit der GATT-Vorschriften ins Auge zu fassen, wenn die anderen Vertragsparteien der WTO sie zulassen, lege das Gemeinschaftsgericht die Verantwortung für die Beurteilung der innergemeinschaftlichen Wirkung des GATT-Rechts in die Hände der WTO-Vertragspartner. Es wird angenommen, dass der EuGH auch dieses Argument[689] nicht wegen seiner Überzeugungskraft gewählt habe, sondern vielmehr, um eine sinnvolle Abgrenzung gegen-

---

[681] Cottier in: CMLR 1998, S. 325ff. (341, 368).
[682] Becker-Celik in: EWS 1997, S. 12ff. (15).
[683] v. Danwitz in: JZ 2001, S. 721ff. (723).
[684] Weber/Moos in: EuZW 1999, S. 229ff. (230).
[685] v. Danwitz in: JZ 2001, S. 721ff. (723); Berrisch/Kamann in: EWS 2000, S. 89ff. (93).
[686] v. Danwitz in: JZ 2001, S. 721ff. (726).
[687] Die Rechtsprechung des EuGH unterscheidet offensichtlich zwischen Reziprozität und Gegenseitigkeit im hier beschriebenen Sinne.
[688] Berrisch/Kamann in: EWS 2000, S. 89ff. (93).
[689] neben dem der Flexibilität.

über seinem Urteil in der Rechtsache *Kupferberg* zu schaffen, wo ihn die von ihm selbst festgestellte fehlende Gegenseitigkeit der gegenseitigen Verpflichtungen der Parteien des Abkommens nicht daran gehindert hat, die unmittelbare Anwendbarkeit zu bejahen.[690]
Kritisiert werden der mangelnde Wille der Gemeinschaft, dem WTO-Recht zu mehr Durchsetzungskraft zu verhelfen und das Stützen auf rein politische Argumente.[691]

(e) Keine Heranziehung der Dior-Rechtsprechung

Schließlich wird die Heranziehung der *Dior*- Rechtsprechung zum TRIPs-Abkommen im Rahmen des Urteils *OGT FruchthandelsGmbH* kritisiert. Der EuGH überdehne die Grenzen seiner Zuständigkeit, wenn er seine Rechtsprechung zum Recht des geistigen Eigentums auf das Handelsabkommen im Rahmen des vereinfachten Beschlussverfahrens überträgt.[692]

4. Die Wirkung der Panel-Berichte im Gemeinschaftsrecht

Erneut soll das Beispiel der stark kritisierten Bananenmarktordnung aufgegriffen werden. Während die Gemeinschaft die GATT-Widrigerklärung der Bananenmarktordnung durch die Streitbeilegungsorgane des GATT im Rahmen der ersten beiden gegen diese Verordnung angestrengten Verfahren wegen des Erfordernisses der Einstimmigkeit nach dem alten Streitbeilegungssystem des GATT noch verhindern konnte[693], sind zwischenzeitlich gegen die Gemeinschaft Empfehlungen seitens des Dispute Settlement Body ergangen.[694] Im Jahre 1997 stellte auch der Appelate Body die GATT-Widrigkeit der Bananen-VO fest.[695] Auch nach ihrer Überarbeitung wurde sie als GATT-widrig angesehen.[696] Dabei ging es um ein von Ecuador nach Art. 21 Abs. 5 DSU angestrengtes Verfahren. Die EG verzichtete darauf, gegen diesen letzten Bericht Rechtsmittel einzulegen, der dadurch im Mai 1999 durch seine Annahme durch den Streitschlichtungsausschuss verbindlich wurde.[697] Die USA drohen bereits mit Handelssanktionen. Im April 1999 und im Mai 2000 erlegte der DSB der EG schließlich Entschädigungspflichten in Form des Entzugs von Handelsvorteilen durch die USA und Ecuador gemäß Art. 22 Abs. 7 DSU auf.

Dieses Beispiel der Bananenmarktordnung wirft die Frage auf, inwiefern die EG-Exekutiven innergemeinschaftsrechtlich verpflichtet sind, die Empfehlungen der Panels umzusetzen. Setzen sie die Empfehlungen nicht um, erhalten sie die GATT-widrigen Gemeinschaftsakte vielmehr aufrecht, so sind auch die Mitgliedstaaten an sie gebunden. Da auch sie als Vertragsparteien im Rahmen des GATT gebunden

---

[690] v. Danwitz in: JZ 2001, S. 721ff. (724).
[691] Zonnekeyn in: ELRev 2000, S. 293ff. (299).
[692] Stieglitz in: EuZW 2001, S. 530 (531).
[693] Bereits in den Jahren 1993 und 1994 wurde in GATT-Streitbeilegungsberichten die GATT-Widrigkeit der durch die Bananenmarktordnung aufgestellten Einfuhrbeschränkungen festgestellt.
[694] European Communities - Regime for Importation, Sales and Distribution of Bananas, DS32/R v. 03.06.1993; DS38/R v. 11.02.1994; Zusammenfassung unter http://www.wto.org/wto/english/tratop_e/dispu_e/distab_e. htm.
[695] s. die einschlägigen Passagen in EuZW 1997, S. 722ff.
[696] European Communities – Regime for Importation, Sales and Distribution of Bananas, Recourse to Art. 21 Abs. 5 by Ecuador, WT/DS27/RW/ECU, s. EuZW 1999, S. 431ff.
[697] Meier in: EuZW 1999, S. 428ff. (428).

sind, drohen ihnen durch das völkerrechtswidrige Verhalten der EG-Organe Sanktionen seitens der anderen GATT-Vertragsparteien.

Bei einer Direktwirkung der DSB- Entscheidungen, also des sekundären WTO-Rechts, könnten sich einzelne europäische Wirtschaftsteilnehmer vor dem EuGH gegen Handelshemmnisse wehren, wenn der DSB einen Verstoß gegen WTO-Recht festgestellt hätte.
Dass der EuGH eine solche Möglichkeit in Erwägung ziehen wird, ist derzeit höchst unwahrscheinlich. Denn wenn er dem WTO-Recht selbst in ständiger Rechtsprechung die unmittelbare Anwendbarkeit abspricht, so wird er dies erst recht für sekundäres, von den Streitbeilegungsinstanzen erlassenes WTO-Recht annehmen. Außerdem hätte er ja im Rahmen seiner Entscheidungen zum Bananenmarktstreit Gelegenheit gehabt, die ergangenen Panel- und DSB-Entscheidungen heranzuziehen und ihre unmittelbare Wirksamkeit anzuerkennen. Auch die vom EuGH vorgenommene Einordnung der von Art. 22 DSU vorgesehenen Kompensationszahlungen und Sanktionen als Alternativen zur Erfüllung der GATT-Verpflichtungen indiziert, dass der EuGH der Auffassung ist, GATT-Verstöße feststellende DSB-Entscheidungen könnten von den Streitparteien außer acht gelassen werden.[698]

In der Literatur sind die Ansichten über diese Frage geteilt.
Manche führen gegen die unmittelbare Anwendbarkeit der DSB-Entscheidungen an, dass es dem WTO-Recht an Durchsetzungsfähigkeit fehle, vielmehr ein sehr weiter Verhandlungsspielraum für die Mitglieder bestünde und das WTO-Recht daher zur Disposition der Vertragsparteien stehe.[699]
Hauptsächlich aber wird die unmittelbare Anwendbarkeit der DSB-Entscheidungen angenommen,[700] sogar teilweise von denjenigen, die die unmittelbare Wirkung des WTO-Rechts selbst ablehnen.[701] So wird angeführt, dass eine Direktwirkung von DSB-Beschlüssen das Welthandelssystem stärken und dem Wohl aller Mitglieder der WTO dienen würde.[702] Außerdem fiele bei einer vorbindlichen Feststellung einer Verletzung von Völkerrecht durch eine internationale anerkannte Streitbeilegungsinstanz der bindende Charakter des Abkommens sowie allgemein das Legalitätsprinzip ungleich stärker ins Gewicht. Durch eine solche Feststellung würden zuvor bestehende Streitpunkte endgültig geklärt und unstreitig gestellt.[703] Das WTO-System enthalte darüber hinaus in Art. XVI Abs. 4 WTOÜ eine ausdrückliche Verpflichtung zur Beseitigung von Vertragsverstößen.[704] Außerdem sei das Streitbeilegungsverfahren durch die in Art. 8 Abs. 2 DSU vorgesehene Unabhängigkeit und Objektivität, die gegebene rechtsstaatliche Verfahrenssicherung und die Rechtsqualität und Koexistenz der Entscheidungen gerichtsähnlich ausgestaltet.[705] Schließlich hat die Europäische Gemeinschaft als Rechtsgemeinschaft Recht, und zwar Völkerrecht genauso wie

---

[698] Vgl. Neugärtner/Puth in: JuS 2000, S. 640ff. (643); Eeckhout in: CMLR 1997, S. 11ff. (54f.).
[699] Sack in: EuZW 1997, S. 650ff.
[700] Beneyto in: EuZW 1996, S. 295ff.; Weber/Moos in: EuZW 1999, S. 229ff.; Neugärtner/Puth in: JuS 2000, S. 640ff.; Lavranos in: EuR 1999, S. 289ff.
[701] Eeckhout in: CMLR 1997, S. 11ff. (54f.); Schmid in: NJW 1998, S. 190ff. (196).
[702] Neugärtner/Puth in: JuS 2000, S. 640ff. (643).
[703] Schmid in: NJW 1998, S. 190ff. (196).
[704] Schroeder/Schonard in: RIW 2001, S. 658ff. (660).
[705] Weber/Moos in: EuZW 1999, S. 229ff. (232).

Gemeinschaftsrecht und Verfassungsrecht der Mitgliedstaaten, zu beachten, anzuwenden und durchzusetzen. Zu diesem Recht gehören auch die Entscheidungen des DSB, denn die Gemeinschaft habe sich dem Streitbeilegungsmechanismus durch ihren Beitritt zur WTO unterworfen.[706]

5. Rechtsschutz vor deutschen Gerichten

Fraglich ist, ob dem betroffenen Wirtschaftsteilnehmer die Möglichkeit, ein nationales Gericht anzurufen, offen steht. Er könnte sich vor dem BVerfG auf die Verletzung von Grundrechten durch einen Gemeinschaftsakt berufen. Denn regelmäßig wurden mit der Verletzung von GATT-Recht auch angebliche Grundrechtsverstöße gerügt.[707] Daher könnte der Einzelne vor dem BVerfG einen solchen Grundrechtsverstoß rügen.

Allerdings hat das BVerfG seine Kontrollbefugnis gegenüber Gemeinschaftsrechtsakten auf eine generelle Gewährleistung der unabdingbaren Grundrechtsstandards bzw. des Wesensgehalts der Grundrechte im Sinne eines sogenannten Kooperationsverhältnisses beschränkt.[708]

Danach haben nationale Gerichte die Aufgabe, Rechtsakte der Gemeinschaften auf ihre Vereinbarkeit mit Gemeinschaftsgrundrechten zu überprüfen. Ergeben sich Zweifel an der Vereinbarkeit, müssen sie den EuGH im Vorabentscheidungsverfahren, Art. 234 EG, befassen. Dem EuGH kommt die alleinige Verwerfungskompetenz gemeinschaftlicher Rechtsakte zu. Weiterhin stellte das BVerfG fest, dass sich die Akte der Gemeinschaft innerhalb der ihr durch die nationalen Zustimmungsgesetze zum Vertrag von Maastricht gesetzten Grenzen halten müssen. Bestehen hieran Zweifel, hat das BVerfG das Recht, die Frage, ob der Gemeinschaftsakt aus diesen gesetzten Grenzen ausbricht, zu überprüfen.

Auch deutsche Gerichte[709] haben sich die Frage gestellt, ob eindeutig völkerrechtswidrige Akte wie die Bananenmarktverordnung, die von einem WTO-Streitbeilegungsorgan für GATT-widrig erklärt wurde, nicht als ausbrechender Rechtsakt den Rahmen des Zustimmungsgesetzes der BRD zum Primärrecht überschreite und die Bundesrepublik daher berechtigt sei, diese Verordnung aus verfassungsrechtlichen Gesichtspunkten unangewendet lassen zu können.

Der EuGH hatte bei den Klagen der Bundesrepublik und deutscher Bananenimporteure das Argument, die Bananenmarktverordnung verletze Grundrechtspositionen und das Prinzip der Verhältnismäßigkeit, nicht gelten lassen.[710]

---

[706] Lavranos in: EuR 1999, S. 289ff. (298).

[707] vgl. nur Dürbeck, EuGH a.a.O., Fußn. 377, S. 1102f. (Grundsatz des Vertrauensschutzes, Diskriminierungsverbot); EuGH a.a.O., Fußn. 394 (Deutschland/Rat), S. I-4993ff. (Eigentumsrecht und eigentumsgleiche Rechte, Recht auf freie Berufsausübung, Gleichheits- und Verhältnismäßigkeitsgrundsatz); EuGH a.a.O., Fußn. 426 (Portugal/Rat), S. 8401ff. (Grundsätze der Öffentlichkeit von Gemeinschaftsnormen, der Transparenz, der loyalen Zusammenarbeit in den Beziehungen zwischen der Gemeinschaft und den Mitgliedstaaten, des Vertrauensschutzes, des Verbotes der Rückwirkung von Rechtsvorschriften, des wirtschaftlichen und sozialen Zusammenhalts und der Gleichbehandlung der Wirtschaftsteilnehmer).

[708] BVerfG, NJW 1993, S. 339ff. (387), Solange II; BVerfG, NJW 1993, 3047ff. (3049), Maastricht; Lenz in: NJW 1993, S. 3038f. (3038).

[709] VGH Kassel, Beschluss a.a.O., Fußn. 667, (T.Port), S. 222f.; FG Hamburg, Beschluss a.a.O., Fußn. 667, S. 413ff.; BFH a.a.O., Fußn. 662; VG Frankfurt a.M., Beschluss vom 24.10.1996 – 1 E 798/95 (V) u. 1 E 2949/93 (V), EuZW 1997, S. 182ff.

[710] EuGH a.a.O., Fußn. 393 (Atlanta II); EuGH a.a.O., Fußn. 394 (Deutschland/Rat), S. 5061, Rz. 64ff.

Das BVerfG hielt den Grundrechtsschutz auf europäischer Ebene für ausreichend.[711] Eine Überschreitung der durch das Zustimmungsgesetz zum Maastrichtvertrag gesetzten Grenzen prüfte das BVerfG nicht. Demnach ist anzunehmen, dass der Kompetenzvorbehalt des BVerfG nur unter der Voraussetzung eingreifen soll, dass das Schutzsystem des Gemeinschaftsrechts aus den Fugen geraten ist.[712]
Die Vorlage des BFH[713] wegen eines angeblichen Verstoßes der Bananenmarktverordnung gegen die Grundrechte aus Art. 12 und 14 GG im Rahmen einer Verfassungsbeschwerde eines Importeurs ecuadorianischer Bananen lehnte das BVerfG bereits in der Zulässigkeit ab, da der Rechtsweg nicht erschöpft war.[714]
Auch die Literatur sieht die Problematik des nicht ausreichenden Grundrechtsschutzes durch den EuGH.[715] Im Falle der Bananenmarktordnung wird aufgezeigt, dass das Privatinteresse der Bananenmarktimporteure auf Beibehaltung der über Jahrzehnte auf Einfuhren aus einem bestimmten Markt eingerichteten Tätigkeit in tiefgreifender Weise berührt wurde, was teilweise zum Konkurs der Bananenimporteure führte.[716] Die Rücknahme des Kontrollmaßstabs auf „offensichtlich unverhältnismäßige, die Grenzen des Ermessens" des Rates überschreitende Grundrechtsbeeinträchtigungen widerspreche dem Grundgedanken jeder Grundrechtstheorie.[717] Die WTO-Regeln begründeten subjektive Rechte. Daher könne das BVerfG WTO-Regeln widersprechende Vorschriften aussetzen; dabei wird aber der Weg über den EuGH über das Vorabentscheidungsverfahren als gemeinschaftskonform vorgezogen.[718]
Die Nichtanwendung rechtswidriger Verordnungen wie der Bananenmarktordnung aufgrund einer möglichen Kompetenzüberschreitung durch die Gemeinschaft solle aber die ultima ratio sein für den Fall, dass auf dem Verhandlungsweg und bei der Befassung des EuGH keine zufriedenstellende Lösung erreicht werden könne.[719]
Teilweise wird die Qualifizierung der Bananenmarktordnung als ausbrechender Rechtsakt im Sinne der Maastricht-Rechtsprechung jedoch auch abgelehnt.[720] Der Rechtsprechung des BVerfG zur Bananenmarktordnung wird auch insofern zugestimmt, als es zur Entspannung des Verhältnisses zwischen ihm und dem EuGH beitrage und die Fortwirkung der Solange-II-Rechtsprechung betone.[721]

D. Das GATS- und das TRIPs- Abkommen in der Rechtsprechung des EuGH

Im Vergleich zur Behandlung des GATT-Abkommens gilt es zu untersuchen, wie der EuGH die erst im Rahmen der Uruguay-Runde entstandenen Abkommen GATS und TRIPs beurteilt.

---

[711] BVerfG, Beschluss vom 07.06.2000 – 2 BvL 1/97, NJW 2000, 3124ff.
[712] Lecheler in: JuS 2001, S. 120ff. (123).
[713] BFH a.a.O., Fußn. 667.
[714] BVerfG, Beschluss vom 26.04.1995 – 2 BvR 760/95, EuZW 1995, 412f. (412).
[715] Nettesheim in: EuZW 1995, S. 106ff.; Stein in: EuZW 1998, S. 261ff.; Weber in: EuZW 1997, S. 165ff.
[716] Nettesheim in: EuZW 1995, S. 106ff. (107).
[717] Nettesheim in: EuZW 1995, S. 106ff. (107).
[718] Stein in: EuZW 1998, S. 261ff. (263f.).
[719] Kuschel in: EuZW 1996, S. 645ff. (649).
[720] Weber in: EuZW 1997, S. 165ff. (167).
[721] Mayer in: EuZW 2000, S. 685ff.

I. Einordnung gemischter Abkommen

Der EuGH kam in seinem Gutachten 1/94[722] zu dem Schluss, dass das WTO-Übereinkommen nur als gemischtes Abkommen unterzeichnet werden könne. Diese Entscheidung beruht auf der Feststellung des Gerichtshofes, dass die Zuständigkeiten in den von GATS und TRIPs geregelten Bereichen zwischen Gemeinschaft und Mitgliedstaaten geteilt seien.
Die Gemeinschaft verfügt über bestimmte Zuständigkeiten. Hier sind die Innen- und die Außenkompetenzen zu unterscheiden. Art. 5 EG meint die Innenkompetenz der Gemeinschaft, also diejenige Kompetenz zum Erlass von Rechtssätzen, die gemeinschaftsintern wirken.
Unter der vom EuGH angesprochenen Zuständigkeit im WTO-Gutachten versteht man hingegen die Außenkompetenz der Gemeinschaft, also ihre Befugnis, bestimmte Bereiche durch den Abschluss völkerrechtlicher Abkommen zu regeln. Die Außenkompetenzen der Gemeinschaft lassen sich einteilen in ausdrückliche und implizite Kompetenzen einerseits und ausschließliche und potentielle Kompetenzen andererseits.[723] Fällt ein Teil der in dem Abkommen geregelten Materie nicht in die Kompetenz der Gemeinschaft, so ist ein gemischtes Abkommen zu schließen. Sowohl Mitgliedstaaten als auch die Gemeinschaft müssen es unterzeichnen. Andererseits darf eine Beteiligung der Mitgliedstaaten nicht stattfinden, wenn sie nicht notwendig ist, wenn also die geregelte Materie nicht in den Kompetenzbereich der Mitgliedstaaten fällt.[724] Dann würde die Gemeinschaft ihre Willensbildung ohne Grund einer Abhängigkeit von den Mitgliedstaaten unterwerfen.[725]

1. Ausdrückliche und implizite Kompetenzen

a) Ausdrückliche Kompetenzen

Unter den ausdrücklichen Kompetenzen versteht man diejenigen Kompetenzen, die explizit im Vertrag der EG zugewiesen sind.
Im ursprünglichen EWG-Vertrag aus dem Jahre 1957 waren ausdrücklich die Kompetenzen zum Abschluss von Handelsverträgen (ex-Art. 113 EWGV, heute Art. 133 EG) aufgeführt. Auch die Assoziierung (ex-Art. 238 EWGV, heute Art. 310 EG) ist von Anfang an als Außenzuständigkeit der EG vorgesehen. Die fortschreitende Vergemeinschaftung immer weiterer Politikbereiche machte die Erweiterung der Außenkompetenzen auf andere Bereiche der Gemeinschaftsrechtsordnung notwendig. Durch die Einheitliche Europäische Akte traten ausdrückliche Kompetenzen in den Bereichen Umweltschutz (ex-Art. 130r EWGV, heute Art. 174 EG) und Forschung (ex-Art. 130m EWGV, heute Art. 170 EG) hinzu. Durch den Vertrag von Maastricht erhielt die Gemeinschaft die Zuständigkeit in den Bereichen der Währungspolitik (ex-Art. 109 EGV, heute Art. 111 EG), des Gesundheitswesens (ex-Art. 129 EGV, heute Art. 152 EG) und der Entwicklungszusammenarbeit (ex-Art. 130y EWGV, heute Art. 181 EG).

---

[722] EuGH a.a.O., Fußn. 4 (Gutachten 1/94).
[723] Überblick bei Gilsdorf in: EuR 1996, S. 145ff. (146ff.); Hobe/Müller-Sartori in: JuS 2002, S. 8ff. (9ff.).
[724] EuGH, Gutachten 1/76 vom 26.04.1977, Slg. 1977, S. 741ff. (760), Rz. 14, „Entwurf zu einem Übereinkommen über die Errichtung eines europäischen Stillegungsfonds für die Binnenschiffahrt".
[725] Meessen in: EuR 1980, S. 36ff. (40).

b) Implizite Kompetenzen

Beim Abschluss des EWGV war noch nicht absehbar, dass im Laufe der Entwicklung der Wirtschaftsgemeinschaft diese zunehmend auch nach außen eine Vertragsschlusskompetenz in Anspruch nehmen musste, um ihre Ziele wirksam zu erreichen. Der EuGH entwickelte daher das Institut der impliziten Kompetenzen. Die Rechtsprechung des EuGH weist hier zwei Phasen auf. Die erste Phase stellt die sogenannte AETR-Rechtsprechung dar. Der Streit um die Abschlusskompetenz für ein internationales Verkehrsabkommen gab dem EuGH Gelegenheit festzustellen, dass sich eine Zuständigkeit zum Abschluss internationaler Abkommen nicht nur aus einer ausdrücklichen Erteilung durch den Vertrag, sondern auch aus anderen Vertragsbestimmungen und aus in ihrem Rahmen ergangenen Rechtsakten der Gemeinschaftsorgane ergeben könne.[726] Aus dem Gedanken, dass die „Mitgliedstaaten außerhalb des Rahmens der Gemeinschaftsorgane keine Verpflichtungen eingehen können, welche Gemeinschaftsrechtsnormen, welche zur Verwirklichung der Vertragsziele ergangen sind, beeinträchtigen oder in ihrer Tragweite ändern können" leitete der EuGH eine ausschließliche Kompetenz der Gemeinschaft ab.[727] Die Kompetenz der Gemeinschaft zum Abschluss völkerrechtlicher Verträge wird also abgeleitet von dem Umstand, dass sie im Innenbereich Vorschriften erlassen hat (im AETR-Urteil im Verkehrsbereich), die vom Eingehen völkerrechtlicher Verträge beeinträchtigt werden können. Dadurch haben die Mitgliedstaaten ihre Außenkompetenz verloren. Die Kompetenznorm des Art. 71 EG, die den Rat zum Erlass von Maßnahmen zur Verbesserung der Verkehrspolitik (Art. 71 Abs. 1 lit. c EG) und sonstigen zweckdienlichen Vorschriften (Art. 71 Abs. 1 lit. d EG) ermächtigt, ermöglicht auch den Abschluss eines völkerrechtlichen Vertrages. Der EuGH schließt also aus der Innenkompetenz der Gemeinschaft auf ihre Außenkompetenz.

Es handelt sich dabei um einen klassischen Fall der aus dem Prinzip der „Gebietsbesetzung" abgeleiteten, hier auf den Außenbereich erstreckten allgemeinen Kompetenztheorie, die im engsten Zusammenhang mit dem Grundsatz der Effizienz des Gemeinschaftsrechts (effet utile) steht.[728]

Die AETR-Rechtsprechung wurde durch das Urteil *Kramer*[729] dahingehend präzisiert, dass die Außenzuständigkeit der Gemeinschaft sich alleine aus der Ermächtigung zur Rechtsetzung im Primärrecht ergebe.

Im Gutachten 1/76[730] ging der EuGH noch weiter und präzisierte seine Rechtsprechung dahingehend, dass sich eine Außenzuständigkeit auch ohne vorherigen internen Rechtsetzungsakt, welcher aufgrund der internen Kompetenz zur Rechtsetzung erlassen wurde, ergebe. Die Gemeinschaft muss überall dort, wo sie im Innenbereich Kompetenzen besitzt, auch eine Außenkompetenz (Abschlusskompetenz) besitzen.

---

[726] EuGH, Urteil vom 31.03.1971, Rs. 22/70, Slg. 1971, 263ff., Kommission der Europäischen Gemeinschaften / Rat der Europäischen Gemeinschaften („Europäisches Übereinkommen über Straßenverkehr").

[727] EuGH a.a.O., Fußn. 726 (Übereinkommen über Straßenverkehr), S. 275, Rz. 22.

[728] Gilsdorf in: EuR 1996, S. 145ff. (147).

[729] EuGH, Urteil vom 14.07.1976, Rs. 3,4,6/76, Slg. 1976, 1279, Cornelis Kramer u.a. „Biologische Schätze des Meeres".

[730] EuGH, Gutachten 1/76 a.a.O., Fußn. 724, S. 756, Rz. 4 (Stillegungsfonds).

Dies ist die Lehre von der Parallelität von Außen- und Innenkompetenzen aufgrund der Anwendung der „implied-powers"-Lehre.[731]

2. Ausschließliche und potentielle Kompetenzen

a) Ausschließliche Kompetenzen

Ausschließlich ist eine Gemeinschaftskompetenz dann, wenn die Mitgliedstaaten nicht mehr neben der EG völkerrechtlich in Erscheinung treten, weil Ihnen die Wahrnehmung bestimmter Kompetenzen auch im Gemeinschaftsrecht nicht mehr zusteht. Der Vertrag sieht, unabhängig von der AETR-Rechtsprechung, weitere ausschließliche Kompetenzen vor. Die Gemeinsame Handelspolitik (Art. 131ff. EG) ist die notwendige Konsequenz aus der Errichtung des Binnenmarktes und der Zollunion. Sie umfasst die äußere Wirtschaftspolitik. Seit Ende der Übergangszeit am 31. 12. 1969 ist die Gemeinsame Handelspolitik ausschließliche Kompetenz der EG.[732] Sie ist nach einheitlichen Grundsätzen auszugestalten und umfasst die in Art. 133 Abs. 1 EG aufgezählten Materien. Welche Bereiche darüber hinaus zur Gemeinsamen Handelspolitik gehören und der Umfang der jeweiligen Bereiche der Gemeinsamen Handelspolitik ist zwischen den Mitgliedstaaten und den Gemeinschaftsorganen umstritten. Dies zeigt der Streit um die Abschlusskompetenz der WTO-Abkommen zwischen Gemeinschaft und Mitgliedstaaten.[733]
Die Assoziierung (Art. 310 EG) ist von Anfang an als Außenzuständigkeit der EG vorgesehen gewesen. Sie dient der teilweisen Teilnahme bestimmter Staaten, Gebiete oder internationaler Organisationen am Gemeinschaftssystem durch gemeinsames Vorgehen, besondere Institutionen und Verfahren. Die sogenannte vertragliche Assoziierung gibt es in der Form der Beitritts-, Freihandels- und Entwicklungsassoziation. Fraglich ist der Umfang dieser ausschließlichen Kompetenz. Der EuGH geht seit seinem Urteil *Demirel* davon aus, dass diese Vorschrift nicht bloß zum Abschluss des Abkommens ermächtige, sondern auch zur Regelung der dem Abkommen zugrundeliegenden Materie.[734]
Nach einer restriktiven Ansicht in der Literatur begründe Art. 310 EG hingegen nur Verfahrensvorschriften, sage also lediglich aus, dass die Gemeinschaft Abkommen im Sinne des Art. 310 EG abschließen kann.[735] Die Kompetenzfrage hänge dagegen von der Rechtsnatur der einbezogenen Sachmaterie ab.
Herrschend in der Literatur ist jedoch die Auffassung, dass Art. 310 EG der Gemeinschaft eine umfassende Kompetenz zum Abschluss von Assoziationsverträgen eröffne.[736] Die Gemeinschaft besitze gemäß Art. 310 EG eine Regelungskompetenz in allen Materien, die der EG-Vertrag im Verhältnis zu seinen Mitgliedstaaten geregelt hat, also hinsichtlich der gesamten Wirtschaftsbeziehungen.

---

[731] Fortführung der Rechtsprechung des Gutachtens 1/76 in Gutachten 2/91 vom 19.03.1993, Slg. 1993, I-1061ff. (1078), Rz. 17, „Übereinkommen Nr. 170 der Internationalen Arbeitsorganisation über Verwendung chemischer Stoffe bei der Arbeit.
[732] s. auch Gutachten 1/75 vom 11.11. 1975, Slg. 1975, 1355ff. (1364), „Lokale Kosten".
[733] vgl. Gutachten 1/94, a.a.O. Fußn. 4.
[734] Demirel a.a.O., Fußn. 362.
[735] so wohl Gilsdorf in: EuR 1996, S. 145ff. (149).
[736] Oppermann, Europarecht, Rn. 1701; *Vedder* in: Grabitz/Hilf, Recht der EU, Altbd. II, Art. 238, Rn. 8f.; Beutler u.a., Rn. 1252.

Ein Argument für die Annahme, dass es sich bei Art. 310 EG um eine Kompetenz- und nicht bloß um eine Verfahrensnorm handelt, ist die Tatsache, dass durch den Unionsvertrag die Verfahrensvorschriften des Art. 310 Abs. 2, 3 weggefallen sind. Das Verfahren über den Abschluss von Assoziationsabkommen lässt sich nun Art. 300 EG entnehmen. Art. 310 EG kann daher nur Kompetenznorm sein.
Schließlich handelt es sich auch bei den aus der AETR- und Folgerechtsprechung begründeten Zuständigkeiten um ausschließliche Kompetenzen.

b) potentielle Kompetenzen

Um in der Terminologie des deutschen Grundgesetzes zu sprechen, können diese Kompetenzen auch als konkurrierende Kompetenzen bezeichnet werden: Solange und soweit die Gemeinschaft noch nicht tätig geworden ist, behalten die Mitgliedstaaten ihre Zuständigkeit in den in Frage stehenden Bereichen. Soll ein völkerrechtlicher Vertrag über eine Materie abgeschlossen werden, die materiell-rechtlich in die parallele Zuständigkeit von EG und Mitgliedstaaten fällt, so wird ein Gemischtes Abkommen geschlossen.
Ausdrücklich normiert der EG-Vertrag als parallele Außenkompetenzen den Verkehr (Art. 71 Abs. 1 lit. a, b EG), die Entwicklungszusammenarbeit (Art. 181 EG), den Umweltschutz (Art. 174 Abs. 4 EG), Forschung und Technologie, (Art. 170 EG) und das Gesundheitswesen (Art. 152 Abs. 3 EG).
Bei der Ausübung der parallelen Außenkompetenzen ist genau wie im Binnenkompetenzbereich das Subsidiaritätsprinzip des Art. 5 Abs. 2 EG zu beachten.

3. Gutachten 1/94

Der EuGH sah in seinem Gutachten 1/94 den Abschluss multilateraler Handelsübereinkünfte allgemeiner Natur als unter Art. 133 EG fallend an.[737] Die Abschlusskompetenzen der EG im Bereich der Handelspolitik umfassen auch Waren, die den Regelungen des EAG- und des EGKS-Vertrages unterworfen sind.[738] Auch grenzüberschreitende Dienstleistungen, die keinen Grenzübertritt von Personen erfordern, fielen wegen ihrer Ähnlichkeit zum Warenverkehr unter diese Vorschrift und damit in die Zuständigkeit der Gemeinschaft.[739]
Die übrigen, in den Verträgen nicht erwähnten Zuständigkeiten wachsen der EG erst dann zu, wenn im Innenbereich von bestehenden Kompetenzen – im Wege der „Gebietsbesetzung" – Gebrauch gemacht wurde.[740] Der Gerichtshof folgte nicht der extensiven Auslegung des Art. 133 EG durch die Kommission.[741] Das GATS fällt nur für den Bereich der grenzüberschreitenden Erbringung von Dienstleistungen in den Anwendungsbereich des Art. 133 EG[742]; für das TRIPs hat der EuGH ebenfalls angenommen, dass es mit Ausnahme der Bestimmungen über das Verbot der Überführung nachgeahmter Waren in den zollrechtlich freien Verkehr nicht in den Bereich des Art. 133 EG fällt.[743] Eine ausschließliche Zuständigkeit ergab sich auch nicht aus einer stillschweigenden oder impliziten Abschlusskompetenz der EG im Sinne der

---

[737] s. Übersicht bei Hilf in: EuZW 1995, S. 7f. (7).
[738] EuGH a.a.O., Fußn. 4 (Gutachten 1/94) S. 5396f., Rz. 27ff.
[739] EuGH a.a.O., Fußn. 4 (Gutachten 1/94), S. 5399, Rz. 44.
[740] EuGH a.a.O., Fußn. 4 (Gutachten 1/94), S. 5416f., Rz. 95ff.
[741] zum Gutachten 1/94 siehe Hilf in: EJIL 1995, S. 245ff.
[742] Gutachten 1/94 a.a.O., Fußn. 4, S. I-5404, Rz. 53.
[743] Gutachten 1/94 a.a.O., Fußn. 4, S. I-5409, Rz. 71.

AETR-Rechtsprechung beziehungsweise Art. 94, 95, 308 EG.[744] Damit verbleiben den Mitgliedstaaten umfangreiche Zuständigkeiten.[745] Grundsätzlich bleiben die Mitgliedstaaten nach Auffassung des EuGH zuständig für den Bereich des GATS und des TRIPs, solange die Gemeinschaft auf die Setzung internen Rechts und damit auf eine Gebietsbesetzung verzichtet.

II. Analyse der Rechtsprechung zum TRIPs

Der EuGH hat bisher einige Entscheidungen zum TRIPs-Abkommen zu fällen gehabt. Zur unmittelbaren Anwendbarkeit des GATS hat er sich hingegen noch nicht äußern müssen.

1. Rechtssache Hermès

Ebenfalls um ein Vorabentscheidungsverfahren ging es in der Rechtssache *Hermès International*[746]. In dieser Angelegenheit wehrte sich die französische Firma Hermès gegen die Vermarktung von Krawatten, die mit der Marke der Klägerin versehen waren und von der Beklagten vertrieben wurden. Die Klägerin beantragte unter Berufung auf Art. 50 TRIPs eine Frist von 14 Tagen für die Einleitung des Verfahrens zur Hauptsache. Daraufhin legte das Gericht dem EuGH die Frage nach der Auslegung des Begriffs „einstweilige Maßnahme" in Art. 50 Abs. 6 des TRIPs zur Vorabentscheidung vor. Art. 50 Abs. 6 TRIPs-Übereinkommen sieht eine Sicherungsmaßnahme gegen einen Missbrauch der Rechte des geistigen Eigentums zugunsten des Antragsgegners vor. Er führt ein einfaches Verfahren ein, durch das ungerechtfertigte einstweilige Maßnahmen aufgehoben werden, wenn innerhalb der gesetzten Frist kein Verfahren eingeleitet worden ist, das zu einer Sachentscheidung führt.
Unter Verweis auf die Rechtsprechung des EuGH zu anderen internationalen Abkommen, bei denen der EuGH trotz der Geschmeidigkeit einiger ihrer Bestimmungen die unmittelbare Anwendbarkeit ohne große Erklärungen angenommen hat, vertrat Generalanwalt Tesauro in seinen Schlussanträgen die Auffassung, dass auf der Grundlage der mit der Gründung der WTO einhergehenden Weiterentwicklung des GATT-Rechts dieses Recht als Rechtmäßigkeitsmaßstab für das EG-Sekundärrecht anerkannt werden müsse.[747]
Der EuGH hingegen ließ die Frage nach der unmittelbaren Anwendbarkeit des Art. 50 des TRIPs-Abkommens eindeutig unbeantwortet, da der Gerichtshof nur die Vorlagefrage zu beantworten habe und es in deren Rahmen nicht auf die Frage der unmittelbaren Anwendbarkeit angekommen sei.[748] Im Folgenden legte er die Vorschrift des Art. 50 TRIPs-Abkommens den Vorlagefragen gemäß aus.
Der EuGH nahm außerdem Stellung zu seiner Zuständigkeit. Dazu sah er sich veranlasst, weil die niederländische und die französische Regierung unter Bezugnahme auf das Gutachten 1/94[749] an der Zuständigkeit zur Beantwortung der Vorlagefrage zweifelten.[750] Nach dem Gutachten 1/94 ist die Zuständigkeit im Rahmen des TRIPs-

---

[744] Gutachten 1/94 a.a.O., Fußn. 4, S. I-5409ff., Rz. 72ff.
[745] s. Überblick bei Hilf in: EuZW 1995, S. 7f. (8).
[746] EuGH, Urteil vom 16.06.1998, Rs. C-53/96, Slg. 1998, S. I-3603ff., Hermès International / FHT Marketing Choice BV.
[747] GA Tesauro, Schlussanträge, EuGH a.a.O., Fußn. 746 (Hermès), Rz. 27ff.
[748] EuGH a.a.O., Fußn. 746 (Hermès), S. 3650, Rz. 35.
[749] EuGH a.a.O., Fußn. 4 (Gutachten 1/94).
[750] EuGH a.a.O., Fußn. 746 (Hermès), S. 3646, Rz. 22.

Übereinkommens zwischen den Mitgliedstaaten und der Gemeinschaft geteilt. Hinsichtlich des Art. 50 TRIPS über die Durchsetzung der Rechte am geistigen Eigentum liege die Zuständigkeit in Ermangelung gemeinschaftlicher Regelungen bei den Mitgliedstaaten.[751]
Da aber die Zuständigkeiten nur intern zwischen Gemeinschaft und Mitgliedstaaten getrennt seien, diese Trennung den Handelspartnern des GATT aber nicht bekannt sei und außerdem Art. 99 der VO Nr. 40/94 den Schutz von Rechten aus der Gemeinschaftsmarke durch die Anordnung einstweiliger Maßnahmen vorsehe, sei der Gerichtshof dennoch zur Auslegung des Art. 50 des TRIPs-Übereinkommens zuständig.[752] Die Auslegungszuständigkeit müsse schon allein deshalb beim EuGH liegen, um die Einheitlichkeit der Auslegung innerhalb der Gemeinschaft zu gewährleisten.[753]

Am selben Tag hat der EuGH zur unmittelbaren Anwendbarkeit in der Rechtssache *Racke*[754] entschieden, obwohl das vorlegende Gericht hier auch keine entsprechende Vorlagefrage gestellt hatte. Der EuGH ging hier darauf ein, ob sich der Einzelne vor Gericht auf eine Bestimmung eines Gemeinschaftsabkommens, nämlich dem Kooperationsabkommen zwischen der Europäischen Wirtschaftsgemeinschaft und der Sozialistischen Föderativen Republik Jugoslawien, berufen könne. Durch Verordnung (EWG) Nr. 3300/91 des Rates vom 11. November 1991 setzte die Europäische Wirtschaftsgemeinschaft die Zollzugeständnisse des Kooperationsabkommens wegen eines grundlegenden Wandels der Umstände, hervorgerufen durch die Krise in Jugoslawien, aus. Das mit einem daraus resultierenden Rechtsstreit befasste Gericht legte dem EuGH Fragen zur Gültigkeit der Verordnung vor.
Hier bejahte der EuGH die unmittelbare Anwendbarkeit einer Bestimmung des Kooperationsabkommens.

2. Rechtssache Dior u.a.

In der Rechtssache *Dior u.a.*[755] entzog sich der EuGH der Beurteilung des TRIPs-Abkommens hinsichtlich seiner unmittelbaren Anwendbarkeit nicht. Unter Verweis auf seine ständige Rechtsprechung zur unmittelbaren Anwendbarkeit der GATT- und übrigen WTO-Übereinkommen verneinte er sie. Doch relativierte er diese Rechtsprechung in zweierlei Hinsicht. Zum einen machte der EuGH deutlich, dass er die unmittelbare Anwendung nur für den Bereich des TRIPs-Abkommens, in dem die Gemeinschaftsorgane bereits Rechtsvorschriften erlassen haben, ablehnt.[756] In denjenigen Bereichen, in denen noch kein Gemeinschaftsrecht existiert, richte sich dagegen die Frage nach der unmittelbaren Anwendbarkeit nach nationalem Recht.
Zum anderen verpflichtete er die nationalen Gerichte zu einer TRIPs-konformen Auslegung des einschlägigen nationalen Rechts.[757] Beim Erlass einstweiliger Maßnahmen zum Schutz der vom TRIPs-Übereinkommen erfassten Rechte seien die natio-

---

[751] EuGH a.a.O., Gutachten 1/94, Fußn. 4, S. 5418, Rz. 104.
[752] EuGH a.a.O., Fußn. 746 (Hermès), S. 3647f., Rz. 24ff.
[753] EuGH a.a.O., Fußn. 746 (Hermès), S. 3648, Rz. 32.
[754] EuGH a.a.O., Fußn. 356 (Racke).
[755] EuGH a.a.O., Fußn. 356 (Dior).
[756] EuGH a.a.O., Fußn. 356 (Dior), S. 11361, Rz. 48.
[757] Dieser Vorgabe ist beispielsweise der BGH in seinem Urteil vom 02.05.2002 bezüglich des Besichtigungsanspruchs aus § 809 BGB gefolgt, vgl. GRUR Int. 2002, S. 1046ff.

nalen Gerichte verpflichtet, so weit wie möglich Wortlaut und Zweck von Art. 50 TRIPs zu berücksichtigen.
Mit diesen beiden Lockerungen macht der Gerichtshof klar, dass das Gemeinschaftsrecht weder die unmittelbare Anwendbarkeit von Art. 50 TRIPs erfordert noch sie ablehnt.[758]

3. Rechtssache Schieving-Nijstad vof u.a. / Robert Groeneveld

In der Rechtssache *Schieving-Nijstad*[759] ging es wiederum um die Beurteilung der unmittelbaren Anwendbarkeit des Art. 50 des TRIPs-Abkommens.
Der Beschwerdegegner des niederländischen Ausgangsverfahrens, Herr Groeneveld, war Inhaber der Marke Route 66, die er sich unter anderem für Gaststätten- und Cateringdienstleistungen hatte eintragen lassen. Der Beschwerdeführer, die offene Handelsgesellschaft Schieving-Nijstad vof, betrieb ein Café namens Route 66. Der Beschwerdegegner ließ im Wege des einstweiligen Rechtsschutzes untersagen, die Bezeichnung Route 66 weiter zu verwenden. Im Folgenden kam es nicht zu einem Hauptsacheverfahren. Aus diesem Grunde waren die Beschwerdeführer der Auffassung, dass die einstweiligen Anordnungen gemäß Art. 50 Abs. 6 TRIPs-Abkommen[760] hinfällig seien. Daraufhin legte der Hoge Raad der Nederlanden, vor dem sich die Beschwerdeführer im Rahmen einer Kassationsbeschwerde auf Art. 50 Abs. 6 TRIPs-Abkommen beriefen, dem EuGH gemäß Art. 234 EG Fragen nach der Auslegung von Art. 50 Abs. 6 des TRIPs-Abkommens vor.
Bereits im Urteil *Dior*[761] hatte der EuGH die unmittelbare Anwendbarkeit derjenigen TRIPs-Bestimmungen abgelehnt, die in den Kompetenzbereich der Gemeinschaft fallen. Die Beurteilung und Auslegung der übrigen, in den Zuständigkeitsbereich der Mitgliedstaaten fallenden Bestimmungen dieses Abkommens sei Sache der Mitgliedstaaten.
Im Rahmen dieses Urteils wiederholte der EuGH zunächst seine Ausführungen zu Art. 50 Abs. 6 TRIPs, die er im Rahmen seiner Urteile *Hermès* und *Dior* getätigt hatte.[762] Im Rahmen der Frage nach der unmittelbaren Anwendbarkeit des Art. 50 Abs. 6 TRIPs verwies er ebenfalls im Wesentlichen auf seine Ausführungen in seinem *Dior*-Urteil.[763]
Die Verneinung der unmittelbaren Anwendbarkeit des Art. 50 Abs. 6 TRIPs hinderte den EuGH im Folgenden nicht daran, die übrigen Vorlagefragen über die Auslegung dieser Vorschrift zu beantworten.[764]

III. Zusammenfassung

Der EuGH bleibt bei seiner im Rahmen seiner GATT-Rechtsprechung gezeigten ablehnenden Haltung bezüglich der unmittelbaren Anwendbarkeit der WTO-Abkommen. Lediglich für den Bereich der mitgliedstaatlichen Kompetenz überlässt er den Mitgliedstaaten, die er gleichzeitig zu einer TRIPs-konformen Auslegung verpflichtet, die Beurteilung der unmittelbaren Anwendbarkeit der entsprechenden Vor-

---

[758] Heliskosi in: CMLR 2002, S. 159ff. (172f.).
[759] EuGH, Urteil a.a.O., Fußn. 575 (Schieving).
[760] zum Inhalt von Art. 50 VI TRIPs s. S. 124.
[761] EuGH a.a.O., Fußn. 356 (Dior).
[762] EuGH a.a.O., Fußn. 575 (Schieving), Rz. 30ff.
[763] EuGH a.a.O., Fußn. 575 (Schieving), Rz. 52, 54; so auch bereits im Urteil Dior, a.a.O., Fußn. 356.
[764] EuGH a.a.O., Fußn. 575 (Schieving), Rz. 56ff.

schriften. Gleichzeitig fühlt sich der EuGH zum Zwecke der Wahrung der Einheitlichkeit der Auslegung des Völkerrechts zu einer Auslegung des gesamten TRIPs-Abkommens ermächtigt.

E. Die Beurteilung anderer Gemeinschaftsabkommen durch den EuGH

Der EuGH wurde verschiedentlich im Wege des Vorabentscheidungsverfahrens mit der Frage der unmittelbaren Anwendbarkeit einzelner Bestimmungen in Assoziierungs- oder Freihandelsabkommen zwischen der Gemeinschaft und Drittstaaten beziehungsweise der Gemeinschaft und den Mitgliedstaaten einerseits und eines oder mehrerer Drittstaaten andererseits konfrontiert. In diesen Entscheidungen setzt sich die Tendenz des EuGH durch, die unmittelbare Wirksamkeit von Bestimmungen in Gemeinschaftsabkommen zu bejahen. Im Hinblick auf die Tatsache, dass der EuGH in ständiger und strikter Rechtsprechung die unmittelbare Anwendbarkeit von Bestimmungen des GATT verneint, stellt sich die Frage, ob diese unterschiedliche Beurteilung von völkerrechtlichen Verträgen berechtigt ist.
Hierzu soll das Augenmerk zunächst auf die verschiedenen, vom EuGH beurteilten völkerrechtlichen Abkommen gerichtet werden.

I. Die unmittelbare Anwendbarkeit von Freihandels- und Assoziierungsabkommen der Gemeinschaft in der Rechtsprechung des EuGH

Die Gemeinschaft hat zahlreiche Abkommen der verschiedensten Art mit Drittländern abgeschlossen, wie zum Beispiel Handels- und Zollabkommen, Freihandels- und Assoziationsabkommen und multilaterale Abkommen über Rohstoffe und Grunderzeugnisse.[765]
Die Rechtsprechung des EuGH zur unmittelbaren Anwendbarkeit von Bestimmungen in Gemeinschaftsabkommen scheint keine ganz eindeutige Linie zu verfolgen.

1. Unmittelbare Anwendbarkeit als Voraussetzung für die Auslegung

Insbesondere fällt auf, dass der EuGH die unmittelbare Anwendbarkeit einer Bestimmung eines Gemeinschaftsabkommens in manchen Urteilen als unabdingbare Voraussetzung ansieht, um die Vorschrift einer Auslegung zu unterziehen. In anderen Urteilen scheint es darauf nicht anzukommen. So legt der EuGH in den Rechtssachen *Schröder*, *Haegeman* und *Cayrol* die in Frage stehenden Vorschriften des Völkervertragsrechts aus, ohne auch nur zu erwähnen, dass die Vorschriften hierfür unmittelbar anwendbar sind.
In der Rechtssache *Schröder*[766] ging es um einen Verstoß einer Gemeinschaftsverordnung gegen das Assoziierungsabkommen mit Griechenland. Die Gültigkeit eines Gemeinschaftsaktes wurde mit der Begründung bestritten, der Rechtsakt stehe im Widerspruch zu den völkerrechtlichen Verpflichtungen der Gemeinschaft. Der EuGH überprüfte die Gültigkeit der Kommissionsverordnung, die vermeintlich gegen Art. 41

---

[765] Oppermann, Europarecht, Rn. 1368ff.; Bebr in: EuR 1983, 128ff. (128), ders. in: CMLR 1983, S. 35ff. (35).
[766] EuGH a.a.O., Fußn. 343 (Schröder).

des Athener Abkommens verstieß, ohne vorher zu untersuchen, ob diese Bestimmung dem Einzelnen Rechte verleiht, sich auf sie zu berufen.[767]
In dem Fall *Haegeman*[768] legte das Tribunal de Première Instance de Bruxelles dem EuGH im Wege des Vorabentscheidungsverfahrens Fragen nach der Auslegung der VO Nr. 816/70[769] und einiger Bestimmungen des durch Beschluss des Rates vom 25.09.1961 geschlossenen Abkommens zur Gründung einer Assoziation zwischen der Europäischen Wirtschaftsgemeinschaft und Griechenland (Athener Abkommen) vor. Es ging hier mithin um dasselbe Abkommen wie in der Rechtsache *Schroeder*. Im Vorfeld der Auslegung hatte der EuGH ebenfalls auf die Überprüfung der Frage nach der unmittelbaren Anwendbarkeit verzichtet.[770]
Auch die Rechtssache *Cayrol* betraf ein Vorabentscheidungsverfahren[771], dessen Ausgangsrechtsstreit einen Konflikt zwischen einem Gemeinschaftsabkommen, nämlich dem Handelsabkommen zwischen der Europäischen Wirtschaftsgemeinschaft und Spanien aus dem Jahre 1970, und einer nationalen Vorschrift betraf. Ohne die Frage nach der unmittelbaren Wirkung der Bestimmungen des Abkommens zu problematisieren, kam der Gerichtshof der Aufforderung zur Auslegung nach.[772]
Ob man hieraus die Schlussfolgerung ziehen kann, der EuGH habe die unbedingte Voraussetzung der unmittelbaren Anwendbarkeit für die Nachprüfung der Gültigkeit eines einem Gemeinschaftsabkommen entgegenstehenden Gemeinschaftsaktes stillschweigend fallen gelassen[773], ist allerdings fraglich. Denn nachdem der EuGH die unmittelbare Anwendbarkeit einer Vorschrift als Voraussetzung für deren Auslegung aufgestellt hatte, dann aber auf deren Prüfung in den oben zitierten Entscheidungen verzichtet hatte, griff er diese Regel in folgenden Urteilen wieder auf.
Beispielsweise in der Rechtssache *Bresciani*[774] stellte das Tribunale Genua dem EuGH eine Vorfrage, die einen Konflikt zwischen einem Gemeinschaftsabkommen und einer nationalen Maßnahme betraf. Eine Privatpartei hatte hier eine Bestimmung des Jaoundé-Abkommens erfolgreich geltend gemacht und dadurch die Rückzahlung einer von innerstaatlichen Behörden widerrechtlich eingezogenen Abgabe erreicht. Bei dem Jaoundé-Abkommen handelt es sich um ein von der Gemeinschaft und den Mitgliedstaaten abgeschlossenes Abkommen, welches die Assoziierung der überseeischen Länder und Hoheitsgebiete regelt und diese abhängigen Gebiete durch eine beschränkte Anwendbarkeit der Regeln des damaligen EWG-Vertrages in den Gemeinsamen Markt mit einbezog.[775] Dabei behandelte der EuGH die Frage nach der unmittelbaren Anwendbarkeit der in Frage stehenden Bestimmung des Jaoundé-Abkommens vor der Auslegung der Bestimmung[776], obwohl das vorlegende Gericht diese Frage erst als Vorlagefrage 4 a) vorlegte und zunächst Fragen nach der Aus-

---

[767] a.a.O., Fußn. 343 (Schröder), S. 146, Rn. 31ff.
[768] EuGH a.a.O., Fußn. 317 (Haegeman).
[769] Verordnung (EWG) Nr. 816/70 des Rates vom 28.04.1970 zur Festlegung ergänzender Vorschriften für die gemeinsame Marktorganisation für Wein in: ABl. vom 30.04.1970, L 99.
[770] EuGH a.a.O., Fußn. 317 (Haegeman).
[771] EuGH, Urteil vom 30.11.1977, Rs. 52/77, Slg. 1977, S. 2261ff., Leonce Cayrol / Giovanni Rivoira & Figli.
[772] EuGH a.a.O., Fußn. 771 (Cayrol), S. 2276ff., Rn. 7ff.
[773] so aber Bebr in: EuR 1983, S. 128ff. (137).
[774] EuGH a.a.O., Fußn. 358 (Bresciani).
[775] Bleckmann, Europarecht, Rn. 1366.
[776] EuGH a.a.O., Fußn. 358 (Bresciani), S. 139, Rz. 12.

legung des Begriffs der Abgabe zollgleicher Wirkung stellte.[777] Das Gemeinschaftsgericht schien offensichtlich davon auszugehen, dass die unmittelbare Wirkung der Bestimmung Voraussetzung für seine Auslegung ist.
In der Rechtssache *Kziber*[778] ging es um Art. 41 Abs. 1 des Kooperationsabkommens zwischen der EWG und Marokko. Der EuGH gewährte einer marokkanischen Staatsangehörigen die unmittelbare Berufung auf diese Vorschrift vor dem Vorlagegericht. Das vorlegende Gericht hatte die Frage nach der unmittelbaren Wirkung der Bestimmung des Abkommens nicht explizit gestellt. Der EuGH machte jedoch deutlich, dass er die Klärung dieser Vorfrage als notwendige Voraussetzung für die Beantwortung der Vorlagefrage betrachtete.[779]
In der Rechtssache *Yousfi*[780] hatte sich der EuGH ebenfalls mit dem Gleichbehandlungsgrundsatz des Art. 41 Abs. 1 des Kooperationsabkommens zwischen der Europäischen Wirtschaftsgemeinschaft und dem Königreich Marokko auseinanderzusetzen. Aufgrund der Reihenfolge der Vorlagefragen legte der EuGH zunächst das gesamte Abkommen hinsichtlich seiner Zielsetzung aus.[781] Auch hier sah der EuGH die Bejahung der Frage nach der unmittelbaren Anwendbarkeit der in Frage stehenden Bestimmung als Voraussetzung für die Auslegung der Bestimmung an[782].
Das Vorabentscheidungsverfahren *Sürül*[783] beschäftigte sich ebenfalls mit dem Assoziierungsabkommen zwischen der EWG und der Türkei und dem Beschluss 3/80 des Assoziationsrates über die soziale Sicherheit der Wanderarbeitnehmer. Der EuGH klärte die Frage der unmittelbaren Anwendbarkeit einiger Bestimmungen des Beschlusses 3/80, obwohl das vorlegende Gericht diese Frage nicht explizit gestellt hatte. Er hielt die Beantwortung dieser Frage allerdings für notwendig, um die tatsächlichen Vorlagefragen nach der Auslegung der Bestimmungen beantworten zu können.[784]
Schließlich prüfte der EuGH auch im Rahmen der Rechtssache *Pokrzeptowicz-Meyer*[785], in der sich ein Einzelner auf Art. 37 Abs. 1 des Europa-Abkommens berief, die unmittelbare Anwendbarkeit dieser Vorschrift, obwohl die Frage nach der unmittelbaren Anwendbarkeit vom Vorlagegericht nicht explizit gestellt war. Die betreffende Vorschrift sieht ein Gleichbehandlungsgebot der polnischen Arbeitnehmer in den Mitgliedstaaten vor.
Auch im Rahmen seiner Rechtsprechung zum GATT wies der EuGH keine einheitliche Linie auf. Während der EuGH in den Rechtssache *International Fruit Company* und *Schlüter* die unmittelbare Anwendbarkeit des GATT als unabdingbare Voraussetzung für die Überprüfbarkeit des in Frage stehenden Gemeinschaftsaktes anhand der Bestimmungen des GATT ansah, verzichtete er im Rahmen der Rechtssache *Nederlandse Spoorwegen* und *Dürbeck* auf diese Voraussetzung und legte den Ge-

---

[777] EuGH a.a.O., Fußn. 358 (Bresciani), S. 131.
[778] EuGH, Urteil vom 31.01.1991, Rs. C-18/90, Slg. 1991, I-199, Office national de lèmploi (Onem) / Bahia Kziber.
[779] EuGH a.a.O., Fußn. 778 (Kziber), Rz. 14.
[780] EuGH a.a.O., Fußn. 315 (Yousfi).
[781] EuGH a.a.O., Fußn. 315 (Yousfi), S. 1368, Rn. 11f.
[782] EuGH a.a.O., Fußn. 315 (Yousfi), S. 1368, Rn. 15.
[783] EuGH, Urteil vom 04.05.1999, Rs. C-262/96, Slg. 1999, I-2685, Sema Sürül / Bundesanstalt für Arbeit.
[784] EuGH a.a.O., Fußn. 783 (Sürül), Rz. 47.
[785] EuGH, EuZW 2002, S. 374ff. (375), Rz. 18ff., Urteil vom 29.01.2002, Rs. C-162/00, Land Nordrhein-Westfalen / Beata Pokrzeptowicz-Meyer.

meinschaftsakt im Lichte des GATT und anderer, im Rahmen des GATT zustandegekommener Gemeinschaftsabkommen aus.
Fraglich ist daher, ob der EuGH zur Überprüfung der Rechtmäßigkeit einer Gemeinschaftshandlung im Sinne des Art. 234 Abs. 1 b) EG tatsächlich die unmittelbare Anwendbarkeit als Voraussetzung verlangt. Aus den bisher ergangenen Urteilen lässt sich keine einheitliche Linie des Gemeinschaftsgerichts erkennen.

2. Auslegungszuständigkeit des EuGH

An der Rechtsprechung des EuGH zu völkerrechtlichen Verträgen fällt weiterhin auf, dass das Gericht seine Auslegungszuständigkeit im Rahmen des Art. 234 EG sehr weit zieht.
Ausgangspunkt bildet hier das Urteil *Haegeman*[786]. Seine Befugnis zur Auslegung des Athener Abkommens sah der EuGH mit der Begründung als gegeben an, dass es sich beim Abschluss eines Gemeinschaftsabkommens nach Art. 228 EWGV (jetzt Art. 300 EG) um eine Handlung eines Gemeinschaftsorgans gemäß Art. 177 EWGV (jetzt Art. 234 EG) handele.[787] Daraus zog der EuGH den Schluss, dass die Bestimmungen des Abkommens ab dem Zeitpunkt seines Inkrafttretens einen „integrierenden Bestandteil der Gemeinschaftsrechtsordnung" und der Rechtsordnungen der Mitgliedstaaten bilden.[788] Erstaunlich an der Entscheidung ist die Selbstverständlichkeit, mit welcher der EuGH seine Auslegungsbefugnis feststellte. Es handelte sich bei dem Athener Abkommen nämlich um ein gemischtes Abkommen. Der EuGH legte das Abkommen aus, ohne vorher die ausschließliche Vertragsschlusskompetenz der Gemeinschaft zu überprüfen. Allerdings waren die Vorschriften, die der EuGH letztendlich überprüfte, solche, welche unstreitig in die Vertragsschlusskompetenz der damaligen Europäischen Wirtschaftsgemeinschaft fielen.[789]
Im Rahmen der Rechtssache *Mazzalai*[790] hatte der EuGH Gelegenheit festzustellen, dass die Reichweite der Auslegungszuständigkeit des Art. 177 EWGV (jetzt Art. 234 EG) nicht auf unmittelbar anwendbare Vorschriften beschränkt sei.[791]
In seinem Urteil zur Rechtssache *Kupferberg*[792], welches das Freihandelsabkommen zwischen der Gemeinschaft und Portugal zum Gegenstand hatte, bejahte der EuGH seine Auslegungszuständigkeit unter Hinweis auf die Notwendigkeit einer einheitlichen Auslegung des Rechts zur Vermeidung unterschiedlicher Rechtswirkungen in den Mitgliedstaaten.[793]
Weitere Ausführungen zur Reichweite seiner Auslegungszuständigkeit machte der EuGH in der Rechtssache *Demirel*[794], wo es um die Beurteilung des Assoziierungsabkommens zwischen der EWG und der Türkei[795], einem gemischten Abkommen,

---

[786] EuGH a.a.O., Fußn. 317 (Haegeman).
[787] EuGH a.a.O., Fußn. 317 (Haegeman), S. 460, Rn. 2/6.
[788] EuGH a.a.O., Fußn. 317 (Haegeman).
[789] Bebr in: EuR 1983, S. 128ff. (134).
[790] EuGH, Urteil vom 20.05.1976, Rs. 111/75, Slg. 1976, S. 657ff., Impresa Construzioni comm. Quirino Mazzalai / Ferrovia del Renon.
[791] EuGH a.a.O., Fußn. 790 (Mazzalai), S. 666, Rz. 7ff.
[792] EuGH a.a.O., Fußn. 323 (Kupferberg).
[793] EuGH a.a.O., Fußn. 323 (Kupferberg), S. 3662f. Rz. 14.
[794] EuGH a.a.O., Fußn. 362 (Demirel).
[795] Abkommen zur Gründung einer Assoziation zwischen der Europäischen Wirtschaftsgemeinschaft und der Türkei vom 12.09.1963, Beschluss 64/732/EWG des Rates vom 23.12.1963, ABl. 1964, Nr. 217, S. 3685.

ging. Die Gemeinschaft sei zu vertraglichen Regelungen auf allen vom Gemeinschaftsrecht erfassten Bereichen befähigt, ohne dass es insoweit auf den zulässigen Inhalt gemeinschaftsinterner Regelungen ankäme. Er stellte somit fest, dass sich seine Auslegungsbefugnis auch auf solche Bestimmungen erstrecke, die in die Zuständigkeit der Mitgliedstaaten fallen.[796] Dies begründete er mit seiner Kompetenz aus Art. 310 EG. Diese Begründung wird in der Literatur teilweise mit Skepsis betrachtet.[797] Mit dieser Feststellung schaffte der EuGH sich eine eigene Kompetenz und vermied so eine Stellungnahme zu der Frage, ob er auch befugt ist, Bestimmungen auszulegen, die Verpflichtungen enthalten, die nur die Mitgliedstaaten kraft ihrer Außenzuständigkeit eingehen können.

Im Rahmen der Rechtssache *Racke*[798] musste sich der EuGH mit dem Kooperationsabkommen zwischen der Europäischen Wirtschaftsgemeinschaft und der Sozialistischen Föderativen Republik Jugoslawien beschäftigen.[799] Durch Verordnung (EWG) Nr. 3300/91 des Rates vom 11. November 1991 setzte die Europäische Wirtschaftsgemeinschaft die Zollzugeständnisse des Kooperationsabkommens wegen eines grundlegenden Wandels der Umstände, hervorgerufen durch die Krise in Jugoslawien, aus. Das mit dem Rechtsstreit befasste Gericht legte dem EuGH Fragen zur Gültigkeit der Verordnung vor. Hier äußerte sich der EuGH zu seiner Zuständigkeit, weil die Kommission im Hinblick auf die Tatsache, dass sich die Gültigkeit der streitigen Verordnung auf Regeln des Völkergewohnheitsrechts beziehe, Zweifel an der Zuständigkeit des EuGH hegte. Unter Hinweis auf seine Rechtsprechung im Urteil *International Fruit Company*, in welchem er seine uneingeschränkte Zuständigkeit im Rahmen des Art. 177 EWG (jetzt Art. 234 EG) feststellte, urteilte der EuGH, dass er Gemeinschaftsrechtsakte auch auf ihre Vereinbarkeit mit Regeln des Völkerrechts überprüfen könne.[800]

Diese Rechtsprechung macht deutlich, dass der EuGH bestrebt ist, die Auslegung völkerrechtlicher Verträge an sich zu reißen, nicht zuletzt, um die Einheitlichkeit der Auslegung sicherzustellen. Insofern macht er auch vor gemischten Abkommen nicht Halt. Im Rahmen der zitierten Rechtsprechung kam der EuGH jedoch nie in die Verlegenheit, über die Auslegungszuständigkeit bezüglich einer Vorschrift in einem gemischten Abkommen zu entscheiden, die in die alleinige Zuständigkeit der Mitgliedstaaten fällt. Im Urteil *Demirel* konstruierte er seine Zuständigkeit über Art. 310 EG.[801] Erst im Rahmen des Art. 50 des TRIPs-Abkommens konnte sich der EuGH letztlich einer Beurteilung dieses Sachverhaltes nicht mehr entziehen.[802]

3. Zwei-Stufen-Prüfung

Konsequent verfolgt der EuGH seine Zwei-Stufen-Prüfung für die Beurteilung der Wirkung eines Abkommens im Gemeinschaftsrecht. So wiederholt er kontinuierlich unter Berufung auf Art. 300 Abs. 7 EG, dass Gemeinschaftsabkommen mit ihrem Inkrafttreten „integrierender Bestandteil in der Gemeinschaftsrechtsordnung" werden und damit einheitlich und vorrangig gegenüber dem Sekundärrecht der Gemeinschaft

---

[796] EuGH a.a.O., Fußn. 362 (Demirel), 1. Leitsatz, S. 3720; S. 3751, Rn. 8ff.
[797] s.o. S. 122f.
[798] EuGH a.a.O., Fußn. 356 (Racke).
[799] zum Sachverhalt vgl. oben S.125.
[800] EuGH a.a.O., Fußn. 356 (Racke), S. 3700f., Rn. 26ff.
[801] EuGH a.a.O., Fußn. 362 (Demirel).
[802] EuGH a.a.O., Fußn. 746 (Hermès), Fußn. 356 (Dior), Fußn. 575 (Schieving).

und den Rechtsakten der Mitgliedstaaten gelten. Als Grundsatzentscheidung diente hier das Urteil *Haegeman*[803], in dessen Rahmen der EuGH dem Abkommen zur Gründung einer Assoziation zwischen der Europäischen Wirtschaftsgemeinschaft und Griechenland (Athener Abkommen) diese Wirkung zuerkannte. Im Folgenden wurde diese Beurteilung der Geltung des Völkervertragsrechts zur ständigen Rechtsprechung des EuGH.[804]
Bezüglich der Zwei-Stufen-Prüfung[805] variiert der EuGH offensichtlich seine Rechtsprechung bezüglich der zweiten Stufe. Hier prüfte der EuGH die unmittelbare Anwendbarkeit grundsätzlich in wiederum zwei Schritten, wobei zunächst anhand von Sinn, Aufbau und Wortlaut des betreffenden Abkommens untersucht wurde, inwieweit die besondere Natur des Abkommens seine unmittelbare Anwendbarkeit ausschließt, um dann in einem zweiten Schritt die relevante Einzelbestimmung daraufhin zu prüfen, ob sie eine unbedingte und eindeutige Verpflichtung enthält und sich damit der Einzelne vor Gericht auf sie berufen kann.
Diese Prüfungsreihenfolge ist in den frühen Urteilen des EuGH in strenger Regelmäßigkeit wiederzufinden.
So stellte der EuGH in seinem Urteil *Bresciani* fest, dass nach "Sinn, Aufbau und Wortlaut dieses Abkommens" die unmittelbare Wirkung der Bestimmungen des Jaoundé-Abkommens nicht von vornherein ausgeschlossen sei.[806] Entsprechend seiner ständigen Rechtsprechung zur unmittelbaren Anwendbarkeit von Gemeinschaftsrecht überprüfte - und bejahte - der EuGH hier auch die inhaltliche Bestimmtheit und Unbedingtheit der in Frage stehenden Bestimmung des Abkommens.[807]
Im Urteil *Kupferberg* ging der EuGH nach allgemeinen Ausführungen zum Wesen des Abkommens mit Portugal insgesamt und zur Möglichkeit der unmittelbaren Anwendbarkeit der Bestimmungen im allgemeinen auch hier wie gewohnt zur Beurteilung einzelner Klauseln über. Er stellte fest, dass die Rechtsnatur und Systematik der Abkommen allein nicht ausreichen, um die unmittelbare Anwendbarkeit zu gewährleisten. Vielmehr müsse die jeweilige Vorschrift für sich nach ihrem Sinn und Zweck im Rahmen des Abkommens beurteilt werden. In diesem Rahmen müsse untersucht werden, ob die Bestimmung unbedingt und hinreichend klar sei.[808] Dies bejahte der EuGH für die in Frage stehende Bestimmung des Art. 21 des Abkommens.[809]
Auch im Rahmen seines Urteils *Demirel* hielt sich der EuGH streng an seine übliche Zwei-Schritt-Prüfung. Er untersuchte zunächst das gesamte Abkommen anhand von Aufbau und Inhalt.[810] Anschließend untersuchte er, ob die einzelnen relevanten Normen klare und eindeutige Verpflichtungen enthalten.[811]
In späteren Entscheidungen jedoch schien der EuGH diese Prüfungsreihenfolge umzudrehen. Während sich die Generalanwälte noch an die gewohnte Reihenfolge hiel-

---

[803] EuGH a.a.O., Fußn. 317 (Haegeman), Rz. 2/6.
[804] EuGH a.a.O., Fußn. 323 (Kupferberg), S. 3662, Rz. 12; EuGH a.a.O., Fußn. 362 (Demirel), S. 3750, Rz. 7; EuGH a.a.O., Fußn. 357 (Sevince), S. 3500f., Rn. 8f.
[805] s.o. S. 66ff.
[806] EuGH a.a.O., Fußn. 358 (Bresciani), S. 140f., Rn. 17f., 22f.
[807] EuGH a.a.O., Fußn. 358 (Bresciani), ebd.
[808] EuGH a.a.O., Fußn. 323 (Kupferberg), S. 3665, Rz. 23.
[809] EuGH a.a.O., Fußn. 323 (Kupferberg), S. 3665, Rn. 26.
[810] EuGH a.a.O., Fußn. 362 (Demirel), S. 3752, Rz. 15ff.
[811] EuGH a.a.O., Fußn. 362 (Demirel), S. 3753, Rz. 23.

ten, prüfte der EuGH nunmehr zuerst die konkrete Norm auf ihre Unbedingtheit und Bestimmtheit.
Im Rahmen des Urteils *Sevince* sprach der Gerichtshof den Art. 2 Abs. 1 b, 7 des Beschlusses Nr. 2/76 und der Art. 6 Abs. 1 al. 3, 13 des Beschlusses Nr. 1/80 unmittelbare Wirkung zu.[812] In der Rechtssache *Eroglu*[813] folgte die Anerkennung der unmittelbaren Anwendbarkeit des Art. 7 des Beschlusses 1/80. Aktuell ist wiederum eine Vorabentscheidung[814] vom EuGH entschieden worden, in dem das Verwaltungsgericht Karlsruhe Fragen zur Auslegung der Art. 6 und 7 des Beschlusses 1/80 vorgelegt hat. In seinen Schlussanträgen wies der Generalanwalt auf die beiden vorerwähnten Urteile und die dort festgestellte unmittelbare Anwendbarkeit der Art. 6 und 7 des Beschlusses 1/80 hin und legte die Vorschriften anschließend den Vorlagefragen gemäß aus.[815] Der EuGH folgte den Ausführungen seines Generalanwalts.[816] Bei den erwähnten Beschlüssen 2/76 und 1/80 handelt es sich um Beschlüsse des Assoziationsrates, welcher durch das Assoziierungsabkommen mit der Türkei geschaffen wurde und die Durchführung des Abkommens sicherstellen soll. Der EuGH nahm nicht seine gewohnte Zwei-Schritt-Prüfung vor, sondern überprüfte zunächst den Wortlaut der betreffenden Bestimmungen auf ihre Eignung zur unmittelbaren Anwendbarkeit.[817] Daran schloss er die Überprüfung von Sinn und Zweck der gesamten, die einzelnen Bestimmungen enthaltenen Beschlüsse und des Abkommens.[818] Generalanwalt Léger nahm die Prüfung in der umgekehrten Reihenfolge vor.[819]
Unter Hinweis auf seine ständige Rechtsprechung[820] begann der EuGH im Urteil *Kziber* mit der Untersuchung des Wortlauts der betreffenden Bestimmung des Abkommens mit Marokko.[821] Es handele sich bei der Bestimmung um ein klar, eindeutig und unbedingt formuliertes Verbot der Diskriminierung marokkanischer Arbeitnehmer und ihrer Familienangehörigen.[822] Der Unbedingtheit stehe die Pflicht zur Anwendung des Verbots nach Maßgabe der Abs. 2 bis 4 nicht entgegen.[823] Auch werde das Verbot durch Art. 42 Abs. 1 des Kooperationsabkommens, welcher die Durchführung der in Art. 41 niedergelegten Grundsätze durch don Kooperationsrat vorsieht, nicht seiner Unbedingtheit beraubt.[824] Anschließend überprüfte der EuGH das gesamte Abkommen anhand seines Sinns und Zwecks.[825] Generalanwalt van Gerven bevor-

---

812 EuGH a.a.O., Fußn. 357 (Sevince), S. 3504, Rz. 26; s. zu diesem Urteil Gilsdorf in: EuZW 1991, S. 459ff.
813 EuGH, Urteil vom 05.10.1994, Rs. C-355/93, Slg. 1994, S. I-5113ff. (5139f.), Rz. 17, Hayriye Eroglu / Land Baden-Württemberg.
814 EuGH, Urteil vom 19.11.2002, Rs. C-188/00, Slg. 2002, S. I-10712ff., Bülen Kurz geb. Yüce / Land Baden-Württemberg.
815 Rs. C-188/00, Schlussanträge GA Philippe Léger vom 25.04.2002, Slg. 2002, S. I-10694ff., Bülen Kurz / Land Baden-Württemberg.
816 EuGH a.a.O., Fußn. 814 (Kurz), S. I-10722, Rz. 26ff.
817 EuGH a.a.O., Fußn. 357 (Sevince), Rz. 16ff.
818 EuGH a.a.O., Fußn. 357 (Sevince), Rz. 19.
819 EuGH a.a.O., Fußn. 357 (Sevince), Schlussanträge GA Darmon, S. I-3476, Erwägungen 12ff.; S. I-3483, Erwägungen 33ff.
820 EuGH a.a.O., Fußn. 778 (Kziber), Rz. 15.
821 EuGH a.a.O., Fußn. 778 (Kziber), Rz. 16ff.
822 EuGH a.a.O., Fußn. 778 (Kziber), Rz. 17.
823 EuGH a.a.O., Fußn. 778 (Kziber), Rz. 18
824 EuGH a.a.O., Fußn. 778 (Kziber), Rz. 19.
825 EuGH a.a.O., Fußn. 778 (Kziber), Rz. 20ff.

zugte – genau wie Generalanwalt Darmon in der Rechtssache *Sevince*[826] - die umgekehrte Reihenfolge bei der Zwei-Schritt-Prüfung, die der sonst ständigen Praxis des EuGH entspricht.[827]
Der EuGH überprüfte in seiner *Racke*-Entscheidung Art. 22 Abs. 4 des Kooperationsabkommens mit Jugoslawien auf seine unmittelbare Anwendbarkeit. Auch hier überprüfte er zunächst den Wortlaut der in Frage stehenden Bestimmung und erst anschließend das gesamte Abkommen. Wie bereits in den Rechtssachen *Sevince* und *Kziber*[828] wich der EuGH hier in der Reihenfolge der Prüfung von seinem bisherigen Prüfungsverfahren ab.
Im Ergebnis bejahte der EuGH in seinem *Racke*- Urteil die Möglichkeit des Einzelnen, sich vor Gericht auf Art. 22 Abs. 4 des Kooperationsabkommens zu berufen.[829]
Insgesamt lässt die Rechtsprechung des EuGH eine großzügige Tendenz zur Bejahung der unmittelbaren Anwendbarkeit erkennen.
Im Rahmen des Urteils *Sürül* klärte der EuGH die Frage der unmittelbaren Anwendbarkeit einiger Bestimmungen des Beschlusses 3/80 des Assoziationsrates des Abkommens EWG-Türkei. Der EuGH nahm zunächst Bezug auf seine Ausführungen in seinem Urteil *Taflan-Met*[830], in welchem er sich ebenfalls mit der unmittelbaren Wirkung zweier Bestimmungen des Beschlusses 3/80 des Assoziationsrates EWG - Türkei auseinanderzusetzen hatte. In diesem Fall verneinte er unter Verweis auf die Notwendigkeit des Erlasses ergänzender Durchführungsmaßnahmen die Möglichkeit des Einzelnen, sich auf diese Bestimmungen zu berufen. Anschließend stellte er fest, dass diese Rechtsprechung, die für die Art. 12 und 13 des Beschlusses Nr. 3/80 gelte, nicht auf das Diskriminierungsverbot des Art. 3 des Beschlusses 3/80 übertragbar sei.[831] Der EuGH prüfte daher die unmittelbare Anwendbarkeit des Art. 3 des Beschlusses 3/80. Wie bereits in den vorangegangenen Entscheidungen *Sevince*, *Kziber* und *Racke* prüfte der EuGH zunächst die auszulegende Bestimmung[832], um dann auf Gegenstand und Natur des Abkommens einzugehen[833]. Im Ergebnis sprach der EuGH der Bestimmung ausreichende Bestimmtheit und Unbedingtheit zu. Der Einzelne könne sich vor Gericht auf die Vorschrift berufen.[834]
Auch im Urteil *Pokrzeptovicz-Meyer* fällt auf, dass der EuGH wiederum seine beiden klassischen Prüfungsschritte umdrehte, indem er zunächst auf den Wortlaut der Einzelbestimmung einging.[835] Er stellte hierzu fest, dass das Verbot der Diskriminierung klar, eindeutig und unbedingt an die Mitgliedstaaten gerichtet sei. Erst anschließend widmete er sich dem Europa-Abkommen in seiner Gesamtheit.[836] Hier stellte er auf die Intensität der Beziehungen der Gemeinschaft und ihrer Mitgliedstaaten zum assoziierten Staat ab.

---

[826] EuGH a.a.O., Fußn. 357 (Sevince).
[827] EuGH a.a.O., Fußn. 778 (Kziber), Schlussanträge GA van Gerven, S. 211ff., Erwägungen 8ff., S. 214ff., Erwägungen 11ff.
[828] EuGH a.a.O., Fußn. 357 (Sevince), Fußn. 778 (Kziber).
[829] EuGH a.a.O., Fußn. 356 (Racke), S. 3702, Rz. 34f.
[830] EuGH, Urteil vom 10.09.1996, Rs. C-277/94, Slg. 1996, I-4085ff., Z. Taflan-Met u.a. / Bestuur van de Sociale Verzekeringsbank und O. Akol / Bestuur van de Nieuwe Algemene Bedrijfsvereniging.
[831] EuGH a.a.O., Fußn. 783 (Sürül), S. 2763, Rz. 58.
[832] EuGH a.a.O., Fußn. 783 (Sürül), S. 2763f., Rz. 61ff.
[833] EuGH a.a.O., Fußn. 783 (Sürül), S. 2765, Rz. 69ff.
[834] EuGH a.a.O., Fußn. 783 (Sürül), S. 2766, Rz. 74.
[835] EuGH a.a.O., Fußn. 785 (Pokrzeptovicz-Meyer), Rz. 20ff.
[836] EuGH a.a.O., Fußn. 785 (Pokrzeptovicz-Meyer), Rz. 25ff.

Seit dem Urteil *Demirel*[837] hat der EuGH eine Formel entwickelt, anhand derer er die unmittelbare Anwendbarkeit der betreffenden Bestimmungen in Zukunft überprüft. Es handelt sich dabei um die Zusammenfassung der Zwei-Schritt-Prüfung. Der EuGH stellt daher nunmehr jeder Prüfung die Regel voran, dass der Einzelne sich immer dann vor Gericht auf eine Vorschrift eines Gemeinschaftsabkommens berufen kann, „wenn die Bestimmung unter Berücksichtigung ihres Wortlauts und im Hinblick auf den Sinn und Zweck des Abkommens eine klare und eindeutige Verpflichtung enthält, deren Erfüllung oder deren Wirkungen nicht vom Erlass eines weiteren Rechtsaktes abhängen".[838]

Dies gilt seit dem Urteil *Sevince*[839] ebenfalls für Beschlüsse von Assoziationsräten.

4. Grundsatz der Gegenseitigkeit

Interessant sind auch die Aussagen des EuGH zum Grundsatz der Gegenseitigkeit, auf den er in mehreren Entscheidungen eingeht.

Im Rahmen des Urteils *International Fruit Company* und den folgenden Urteilen zum GATT 1947 und 1994 wird die Nichtbeachtung dieses Grundsatzes als einer der Gründe gegen die unmittelbare Anwendbarkeit eines Abkommens angeführt.[840]

Im Urteil *Kupferberg* klärte der EuGH die Bedeutung des Grundsatzes der Gegenseitigkeit für das Abkommen mit Portugal anders.[841] Das Gericht war in diesem Fall der Auffassung, dass der Grundsatz der Gegenseitigkeit nicht so eng auszulegen sei, dass es nur dann unmittelbar anwendbar sei, wenn beide Vertragsparteien eine solche Wirkung in ihrer jeweiligen Rechtsordnung anerkennen. Vielmehr stehe es den Vertragsparteien frei, diejenigen rechtlichen Maßnahmen zu bestimmen, welche sie für die Erreichung der Abkommensziele für erforderlich erachten, es sei denn, das Abkommen selbst schreibe diese Maßnahmen bereits verbindlich vor. Der EuGH vertrat hier eine andere Ansicht als seine Generalanwältin Rozes. Sie hatte eine Direktwirkung des Art. 21 des Abkommens aufgrund der fehlenden Gegenseitigkeit verneint.[842] Sie zog hier einen Vergleich zum Jaoundé-Abkommen, wo der EuGH auf die Asymmetrie der Verpflichtungen hingewiesen habe. Da dem Jaoundé-Abkommen das Prinzip der Asymmetrie innewohne, habe das Gericht die unmittelbare Anwendbarkeit bejahen können. Im vorliegenden Fall handele es sich hingegen um ein Abkommen, das auf der Gegenseitigkeit der Verpflichtungen beruhe.

Insofern nahm Generalanwältin Rozes dieselbe Haltung wie in ihren Schlussanträgen zum Urteil *Polydor* ein.[843] Im Fall *Polydor*[844] wurde ebenfalls das von der Ge-

---

[837] EuGH a.a.O., Fußn. 362 (Demirel), 2. Leitsatz.

[838] EuGH a.a.O., Fußn. 778 (Kziber), Rz. 15; a.a.O., Leitsatz 2, S. I-4086; EuGH a.a.O., Fußn. 830 (Taflan-Met), S. 4110, Rz. 24; EuGH a.a.O., Fußn. 356 (Racke), S. 3701, Rz. 31; EuGH a.a.O., Fußn. 783 (Sürül), Leitsatz 1, S. I-2686 und S. I-2763, Rz. 60; EuGH a.a.O., Fußn. 785 (Pokrzeptowicz-Meyer), Rz. 19.

[839] EuGH a.a.O., Fußn. 357 (Sevince), S. 3502, Rz. 15.

[840] Tomuschat, Gedächtnisschrift Constantinesco, S. 811; Schlussanträge GA Rozes, EuGH, Urteil vom 09.02.1982, Rs. 270/80, Slg. 1982, S. 329ff. (354f.), Polydor Limited und RSO Records Inc. / Harlequin Record Shops Limited und Simons Records Limited; Schlussanträge GA Rozes, EuGH a.a.O., Fußn. 323 (Kupferberg), S.3673; Schlussanträge GA Tesauro, S. 3626ff., Rz. 28ff., Fußn. 746 (Hermès).

[841] EuGH a.a.O., Fußn. 323 (Kupferberg), S. 3663f., Rz. 16ff.

[842] EuGH a.a.O. Fußn. 323 (Kupferberg), Schlussanträge vom 05.05.1982, S.3673.

[843] Schlussanträge GA Rozes, EuGH a.a.O. Fußn. 840 (Polydor), S. 351ff. (354f.).

meinschaft abgeschlossene Freihandelsabkommen mit Portugal in einem Rechtsstreit über gewerbliche Schutzrechte zwischen Privatpersonen geltend gemacht.[844]
Auch im Rahmen der Rechtssache *Kziber* hinderte die Tatsache, dass es an einer Gegenseitigkeit der Verpflichtungen des Kooperationsabkommens mit Marokko fehlte, den EuGH nicht daran, dem Abkommen unmittelbare Wirkung beizumessen. Generalanwalt van Gerven machte durch einen Vergleich mit anderen Abkommen, deren Bestimmungen der EuGH die unmittelbare Wirkung zuerkannt hatte, darauf aufmerksam, dass die Gegenseitigkeit der Verpflichtungen der Vertragsparteien keine unbedingte Voraussetzung für die Bejahung der unmittelbaren Anwendbarkeit einzelner Abkommensbestimmungen sei.[845]
Im Rahmen der Rechtssache *Sürül* spricht der EuGH der auszulegenden Bestimmung des Assoziierungsabkommens EWG-Türkei ausreichende Bestimmtheit und Unbedingtheit zu. Der Einzelne könne sich vor Gericht auf die Vorschrift berufen.[846] Daran ändere auch die Tatsache, dass die gegenseitigen Verpflichtungen eine gewisse Asymmetrie aufweisen, nichts.[847]
Schließlich fand sich diese Einschätzung auch in neueren Entscheidungen des EuGH, zum Beispiel in der Rechtssache *Pokrzeptowicz-Meyer*, wo der EuGH feststellte, dass das Ungleichgewicht, welches durch das Ziel des Europa-Abkommens, Polen in seiner wirtschaftlichen Entwicklung zu fördern, entstehe, nicht verhindere, dass sich der Einzelne auf die Vorschrift berufen könne.[848]

5. Streitbeilegungsmöglichkeiten

Unterschiedlich sind auch die Ausführungen des EuGH oder der Generalanwälte im Rahmen der Urteile zu Gemeinschaftsabkommen zu den Streitbeilegungsmöglichkeiten im Vergleich zu den Ausführungen zum GATT-Streitbeilegungssystem.
Dem Streitbeilegungssystem des GATT 1947 wurde eine zu große Geschmeidigkeit beziehungsweise Flexibilität vorgeworfen.[849] Auch beim GATT 1994 wird nach wie vor das Streitbeilegungssystem für die Beurteilung der unmittelbaren Anwendbarkeit herangezogen. Diese Tatsache hat in erheblichem Maße dazu beigetragen, dass den Vorschriften des Abkommens die unmittelbare Anwendbarkeit abgesprochen wurde.
In seinen Schlussanträgen zum *Hermès*-Urteil wies Generalanwalt Tesauro auf die Verrechtlichung des WTO-Systems hin.[850] Dabei sprach er insbesondere die Schaffung eines effektiven und verbindlichen Streitbeilegungsverfahrens durch die Vereinbarung über Regeln und Verfahren zur Beilegung von Streitigkeiten (DSU) an. Diesen Ausführungen schloss sich der EuGH nicht an. Im Rahmen des *Hermès*-Urteils konnte er eine Stellungnahme zur unmittelbaren Anwendbarkeit des TRIPs-Abkommens noch umgehen.[851] Im Urteil *Portugal/Rat* musste er sich schließlich äußern. Dort stellte er fest, dass das WTO-System trotz seiner erheblichen Unterschiede gegenüber dem GATT 1947 gleichwohl durch ein System der Verhandlung zwi-

---

[844] EuGH a.a.O., Fußn. 840 (Polydor).
[845] EuGH a.a.O., Fußn. 778 (Kziber), Schlussanträge GA van Gerven, S. I-212, Erwägung 9.
[846] EuGH a.a.O., Fußn. 783 (Sürül), S. 2766, Rn. 74.
[847] EuGH a.a.O., Fußn. 783 (Sürül), S. 2766, Rn. 72.
[848] EuGH a.a.O., Fußn. 785 (Pokrzeptowicz), S. 375, Rz. 27.
[849] EuGH a.a.O., Fußn. 87 (Int. Fruit Company), S. 1228f, Rn. 21ff.
[850] Schlussanträge GA Tesauro, EuGH a.a.O., Fußn. 746 (Hermès), S. 3622, Rz. 23ff.
[851] EuGH a.a.O., Fußn. 746 (Hermès), S. 3647, 3650, Rz. 24ff., 35.

schen den Mitgliedstaaten geprägt sei.[852] Insbesondere Art. 22 Abs. 2 DSU ermögliche es einer Vertragspartei, auf dem Verhandlungsweg eine vorübergehende einvernehmliche Entschädigungslösung zu erreichen, wenn ein Rechtsverstoß durch den DSB festgestellt wurde.[853]

Im Urteil *Kupferberg* sah der Gerichtshof hingegen diejenigen Vorschriften, die nach seiner ständigen Rechtsprechung unbedingte und eindeutige Verpflichtungen enthalten, trotz der im Abkommen mit Portugal vorgesehenen Konsultationen und Verhandlungen im Rahmen des Gemischten Ausschusses als von innerstaatlichen Gerichten anwendbar an.[854] Die Generalanwältin Rozes nahm hierzu einen anderen Standpunkt als später der EuGH ein. Unter Berufung auf das Fehlen einer gerichtlichen Instanz zur Beilegung von Meinungsverschiedenheiten schlug sie vor, dem Abkommen EWG-Portugal die unmittelbare Anwendbarkeit abzusprechen.[855] Durch die alleinige Verweisung auf das politische Verfahren des Gemischten Ausschusses fehle die Garantie, dass sich ein einzelner Bürger in Portugal auf dieselbe Bestimmung unter gleichen Bedingungen und mit gleichen Konsequenzen, was den Rechtsschutz anbelangt, berufen kann. Dies hatte sie bereits in ihren Schlussanträgen zum Urteil *Polydor* angeführt.[856] Im Urteil *Kupferberg* hatte diese Tatsache den EuGH nicht davon abgehalten, die unmittelbare Anwendbarkeit einzelner Bestimmungen des Gemeinschaftsabkommens zu bejahen.

Im Urteil *Kziber* wies Generalanwalt van Gerven auf die vorhandene Regelung (Art. 52 des Abkommens mit Marokko) zur Beseitigung von Streitigkeiten durch ein adhoc-Gericht hin, welche den Vertragsparteien die Möglichkeit gab, auf die Vorlage der Streitigkeit vor dem EuGH zu verzichten. Hierbei zog Generalanwalt van Gerven einen Vergleich zum Streitbeilegungsverfahren des GATT. Letzteres eröffnet nach Auffassung des Generalanwalts einen wesentlich größeren Spielraum für die Vertragsparteien als die die Streitbeilegung regelnden Vorschriften des Kooperationsabkommens mit Marokko.

6. Ausnahmen und Umgehungsmöglichkeiten der Vertragsverpflichtungen

Neben dem Streitschlichtungssystem, welches evident unterschiedlich behandelt wird, werden auch die Möglichkeiten, Ausnahmen von den vertraglichen Verpflichtungen zu machen, sogenannte waiver oder escape clauses, einer unterschiedlichen Beurteilung unterzogen. Während im Rahmen des GATT die Möglichkeit, waiver zu erhalten oder auf andere Weise Genehmigungen zu Ausnahmen von den Vertragsverpflichtungen zu erzielen, den EuGH dazu veranlasste, eine große Flexibilität im System des GATT zu erkennen, welches eine unmittelbare Anwendbarkeit unmöglich mache, hielt ihn diese Möglichkeit in anderen Entscheidungen nicht davon ab, dem Einzelnen die Berufung auf Bestimmungen des betreffenden Abkommens zu gewähren.

Im Rahmen der Rechtssache *Kupferberg*[857] machte der EuGH Äußerungen über die in dem Freihandelsabkommen zwischen der Gemeinschaft und Portugal enthaltenen Schutzklauseln. Diese ermöglichten – genau wie die escape clauses des GATT-

---

[852] EuGH a.a.O., Fußn. 426 (Portugal/Rat), S. 8436, Rz. 36.
[853] EuGH a.a.O., Fußn. 426 (Portugal/Rat), S. 8437, Rz. 39f.
[854] EuGH a.a.O., Fußn. 323 (Kupferberg), S. 3664, Rz. 20.
[855] Schlussanträge GA Rozes, EuGH a.a.O., Fußn. 323 (Kupferberg), S. 3671ff. (3674).
[856] Schlussanträge GA Rozes, EuGH a.a.O., Fußn. 840 (Polydor), S. 351ff. (354).
[857] EuGH a.a.O., Fußn. 323 (Kupferberg).

Vertrages – eine Abweichung von bestimmten Abkommensverpflichtungen. Diese Möglichkeit, Ausnahmen vom Vertrag zu machen, stehe der Direktwirkung im Falle des Freihandelsabkommens mit Portugal laut EuGH aber nicht im Wege.
Im Vorabentscheidungsverfahren *Sevince*[858] stellte der Gerichtshof unter Verweis auf das *Kupferberg*-Urteil fest, dass das Vorhandensein von Schutzklauseln nichts an der unmittelbaren Anwendbarkeit der Beschlussvorschriften ändern könne.[859] Diese seien nur in spezifischen Situationen anwendbar. Generalanwalt Darmon zog einen Vergleich zu den Schutzvorschriften des GATT 1947.[860] Er sah diese als flexibler als diejenigen des Assoziationsabkommens EWG - Türkei an. Die Schutzklauseln des Assoziierungsabkommens stünden in einem „zwingenderen Gesamtrahmen".[861] Der Generalanwalt erwähnte hier insbesondere die Möglichkeiten, die Art. XIX des GATT 1947 den Vertragsparteien eröffnet. Die Ergreifung dieser Maßnahmen unterlägen einer reinen Ermessensentscheidung, wohingegen der Rückgriff auf die Schutzklauseln des Assoziationsabkommens echten Krisensituationen vorbehalten sei.
In der Rechtssache *Kziber*[862] ging Generalanwalt van Gerven auf das Vorhandensein von Schutzklauseln im zugrunde liegenden Kooperationsabkommen mit Marokko ein.[863] Art. 51 und 53 des Abkommens ermächtigten die Parteien zur Ergreifung einseitiger Maßnahmen. Hierbei zog der Generalanwalt ebenfalls einen Vergleich zu den Schutzklauseln des GATT. Letztere eröffnen nach seiner Auffassung einen wesentlich größeren Spielraum für die Vertragsparteien als die Schutzklauseln des Kooperationsabkommens zwischen der EWG und Marokko.

7. Trennung zwischen völkerrechtlichen und gemeinschaftlichen Verpflichtungen

Der EuGH trennt im Rahmen seiner Urteile streng zwischen völkerrechtlichen Verpflichtungen und denjenigen, die aus dem EG-Vertrag resultieren. Aus der Tatsache, dass ein Verbot, das dem EG-Vertrag innewohnt und vom EuGH für unmittelbar anwendbar erklärt wird, in vom Wortlaut her ähnlicher Weise in Gemeinschaftsabkommen auftaucht, könne nicht die Schlussfolgerung gezogen werden, dass auf diese Bestimmung die Rechtsprechung des EuGH zur Gemeinschaftsnorm übertragen wird, die unmittelbare Anwendbarkeit also bejaht werden könne.
Im Rahmen seines Urteils *Polydor* wurde das Gericht mit der Auslegung zweier Bestimmungen des Abkommens mit Portugal beschäftigt, die den Artt. 28, 30 EG ähnelten. Hier stellte sich dem EuGH die Frage, ob die Bestimmungen des Abkommens in derselben Weise ausgelegt werden durften wie er bereits die Artt. 28, 30 EG ausgelegt hatte.
Der EuGH untersuchte dabei entsprechend seiner ständigen Rechtsprechung zunächst die Rechtsnatur und die Zielsetzung des Abkommens.[864] Das Abkommen zwischen der Gemeinschaft und Portugal strebe bescheidenere Ziele als der EG-Vertrag an, nämlich vornehmlich die Liberalisierung des Handels zwischen der Ge-

---

[858] EuGH a.a.O., Fußn. 357 (Sevince).
[859] EuGH a.a.O., Fußn. 357 (Sevince), S. 3504, Rz. 25.
[860] Schlussanträge GA Darmon, EuGH a.a.O., Fußn. 357 (Sevince), S. 3486, Rz. 44ff.
[861] Schlussanträge GA Darmon, EuGH a.a.O., Fußn. 357 (Sevince), S. 3488, Rz. 46.
[862] EuGH a.a.O., Fußn. 778 (Kziber).
[863] GA van Gerven, Schlussanträge, EuGH a.a.O., Fußn. 778 (Kziber), S. I-213, Erwägung 10.
[864] EuGH a.a.O., Fußn. 840 (Polydor), S. 346ff., Rz. 9ff.

meinschaft und Portugal.[865] Dieses Ziel solle insbesondere durch die Beseitigung von Zöllen und Abgaben gleicher Wirkung und durch das Verbot mengenmäßiger Beschränkungen und Maßnahmen gleicher Wirkung erreicht werden.
In einem zweiten Schritt ging der EuGH auf die für die Vorlagefrage relevanten Bestimmungen des Abkommens, nämlich Art. 14 und 23, ein.[866] Nachdem er zunächst auf die den Art. 28, 30 EG ähnliche Konzeption dieser Vorschriften aufmerksam gemacht hatte, begründete der Gerichtshof, warum er die Auslegung der Artt. 28, 30 EG trotz dieser Ähnlichkeit nicht auf die Bestimmungen des Abkommens übertragen habe wollen. Der EG-Vertrag ziele „mit der Errichtung eines Gemeinsamen Marktes und der schrittweisen Annäherung der Wirtschaftspolitik der Mitgliedstaaten auf den Zusammenschluss der nationalen Märkte zu einem einheitlichen Markt ab, der die Merkmale eines Binnenmarktes aufweist".[867] Dazu habe der EuGH in der Rechtssache *Terrapin*[868] festgestellt, dass nationale Rechtsvorschriften, die den Schutz des gewerblichen oder kommerziellen Eigentums bezwecken, nicht zur Vertiefung der Isolierung oder zur künstlichen Abschottung der nationalen Märkte führen dürften.[869] Die Ziele des Abkommens mit Portugal seien hingegen sehr viel bescheidener. Aus diesem Grunde könne der EuGH die Überlegungen, die er zu Artt. 28, 30 EG angestellt habe, nicht auf die ähnlichen Vorschriften des Abkommens mit Portugal übertragen.
Im Rahmen der Rechtssache *Pabst*[870] berief sich ein Einzelner auf einen Verstoß einer Zollbehörde gegen das Verbot einer steuerrechtlichen Diskriminierung von Einfuhren aus einem Drittland, welches Art. 53 des Assoziierungsabkommens mit Griechenland normierte. Art. 53 dieses Abkommens hatte dabei einen ähnlichen Wortlaut wie Art. 90 EG.
Der EuGH wurde nach der unmittelbaren Anwendbarkeit dieser betreffenden Vorschrift gefragt. Auch hier musste der EuGH also – wie in der Rechtssache *Polydor* – eine Vorschrift eines Gemeinschaftsabkommens mit einer ähnlichen Vorschrift des EG-Vertrages vergleichen.
Das Gemeinschaftsgericht beleuchtete zunächst die Rechtsnatur des Art. 90 EG und stellte dessen unmittelbare Anwendbarkeit fest.[871] Anschließend wendete sich das Gericht der Vorschrift des Art. 53 des Abkommens zu.[872] Art. 53 erfülle dieselbe Funktion wie Art. 90 des EG-Vertrages. Die Vorschrift habe die Vorbereitung des Beitritts Griechenlands in die Gemeinschaft zum Ziel. Der EuGH begründete anhand der Ziele des Abkommens und der Rechtsnatur der entsprechenden Bestimmung deren unmittelbare Anwendbarkeit. Die Bestimmung enthalte „eine klare und eindeutige Verpflichtung, deren Erfüllung oder deren Wirkungen nicht vom Erlass eines weiteren Rechtsakts abhängig sind".[873] Während der EuGH im Fall *Polydor* der Auffassung war, dass seine Rechtsprechung zum Gemeinschaftsrecht nicht auf die Bestimmun-

---

[865] EuGH a.a.O., Fußn. 840 (Polydor), S. 347, Rz. 12.
[866] EuGH a.a.O., Fußn. 840 (Polydor), S. 348ff., Rn. 14ff.
[867] EuGH a.a.O., Fußn. 840 (Polydor), S. 348, Rz. 16.
[868] Urteil vom 22.06.1976, Rs. 119/75, Slg. 1976, S. 1039ff., Terrapin (Overseas) Ltd. / Terranova Industrie C.A. Kapferer & Co.
[869] EuGH a.a.O., Fußn. 840 (Polydor), S. 348f., Rz. 17.
[870] EuGH a.a.O., Fußn. 652 (Pabst).
[871] EuGH a.a.O., Fußn. 652 (Pabst), S. 1348f., Rz. 19ff.
[872] EuGH a.a.O., Fußn. 652 (Pabst), S. 1350, Rz. 26f.
[873] EuGH a.a.O., Fußn. 652 (Pabst), S. 1350, Rz. 27.

gen des Abkommens mit Griechenland übertragbar sei, sah er die sich ähnelnden Vorschriften im Fall *Pabst* hingegen als von der Zielsetzung her gleichwertig an.
In der Rechtssache *Kupferberg* ging der EuGH nach allgemeinen Ausführungen zum Abkommen mit Portugal insgesamt und zur Möglichkeit der unmittelbaren Anwendbarkeit der Bestimmungen wie gewohnt zur Beurteilung einzelner Klauseln über. Er stellte fest, dass die Rechtsnatur und Systematik der Abkommen nicht ausreichen, um die unmittelbare Anwendbarkeit zu gewährleisten. Vielmehr müsse die jeweilige Vorschrift für sich nach ihrem Sinn und Zweck im Rahmen des Abkommens beurteilt werden. In diesem Rahmen müsse untersucht werden, ob die Bestimmung unbedingt und hinreichend klar sei.[874] Dies bejahte der EuGH für die in Frage stehende Bestimmung des Art. 21 des Abkommens.[875] Im Unterschied zu der Rechtssache *Polydor* untersuchte der EuGH – gemäß der Reihenfolge der Vorlagefrage – die Frage nach der Gleichwertigkeit des Diskriminierungsverbots des Art. 21 des Abkommens mit demjenigen des Art. 90 EG erst anschließend. Eine Gleichstellung der beiden Verbote vermied er auch hier.[876]

8. Rechtsnatur des Abkommens

Offensichtlich ist dem EuGH, wie er auch mehrfach hervorhob, die Rechtsnatur des Abkommens von besonderer Wichtigkeit. In mehreren Urteilen ging er auf die besondere Bindung des Abkommenspartners an die E(W)G ein. Insofern stellt sich die Frage, welche Umstände den EuGH zu einer unterschiedlichen Beurteilung im Rahmen der Rechtssache *Polydor* einerseits, wo er die Übertragung seiner Rechtsprechung zu Artt. 28, 30 EG abgelehnt hatte, und der Rechtssache Pabst andererseits, in deren Rahmen er seine Rechtsprechung zu Art. 90 EG übertrug, geleitet haben. Im Fall *Polydor* handelte es sich um ein Freihandelsabkommen, in der Rechtssache *Pabst* hingegen um ein Assoziierungsabkommen, welches die assoziierten Staaten in der Regel fester an die Gemeinschaft bindet als ein Freihandelsabkommen.
In diese Reihe passt auch das Urteil *Bresciani*, wo der EuGH die Argumente für eine unmittelbare Anwendbarkeit der in Frage stehenden Bestimmung des Jaoundé-Abkommens aus einer besonderen und engen Bindung zwischen den assoziierten Drittländern und der Gemeinschaft und ihren Zielen zieht. Diese Bindung habe nämlich bereits der EWG-Vertrag vorgesehen. Die von der Gemeinschaft im Jaoundé-Abkommen übernommene Verpflichtung zur Abschaffung von Abgaben zollgleicher Wirkung sei identisch mit derjenigen Verpflichtung, die die Mitgliedstaaten der Europäischen Gemeinschaften durch den Abschluss dieser Verträge aufgestellt haben.[877]
Aus der Parallele zu den Bestimmungen des damaligen Vertrags der Europäischen Wirtschaftsgemeinschaft zog der EuGH den Rückschluss, dass der Jaoundé-Verpflichtung genau wie Art. 13 des damaligen EWG-Vertrages – die Vorschrift ist zwischenzeitlich entfallen – unmittelbare Wirkung beizumessen sei.
Allerdings deutet der EuGH in der Rechtssache *Kupferberg* mit der Feststellung der unmittelbaren Anwendbarkeit einer Bestimmung eines Freihandelsabkommens an, dass die Intensität der Bindungen des Vertragspartners an die Gemeinschaft nicht bedeutsam ist. Insofern kann sich die Schlussfolgerung aus dem Urteil *Pabst* nicht

---

[874] EuGH a.a.O., Fußn. 323 (Kupferberg), S. 3665, Rz. 23.
[875] EuGH a.a.O., Fußn. 323 (Kupferberg), S. 3665, Rz. 26.
[876] EuGH a.a.O., Fußn. 323 (Kupferberg), S. 3666, Rz. 30f.
[877] EuGH a.a.O., Fußn. 358 (Bresciani), S. 141, Rz. 25.

behaupten. Der EuGH scheint keine Unterscheidung zwischen der Art des Abkommens zu machen.
Im Urteil *Kziber* merkte der EuGH an, dass das Abkommen nicht die Verwirklichung beziehungsweise Vorbereitung einer Assoziierung oder eines Beitritts Marokkos zum Ziel habe und nur allgemein die wirtschaftliche Entwicklung Marokkos anstrebe.[878] Trotzdem schließe diese Tatsache die unmittelbare Anwendbarkeit nicht aus. Die Vorschrift sei unmittelbar anwendbar.[879] Der EuGH scheint demnach dem Grad der Bindung des Drittstaates an die EWG keine Aussagekraft beizumessen.
Umso mehr erstaunt, dass dieses Argument bei der Beurteilung des GATT immer wieder angeführt wurde.

9. Kriterium der Unbedingtheit

Auch ist in der Entwicklung der Rechtsprechung zu beobachten, dass der EuGH teilweise recht großzügig das Kriterium der Unbedingtheit für gegeben ansieht.
Im Rahmen des Urteils *Sevince* sprach der Gerichtshof den Artt. 2 Abs. 1 b, 7 des Beschlusses Nr. 2/76 und Artt. 6 Abs. 1 al. 3, 13 des Beschlusses Nr. 1/80 unmittelbare Wirkung zu.[880] Hierbei handelte es sich um Beschlüsse des Assoziationsrates, welcher durch das Assoziierungsabkommen mit der Türkei geschaffen wurde und die Durchführung des Abkommens sicherstellen sollte. Der EuGH untersuchte, ob die Vorschriften im Hinblick auf „ihren Wortlaut, Sinn und Zweck ... eine klare und eindeutige Verpflichtung enthalten, deren Erfüllung oder deren Wirkungen nicht vom Erlass eines weiteren Aktes abhängen"[881]. Diese Prüfung sei auch im Hinblick auf die Beschlüsse des Assoziationsrates anzuwenden. Auffällig ist, dass der EuGH die unmittelbare Anwendbarkeit der Bestimmungen bejaht, obwohl sie vorsehen, dass die Einzelheiten der Durchführung der den Arbeitnehmern zustehenden Rechte durch nationale Vorschriften zu regeln ist.[882] Insofern könnte die vom EuGH aufgestellte Voraussetzung der inhaltlichen Unbedingtheit der Bestimmung in Frage gestellt sein. Dies sah der EuGH offensichtlich anders. Den Mitgliedstaaten komme nämlich nicht das Recht zu, das durch die Beschlüsse geschaffene Recht der Arbeitnehmer an Bedingungen zu knüpfen. Die Vorschriften der Beschlüsse legten vielmehr „genau bestimmte und an keine Bedingungen geknüpfte"[883] Rechte zugunsten der türkischen Arbeitnehmer fest.
Im Fall *Kus*[884] ging es erneut – wie bereits in der Rechtssache *Sevince* – um Art. 6 Abs. 1 al. 3 des Beschlusses Nr. 1/80 des Assoziationsrates EWG – Türkei. Im Hinblick auf die unmittelbare Anwendbarkeit stellte der EuGH erneut die Möglichkeit des Einzelnen, sich vor Gericht auf diese Bestimmung zu berufen, fest. Die Frage war insofern nicht bereits durch das Urteil *Sevince* beantwortet, als das Gericht der Ansicht war, dass es sich bei der Regelung der aufenthaltsrechtlichen Folgen der beschäftigungsrechtlichen Beschlüsse des Assoziationsrates um zu den Durchführungsbestimmungen gehörende Regelungen handeln könnte, welche von den Mit-

---

[878] EuGH a.a.O., Fußn. 778 (Kziber), Rz. 21.
[879] EuGH a.a.O., Fußn. 778 (Kziber), Rz. 23.
[880] EuGH a.a.O., Fußn. 357 (Sevince), Rz. 26.
[881] EuGH a.a.O., Fußn. 357 (Sevince), Rz. 15.
[882] EuGH a.a.O., Fußn. 357 (Sevince), Rz. 22.
[883] EuGH a.a.O., Fußn. 357 (Sevince).
[884] EuGH, Urteil vom 16.12.1992, Rs. C-237/91, Slg. 1992, I-6781, Kazim Kus / Landeshauptstadt Wiesbaden.

gliedstaaten erlassen werden können.[885] Dies könnte deshalb der Fall sein, weil Art. 6 des Beschlusses 1/80 lediglich die beschäftigungsrechtliche, nicht aber die aufenthaltsrechtliche Stellung des türkischen Arbeitnehmers regelt. Unter erneutem Verweis auf die Tatsache, dass die in Frage stehende Vorschrift die Mitgliedstaaten nicht dazu ermächtige, das Diskriminierungsverbot des Art. 6 Abs. 1 des Beschlusses 1/80 einzuschränken oder an Bedingungen zu knüpfen, sondern ihnen nur die Möglichkeit zur Konkretisierung gebe, bejahte der EuGH die unmittelbare Wirkung der betreffenden Bestimmung des Beschlusses 1/80.[886] Bei der Verwirklichung des Rechts des türkischen Arbeitnehmers aus Art. 6 Abs. 1 des Beschlusses 1/80 sei das Aufenthaltsrecht für den Zugang und Verbleib auf dem mitgliedstaatlichen Arbeitsmarkt unerlässlich.[887]

II. Zusammenfassung der erläuterten Rechtsprechung

Der EuGH vermittelt bei der Betrachtung der bisherigen Urteile zur unmittelbaren Anwendbarkeit von Bestimmungen in Gemeinschaftsabkommen den Eindruck, dass er dieser positiv gegenüber steht. Allein in den Urteilen *Demirel*[888] und *Taflan-Met*[889] sprach er dem Einzelnen ab, sich auf Bestimmungen des Assoziierungsabkommens mit der Türkei zu berufen. In den übrigen untersuchten Urteilen wurde die unmittelbare Anwendbarkeit von Bestimmungen der in Frage stehenden Freihandels-, Assoziations- und Kooperationsabkommen den Einzelnen durchweg zugebilligt.[890] Dieser Eindruck steht im starken Widerspruch zu den Erfahrungen, die einzelne Wirtschaftsteilnehmer mit dem EuGH machen mussten, wenn sie sich auf einzelne Bestimmungen des GATT-Vertrages, sei es aus demjenigen aus dem Jahre 1947 oder 1994, berufen wollten. Dem GATT 1947 wurde eine zu große Geschmeidigkeit seiner Bestimmungen vorgeworfen, wobei vor allem das Streitbeilegungsverfahren kritisiert wurde. In der Tat kam dem Streitbeilegungsverfahren im GATT 1947 keine große Effektivität zu, konnten doch die Entscheidungen des mit der Streitsache befassten Panels nur einstimmig angenommen werden. Der Staat, dem das Panel eine GATT-Widrigkeit vorwarf, hatte stets die Möglichkeit, durch sein Veto die Annahme des Panel-Berichts zu verhindern.

Zum GATT 1994 wurden nach der durch die Uruguay-Runde erfolgten Präzisierung und Verrechtlichung neue Argumente gefunden, mit denen der EuGH die Ablehnung der unmittelbaren Anwendbarkeit begründete.

Dies führt zu der Frage, warum der EuGH dieses Welthandelsabkommen anders behandelt als andere Freihandelsabkommen. Die Intensität der Bindungen der Vertragspartner an die Gemeinschaft, die ja beim GATT für gering erachtet werden, scheint der EuGH nicht (mehr) für die Beurteilung heranzuziehen.

---

[885] EuGH a.a.O., Fußn. 884 (Kus), 3. Vorlagefrage, Sitzungsbericht, S. 6785.
[886] EuGH a.a.O., Fußn. 884 (Kus), Rz. 31, 36.
[887] EuGH a.a.O., Fußn. 884 (Kus), Rz. 33.
[888] EuGH a.a.O., Fußn. 362 (Demirel), Rz. 25.
[889] EuGH a.a.O., Fußn. 830 (Taflan-Met), Rz. 33.
[890] EuGH a.a.O., Fußn. 358 (Bresciani), S. 129, 3. Leitsatz; EuGH a.a.O., Fußn. 652 (Pabst), S. 1348f., Rz. 19ff.; EuGH a.a.O., Fußn. 323 (Kupferberg), S. 3665, Rz. 26; EuGH a.a.O., Fußn. 357 (Sevince), S. 3504, Rz. 26; EuGH a.a.O., Fußn. 778 (Kziber), Rz. 23; EuGH a.a.O., Fußn. 884 (Kus), Rz. 31, 36; EuGH a.a.O., Fußn. 315 (Yousfi), S. 1369, Rz. 16; EuGH a.a.O., Fußn. 356 (Racke), S. 3702, Rz. 34f.; EuGH a.a.O., Fußn. 783 (Sürül), S. 2766, Rz. 74; EuGH a.a.O., Fußn. 785 (Pokrzeptowicz), S. 375, Rz. 30.

Ferner hält die vom EuGH selbst festgestellte fehlende Gegenseitigkeit diesen nicht von der Zubilligung der Berufungsmöglichkeit Einzelner auf Abkommensbestimmungen ab.
Auch die Möglichkeit der Berufung auf Schutzklauseln lässt den EuGH nicht auf eine die unmittelbare Anwendbarkeit ausschließende zu große Flexibilität schließen.
Erstaunlich an der Entscheidung *Haegeman* ist die Selbstverständlichkeit, mit welcher der EuGH seine Auslegungsbefugnis feststellt. Es handelt sich bei dem Athener Abkommen um ein gemischtes Abkommen, so dass die Begründung der Auslegungszuständigkeit umso fraglicher wird. In jedem Fall erscheint diese Kompetenz des Gerichtshofs nicht als so selbstverständlich, wie der EuGH sie offensichtlich annimmt. Eine Begründung wäre hier erforderlich gewesen.
Schließlich fällt auf, dass der EuGH dem GATT insgesamt die unmittelbare Wirkung abspricht, ohne auf die einzelnen in Frage stehenden Vorschriften einzugehen. Er verneint die unmittelbare Anwendbarkeit daher schon im traditionell ersten Prüfungsschritt, der Frage nach der Natur des Abkommens. Dies wird für die übrigen Abkommen nicht so gehandhabt.

III. Diskussion

Die Rechtsprechung des EuGH in den Urteilen *Polydor*, *Pabst* und *Kupferberg*, wo der EuGH zwischen gleich oder ähnlich lautenden Vorschriften des EG-Vertrags und Gemeinschaftsabkommen vergleicht, verdeutlicht, dass der EuGH streng zwischen den Verpflichtungen, die aus dem E(W)G-Vertrag resultieren einerseits und völkerrechtlichen Verpflichtungen andererseits unterscheidet. Die Tatsache, dass ein Verbot, das dem EG-Vertrag innewohnt und vom EuGH für unmittelbar anwendbar erklärt wird, auch in vom Wortlaut her ähnlicher Weise in Gemeinschaftsabkommen auftaucht, heißt noch lange nicht, dass auf diese Bestimmung die Rechtsprechung des EuGH übertragbar ist. Dies zeigt, dass der EuGH trotz seiner Tendenz, Abkommensbestimmungen mit Ausnahme des GATT als der unmittelbaren Anwendbarkeit fähig anzusehen, die Gemeinschaftsabkommen donnoch nicht als mit dem EG-Vertrag gleichwertig ansieht. Eine Überprüfung der Fähigkeit des Abkommens, Rechte des Einzelnen zu begründen, erachtet der EuGH für jeden Fall als erforderlich.
Auffällig ist, dass der EuGH in denjenigen Urteilen, in denen er die unmittelbare Anwendbarkeit ablehnte, auf die Beantwortung der übrigen Vorlagefragen zur Auslegung der angegriffenen Gemeinschaftshandlungen im Lichte des entsprechenden Abkommens verzichtete.[891] Dieser Verzicht auf die Prüfung von Vorlagefragen fand daher insbesondere bei Fragen zum GATT statt, aber auch in den Rechtssachen *Demirel* und *Taflan-Met*, wo es um das Assoziationsabkommen mit der Türkei beziehungsweise den Beschluss 3/80 des durch das Abkommen mit der Türkei eingesetzten Assoziationsrates ging. Die Pflicht zur völkerrechts- und damit auch GATT-konformen Auslegung einer Gemeinschaftshandlung ergibt sich allerdings nicht erst aus der Anerkennung eines Abkommens oder einzelner seiner Bestimmungen als unmittelbar anwendbar, sondern bereits aus der Tatsache, dass es sich bei den Gemeinschaftsabkommen um „integrierende Bestandteile des Gemeinschaftsrechts" handelt. Damit ist die Gemeinschaft und mit ihr alle ihre Organe an die Bestimmungen der Abkommen gebunden. Dies gilt für das GATT genauso wie für andere völkerrechtliche Abkommen zwischen der Gemeinschaft und einem oder mehreren

---

[891] s. auch Oehmichen, unmittelbare Anwendbarkeit, S. 87.

Drittstaaten. Der Gemeinschaftsgesetzgeber ist mithin verpflichtet, seine Handlungen an den Bestimmungen des GATT zu messen und sie GATT-konform auszugestalten. Sind bei einer Gemeinschaftshandlung mehrere Auslegungen möglich, ist diejenige zu wählen, die den Bestimmungen des GATT am ehesten entspricht. Deswegen vernachlässigt der EuGH seine Pflichten, wenn er auf die Auslegung der vom Kläger im Ausgangsverfahren gerügten Gemeinschaftshandlung verzichtet, obwohl die Vorlagefragen dahin gehen. Dies verblüfft umso mehr, bedenkt man, dass der EuGH mehrfach auf die Beurteilung der unmittelbaren Anwendbarkeit der Vorschriften des in Frage stehenden Gemeinschaftsabkommens verzichtet hat. In diesen Fällen ging er direkt zur Auslegung der Handlung im Lichte der völkerrechtlichen Vorschriften über.[892] Eine Ausnahme zu dieser Beobachtung der Rechtsprechung des EuGH zum GATT im Vergleich zu anderen Abkommen der Gemeinschaft mit Drittstaaten bildet lediglich das Urteil *Nederlandse Spoorwegen*. Hier wies das vorlegende Gericht aber durch seine Vorlagefrage darauf hin, dass der EuGH und die nationalen Gerichte doch auch dann zur Auslegung im Lichte des GATT verpflichtet sein müsse, wenn sich der Einzelne nicht vor den nationalen Gerichten auf die Bestimmung berufen kann.

Abgesehen davon scheint die Beurteilung der Gemeinschaftsabkommen im Vergleich zu den WTO-Übereinkünften teilweise widersprüchlich und willkürlich.
Die wiederholte Berufung auf die fehlende Gegenseitigkeit als Kriterium für die Ablehnung der unmittelbaren Anwendbarkeit erscheint immer mehr als rein politisch-taktisches Argument. Denn der EuGH eliminiert das Prinzip der Gegenseitigkeit mehr und mehr aus dem innergemeinschaftlichen Recht.[893] Für die Beurteilung der unmittelbaren Anwendbarkeit einer Bestimmung in einem Gemeinschaftsabkommen sieht er die Einhaltung dieses Grundsatzes nicht als ausschlaggebend an. Daher kann dieses Argument auch nicht mehr überzeugend gegen die unmittelbare Anwendbarkeit des GATT-Rechts ins Feld geführt werden.
Darüber hinaus ist die Berufung auf das Jaoundé-Abkommen nicht stichhaltig. Dessen Vorschriften will Generalanwältin Rozes in ihren Schlussanträgen in den Rechtssachen *Polydor* und *Kupferberg* nicht die unmittelbare Anwendbarkeit abstreiten, weil dem Vertrag durch das Ziel der Förderung der AKP-Staaten und den daraus resultierenden Zugeständnissen an diese Vertragspartner eine gewisse Asymmetrie innewohne. Allen völkerrechtlichen Verträgen ist indes der Grundsatz der Gegenseitigkeit eigen. Ausnahmen bilden insofern nur Abkommen, die den Menschenrechtsschutz zum Ziel haben.[894] Auch das GATT enthält Zugeständnisse an die Entwicklungsländer. Es handelt sich sogar um ein Ziel dieses Welthandelsabkommens, Entwicklungsländer zu fördern und ihnen Vorteile aus dem Vertragswerk zu verschaffen.[895] Das Jaoundé-Abkommen gehört somit genau wie das GATT zu den internationalen Verträgen, denen das Prinzip der Gegenseitigkeit grundsätzlich innewohnt, die darüber hinaus aber eine gewisse Asymmetrie aufweisen. Dass das Ziel der intensiveren Förderung der anderen Vertragspartner im Jaoundé-Abkommen einen höheren

---

892 Schröder a.a.O., Fußn. 343; Haegeman, a.a.O, Fußn. 317; Cayrol a.a.O, Fußn. 771.
893 so auch Tomuschat, Gedächtnisschrift Constantinesco, S. 811f.
894 Simma, Das Reziprozitätselement, S. 167ff., 176ff.
895 vgl. nur den Beschluss der Minister über Maßnahmen zugunsten der am wenigsten entwickelten Länder vom 15.12.1993, ABl. 1994, Nr. L 336, S. 254.

Stellenwert einnimmt als im Rahmen des GATT macht keinen Unterschied, ist doch das Prinzip der Gegenseitigkeit in beiden Abkommen herrschend.
Auch die Beurteilung des Streitbeilegungsverfahrens der WTO im Vergleich zu den Streitschlichtungssystemen anderer Abkommen überzeugt nicht.
In der Tat kam zwar dem Streitbeilegungsverfahren im GATT 1947 keine große Effektivität zu, konnten doch die Entscheidungen des mit der Streitsache befassten Panels nur einstimmig angenommen werden. Der Staat, dem das Panel eine GATT-Widrigkeit vorwarf, hatte stets die Möglichkeit, durch sein Veto die Annahme des Panel-Berichts zu verhindern. Genauso war aber auch das Verfahren im Rahmen des Freihandelsabkommens mit Portugal geregelt. Der sogenannte Gemeinsame Ausschuss führte die Verhandlungen, wenn zwischen den Parteien des Abkommens Streitigkeiten aufkamen. Gemäß Art. 33 Abs. 2 des Abkommens konnte er sich zu den beabsichtigten Maßnahmen nur im gegenseitigen Einvernehmen äußern. Damit ergab sich dieselbe Lähmung des Ausschusses wie der GATT-Panels. Auch hier konnten die Parteien des Abkommens ein Handeln des Ausschusses verhindern. Außerdem hatte der Ausschuss nur geringe Möglichkeiten, bindende Beschlüsse zu fassen. Auf diese Schwäche des als Streitschlichtungsinstanz tätigen Ausschusses wies auch Generalanwältin Rozes hin.[896] Sie erkannte in dem Vorgehen des Ausschusses nur ein politisches Verfahren und vermisste ein gerichtsähnliches Organ. Das GATT 1947 ist dem Freihandelsabkommen mit Portugal insofern überlegen, als diese Schwächen der Streitschlichtungsinstanz inzwischen – seit Inkrafttreten der WTO-Abkommen - ausgeräumt sind. Durch das DSU wurde den Panelberichten zum einen verbindliche Wirkung beigemessen. Die Ablehnung der Berichte ist nur noch im Konsens möglich (sogenanntes „agreement to disagree"). Außerdem gibt es weitgehende Zwangsmaßnahmen für den Fall, dass die streitbefangene Vertragspartei sich nicht an den Beschluss des Panels hält und die GATT-Widrigkeit aufrechterhält.
Die Begründung in den Urteilen *Kupferberg* und *Sevince* zur unmittelbaren Anwendbarkeit der betreffenden Abkommen trotz des Vorhandenseins von Schutzklauseln im Vergleich zum GATT verwundert ebenfalls. Der EuGH wies in diesen Urteilen darauf hin, dass Schutzvorschriften nur „unter bestimmten Umständen und grundsätzlich nur nach einer unter Beteiligung beider Parteien erfolgten Prüfung im Gemischten Ausschuss anwendbar" seien.[897] Jedoch sind Schutzvorschriften als Ausnahmevorschriften notwendigerweise nur in bestimmten Situationen anwendbar. Sonst handelte es sich ja nicht mehr um Ausnahmevorschriften. Nicht anders verhält es sich mit den waivers und escape clauses der WTO-Übereinkünfte, die dafür da sind, Staaten, die sich unter außergewöhnlichen Umständen nicht an die Übereinkünfte halten können, Abweichungen vom Vertrag zu ermöglichen. Bei der Masse an Staaten, die sich inzwischen den WTO-Übereinkünften angeschlossen haben, ist die Normierung solcher Ausnahmevorschriften unerlässlich. Die hier gelieferte Begründung des EuGH kann daher in ihrer Knappheit nicht überzeugen.

[896] Schlussanträge GA Rozes, EuGH a.a.O., Fußn. 323 (Kupferberg), S. 3674.
[897] EuGH a.a.O., Fußn. 323 (Kupferberg), S. 3664, Rz. 21.

F. Beurteilung der Rechtsprechung des EuGH

I. Die Auslegung des Gemeinschaftsrechts im Lichte des GATT-Rechts durch den EuGH

Der EuGH verzichtet in den meisten Fällen mit dem Hinweis auf die fehlende unmittelbare Anwendbarkeit auf die Auslegung des Gemeinschaftsrechts im Lichte des GATT-Rechts.[898] Natürlich hat der EuGH Stellung zur unmittelbaren Anwendbarkeit des GATT-Rechts zu nehmen, wenn ihm das Vorlagegericht entsprechende Fragen vorlegt. Doch wenn das Vorlagegericht Fragen nach der Auslegung der Gemeinschaftsrechts und des GATT-Rechts stellt und diese Fragen unter Hinweis auf die fehlende unmittelbare Anwendbarkeit vom Gerichtshof nicht beantwortet werden, vermengt er zwei Komplexe in unzulässiger Weise. Der EuGH unterscheidet nicht streng zwischen der Frage der unmittelbaren Anwendbarkeit und seiner Pflicht beziehungsweise Befugnis zur Auslegung des Gemeinschaftsrechts. Die erste Frage betrifft das Recht des Einzelnen, sich vor nationalen Behörden und Gerichten auf das GATT-Recht zu berufen. Diese Möglichkeit spricht das Gemeinschaftsgericht den Einzelnen in ständiger Rechtsprechung ab. Die zweite Frage betrifft die Frage, ob der EuGH die GATT-Vorschriften heranziehen kann, um das Gemeinschaftsrecht auszulegen und auf seine Rechtmäßigkeit zu überprüfen. Diese Frage ist entgegen der Auffassung des EuGH – beispielsweise in den Urteilen *International Fruit Company*, *Schlüter* und *Chiquita* - unabhängig von der Frage der unmittelbaren Anwendbarkeit. Verweigert der EuGH also unter Verweis auf die fehlende unmittelbare Anwendbarkeit die Auslegung des in Frage stehenden Gemeinschaftsrechtsakts, trägt er diesen Unterschieden nicht ausreichend Rechnung. Unverständlich ist auch, warum der EuGH in anderen Fällen[899] eine Auslegung anhand der GATT-Regeln vornimmt, obwohl sich die Vorlagefragen und –Fälle nicht von den anderen Vorlagen unterscheiden. Hier hatte der EuGH dargelegt, warum die streitigen Verordnungen nicht gegen das GATT verstießen.

II. Kompetenz des EuGH zur Auslegung des WTO-Rechts, insb. des GATS- und TRIPs-Abkommens

Der EuGH sieht sich in der Pflicht, eine in der Gemeinschaft einheitliche Auslegung und Anwendung des Gemeinschaftsrechts im weitesten Sinne zu gewährleisten.[900]

1. Auslegung der Gemeinschaftsabkommen

Unter dieses Gemeinschaftsrecht fallen auch die von der Gemeinschaft abgeschlossenen Abkommen als „integrierende Bestandteile des Gemeinschaftsrechts". Diese Charakterisierung des von der Gemeinschaft unterzeichneten Völkervertragsrechts hat zur Konsequenz, dass diese Rechtsakte zu dem in der EU anwendbaren Recht

---

[898] vgl. International Fruit Company, EuGH a.a.O., Fußn. 87; Schlüter, EuGH a.a.O., Fußn. 364; Atlanta II, EuGH a.a.O., Fußn. 393; Chiquita, EuGH a.a.O., Fußn. 358.

[899] vgl. Dürbeck, EuGH a.a.O., Fußn. 377; Nederlandse Spoorwegen, EuGH a.a.O., Fußn. 92.

[900] EuGH, Urteil vom 27.10.1982, verb. Rs. 35 und 36/82, Slg. 1982, S. 3723ff. (3734), Rz. 8, Elestina Esselina Christina Morson / Niederländischen Staat und Leiter der Ortspolizeibehörde im Sinne der Vreemdelingenwet; Sewradjie Jhanjan / Niederländischen Staat.

im Sinne des Art. 220 EG zu zählen sind.[901] Die Auslegungszuständigkeit lässt sich problemlos auf Artt. 220, 234 Abs. 1 b) und 300 Abs. 7 EG stützen. Es handelt sich bei den Abkommen um integrierende Bestandteile des Gemeinschaftsrechts, also ist auch der EuGH zu ihrer Auslegung vollumfänglich und ausschließlich berufen. Stellen sich bei dem nationalen Richter Fragen bezüglich der Auslegung der Bestimmungen eines Gemeinschaftsabkommens, ist der nationale Richter gehalten und im Falle eines letztinstanzlichen Gerichts gezwungen[902], dem EuGH Fragen zur Auslegung vorzulegen, um die Herausbildung einer nationalen Rechtsprechung in einem Mitgliedstaat zu verhindern, die mit den Normen des Gemeinschaftsrechts nicht im Einklang steht. Daneben bestünde die Gefahr, dass eine Vielzahl, also zur Zeit bis zu 15, unterschiedliche Interpretationsmöglichkeiten einer Abkommensvorschrift entstehen können. Diese könnten zwar vielleicht alle mit dem Gemeinschaftsrecht vereinbar sein, aber dennoch zu einer Ungleichbehandlung zwischen den Staatsangehörigen der Mitgliedstaaten führen, weil derselbe Sachverhalt im einen Mitgliedstaat anders behandelt würde als im anderen. Eine Auslegung durch den Gemeinschaftsgerichtshof ist daher nicht nur vertraglich vorgesehen, sondern auch sinnvoll.

2. Problematik der Auslegung gemischter Abkommen

Problematischer ist dagegen die Auslegung von Vorschriften in gemischten Abkommen durch den EuGH. In früheren Entscheidungen zu gemischten Abkommen hat er seine Kompetenz angenommen. Allerdings ging es hier um die Auslegung von Vorschriften, deren Regelungsbereich in die Vertragsschlusskompetenz der Gemeinschaft fiel.[903] Doch auch für den Bereich derjenigen Bestimmungen, die eigentlich in den Vertragsabschlusskompetenzbereich[904] der Mitgliedstaaten fallen, sollte eine solche Auslegungskompetenz bejaht werden. Als Beispiel kann hier das Urteil in der Rechtssache *Hermès* dienen, wo der EuGH eine Auslegung des streitigen Art. 50 Abs. 6 TRIPs vornahm, obwohl nach dem Gutachten 1/94[905] die Bestimmungen des TRIPs über die „Durchsetzung der Rechte an geistigem Eigentum" wie Art. 50 TRIPs im wesentlichen in die Zuständigkeit der Mitgliedstaaten und nicht in die der Gemeinschaft fallen, solange die Gemeinschaft ihre interne Zuständigkeit auf diesem Gebiet[906] noch nicht ausgeübt hat.

Die Argumente für eine Auslegungskompetenz sind dieselben wie zu den reinen Gemeinschaftsabkommen. Sollten sich die Gemeinschaft und ihre Mitgliedstaaten die Auslegung teilen, führte dies zu einem Kompetenzgerangel, das oftmals schwierig zu entwirren wäre, ist doch die Abgrenzung der Kompetenzen umstritten und sehr schwierig und vage.[907] Darüber hinaus verschieben sich die Bereiche gemeinschaft-

---

[901] Epiney in: EuZW 1999, S. 5ff. (8).

[902] Die Verfasserin wendet hier die sog. konkrete Theorie bezüglich der Vorlagepflicht gemäß Art. 234 Abs. 3 EG an, wonach eine Vorlagepflicht dann besteht, wenn konkret gegen die Entscheidung des mit dem Rechtsstreit befassten nationalen Gerichts kein Rechtsmittel mehr zur Verfügung steht, vgl. EuGH, Urteil vom 24.05.1977, Rs. 107/76, Slg. 1977, S. 957ff. (972), Rz. 5, Hoffmann-La Roche/Centrafarm I.

[903] EuGH a.a.O., Fußn. 323 (Kupferberg), EuGH a.a.O., Fußn. 317 (Haegeman).

[904] zu den Außenkompetenzen der Gemeinschaft s. Gilsdorf in: EuR 1996, S. 145ff.

[905] EuGH a.a.O., Fußn. 4 (Gutachten 1/94), S. 5418f., Rz. 104.

[906] mit Ausnahme des Erlasses der Verordnung (EWG) Nr. 3842/86 des Rates vom 01.12.1986 über Maßnahmen zum Verbot der Überführung nachgeahmter Waren in den zollrechtlich freien Verkehr (ABl. L 357, S. 1).

[907] vgl. Epiney in: EuZW 1999, S. 5ff. (7); Eeckhout in: CMLR 1997, S. 11ff. (23).

licher Kompetenz mit jedem Erlass eines neuen Sekundärrechtsakts im entsprechenden Bereich. Die Kompetenzverteilung unterliegt demnach einem ständigen Wandel. Außerdem fehlt in den meisten gemischten Abkommen eine Erklärung gegenüber den übrigen Vertragsstaaten, wie die Kompetenzverteilung zwischen Mitgliedstaaten und Gemeinschaft aussieht.[908] Für die Drittstaaten, die Partei des in Frage stehenden Abkommens sind, ist also nicht ersichtlich, wer für welche Bereiche die Kompetenz zum Vertragsschluss und zur Auslegung innehat. Die Gemeinschaft und die Mitgliedstaaten unterzeichnen das gesamte Abkommen gemeinsam. Daher müssen sie auch für alle Teile des Abkommens eine Bindung an die aus ihnen ableitbaren Rechte und Pflichten übernehmen. Es ist daher konsequent, eine einzige Stelle mit der Auslegung seiner Bestimmungen zu betrauen, um eine gemeinschaftsweit einheitliche Auslegung und Anwendung im gesamten Raum der EG zu garantieren.

Diese Sichtweise führt auch nicht zu einer Verschiebung der Kompetenzverteilung, wie teilweise angenommen.[909] Denn in die Frage, ob ein solches Abkommen mit Verpflichtungen, die in die Kompetenz der Mitgliedstaaten fallen, abgeschlossen werden darf, wird damit nicht eingegriffen. Die Vertragsschlusskompetenz verbleibt in der Zuständigkeit und Entscheidungshoheit der Mitgliedstaaten.

Nur durch eine einheitliche Auslegung des gesamten Abkommens bei einer Stelle kann Zersplitterung und Rechtsunsicherheit verhindert werden.

Auch im Hinblick auf den kritischerweise fehlenden Rechtsschutz der Mitgliedstaaten gegen GATT-widrige Maßnahmen der Gemeinschaft[910] ist eine Zentralisierung der Auslegung begrüßenswert, zeigt doch die GATT-Praxis, dass Streitverfahren von den Vertragsparteien auf die Gemeinschaft konzentriert werden, soweit die Verletzung auf einer Entscheidung ihrer Organe beruht. Verletzt nun der EuGH durch eine Auslegung eines WTO-Abkommens das WTO-Recht, so führte dies zu einem Streitbeilegungsverfahren gegen die Gemeinschaft und nicht gegen den Staat des letztlich entscheidenden Gerichts.[911] Außerdem käme es zu einer Verfahrenskonzentration bei der Gemeinschaft. Diese vermeidet unnötige Parallelverfahren gegen die Mitgliedstaaten und reduziert den Verteidigungsaufwand im Streitbeilegungsverfahren vor dem DSB.[912]

Der Tatsache, dass das Abkommen aufgrund der Kompetenzverteilung zwischen EG und Mitgliedstaaten nur unter Beteiligung der Mitgliedstaaten zustande kommen konnte, zollt der EuGH dadurch Rechnung, dass er den mitgliedstaatlichen Gerichten die Aufgabe zuweist, entsprechend einer TRIPs-konformen Auslegung beim Erlass einstweiliger Maßnahmen so weit wie möglich Wortlaut und Zweck von Art. 50 TRIPs zu berücksichtigen. Somit hat er den nationalen Gerichten durch seine Auslegung des Art. 50 Abs. 6 TRIPs einheitliche Maßstäbe an die Hand gegeben, die sie bei ihrer Auslegung nationalen Verfahrensrechts im Lichte des TRIPs unterstützen sollen.

---

908 so auch im TRIPs-Abkommen, vgl. EuGH a.a.o., Fußn. 746 (Hermès), S. 3647, Rz. 24.
909 so Epiney in: EuZW 1999, S. 5ff. (8); Groh/Wündisch in: GRUR Int. 2001, S. 497ff. (499f.).
910 vgl. Portugal/Rat, S. 90f.
911 so auch v. Bogdandy in: NJW 1999, S. 2088ff. (2088).
912 Groh/Wündisch in: GRUR Int. 2001, S. 497ff. (501).

3. Keine allgemeine Zuständigkeit des EuGH bei der Überprüfung der unmittelbaren Anwendbarkeit

Widersprüchlich zur bisherigen Tendenz des EuGH, die Auslegungskompetenz an sich zu reißen, ist die Einschränkung seiner Zuständigkeit, über die unmittelbare Anwendbarkeit einer Abkommensbestimmung zu entscheiden.[913]

a) Das Hermès-Urteil

Ein Überlassen der Entscheidung über die unmittelbare Anwendbarkeit der in Frage stehenden TRIPs-Bestimmung (Art. 50 Abs. 6) an die Mitgliedstaaten wurde in der Literatur[914] bereits im Urteil *Hermès* gesehen. Hier wies der EuGH pauschal darauf hin, dass er über die Frage der unmittelbaren Anwendbarkeit vorliegend nicht zu entscheiden habe.[915]
Einleuchtend, wenn auch vom EuGH nicht ganz konsequent war hier, dass der EuGH nicht über die Frage der unmittelbaren Anwendbarkeit entschied, da er nur um die Auslegung der Vorschrift ersucht worden war.[916] Die Auslegung einer Abkommensbestimmung ist unabhängig von der unmittelbaren Anwendbarkeit der Vorschrift.[917] Die Frage, ob sich der Einzelne dann im Rahmen des nationalen Rechtsstreits, in dem es zur Vorlage an den EuGH gekommen ist, auf die streitige Norm unter Zugrundelegung der Auslegung des EuGH berufen kann, ob sie also unmittelbar anwendbar ist, wurde vom Vorlagegericht nicht gestellt.
Dennoch verwundert es, dass der EuGH Ausführungen zu diesem Fragenkomplex machte. Er hätte genauso gut auf eine Äußerung zu diesem Fragenkomplex völlig verzichten können.[918] Eine Erklärung aber bietet die Tatsache, dass Generalanwalt Tesauro die unmittelbare Anwendbarkeit als für die Entscheidung im Ausgangsverfahren erhebliche Vorfrage ansah. Er nahm daher ausführlich zu dieser Frage Stellung und bejahte sie schließlich.[919] Daher sah der EuGH sich offensichtlich zu einer eigenen Stellungnahme genötigt.

b) Klarstellung durch die Folgeurteile

Dass er mit der Behauptung, er habe über die Frage der „unmittelbaren Wirkung" nicht zu entscheiden, nicht andeuten wollte, die Entscheidung hierüber allumfassend den Mitgliedstaaten überlassen zu wollen, wird spätestens bei Betrachtung des nachfolgenden Urteils *Dior* offensichtlich. Hier entschied er entsprechend der Vorlagefrage, die TRIPs-Bestimmungen seien – genau wie alle WTO-Übereinkünfte – nicht unmittelbar anwendbar.[920] Diese Beurteilung soll nach dem EuGH aber nur für diejenigen Bereiche gelten, in denen die Gemeinschaft bereits Rechtsakte erlassen hat. Sobald ein Bereich betroffen sei, der noch nicht gemeinschaftsrechtlich geregelt ist, sei der EuGH nicht befugt, über die unmittelbare Anwendbarkeit zu entscheiden.

---

913 EuGH a.a.O., Fußn. 356 (Dior), S. 11361, Rz. 48.
914 So aber versteht v. Bogdandy in: NJW 1999, S. 2088ff. (2089) die Ausführungen des EuGH in seinem Hermès-Urteil, a.a.O. Fußn. 746, S. 3650, Rz. 35.
915 EuGH a.a.O., Fußn. 746 (Hermès), S. 3650, Rz. 35.
916 EuGH a.a.O., Fußn. 746 (Hermès), Vorlagefrage, Slg. 1998, I-3603ff. (3610).
917 vgl. auch Schlussanträge GA Tesauro, EuGH a.a.O., Fußn. 746 (Hermès), S. 3633, Rz. 38.
918 so geschehen in den Rs. Schröder, EuGH a.a.O., Fußn. 343; Haegeman, EuGH a.a.O., Fußn. 317.
919 Schlussanträge GA Tesauro, EuGH a.a.O., Fußn. 746 (Hermès), S. 3621ff., Rz. 22ff.
920 EuGH a.a.O., Fußn. 356 (Dior), S. 11359, Rz. 43f.

Dies sei allein Sache der Mitgliedstaaten, denen der EuGH in dieser Frage keine Vorgaben macht.
Der EuGH macht also – was die unmittelbare Anwendbarkeit angeht – einen Rückzieher, indem er die Entscheidung über diese Frage teilweise den Mitgliedstaaten überlässt, nachdem er zuvor stets seine vollumfängliche Auslegungskompetenz, auch hinsichtlich Regelungen, die in den Bereich der Zuständigkeiten der Mitgliedstaaten fallen, betont hatte. Er begründet diese Zuständigkeitsverteilung damit, dass sowohl die Gemeinschaft, als auch die Mitgliedstaaten die Verfahrensbestimmung des Art. 50 Abs. 6 TRIPs aufgrund ihrer gemeinsamen Bindung an das TRIPs-Abkommen durchzuführen haben.[921] Daher sei jeder in seinem Vertragsschluss- beziehungsweise Auslegungskompetenzbereich an die Vorschrift gebunden.

c) Widerspruch zur Begründung der Auslegungszuständigkeit der Abkommensbestimmungen

Diese Rechtsprechung steht in Widerspruch zu dem immer wieder angeführten, und auch noch in der zugrundeliegenden Entscheidung wiederholten[922] Argument des EuGH, ihm müsse die Auslegungszuständigkeit zugebilligt werden, um eine allgemeine gemeinschaftsweite Auslegung des Gemeinschaftsrechts zu gewährleisten.[923] Es ist nicht nachvollziehbar, warum der EuGH durch die Kompetenzverteilung zwischen der Gemeinschaft und den Mitgliedstaaten daran gehindert sein soll, eine Vorschrift für unmittelbar anwendbar zu erklären, sich aber gleichzeitig als zur inhaltlichen Auslegung derselben Vorschrift berechtigt ansieht.[924] Überlässt er nun den Mitgliedstaaten für Teilbereiche, die einer Regelung durch Gemeinschaftsrecht bisher entzogen sind, die Beurteilung der unmittelbaren Anwendbarkeit, so riskiert er, dass zum einen innerhalb der einzelnen Mitgliedstaaten unterschiedliche Auffassungen über die unmittelbare Anwendbarkeit des TRIPs-Abkommens bestehen, und zum anderen, dass für manche Bereiche des Regelungsbereichs des TRIPs die unmittelbare Anwendbarkeit durch ihn, den EuGH selbst, ausgeschlossen ist, und für andere Regelungsbereiche das TRIPs in einigen Mitgliedstaaten unmittelbar anwendbar ist.[925] Es ist eine große Unübersichtlichkeit zu befürchten, die mit der Sorge des EuGH nach einer einheitlichen gesamteuropäischen Interpretation im Widerspruch steht.

d) Weitere Widersprüchlichkeiten in der Rechtsprechung des EuGH

Doch ist dies nicht die einzige Widersprüchlichkeit in der Rechtsprechung des EuGH.

---

[921] EuGH a.a.O., Fußn. 356 (Dior), S. 11360, Rz. 46.
[922] EuGH a.a.O., Fußn. 356 (Dior), S. 11358, Rz. 38.
[923] EuGH, Urteil vom 16.01.1974, Rs. 166/73, Slg. 1974, S. 33ff. (38), Rz. 2, Rheinmühlen-Düsseldorf / Einfuhr- und Vorratsstelle für Getreide und Futtermittel: „Art. 177 (jetzt Art. 234 EG) ist von entscheidender Bedeutung dafür, dass das vom Vertrag geschaffene Recht wirklich gemeinsames Recht bleibt; er soll gewährleisten, dass dieses Recht in allen Mitgliedstaaten der Gemeinschaft immer die gleiche Wirkung hat. Auf diese Weise soll er unterschiedliche Auslegungen des Gemeinschaftsrechts verhindern, das die nationalen Gerichte anzuwenden haben....".
[924] so auch Groh/Wündisch in: GRUR Int. 2001, S. 497ff. (503).
[925] Diese Gefahr sieht auch Hermes in: EuR 2001, S. 253ff. (257).

(I) Die Argumentation mit Art. 99 GMVO

So begründet der EuGH seine Auslegungskompetenz in der Rechtssache *Hermès* mit seiner Vertragsschlusskompetenz, die ihm nach dem Gutachten 1/94 nur für den bereits gemeinschaftsintern geregelten Bereich des TRIPs-Abkommens zusteht. Er stützt sich dabei auf Art. 99 GMVO[926] als Harmonisierungsmaßnahme, um den in Frage stehenden Regelungsbereich als durch ihn geregelt zu identifizieren und um seine Auslegungskompetenz zu beweisen.[927] Art. 99 Abs. 1 dieser GMVO sieht einstweilige Maßnahmen einschließlich Sicherungsmaßnahmen vor und bestimmt:

> „Bei den Gerichten eines Mitgliedstaats – einschließlich der Gemeinschaftsmarkengerichte – können in Bezug auf eine Gemeinschaftsmarke oder die Anmeldung einer Gemeinschaftsmarke alle einstweiligen Maßnahmen einschließlich Sicherungsmaßnahmen beantragt werden, die in dem Recht dieses Staates für eine nationale Marke vorgesehen sind, auch wenn für die Entscheidung in der Hauptsache aufgrund dieser Verordnung ein Gemeinschaftsmarkengericht eines anderen Mitgliedstaats zuständig ist."

Im Ausgangsverfahren ging es aber gerade nicht um den durch die GMVO geregelten Bereich der Gemeinschaftsmarke, sondern um internationale Marken.[928]
Auch der Generalanwalt sieht in seinen Schlussanträgen unter Verweis auf das Gutachten 1/94[929], welches nur die VO Nr. 3842/86 erwähnt, keinen Anlass für die Erwähnung der GMVO als kompetenzbegründende Harmonisierungsmaßnahme.[930]
Die GMVO war zur Zeit der Veröffentlichung des Gutachtens 1/94 bereits fast ein Jahr alt.
Es ist daher schwer nachvollziehbar, wie der EuGH auf seine Auslegungskompetenz, die er sich nur für den durch ihn bereits geregelten Anwendungsbereich zuerkennt, schließt.

(II) Rückschluss von der Außen- auf die Auslegungskompetenz

In der Literatur wird teilweise der Rückschluss des EuGH von seiner durch das Gutachten 1/94 festgestellten Außenkompetenz[931] auf seine Auslegungskompetenz kritisiert.[932] Diese Kritik ist nachvollziehbar, handelt es sich doch hier jeweils um zwei verschiedene Kompetenzen. Der Rückschluss von der Vertragsschlusskompetenz auf die Auslegungskompetenz ist hingegen insofern nachvollziehbar, als sie doch die Kompetenzverteilung zwischen den Mitgliedstaaten und der Gemeinschaft deutlich macht. Der Rückschluss ist allerdings auch überflüssig. Es gibt keinen im EG-Vertrag festgelegten Grundsatz, wonach dem EuGH die Auslegung der Teile in gemischten

---

[926] Verordnung (EG) Nr. 40/94 des Rates vom 20.12. 1993 über die Gemeinschaftsmarke, in: ABl. 1994, L 11, S. 1.
[927] EuGH a.a.O., Fußn. 746 (Hermès), S. 3646, Rz. 25.
[928] so auch Groh/Wündisch in: GRUR Int. 2001, S. 497ff. (499).
[929] EuGH a.a.O., Fußn. 4 (Gutachten 1/94), Rz. 104.
[930] Schlussanträge GA Tesauro, EuGH a.a.O., Fußn. 746 (Hermès), S. 3612f., Rz. 11f.
[931] die danach grundsätzlich bei den Mitgliedstaaten liegt und gemäß der AETR-Rechtsprechung, EuGH a.a.O., Fußn. 441 (AETR), S. 274f., Rz. 15ff., erst durch gemeinschaftsinterne Regelungsakte in eine ausschließliche Gemeinschaftskompetenz umgewandelt wird, vgl. Gutachten 1/94, a.a.O., Fußn. 4, S. 5411, Rz. 77.
[932] Groh/Wündisch in: GRUR Int. 2001, S. 497ff. (498f.).

Abkommen, die in die Außenkompetenz der Mitgliedstaaten fallen, versagt werden sollte. Der EuGH ist zur Auslegung des Gemeinschaftsrechts befugt. Die Gemeinschaft hat das gesamte gemischte Abkommen unterzeichnet. Den Vertragspartnern gegenüber fehlt in der Regel ein Kenntlichmachen derjenigen Teile, die in die Kompetenz der Mitgliedstaaten fallen. Nach außen gibt sich die Gemeinschaft als Vertragspartner, der sich an alle Teile des Abkommens gebunden sieht. GATS und TRIPs sind genauso Gemeinschaftsrecht wie das GATT 1947 und 1994.[933] Aus diesem Grunde ist das gesamte gemischte Abkommen als „Recht" im Sinne des Art. 220 EG beziehungsweise als Handlung der Organe im Sinne des Art. 234 EG[934] anzusehen. Ein Stützen auf die fehlende Vertragsschlusskompetenz der Gemeinschaft geht fehl.

(III) Zuständigkeitsverschiebung

Ferner wird teilweise kritisiert, dass es durch eine allgemeine Zuweisung der Auslegungszuständigkeit an den EuGH zu einer Zuständigkeitsverschiebung zuungunsten der Mitgliedstaaten komme.[935] Es müsse daher für die Beurteilung der Auslegungszuständigkeit differenziert werden zwischen der Vertragsschlusskompetenz der Mitgliedstaaten, welche auch deren Auslegungskompetenz impliziere, und der Vertragsschluss-/Auslegungskompetenz der EG. Die Kritiker lassen das Argument, dass schließlich der gesamte gemischte Vertrag von der Gemeinschaft ratifiziert worden sei, der Vertrag also als Ganzes eine Handlung im Sinne des Art. 234 Abs. 1 lit. b) EG darstelle, nicht gelten.

Doch wird auch hier wieder von den im Gutachten 1/94 geregelten Außenkompetenzen auf die Auslegungszuständigkeit geschlossen. Außerdem wird übersehen, dass den Mitgliedstaaten im Rahmen des Vertragsschlusses die Entscheidung darüber, welchen Inhalt der gemischte Vertrag in den Bereichen, die in ihre Zuständigkeit fallen, haben soll, bleibt. Sie entscheiden darüber, ob der Vertrag überhaupt zustande kommt. Die Entscheidung über die Auslegung der Bestimmungen sollte nach erfolgtem Vertragsschluss, worüber das Gutachten 1/94 allein Auskunft gibt, der Gemeinschaft zugunsten einer einheitlichen und allgemein verbindlichen Auslegung im gesamten Gemeinschaftsgebiet überlassen werden.[936]

Außerdem erkennen die Kritiker teilweise selber die praktischen Schwierigkeiten, die hinter einer solchen Zuständigkeitsverteilung stecken.[937] So stellt es sich aufgrund der fehlenden materiell-rechtlichen Niederlegung der Kompetenzverteilung zwischen den Mitgliedstaaten und der Gemeinschaft oftmals als schwierig heraus, genau zu bestimmen, wer im konkreten Falle zuständig ist. Die Entscheidung hierüber obliegt dem EuGH, der zur Beantwortung der Frage oftmals gehalten ist, das gesamte Abkommen auszulegen. Das Vorlagerecht beziehungsweise die Vorlagepflicht endet jedenfalls erst in dem seltenen Fall, dass sich unzweifelhaft feststellen lässt, dass ein Bereich gerade nicht in die Kompetenz der Gemeinschaft fällt.

---

[933] so auch Drexl in: GRUR Int. 1994, S. 777ff. (783).
[934] so auch Gagliardi in: ELRev 1999, S. 276ff. (286).
[935] Epiney in: EuZW 1999, S. 5ff. (8); Groeben/Thiesing/Ehlermann-*Tomuschat*, EGV, Art. 228, Rn. 88.
[936] so auch Drexl in: GRUR Int. 1994, S. 777ff. (783); Oehmichen, unmittelbare Anwendbarkeit, S. 77; Ott, GATT und WTO im EG-Recht, S. 216ff.
[937] Epiney a.a.O.; Groeben/Thiesing/Ehlermann-*Tomuschat*, EGV, Art. 228, Rn. 89.

In der Literatur wird vorgeschlagen, eine allgemeine Auslegungskompetenz aus Art. 300 Abs. 6 EG zu ermitteln. Im Rahmen dieser Vorschrift, nach der die Gemeinschaftsorgane Gutachten beim EuGH über die Vereinbarkeit eines Gemeinschaftsabkommens mit dem EG-Vertrag beantragen können, hat der EuGH die Kompetenz, eine umfassende Abgrenzung der Kompetenzen zwischen der Gemeinschaft und den Mitgliedstaaten bezüglich des Abschlusses des betreffenden Abkommens vorzunehmen.[938] Steht also die Zuständigkeit nicht fest, müsse der EuGH zur Auslegung des gesamten Abkommens im Rahmen von Nichtigkeitsklage oder Vorabentscheidungsverfahren berechtigt sein.[939] Diese Auffassung untermauert gerade die oben angedeutete praktische Schwierigkeit der Abgrenzung der Kompetenzen zwischen Mitgliedstaaten und Gemeinschaft. Selbst wenn man eine Teilung der Auslegungskompetenz zwischen Mitgliedstaaten und Gemeinschaft annimmt, muss und darf der EuGH in den meisten Fällen zunächst tätig werden, um festzustellen, wem die Auslegungskompetenz im konkreten Fall zukommt.

So kommt diese restriktivere Auffassung aus Praktikabilitätsgründen zu ähnlichen Ergebnissen.

4. Zwischenergebnis

Im Ergebnis sollte daher dem EuGH die Pflicht auferlegt werden, die gesamte Auslegung der Gemeinschaftsabkommen, unabhängig davon, ob es sich um reine Gemeinschaftsabkommen, die also nur von der Gemeinschaft abgeschlossen wurden, oder um gemischte Abkommen, die unter Beteiligung der Mitgliedstaaten entstanden sind, zu übernehmen. Im Interesse einer klaren, gemeinschaftsintern einheitlichen Rechtslage und einem für die Drittstaaten Vertrauen erweckenden Umgang mit dem WTO-Recht ist die Übernahme einer solchen Verpflichtung erforderlich.

III. Unterschiedliche Beurteilung des TRIPs-Abkommens im Vergleich zum GATT

Fraglich ist, ob die unterschiedliche Beurteilung des GATT-Abkommens gegenüber der etwas weniger extremen Haltung des EuGH bezüglich des TRIPs- Abkommens gerechtfertigt ist.
Der EuGH bleibt zwar auch bezüglich seiner Beurteilung der unmittelbaren Anwendbarkeit der Vorschriften des TRIPs-Abkommens seiner strengen Haltung gegenüber dem GATT treu und verneint die unmittelbare Anwendbarkeit der Bestimmungen. Insofern hat er seine Rechtsprechung zum GATT auf ein weiteres WTO-Abkommen ausgedehnt. Es ist anzunehmen, dass er sie auch auf alle anderen Abkommen übertragen würde. Doch nimmt er insofern eine WTO-Abkommens-freundlichere Haltung ein, als er die unmittelbare Anwendung nur für den Bereich des TRIPs-Abkommens, in dem die Gemeinschaftsorgane bereits Rechtsvorschriften erlassen haben, ablehnt und er die nationalen Gerichte zu einer TRIPs-konformen Auslegung des einschlägigen nationalen Rechts verpflichtet.[940]
Der EuGH erreicht damit das, was er immer verhindern wollte, nämlich eine unterschiedliche Beurteilung von Recht innerhalb der Gemeinschaft. Denn so wird für ei-

---

[938] EuGH, Gutachten 1/94 a.a.O., Fußn. 4, S. 5931, Rz. 9.
[939] Ott, GATT und WTO im EG-Recht, S. 216.
[940] EuGH a.a.O., Fußn. 356 (Dior), S. 11360, 11361, Rz. 47, 48.

nen Teil der TRIPs-Bestimmungen[941] die unmittelbare Anwendbarkeit strikt abgelehnt, für den Rest der Bestimmungen[942] können zurzeit 15 verschiedene Auffassungen bestehen. Damit entsteht ein Durcheinander an verschiedenen Interpretationen. Von einer einheitlichen gemeinschaftsweiten Auslegung kann keine Rede sein.
Zur Verpflichtung der Mitgliedstaaten zu einer TRIPs-konformen Auslegung ist anzumerken, dass es sich hierbei nicht um eine Neuheit handelt, sondern um eine Wiederholung der ohnehin existierenden Grundsätze.[943] Die Mitgliedstaaten sind genau wie die Gemeinschaft zur WTO-abkommenskonformen Auslegung verpflichtet.

IV. Unterschiedliche Beurteilung der WTO-Abkommen im Vergleich zu anderen Gemeinschaftsabkommen

Der EuGH lehnt in strikter Rechtsprechung die unmittelbare Anwendbarkeit der WTO-Abkommen ab. Dies geschah zunächst, vor Gründung der WTO, unter Hinweis auf die große Geschmeidigkeit der Bestimmungen des GATT und die politisch-diplomatische Ausgestaltung des Streitbeilegungsverfahrens. Nach Gründung der WTO wurde mit dem Sinn des Art. 22 DSU argumentiert, der es verbiete, internationale Handelsstreitigkeiten zwischen WTO-Mitgliedern auf nationaler beziehungsweise europäischer Ebene auszutragen. Außerdem mache die fehlende Gegenseitigkeit die Anerkennung der unmittelbaren Anwendbarkeit unmöglich. Die EU würde sonst erheblichen Nachteilen ihren Handelspartnern gegenüber, die die unmittelbare Anwendbarkeit ablehnen, ausgesetzt. Bereits zum GATT 1947 wurde auf das auf Gegenseitigkeit ausgerichtete System hingewiesen.
Bei den übrigen Gemeinschaftsabkommen lässt sich unschwer die Tendenz des EuGH zur Anerkennung der Möglichkeit des Einzelnen, sich vor Gericht auf die Bestimmungen derselben zu berufen, erkennen. Es fällt auf, dass der EuGH die unmittelbare Anwendbarkeit der WTO-Übereinkünfte stets aus systematischen Gründen ablehnt, wohingegen bei den übrigen Gemeinschaftsabkommen eine eher analytische und fallbezogene Methode vorzuherrschen scheint.[944]
Fraglich ist, ob diese unterschiedliche Beurteilung gerechtfertigt ist. Dabei ist auch auf die Argumente des EuGH gegen die Anerkennung der unmittelbaren Anwendbarkeit der GATT-1947-Bestimmungen einzugehen. Mit der Schaffung der WTO und des GATT 1994 und der damit einhergehenden Anpassung der Gründe für die Ablehnung der unmittelbaren Anwendbarkeit auch der Bestimmungen des GATT 1994 an die Rechtsprechung des EuGH sind die alten Argumente zwar hinfällig geworden. Dennoch können sie nützlich sein für die Feststellung, ob die Beurteilung nicht vielmehr auf einer politisch beeinflussten Rechtsprechung des EuGH denn auf rechtlichen Erwägungen beruht. Insbesondere gilt es, festzustellen, ob der EuGH die Argumente, die ihn bei der Beurteilung des GATT zur Ablehnung der unmittelbaren Anwendbarkeit bewegt haben, auch bei der Beurteilung der anderen Gemeinschaftsabkommen in die Abwägung einbezogen hat, diese ihn hier aber nicht an der Beurteilung der Vorschriften als unmittelbar anwendbar gehindert haben.
Nicht außer Betracht bleiben darf die Tatsache, dass der EuGH bei der Beurteilung der GATT-Vorschriften im Rahmen seiner Zwei-Schritt-Prüfung schon auf der ersten

---

[941] diejenigen, die in den Zuständigkeitsbereich der Gemeinschaft fallen.
[942] diejenigen die in den Zuständigkeitsbereich der Mitgliedstaaten fallen.
[943] vgl. nur Leifer, EuGH a.a.O., Fußn. 538.
[944] so auch Pescatore in: ELRev 1983, S. 155ff. (174).

Stufe der Beurteilung des gesamten Abkommens die Fähigkeit der Bestimmungen zur unmittelbaren Anwendbarkeit verneint hat. Zur Überprüfung der einzelnen Vorschrift ist der EuGH nie gekommen.

1. Unmittelbare Anwendbarkeit als zwingende Voraussetzung für die Auslegung

Der EuGH scheint die positive Beantwortung der Frage nach der unmittelbaren Anwendbarkeit der Bestimmungen des fraglichen Gemeinschaftsabkommens, gegen die die europäische Rechtsetzung mit ihrem Akt nach Ansicht des Klägers verstoßen hat, nicht immer als Voraussetzung für die Auslegung des angegriffenen Gemeinschaftsaktes anzusehen. Die Rechtssache *Schroeder*[945] aus dem Jahre 1973, es ging um das Athener Assoziierungsabkommen mit Griechenland, *Haegeman*[946] aus dem Jahre 1974, ebenfalls das Athener Abkommen betreffend und *Cayrol*[947] aus dem Jahr 1977 das Handelsabkommen mit Spanien betreffend zeigen dies deutlich.
In anderen Entscheidungen hielt der EuGH dagegen die Bejahung der unmittelbaren Anwendbarkeit für entscheidend für seine weitere Auslegungstätigkeit. Er prüfte sie teilweise sogar, ohne dass sie Teil der Vorlagefragen war.[948] In anderen Fällen zog er die Vorlagefrage nach der unmittelbaren Anwendbarkeit der Bestimmungen des betroffenen Abkommens vor die Fragen nach der Auslegung, obwohl er damit die Reihenfolge der Vorlagefragen änderte.[949]
Doch auch in den Rechtssache *Dürbeck*[950] aus dem Jahre 1981 und *Nederlandse Spoorwegen*[951] von 1975 verzichtete der EuGH auf die Vorfrage der unmittelbaren Anwendbarkeit. In beiden Urteilen ging es um den angeblichen Verstoß einer Kommissionsverordnung gegen das GATT.
In den Urteilen *Schlüter*[952], 1973, und *International Fruit Company*[953], 1971, hatte der EuGH hingegen zuvor die Vorfrage – hier wiederum das GATT betreffend - geprüft, verneint und daraufhin die Prüfung abgebrochen. Auch später nahm der EuGH die Prüfung der Vorfrage der unmittelbaren Anwendbarkeit wieder auf.[954]
Dieselbe Beobachtung lässt sich für die anderen Gemeinschaftsabkommen machen. Nachdem der EuGH die Frage nach der unmittelbaren Anwendbarkeit zunächst nicht problematisierte, machte er sie in späteren Entscheidungen zur Vorfrage, ob das fragliche Gemeinschaftsabkommen im Folgenden als Gültigkeitsmaßstab herangezogen wurde.
Hier lässt sich also kein Unterschied in der Behandlung der verschiedenen Abkommen, also der Freihandels- und Assoziationsabkommen im Vergleich zum GATT-Abkommen, feststellen.

---

[945] EuGH a.a.O., Fußn. 343 (Schröder).
[946] EuGH a.a.O., Fußn. 317 (Haegeman).
[947] EuGH a.a.O., Fußn. 771 (Cayrol).
[948] z.B. EuGH a.a.O., Fußn. 783 (Sürül); EuGH a.a.O., Fußn. 778 (Kziber).
[949] z.B. Rs. Bresciani a.a.O., Fußn. 358.
[950] EuGH a.a.O., Fußn. 377 (Dürbeck).
[951] EuGH a.a.O., Fußn. 92 (Nederlandse Spoorwegen).
[952] EuGH a.a.O., Fußn. 364 (Schlüter).
[953] EuGH a.a.O., Fußn. 87 (Int. Fruit Company).
[954] z.B. EuGH a.a.O., Fußn. 381 (SIOT), 1983; EuGH a.a.O., Fußn. 92 (SPI/SAMI), 1983.

Dennoch bleibt die Frage, ob denn die positive Beurteilung der unmittelbaren Anwendbarkeit einer Abkommensbestimmung tatsächlich eine zwingende Voraussetzung für die Auslegung in deren Lichte ist.

a) Analyse der Rechtsprechung des EuGH

Dafür ist zunächst zu klären, ob denn die Entscheidung über die unmittelbare Anwendbarkeit überhaupt relevant war, also ob sich bei Vornahme der Prüfung der unmittelbaren Anwendbarkeit in den Fällen, in denen der EuGH auf die Klärung verzichtet hatte, ein anderes Ergebnis ergeben hätte.
Fraglich ist also, ob der EuGH in den Rechtssachen *Schroeder*, *Cayrol*, *Haegeman* einerseits und den Urteilen *Dürbeck* und *Nederlandse Spoorwegen* einen Verstoß der durch den Kläger angegriffenen Verordnung gegen das jeweilige Abkommen festgestellt hat, obwohl er vorab nicht überprüft hat, ob sich der Einzelne vor den Gerichten auf die Bestimmung, gegen die die Verordnung verstößt, berufen kann, ob sie also unmittelbar anwendbar ist.

Die Klägerin des Ausgangsverfahrens in der Rechtssache *Schroeder*, die Firma Schroeder, wendete sich gegen die Auferlegung der Verpflichtung zur Erhebung von Mindestpreisen auf ihre Einfuhren von Tomatenmark durch eine Kommissionsverordnung. In diesem Zusammenhang stellte das vorlegende Gericht die Frage, ob Art. 41 des Athener Abkommens eine Rangfolge zwischen den dort aufgezählten Maßnahmen zur Kontrolle der Einfuhr von Agrarprodukten aus Drittländern vorsehe. Die Klägerin war nämlich der Auffassung, es bestünde eine Rangfolge zwischen der Einführung mengenmäßiger Beschränkungen und der Einführung von Mindestpreisen.
Der EuGH verneinte hier das Vorliegen einer Reihenfolge zwischen den genannten Preiskontrollmaßnahmen. Sie stünden gleichwertig nebeneinander. Die Kommission habe die Wahl zwischen den beiden Formen des im Athener Abkommen vorgesehenen Mindestpreissystems.
Da der EuGH das Vorgehen der Kommission als mit Art. 41 des Athener Abkommens vereinbar angesehen hat, hat hier die Auslegung der Vorschrift keine Auswirkungen auf die Gültigkeit der streitigen Verordnung.

Im Rahmen des Urteils *Cayrol* ging es um eine Strafsanktion, die einem Obsthändler auferlegt wurde, weil er Tafeltrauben trotz Erschöpfung des Kontingents aus dem Drittstaat Spanien nach Frankreich eingeführt hatte. Die von der Firma Cayrol beklagte Firma berief sich auf das Abkommen zwischen der EWG und Spanien, wonach die betroffenen Erzeugnisse einer gemeinschaftlichen Einfuhrregelung unterlagen. Die Mitgliedstaaten beriefen sich auf Art. 115 EWGV (jetzt Art. 134 EG). Diese Vorschrift sieht die Möglichkeit der Ergreifung von Schutzmaßnahmen zur Verhinderung der Verlagerung von Handelsströmen vor und stellt damit eine Ausnahmevorschrift zu Art. 28 EG dar. Nach dieser Vorschrift wurde die Einfuhr von Tafeltrauben aus Spanien von den Mitgliedstaaten kontingentiert. Dagegen trug die Beklagte des Ausgangsverfahrens vor, aus Art. I des Anhangs I zum Abkommen EWG-Spanien ergebe sich ein Verbot mengenmäßiger Beschränkungen für die Einfuhr von Tafeltrauben.
Dem letztgenannten Argument der Beklagten widersprach der EuGH. Das Handelsabkommen EWG –Spanien hindere nicht die Anwendung des Art. 115 EWGV (jetzt Art. 134 EG) auf die Einfuhr von Tafeltrauben. Eine Auslegung der Artt. 1 und 11 des

Anhangs I zum Abkommen EWG-Spanien ergebe die Möglichkeit für die Mitgliedstaaten, auf Tafeltrauben mengenmäßige Beschränkungen anzuwenden.[955]
Damit konnte sich die beklagte Firma nicht unter Berufung auf Vorschriften des Handelsabkommens EWG-Spanien der Sanktionierung entziehen. Selbst bei unmittelbarer Anwendbarkeit der Vorschriften konnte sich die Beklagte zwar auf sie berufen. Die Berufung auf sie wäre aber nicht erfolgreich gewesen.

In der Rechtssache *Haegeman* behauptete die Weinimportfirma Haegeman einen Verstoß einer ihr für die Einfuhr griechischer Weine Ausgleichsabgaben auferlegenden Verordnung die gemeinsame Marktorganisation für Wein betreffend gegen das Assoziierungsabkommen EWG-Griechenland (Athener Abkommen). Es ging also um dasselbe Abkommen wie im Urteil *Schröder*. Die Verordnung verstoße deshalb gegen das Abkommen, weil sich die BeNeLux-Staaten im dem Assoziierungsabkommen angehängten Protokoll Nr. 14 verpflichteten, die für die Einfuhr aus Deutschland, Frankreich und Italien geltende Regelung auf die Einfuhr aus Griechenland anzuwenden. Diese Regelung sah die Erhebung von Zöllen nicht vor. Außerdem verbot Art. 37 Abs. 2 des Athener Abkommens die Einführung neuer Zölle und Abgaben gleicher Wirkung.
Der EuGH stellte fest, dass es sich bei den bei der Einfuhr griechischer Weine erhobenen Ausgleichsabgaben nicht um Zölle beziehungsweise Abgaben gleicher Wirkung handelte. Dies bedeutet, dass die streitige Verordnung nicht in Widerspruch zum Athener Abkommen beziehungsweise den ihm angehängten Protokollen stand.
Auch hier half der Partei des Ausgangsverfahrens ein Berufen auf die Bestimmungen des Gemeinschaftsabkommens mit dem Ziel der Nichtigerklärung einer Verordnung nicht weiter.

Im Fall *Dürbeck* weigerten sich deutsche Zollbehörden, bestimmte Mengen Tafeläpfel zum freien Verkehr in Deutschland zuzulassen. Die Zulassung sei nach Verordnungen die Marktorganisationen betreffend verboten. Der deutsche Frischobst-Importeur Dürbeck klagte gegen die Weigerung der Behörden. Im Rahmen des nationalen Rechtsstreits legte das Gericht dem EuGH die Frage vor, ob die der Weigerung als Rechtsgrundlage dienende Verordnung gültig sei. Die Firma Dürbeck behauptete einen Verstoß der in der Verordnung vorgesehenen Schutzmaßnahmen unter anderem gegen Bestimmungen des GATT. Unter Berufung auf eine Sondergruppe, die die Vereinbarkeit der Schutzmaßnahmen mit den Regeln des GATT untersucht hatte, verneinte der EuGH entgegen dem Vorbringen der Firma Dürbeck einen Verstoß gegen die Bestimmungen des GATT.
Somit maß der EuGH die streitige Verordnung zwar an den Regeln des GATT. Da er aber keinen Verstoß feststellen konnte, half der Firma Dürbeck die Berufung auf die Regeln des GATT nicht.

Der Kläger des Ausgangsverfahrens im Fall *Nederlandse Spoorwegen* behauptete einen Verstoß einer Zollverordnung gegen Art. II des GATT. Durch die Verordnung wurde die vom Kläger eingeführte Ware aus einer im Rahmen der Kennedy-Runde auf einen Zollsatz von 7,2% herabgesetzte Tarifgruppe herausgenommen und auf eine Tarifnummer mit einem Zollsatz von 14% übertragen. Diese Zuweisung zu einer

[955] vgl. Leitsätze, EuGH a.a.O., Fußn. 771 (Cayrol), S. 2282.

anderen Tarifnummer verstoße gegen die eine Liste der Zollzugeständnisse enthaltende Vorschrift des Art. II GATT. Das vorlegende Gericht ist der Auffassung, es sei unabhängig von einer möglichen unmittelbaren Anwendbarkeit der GATT-Bestimmung allein wegen des Vorrangs von Gemeinschaftsabkommen vor gemeinschaftlichem Sekundärrecht verpflichtet, die GATT-Bestimmungen anzuwenden.[956] Die Zollkonsolidierung im Rahmen des GATT sei daher vorrangig vor der Zollverordnung.
Der EuGH prüfte die Gültigkeit der streitigen Verordnung im Lichte des Art. II GATT, ohne zu untersuchen, ob sich der Einzelne auf diese Bestimmung berufen kann. Er stellte fest[957], dass allein die Gemeinschaft seit Inkrafttreten des Gemeinsamen Zolltarifs (GZT) zur Auslegung von Tarifnummern und zur Bestimmung der Waren, die unter die Tarifnummer fallen, befugt ist. Die durch die Verordnung vorgenommene Einordnung der Ware in die Tarifnummer mit dem höheren Zollsatz entspreche der allgemeinen Praxis in den GATT-Staaten. Dass die Niederlande eine andere Einordnung vorgenommen haben, sei seit Inkrafttreten des GZT irrelevant.
Auch hier führte die Berufung auf das GATT nicht zur Nichtigerklärung der angegriffenen Verordnung durch den EuGH.

Betrachtet man hingegen die Grundsatzentscheidung des EuGH in der Rechtssache *International Fruit Company* zur Verneinung der unmittelbaren Anwendbarkeit der GATT-Bestimmungen, so zeigt sich hier, dass der EuGH vor der Gültigkeitsprüfung der streitigen Verordnung, die eine Kontingentierung der Einfuhr von Tafeläpfeln aus Drittstaaten vorsah, festgestellt hat, dass die einschlägige Vorschrift des Art. XI GATT der unmittelbaren Anwendbarkeit unfähig ist. Danach hat er auf die Überprüfung eines Verstoßes gegen Art. XI GATT verzichtet.
Der Fall erinnert stark an den Fall *Dürbeck*. Auch hier geht es um Schutzmaßnahmen gegen die Einfuhr von Tafeläpfeln. Im Fall *Dürbeck* konnte sich der EuGH auf die Feststellungen einer Sondergruppe stützen. Diese Gewissheit hatte der EuGH im Falle *International Fruit Company* nicht. Fakt war, dass die Gemeinschaft ihren Markt durch Einfuhrverbote beziehungsweise mengenmäßige Einfuhrbeschränkungen Drittstaaten gegenüber abschottete. Die Feststellung eines Verstoßes gegen GATT-Vorschriften erschien also nicht unwahrscheinlich. Vor einer solchen Falle schützte der EuGH die in Frage stehende Verordnung, indem er von vornherein die Möglichkeit des Einzelnen, sich auf GATT-Vorschriften als Maßstab für die Ungültigkeitsprüfung zu berufen, verneinte.

Die Schlussfolgerung, dass der EuGH in den oben erörterten Urteilen *Schroeder*, *Cayrol*, *Haegeman*, *Dürbeck* und *Nederlandse Spoorwegen* nur deshalb auf die Prüfung der unmittelbaren Anwendbarkeit der Gemeinschaftsabkommen, auf die sich die Einzelnen jeweils stützten, verzichtete, weil ihre Geltendmachung ohnehin nicht zur Nichtigkeit der angegriffenen Verordnung führen konnte, liegt nahe. Demnach hat der EuGH seine ständige Rechtsprechung darstellende Zwei-Schritt-Prüfung niemals aufgegeben, sondern allenfalls variiert. In den Fällen des GATT verwies er nicht pauschal auf die fehlende unmittelbare Anwendbarkeit. In den anderen Fällen, wo er der Annahme der unmittelbaren Anwendbarkeit weniger ablehnend gegenüber stand als

---

[956] EuGH a.a.O., Fußn. 92 (Nederlandse Spoorwegen), 2. Vorlagefrage, S. 1442.
[957] EuGH a.a.O., Fußn. 92 (Nederlandse Spoorwegen), S. 1449, Rz. 14ff.

beim GATT, wies er ohne die mögliche unmittelbare Anwendbarkeit zu prüfen, direkt auf den fehlenden Verstoß der angegriffenen Verordnung gegen das Gemeinschaftsabkommen hin.
Doch scheinen die Urteile *Charmasson*[958] und *Rutili*[959] anderes zu zeigen. Im ersten Fall wird eine französische Bananen-Importregel, eine Abgabe vorsehend, als unvereinbar mit einem internationalen Einverständnis bezeichnet. Dieses Einverständnis bildete sich aus den Entscheidungen des Assoziierungsrates aufgrund des Jaoundé-Abkommens und aus entsprechenden Entscheidungen des Rates der EG. Im Fall *Rutili* erklärte der EuGH die Unvereinbarkeit einer französischen fremdenpolizeilichen Maßnahme mit dem im Rahmen der EMRK mehrfach verwendeten Maßstab einer demokratischen Gesellschaft. Auch das Urteil *Chatain*[960] passt in diese Linie. Hier erklärte der EuGH die Anwendung besonders strenger Strafbestimmungen des französischen Zollrechts als Verstoß gegen das Freihandelsabkommen mit der Schweiz.
Doch ging es hier ausschließlich um nationale Maßnahmen, die unter Berufung auf das Völkerrecht beanstandet wurden.[961] Es scheint fast so, als ziehe der EuGH Gemeinschaftsabkommen heran, um nationale Akte zu beanstanden. Für die Gemeinschaftsakte wird die unmittelbare Anwendbarkeit dagegen offensichtlich Vorbedingung oder die Frage wird ausgelassen, wenn ein Berufen auf die entsprechenden Vorschriften ohnehin nicht zum Ziel führt.

Der EuGH hält und hielt also die unmittelbare Anwendbarkeit einer Abkommensvorschrift neben der Bindung der Gemeinschaft an das Abkommen nicht immer für eine unabdingbare Voraussetzung für den Rechtssuchenden, sich auf sie als Maßstab für die Rechtmäßigkeit des streitigen Gemeinschaftsaktes zu berufen. Insgesamt zeigt die Rechtsprechung hier schwer nachzuvollziehende Unregelmäßigkeiten auf. Man mag fast den Eindruck erhalten, der EuGH beruft sich willkürlich, je nachdem welches Ergebnis er erreichen will, mal auf die unmittelbare Anwendbarkeit, mal nicht.

b) Notwendigkeit der Zwei-Schritt-Prüfung

Fraglich ist daher, ob die Voraussetzung der unmittelbaren Anwendbarkeit tatsächlich gegeben sein muss oder ob die Geltung des entsprechenden Abkommens in der Gemeinschaftsrechtsordnung bereits ausreicht, um einen Gemeinschaftsakt an ihm zu messen.

Die Tatsache, dass einem Rechtssuchenden, der sich vor einem Gericht auf einen in Kraft getretenen, also völkerrechtlich gültig abgeschlossenen und damit bindenden Vertrag beruft, dessen Berücksichtigung ihm aber mangels unmittelbarer Anwendbarkeit verweigert wird, wird in der Literatur[962] teilweise als „Rechtsverweigerung" bezeichnet.

---

[958] EuGH, Urteil vom 10.12.1974, Rs. 48/74, Slg. 1974, S. 1383ff., Herr Charmasson / Minister für Wirtschaft und Finanzen.
[959] EuGH, Urteil vom 28.10.1975, Rs. 36/75, Slg. 1975, S. 1219ff., Roland Rutili / Minister des Innern.
[960] EuGH, Urteil vom 24.04.1980, Rs. 65/79, Slg. 1980, S. 1345ff., Strafverfahren gegen René Chatain.
[961] vgl. Pescatore in: FS Mosler, S. 661ff. (675).
[962] so Pescatore in: FS Mosler 1983, S. 661ff. (685).

(I) Die Rechtsprechung des EuGH zur Berufung des Einzelnen auf EG-Recht

Nun war allerdings der EuGH schon vor der Entscheidung *International Fruit Company* gefragt, zu klären, ob und unter welchen Voraussetzungen sich ein Einzelner auf die Bestimmungen des EG-Vertrages berufen konnte. Dies war deshalb nicht selbstverständlich, weil auch der EG-Vertrag einen völkerrechtlichen Vertrag darstellt.

Sowohl das Gemeinschaftsrecht als auch die internationalen Abkommen, die sie oder ihre Mitgliedstaaten abschließen, unterfallen ursprünglich dem Völkerrecht. Unter Völkerrecht versteht man die Summe der Normen, die die Beziehungen zwischen Völkerrechtssubjekten regeln.[963] Es ist primär das Recht der zwischenstaatlichen Beziehungen.[964] Demnach binden auch die Gründungsverträge grundsätzlich nur die Mitgliedstaaten. Rechte für den Einzelnen begründet es nur ausnahmsweise. Die Frage, ob die Vorschriften eines völkerrechtlichen Vertrages eine solche Tragweite haben, „ist vom Geist dieser Vorschriften, von ihrer Systematik und von ihrem Wortlaut her zu entscheiden".[965] Das Ziel des früheren EWG-Vertrages und nun des EG-Vertrages ist die Schaffung eines Gemeinsamen Marktes. Es betrifft die Gemeinschaftsangehörigen unmittelbar und ist damit zugleich mehr als ein Abkommen, das nur wechselseitige Verpflichtungen zwischen den vertragsschließenden Staaten begründet.[966]

Im Bereich der unmittelbaren Anwendbarkeit muss neben der unmittelbaren Anwendbarkeit von Bestimmungen in Gemeinschaftsabkommen zwischen derjenigen der Vorschriften des EG-Vertrags und Verordnungen einerseits und derjenigen von Richtlinien andererseits unterschieden werden. Während ersteres Recht unmittelbare Wirkung im nationalen Recht beansprucht, bedürfen Richtlinien gemäß Art. 249 Abs. 4 EG eines nationalen Umsetzungsaktes, um ihnen Geltung in den nationalen Rechtsordnungen zu verleihen.

Nach dem EuGH ist eine Primärrechtsvorschrift, die nicht ausdrücklich Rechte und Pflichten für natürliche und juristische Personen begründet[967], dann unmittelbar anwendbar, wenn sie rechtlich vollkommen[968] und inhaltlich unbedingt ist[969], und sie muss den Mitgliedstaaten Handlungs- und Unterlassungspflichten auferlegen[970].

Demnach kann sich der Einzelne vor nationalen Behörden oder Gerichten nicht auf jede beliebige Vorschrift des EG-Vertrages berufen, sondern nur auf solche, die den Anforderungen der obigen Rechtsprechung genügen.

Auch für die Richtlinien, die, anders als die Verordnungen gemäß Art. 249 Abs. 2 EG, gemäß Art. 249 Abs. 3 EG nicht unmittelbare Wirkung in den mitgliedstaatlichen

---

[963] Seidl-Hohenveldern, Völkerrecht, S. 1, Rn. 1f.

[964] Vitzthum, Völkerrecht, S. 7, 1. Abschn., I 1a, Rn. 5.

[965] EuGH a.a.O., Fußn. 360 (Van Gend en Loos), S. 24.

[966] EuGH a.a.O., Fußn. 360 (Van Gend en Loos), S. 24.

[967] Der EG-Vertrag begründet nur ausnahmsweise – z.B. in den Art. 18-21, 81, 82 EG – Rechte und Pflichten für den Einzelnen.

[968] Die Bestimmung muss klar und hinreichend genau formuliert sein, sodass sie ohne jede weitere Konkretisierung anwendbar ist.

[969] Die Bestimmung darf mit keinem Vorbehalt oder zeitlichem Aufschub versehen sein. Insbesondere darf ihre Anwendbarkeit nicht von weiteren Rechtsakten der Gemeinschaft oder der Mitgliedstaaten abhängig sein.

[970] Grundsatzentscheidung EuGH a.a.O., Fußn. 360 (Van Gend en Loos), S. 25f.

Rechtsordnungen genießen, hat der EuGH entschieden, dass sie der unmittelbaren Anwendbarkeit zugänglich sein müssen.[971] Diese Rechtsprechung beruht auf dem Gedanken, dass derjenige Mitgliedstaat, der die Richtlinie gar nicht, zu spät oder unzureichend umsetzt, keine Vorteile gegenüber den gemeinschaftstreuen Mitgliedstaaten haben soll, die die Richtlinie ordnungsgemäß umsetzen (effet utile).[972] Der Mitgliedstaat, der die zur Umsetzung notwendigen Maßnahmen nicht innerhalb der durch die Richtlinie festgesetzten Frist ergriffen hat, kann seinerseits dem Bürger nicht die diesem von der Richtlinie auferlegten Pflichten entgegenhalten.[973]
Voraussetzung der unmittelbaren Anwendung der betreffenden Richtlinie ist der Ablauf der Umsetzungsfrist, ohne dass die Richtlinie in ausreichendem Maße umgesetzt wurde.[974] Außerdem muss die Richtlinie inhaltlich unbedingt[975] und hinreichend genau[976] sein.[977]
Der EuGH stellt also nicht nur an die Bestimmungen von Gemeinschaftsabkommen Anforderungen für deren unmittelbare Anwendbarkeit.

(II) Die Prüfung der unmittelbaren Anwendbarkeit der Gemeinschaftsabkommen

Die für die Feststellung der unmittelbaren Anwendbarkeit von Gemeinschaftsabkommen vorgenommene Prüfung gleicht also der Prüfung, die der EuGH bezüglich der unmittelbaren Anwendbarkeit der Bestimmungen in Gemeinschaftsabkommen vornimmt. Der EuGH prüft auch hier die hinreichende Klarheit und Genauigkeit des Primär- und Sekundärrechts. Doch werden die Gemeinschaftsabkommen im Rahmen der Untersuchung ihrer Fähigkeit zur unmittelbaren Anwendbarkeit einer weiteren Voraussetzung unterworfen.[978] Vor der Untersuchung der einzelnen Vertragsbestimmung auf ihre Klar- und Unbedingtheit ist zu untersuchen, ob der Vertrag insgesamt mit dem Konzept der unmittelbaren Wirkung vereinbar ist. Es handelt sich also um eine zusätzliche, vorangestellte Prüfung, die sich nicht auf eine einzelne, im jeweils dem EuGH zur Entscheidung vorliegenden Fall relevante Norm bezieht, sondern auf das Vertragswerk insgesamt.

(1) Scheitern der unmittelbaren Anwendbarkeit des GATT

Für das GATT ergibt sich laut EuGH die Unfähigkeit seiner Bestimmungen, ein Recht der Gemeinschaftsangehörigen zu begründen, sich vor Behörden auf sie zu berufen,

---

[971] st. Rspr. seit EuGH, Urteil vom 04.12.1974, Rs. 41/74, Slg. 1974, 1337ff. (1348f.), Rz. 12ff., Yvonne van Duyn / Home Office.
[972] EuGH, Urteil vom 08.10.1987, Rs. 80/86, Slg. 1987, 3969ff. (3985), Strafverfahren gegen Kolpinghuis Nijmegen BV.
[973] Augi/Baratella in: ELF 2000/2001, S. 83ff. (83).
[974] EuGH, Urteil vom 10.11.1992, Rs. C-156/91, Slg. 1992, I-5567ff. (5595), Rz. 20, Hansa Fleisch Ernst Mundt GmbH & Co. KG / Landrat des Kreises Schleswig-Flensburg.
[975] Inhaltlich unbedingt ist eine Richtlinienbestimmung dann, wenn sie weder mit einem Vorbehalt noch mit einer sonstigen Bedingung versehen ist, dass es also keiner weiteren gestaltenden Maßnahme der Mitgliedstaaten bedarf.
[976] Der begünstigte Personenkreis und die Rechte, die dem Einzelnen gewährt werden sollen, müssen hinreichend bestimmbar sein. Die Richtlinie muss ohne weitere Konkretisierung durch Gerichte und Behörden angewendet werden können.
[977] EuGH, Urteil vom 19.01.1982, Rs. 8/81, Slg. 1982, S. 53ff. (71), Rz. 25, Ursula Becker / Finanzamt Münster-Innenstadt.
[978] Tagaras in: CDE 1984, S. 15ff. (50).

schon allgemein aus „Sinn, Aufbau und Wortlaut" des Abkommens.[979] Die Fähigkeit des GATT zur unmittelbaren Anwendbarkeit scheitert nach Ansicht des EuGH also schon an dieser zusätzlichen, nur bei Gemeinschaftsabkommen, nicht aber beim gemeinschaftlichen Sekundärrecht im Voraus zu prüfenden Voraussetzung. Dagegen hat der EuGH die Bestimmungen des Jaoundé-Abkommens im Urteil *Bresciani* auch hinsichtlich seiner inhaltlichen Bestimmtheit und Bedingungslosigkeit untersucht.[980] Der EuGH verneint die Fähigkeit des GATT zur unmittelbaren Anwendbarkeit demnach auf frühestmöglicher Stufe. Nicht nur einzelne Bestimmungen, sondern das gesamte Abkommen ist wegen seiner Gesamtkonzeption der unmittelbaren Anwendbarkeit unfähig.
Diese unterschiedliche Behandlung ist aber keine Frage der Notwendigkeit der Vorprüfung der unmittelbaren Anwendbarkeit der GATT-Bestimmungen (also des „Obs"), sondern vielmehr eine Frage des „Wie".

(2) Festhalten am Kriterium der unmittelbaren Anwendbarkeit

Fakt ist, dass genau wie bei den Vorschriften des EG-Vertrages zwischen solchen Abkommensbestimmungen, die unmittelbar Rechte und Pflichten der einzelnen Gemeinschaftsangehörigen begründen und solchen, die eben nur Vertragspflichten der Mitgliedstaaten formulieren, zu unterscheiden ist.
Diese Entscheidung ist sinnvoll, da internationales Recht hauptsächlich die Rechtsverhältnisse zwischen Staaten regelt. Die Staaten sollen dadurch geschützt werden, dass die Einhaltung ihrer zwischenstaatlichen Verpflichtungen nicht dadurch, dass ihre Staatsbürger sich jederzeit vor Behörden und nationalen Gerichten auf das GATT-Recht stützen, gestört wird. Der Staat, der sich international verpflichtet, wäre so ständig der Gefahr ausgesetzt, sich gegenüber seinen Vertragspartnern in eine schwächere Position zu begeben.
Die Vorbedingung der unmittelbaren Anwendbarkeit ist daher durchaus zweckmäßig.

Auch der EuGH hält es nach ständiger Rechtsprechung für eine unerlässliche Vorbedingung für die Möglichkeit des Einzelnen, sich vor Gericht auf internationale Abkommensbestimmungen zu berufen, um die Gültigkeit eines Gemeinschaftsrechtsakts zu rügen.
Die unterschiedliche Behandlung der Abkommen in dem Sinne, dass er mal die unmittelbare Anwendbarkeit überprüft, sie mal aber nicht für eine Voraussetzung der Überprüfung des angegriffenen Rechtsaktes hält und dementsprechend auf die Prüfung verzichtet, ist nicht als Aufgabe der Notwendigkeit der unmittelbaren Anwendbarkeit für die Berufung auf internationales Recht vor den nationalen Behörden und Gerichten zu werten.
Vielmehr scheint der EuGH die Unterscheidung zu vernachlässigen, ob der Gemeinschaftsbürger, gegebenenfalls durch das durch ihn angerufene Vorlagegericht, lediglich geklärt wissen will, ob der angegriffene Rechtsakt im Lichte des Gemeinschaftsabkommens, auf das er sich beruft, Bestand hat, oder ob es ihm vielmehr darum

---

[979] EuGH a.a.O., Fußn. 364 (Schlüter), S. 1157, Rz. 28ff.; EuGH a.a.O., Fußn. 87 (International Fruit Company), S. 1228, Rz. 20.
[980] s.o., Fußn. 358 (Bresciani), S. 140f., Rz. 17ff.; vgl. außerdem EuGH a.a.O., Fußn. 323 (Kupferberg), S. 3665, Rz. 26; EuGH a.a.O., Fußn. 362 (Demirel), S. 3753, Rz. 23; EuGH a.a.O., Fußn. 778 (Kziber), Rz. 15ff.

geht, auch zu erfahren, ob er sich vor seinem nationalen Gericht oder einer nationalen Behörde auf die Abkommensvorschrift berufen kann, um die Ungültigkeit des ihn belastenden nationalen oder gemeinschaftlichen Rechtsakts zu erreichen. Nur letztere Frage führt zur Klärungsbedürftigkeit der unmittelbaren Anwendbarkeit.

Nun kann es im Rahmen eines Vorabentscheidungsverfahrens durchaus sinnvoll sein, wenn der EuGH die Frage nach der unmittelbaren Anwendbarkeit klärt. Der Einzelne, der seinen Rechtsstreit vor dem Vorlagegericht anhängig gemacht hat, wird in der Regel nach Klärung der Vorlagefragen durch den EuGH ein Interesse daran haben, die durch den EuGH ausgelegten Abkommensbestimmungen im nationalen Rechtsstreit heranzuziehen, um die Ungültigkeit des ihn belastenden Rechtsaktes geltend zu machen.
Fraglich ist dann nur, ob der EuGH nicht zu weit über die Auslegungsfragen hinausgeht, klärt er die unmittelbare Anwendbarkeit, ohne durch das Vorlagegericht darum ersucht worden zu sein.

Einer Rechtsschutzverweigerung kommt es aber jedenfalls gleich, wenn der EuGH um die Überprüfung eines Rechtsaktes im Lichte eines Gemeinschaftsabkommens ersucht worden ist, er aber diese Rechtmäßigkeitsprüfung unter Verweis auf die fehlende unmittelbare Anwendbarkeit verweigert. Es handelt sich hier um zwei unterschiedliche Fragen.

c) Zwischenergebnis

Im Ergebnis lässt sich festhalten, dass es sich bei der Vorbedingung der unmittelbaren Anwendbarkeit um eine notwendige und stets zu prüfende Vorfrage handelt, wenn sich der einzelne Wirtschaftsteilnehmer vor nationalen Gerichten und Behörden auf das Abkommen berufen will. Doch ist die Frage nach der unmittelbaren Anwendbarkeit strikt zu trennen von der Frage nach der Vereinbarkeit eines nationalen oder gemeinschaftlichen Rechtsakts mit einem Gemeinschaftsabkommen. Für diese Überprüfung durch die Gemeinschaftsgerichte darf die unmittelbare Anwendbarkeit keine Vorfrage sein.
Aufgabe des EuGH ist es, die vom Vorlagegericht gestellten Fragen umfassend zu beantworten. Der EuGH hat sich daher auch an die Vorlagefragen zu halten. Es gilt, die Frage nach der Gültigkeit eines Rechtsakts zu klären, wenn die Vorlagefrage darauf gerichtet ist. Die unmittelbare Anwendbarkeit sollte der EuGH nur klären, wenn die Vorlagefragen entsprechend ausgelegt werden können.

2. Das Argument der Flexibilität der GATT-Bestimmungen, insb. der diplomatischen Streitbeilegung

Der EuGH vertrat[981] zum GATT 1947 die Auffassung, dass seine Bestimmungen aufgrund ihrer großen Geschmeidigkeit der unmittelbaren Anwendbarkeit nicht fähig seien. Dies gelte insbesondere für die Vorschriften über Abweichungen von den allgemeinen Regeln, über Maßnahmen, die bei ungewöhnlichen Schwierigkeiten getroffen werden können, und über die Regelung von Meinungsverschiedenheiten zwischen den Vertragsparteien.

---

[981] s. Grundsatzentscheidung International Fruit Company, a.a.O., Fußn. 87, S. 1228, Rz. 21.

Allerdings deutet bereits der Wortlaut darauf hin, dass das Abkommen darauf ausgelegt war, unmittelbar angewandt zu werden. Die Verpflichtungen waren, bis auf wenige Ausnahmen, als „Muss-Bestimmungen" und damit als eindeutige Bestimmungen formuliert. Die „Muss"-Formulierung deutet in der Regel darauf hin, dass die Bestimmung ohne weiteren Durchführungsakt unmittelbar angewendet werden sollen.[982]
Auch die anderen Gemeinschaftsabkommen weisen eine gewisse Flexibilität auf. Eine gewisse Geschmeidigkeit der Rechte und Verpflichtungen, das Vorhandensein von Ausnahmevorschriften ist sogar notwendig, um die Praktikabilität des Abkommens und die Erreichung seiner Ziele zu gewährleisten. Wäre die Auferlegung von Verpflichtungen zu starr, könnten bei einzelnen Mitgliedstaaten ausnahmsweise auftretende Schwierigkeiten bei der Umsetzung und Einhaltung der Verpflichtungen keine vorübergehenden Abweichungen von den Abkommensbestimmungen erlaubt werden. Solche Ausnahme- und Abweichungsmöglichkeiten sind aber notwendig, damit der betroffene Mitgliedstaat wieder handlungsfähig wird. Sie sind in jedem Abkommen vorgesehen. Das GATT ist ein Abkommen mit über 140 Mitgliedern. Es legt den Mitgliedern strenge Verpflichtungen auf. Ausnahmevorschriften sind daher für seine Praktikabilität zwingend. Ihr Bestehen lässt keinesfalls den Schluss zu, den Mitgliedern des GATT komme es nicht so sehr auf seine tatsächliche Durchsetzung und Erreichung seiner Ziele an.

Die Auffassung des EuGH, das Streitbeilegungssystem der WTO erlaube keine unmittelbare Anwendbarkeit der Bestimmungen, geht ebenfalls fehl. Zum einen setzt sich der EuGH mit dieser Beurteilung in Widerspruch zu seinen Ausführungen in den Urteilen *Kupferberg* und *Kziber*. Hier hatte der EuGH in dem schwachen Streitbeilegungssystem keinen Grund gesehen, die unmittelbare Anwendbarkeit der Abkommensbestimmungen abzulehnen. Diese unterschiedliche Behandlung ist insbesondere seit der Schaffung der WTO mit seinem neuen effektiven und verrechtlichten Streitbeilegungssystem nicht mehr haltbar. Zum anderen interpretiert er das Streitbeilegungssystem der WTO falsch, wenn er behauptet, Art. 22 Abs. 2 DSU erlaube Entschädigungsleistungen. Bei diesem System handelt es sich nicht um eine Alternative zur Beendigung der festgestellten GATT-widrigen Maßnahme, sondern um ein letztes Mittel, wenn andere Maßnahmen den Verletzerstaat nicht dazu bewegen konnten, die verletzende Maßnahme zu unterlassen. Im Vordergrund steht die Beseitigung der GATT-widrigen Maßnahme.[983]

Darüber hinaus überzeugt auch das Argument nicht, dass das Streitbeilegungssystem darauf angelegt sei, Streitigkeiten über die gegenseitigen, aus den WTO-Abkommen resultierenden Verpflichtungen auf internationaler Ebene auszufechten.
Ziel des Streitbeilegungssystems ist, wie Art. 3 Abs. 2 DSU zeigt, zweierlei: Zum einen sollen die Rechte der Vertragsparteien gewahrt und geschützt werden, die ihnen aus den verschiedenen Abkommen erwachsen; zum anderen soll der Inhalt der einzelnen Vertragsbestimmungen gemäß den gewohnheitsrechtlichen Auslegungsregeln des Völkerrechts geklärt werden. Gerade das erste Ziel macht deutlich, dass die Vertragsparteien der WTO-Abkommen alle Möglichkeiten schaffen wollen, dem durch die WTO-Abkommen geschaffenen Recht zu optimaler Geltung zu verhelfen. Aus

[982] Hudec in: Hilf/Petersmann, GATT und EG, S. 243ff. (262).
[983] so auch Petersmann in: CMLR 1994, S. 1157ff. (1176, 1177).

diesem Grunde wurde das Streitbeilegungsverfahren durch die Schaffung des DSU ausgebaut und optimiert. Schon vor Schaffung des DSB und des DSU wurden Bestrebungen der Vertragsparteien deutlich, das GATT- Streitbeilegungsverfahren, nur vage kodifiziert in den Art. XXII, XXIII GATT, zu legalisieren und kodifizieren. Nicht umsonst wurde bereits das Streitbeilegungsverfahren unter dem GATT 1947 als das meist benutzte, effektivste internationale System eines regelorientierten Verfahrens zur Beilegung von Streitigkeiten zwischen Regierungen bezeichnet.[984] Erwähnt seien hier insbesondere zum einen die bereits erwähnte Vereinbarung über Notifizierungen, Konsultationen, Streitbeilegung und Überwachung vom 28.11.1979[985] und zum anderen die Erklärung über die Verbesserungen für die GATT-Streitbeilegungsregeln und –verfahren vom 12.04.1989.[986] Diese Erklärung sieht strenge Zeitpläne und Fristen für die einzelnen Abschnitte des Streitbeilegungsverfahrens vor.

Daneben dienen Verfahren auf nationaler oder anderen Ebenen, die unter der internationalen Ebene des WTO-Streitbeilegungssystems angesiedelt sind und sich gegen Verstöße gegen die WTO-Übereinkommen wenden, demselben Ziel. Sie ergänzen daher das Verfahren vor dem DSB, das dadurch keinesfalls überflüssig wird, müssten dafür doch alle Verfahren auf nationaler Ebene durchgeführt werden. Die Auffassung, die der EuGH in der Rechtssache *Kupferberg* zum Ausdruck bringt, nämlich dass das auf politischen Verhandlungen beruhende Streitbeilegungssystem des Freihandelsabkommens zwischen der EWG und Portugal nicht gegen die unmittelbare Anwendbarkeit spreche, stünde dann im Widerspruch zu der Argumentation vieler Gegner der unmittelbaren Wirkung der GATT-Bestimmungen, welche anführen, durch die Verrechtlichung und die Präzisierung der Streitbeilegungsregeln hätten die Vertragspartner ihren Willen kundgetan, dass Verstöße gegen das GATT und Unstimmigkeiten über die Auslegung der Bestimmungen auf internationaler Ebene zu klären seien.

3. Das System des GATT

In den Urteilen *International Fruit Company*, *Schlüter*, *SIOT* und *SPI/SAMI* gründet der EuGH die Ablehnung der unmittelbaren Anwendbarkeit des GATT 1947 auf dem System des GATT. Bereits das Abkommen insgesamt sei nicht dazu geschaffen, dass sich Einzelne vor Gericht auf es berufen könnten. Eine Analyse der einzelnen jeweils relevanten Bestimmungen bezüglich ihrer Klar- und Unbedingtheit unterlässt er deshalb.

Das GATT- beziehungsweise WTO-Abkommen ist das einzige Abkommen, welches im Rahmen der Analyse seiner Fähigkeit zur unmittelbaren Anwendbarkeit nur bis zur ersten Stufe, nämlich zur Frage, ob das Abkommen insgesamt der unmittelbaren Anwendbarkeit fähig ist, geprüft wird. Auch diese Tatsache unterstreicht die unterschiedliche Behandlung, die der EuGH dem GATT beziehungsweise den WTO-Abkommen einerseits und den übrigen Gemeinschaftsabkommen andererseits zukommen lässt.

---

[984] so Petersmann in: CMLR 1994, S. 1157ff. (1187).
[985] s.o. Fußn. 217.
[986] BISD 36 S/61, 63.

4. Das Argument der fehlenden Gegenseitigkeit

Hier wird in der Literatur vom „Gefangenendilemma" gesprochen.[987] Jeder Staat müsse sich unabhängig von seinen Vertragspartnern entscheiden, ob er sich protektionistisch oder freihändlerisch verhalten wolle. Abschätzbar werde der Wert der Entscheidung erst, wenn der Vertragspartner seine Entscheidung offenbare. Entscheide sich ein Staat für den Freihandel, werde diese Wahl entwertet, wenn die Gegenseite den Protektionismus wähle und auf das Ausbleiben von Gegenmaßnahmen hoffe. Eine vorteilhafte Wahl sei die Entscheidung zum Protektionismus nur, wenn sich die Gegenseite dagegen entschließe. Asymmetrische Entscheidungen im Sinne von Protektionismus/Freihandel haben immer einen Verlierer, die symmetrische Entscheidung für den Protektionismus zwei. Symmetrischer Liberalismus führe zu zwei lediglich relativen Gewinnern, könne er doch von den restlichen Vertragspartnern einseitig ausgenutzt werden.

Diese Darstellung macht deutlich, warum sich der EuGH für die Verneinung der unmittelbaren Anwendbarkeit ausspricht. Er möchte vermeiden, dass die Gemeinschaft sich stärker an die WTO bindet als andere. Jeder Vertragspartner hat den Anreiz, sich seinen Vorteil auf Kosten des anderen zu suchen. Er hat sich also – zusammen mit den anderen Organen der Gemeinschaft - nicht ausschließlich zum Freihandel entschlossen, sondern zieht den Protektionismus vor, sobald ihm Handelsvorteile seitens der Handelspartner verwehrt oder verwehrt zu werden drohen.

Warum er diese freihandelskritische Einstellung beim GATT einnimmt, sich bei anderen Abkommen hingegen dafür entscheidet, kann allein dadurch erklärt werden, dass die Gemeinschaft sich durch das GATT einer Masse von Drittstaaten gegenüber verpflichtet, die Vertragspartner bei den anderen Gemeinschaftsabkommen zum einen weniger zahlreich sind, zum anderen der Gemeinschaft näher stehen. Teilweise handelte es sich um zukünftige EG-Mitglieder. Dies vermag zwar die Motivation der Gemeinschaft zu klären, vermisst aber eine rechtliche Begründung und Rechtfertigung.

5. Das Argument des Willens, Meinungsverschiedenheiten auf internationaler Ebene zu klären

Der EuGH unterzog dem Streitbeilegungssystem einer strengen Analyse. Zunächst wurde die mangelnde unmittelbare Anwendbarkeit unter anderem auf die fehlende gerichtliche Ausprägung gestützt. Dieses Argument lässt sich nach Schaffung von DSU und DSB und der damit einhergehenden Verrechtlichung des Streitbeilegungssystems nicht mehr halten. Anschließend, nach der Stärkung des Streitbeilegungssystems im Rahmen der Gründung der WTO, zog der EuGH die Verrechtlichung des Streitbeilegungssystems zu der Argumentation heran, die Parteien des GATT hätten damit zum Ausdruck gebracht, dass sie Streitigkeiten über die Vorschriften, Rechte und Pflichten der WTO-Abkommen auf internationaler Ebene austragen wollen.

Nachdem zunächst also nach einer Stärkung des Streitbeilegungssystems gerufen wurde, wird sie nun als weiteres Argument gegen die unmittelbare Anwendbarkeit der Gemeinschaftsabkommen benutzt.

Dies erweckt den Eindruck, dass der EuGH die jeweiligen Tatsachen so auslegt, dass sie als Argument gegen die unmittelbare Anwendbarkeit geeignet sind.

---

[987] Meng in: FS Bernhardt, S. 1063ff. (1081); Erklärung des Begriffs bei Petersmann in: FS Bernhardt, S. 1087ff. (1089), Fußn. 1.

6. Zwischenergebnis

Der EuGH zieht für die Ablehnung der unmittelbaren Anwendbarkeit der GATT-Vorschriften Argumente heran, die ihn trotz ihres Vorliegens nicht daran hindern, anderen Gemeinschaftsabkommen ihre unmittelbare Wirkung zuzusprechen. Dies lässt auf eine mangelnde rechtliche Grundlage der Rechtsprechung des EuGH schließen. Die großzügige Behandlung anderer Gemeinschaftsabkommen gegenüber der Verneinung der gerichtlichen Berufungsmöglichkeit auf die Vorschriften des GATT ist nicht plausibel und wirkt willkürlich.

V. Abhängigkeit der Mitgliedstaaten vom Kriterium der unmittelbaren Anwendbarkeit

Die Abhängigkeit der Mitgliedstaaten von der unmittelbaren Anwendbarkeit derjenigen Normen, gegen die sie sich im Rahmen von Nichtigkeitsklagen wenden, ist neu. In früheren Entscheidungen waren sie nicht auf die unmittelbare Anwendbarkeit angewiesen. Nicht umsonst schlägt der Generalanwalt in der Rechtssache *International Fruit Company* vor, dass doch die holländische Regierung eine Nichtigkeitsklage nach Art. 173 EWGV (jetzt Art. 230 EG) gegen den in Frage stehenden Akt hätte einleiten können, wäre sie von der GATT-Widrigkeit ausgegangen.[988] Auch in der Literatur ging man vor den Urteilen *Deutschland/Rat* und *Portugal/Rat* davon aus, dass die Mitgliedstaaten nicht von der unmittelbaren Anwendbarkeit der in Frage stehenden Normen abhängig seien.[989] Zuvor gab es keine entsprechende Rechtsprechung.
Dieses Verhalten des EuGH, nunmehr neben den Einzelnen auch den Mitgliedstaaten die Berufung auf das GATT unter Hinweis auf die fehlende unmittelbare Anwendbarkeit des GATT zu verweigern, gleichzeitig aber Klagen gegen die Mitgliedstaaten wegen Verstoßes gegen internationale Abkommen zuzulassen, zeugt von einer starken protektionistischen Einstellung des EuGH. Der EuGH verlässt hier offensichtlich seine objektive Stellung als Gericht und lässt seine Stellung als Gemeinschaftsorgan überwiegen. Gemeinschaftsakte werden geschützt, auch gegenüber Klagen von Mitgliedstaaten, die an die WTO-Abkommen und früher an das GATT 1947 genauso beziehungsweise früher sogar mehr gebunden waren als die Gemeinschaft selbst.

G. Mögliche Verbesserungen des Rechtsschutzes

Die Mängel im Rechtsschutzsystem des EuGH ergänzt durch die nationalen Gerichte, die Kommission und den DSB ist deutlich geworden. Der an ein umfassendes Rechtsschutzsystem gewöhnte Europäer wird auf Unzulänglichkeiten im Rechtsschutzsystem der Gemeinschaft stoßen. Offensichtlich wird, dass die mitgliedstaatlichen und gemeinschaftlichen Gerichte nicht in einer ausreichenden und effektiven Rechtsschutz gewährenden Weise zusammenarbeiten. Auch der häufig zitierte Art. 10 EG, auf den der EuGH beispielsweise die durch Rechtsfortbildung geschaffene Schadensersatzklage Einzelner gegen Mitgliedstaaten wegen Nichtumsetzung beziehungsweise unzureichender Umsetzung von Richtlinien gestützt hat, hat keines-

---

[988] Schlussanträge, EuGH a.a.O., Fußn. 87 (Int. Fruit Company), S. 1242.
[989] Everling in: Hilf/Petersmann, GATT und EG, S. 175ff. (187); Hahn/Schuster in: EuR 1993, S. 261ff. (280f.); Ehlermann in: Hilf/Petersmann, GATT und EG, S. 203ff. (221).

falls zu einem ausreichenden europäischen Rechtsschutzsystem im Sinne eines Kooperationsverhältnisses zwischen nationalen und Gemeinschaftsgerichten geführt.
Nur zu deutlich macht dies die bekannte und umstrittene Bananenmarkt-Verordnung. Was nur kann ein Importeur, der seit Jahren vom Import von Drittlandsbananen lebt, tun, wenn von heute auf morgen seine Importe mit Zöllen belegt und sein Kontingent in einem Maße beschränkt wird, dass er seinen Handel aufgeben muss?
Die europäische Haltung zu diesem Problem wird deutlich: Er wird von Brüssel beziehungsweise Straßburg im Stich gelassen. Nicht einmal den Mitgliedstaaten, die ihre heimischen Importeure zu schützen versuchen, wird eine Berufung auf die Verletzung der GATT-Vorschriften zuerkannt.
Die Dringlichkeit einer Verbesserung der Situation zugunsten des Einzelnen ist offensichtlich. Daher soll im Folgenden erörtert werden, wie die Situation des Einzelnen aus Rechtschutzgesichtspunkten verbessert werden kann.

I. Zulassung Privater vor dem DSB

Möglich wäre zunächst die Zulassung Privater vor dem DSB als Klageberechtigte. Indes ist dies deshalb problematisch, weil sich das WTO-Streitbeilegungssystem an die Staaten als unmittelbar Berechtigte und Verpflichtete der Abkommen wendet. Andererseits nehmen gerade die Einzelnen am internationalen Handel und Wettbewerb teil. Gerade sie sind diejenigen, die vom Freihandel profitieren. Sie decken Beschränkungen des Freihandels auf und verschaffen ihm zur Durchsetzung, indem sie die Beschränkungen vom DSB feststellen und sanktionieren lassen. Sie sind dabei nicht an staatliche handelspolitische Interessen gebunden. Auch andere internationale Streitschlichtungsverfahren sehen Mechanismen vor, wodurch Privaten der Zugang gewährt wird, wie die EMRK und das Streitschlichtungsverfahren bei dem International Centre for the Settlement of Investment Disputes (ICSID). Voraussetzung muss natürlich, insbesondere um eine Überschwemmung des DSB mit Privatklagen zu vermeiden, die Erschöpfung des nationalen Rechtswegs sein. Auch an eine Vorprüfungsinstanz sollte gedacht werden.
Diese Überlegungen sollten aber als ultima ratio verstanden werden. Zunächst sind andere Möglichkeiten vorrangig, die dem Grundrecht auf effektiven Rechtsschutz zur Durchsetzung verhelfen.

II. Mittelbare Teilnahme an Panelverfahren

Um auf internationaler Ebene und beim Panelverfahren zu bleiben, kommt als weniger durchgreifende Maßnahme die Zulassung von amicus briefs in Betracht. Wie erläutert, hat der Appellate Body diese für grundsätzlich zulässig erachtet.[990] Doch liegt die Zulassung dieser Schriftsätze nach wie vor im weiten Ermessen der Panels. Die bisherige Rechtsprechung etabliert weder ein Recht der Nichtregierungsorganisationen, amicus briefs in das Verfahren einzubringen, noch ist es eine Pflicht des Panels oder des Appelate Body, sie zu beachten. Ein solches Recht sollte ausdrücklich im DSU verankert werden.

III. Erleichterung des Zugangs zur Nichtigkeitsklage

Eine weitere Möglichkeit, den Rechtsschutz zugunsten des Einzelnen zu verbessern, wäre die Verbesserung der Klagemöglichkeiten vor dem EuGH. Hier sei namentlich

---

[990] s.o. S. 47f.

auf die ständige Rechtsprechung des EuGH zur individuellen Betroffenheit hingewiesen.
Ausschließlich die Gemeinschaftsgerichte sind befugt, über die Auslegung des EG-Vertrags und die Rechtmäßigkeit des von ihm abgeleiteten Sekundärrechts zu entscheiden. Insofern muss demjenigen, der sich durch einen Gemeinschaftsrechtsakt in seinen Rechten beeinträchtigt fühlt, die Möglichkeit offen stehen, Zugang zu den Gemeinschaftsgerichten zu erhalten. Der Aufbau eines umfassenden Rechtsschutzsystems ist notwendiges Gegenstück zur Schaffung von Rechten und Pflichten des Einzelnen.[991]
Teil des Rechtsschutzsystems des EuGH ist zunächst die auf Aufhebung eines rechtswidrigen Gemeinschaftsaktes gerichtete Nichtigkeitsklage gemäß Art. 230 EG. Problematisch im Rahmen der Zulässigkeit ist jedoch – wie ausgeführt – die Klagebefugnis des Einzelnen im Rahmen der Anfechtung allgemein gültiger Rechtsakte der Gemeinschaft. Akte mit allgemeiner Geltung sind diejenigen Akte, die nur durch Subsumtion, also durch Vergleich der in dem Rechtsakt verwendeten Begriffe mit dem konkreten Sachverhalt, den sie selbst nicht explizit ansprechen, im Einzelfall Wirkung entfalten können.[992] Nur derjenige, der unmittelbar und individuell betroffen ist, ist in diesem Fall klagebefugt. Dabei stellt insbesondere die Voraussetzung der individuellen Betroffenheit ein häufig unüberwindbares Hindernis für den einzelnen Betroffenen dar. Einzelne, die nicht Adressat einer Maßnahme sind, können nach der bereits erwähnten „Plaumann-Formel" des EuGH nur dann geltend machen, von der Maßnahme betroffen zu sein, wenn diese sie wegen bestimmter persönlicher Eigenschaften oder besonderer, sie aus dem Kreis aller übrigen Personen heraushebender Umstände berührt und sie daher in ähnlicher Weise individualisiert wie den Adressaten.
Nettesheim teilt die Rechtsprechung zur Plaumann-Formel in drei Fallgruppen ein.[993] Die erste Fallgruppe, in der die Voraussetzungen der Plaumann-Formel gegeben sind, umfasst diejenigen Personen, die in spezifischer Weise vom Schutzbereich einer gemeinschaftsrechtlichen Bestimmung erfasst werden, und zwar in dem Sinne, dass das Sekundärrecht die EU-Organe zur Rücksichtnahme auf die Lage bestimmter Personen beim Erlass beabsichtigter Maßnahmen verpflichtet. Dann seien diese Personen hinreichend individualisiert, um eine Klage erheben zu können.[994] Die zweite Fallgruppe besteht aus denjenigen Personen, die durch die Durchführung eines Verfahrens bei Erlass einer Verordnung individualisiert werden, welches ihnen eine besondere Rechtsstellung einräumt, insbesondere die Gewährung rechtlichen Gehörs.[995] Die dritte Gruppe besteht aus Personen, die von Umständen betroffen sind, die sie deutlich aus dem Kreis aller übrigen Personen herausheben.[996]

---

[991] Schohe/Arhold in: EWS 2002, S. 320ff. (321).
[992] Schohe/Arhold in: EWS 2002, S. 320ff. (321).
[993] Nettesheim in: JZ 2002, S. 928ff. (930).
[994] Nettesheim zitiert hier u.a. EuGH a.a.O., Fußn. 463 (Antillean Rice Mills), S. 8965, Rz. 46.
[995] Hier zitiert Nettesheim u.a. das Timex-Urteil, a.a.O., Fußn. 289.
[996] Nettesheim zitiert u.a. Extramet-Urteil, a.a.O., Fußn. 451 (Umstände sind faktischer Natur); Codorniu-Urteil a.a.O., Fußn. 451 (wegen Maß an Grundrechtsbetroffenheit).

1. Fallenlassen der Plaumann-Formel

Die Gemeinschaft erkennt das Grundrecht auf effektiven Rechtsschutz an.[997] Dieses individuelle Recht mit Verfassungsrang ist aus den Verfassungsüberlieferungen der Mitgliedstaaten und den Artt. 6 und 13 EMRK entstanden.[998] Auch Art. 47 der in Nizza proklamierten Charta der Grundrechte der Europäischen Union[999] sieht in Artt. 1 und 52 Abs. 3 einen effektiven Rechtsschutz vor. Ferner postuliert ein solches Recht Artt. 6 Abs. 1 S. 1, 13 der Konvention zum Schutze der Menschenrechte und Grundfreiheiten.

a) Vorstoß des EuG

Ganz auf dieser Linie ist das Urteil des EuG in der Rechtssache *Jégo-Quéré*.[1000] Danach ist eine natürliche oder juristische Person von einer allgemein gültigen Gemeinschaftsbestimmung dann als individuell betroffen im Sinne des Art. 230 Abs. 4 EG anzusehen, „wenn diese Bestimmung ihre Rechtsposition unzweifelhaft und gegenwärtig beeinträchtigt, indem sie ihre Rechte einschränkt oder ihr Pflichten auferlegt". Damit entfernt sich das EuG von der ständigen Rechtsprechung zur Auslegung des Begriffs der individuellen Betroffenheit in Art. 230 Abs. 4 EG. Nach der sogenannten „Plaumann-Formel" des EuGH wäre die individuelle Betroffenheit im dem EuG vorliegenden Fall – wie es selbst ausführt[1001] – nämlich zu verneinen gewesen. Doch misst das EuG der Tatsache, dass die in Frage stehende Verordnung keine nationalen Durchführungsmaßnahmen vorsehe und daher dem Betroffenen in seinem Heimatstaat keine Möglichkeit offen stehe, die Verordnung vor den nationalen Gerichten auf ihre Rechtmäßigkeit hin zu überprüfen, eine große Bedeutung zu. Der EuGH habe den Zugang zu den Gerichten als wesentlichen Bestandteil der Rechtsgemeinschaft anerkannt. Dem wird er dadurch gerecht, dass er sich verpflichtet, ein vollständiges Rechtsschutzsystem zu schaffen.[1002]
Neben der recht engen „Plaumann-Formel" ist also dann eine weite Auslegung der Klagebefugnis möglich, wenn bei Beibehaltung der engen Formel die Klagebefugnis zu verneinen ist und damit die Beschneidung des Rechtsschutzes des Einzelnen einhergeht.

b) Kein Verweisen auf die Schadensersatzklage

Eine Klage aus außervertraglicher Haftung der Gemeinschaft nach Artt. 235, 288 Abs. 2 EG genügt für die Bejahung ausreichenden Rechtsschutzes nicht.[1003] Denn diese Rechtsschutzmöglichkeit verfolgt eine gänzlich andere Zielrichtung als die Nichtigkeitsklage. Sie schafft den rechtswidrigen Rechtsakt nicht aus der Welt. Viel-

---

[997] Urteil vom 15.10.1987, Rs. 222/86, Slg. 1987, S. I-4097ff. (4117), Rz. 14, Union nationale des entraineurs et cadres techniques professionnels du football (Unectef) / Georges Heylens u.a.; Urteil vom 27.11.2001, Rs. C-424/99, Slg. 2001, S. I-9285ff. (9317), Rz. 45, Kommission der Europäischen Gemeinschaften / Republik Österreich.
[998] EuGH, Urteil vom 15.05.1986, Rs. 222/84, Slg. 1986, S. 1651ff. (1682), Rz. 18, Marguerite Johnston / Chief Constable of the Royal Ulster Constabulary.
[999] ABlEG 2000, Nr. C 364, S. 1, Beilage zu EuZW Heft 23/2000; proklamiert am 07.12.2000.
[1000] EuG a.a.O., Fußn. 467 (Jégo-Quéré).
[1001] EuG a.a.O., Fußn. 467 (Jégo-Quéré), Rz. 38.
[1002] Das EuG zitiert hier Urteil vom 23.04.1986, Rs. 294/83, Slg. 1986, S. 1339ff. (1365), Rz. 23, Parti écologiste „Les Verts" / Europäisches Parlament.
[1003] EuG a.a.O., Fußn. 467 (Jégo-Quéré), Rz. 46; Schohe/Arhold in: EWS 2002, S. 320ff. (321).

mehr billigt er dem Geschädigten lediglich eine Kompensation in Form von Schadensersatzansprüchen gegen die Gemeinschaft zu. Will man den Einzelnen auf diese Klageart beschränken, würde das Grundrecht auf effektiven Rechtsschutz zur Farce.

c) Festhalten am Wortlaut der individuellen Betroffenheit

Selbstverständlich dürfen die Gemeinschaftsgerichte die Auslegung des Begriffs der individuellen Betroffenheit nicht über seinen möglichen Wortsinn hinaus ausdehnen. Ansonsten würde sich das Gericht zum Gesetzgeber aufschwingen. Doch gibt es – wie auch das EuG ausführt[1004] - keinen zwingenden Grund, nur dann von individueller Betroffenheit zu sprechen, wenn der klagende Einzelne in ähnlicher Weise individualisiert ist wie ein Adressat, will er eine Maßnahme allgemeiner Geltung anfechten. Im Hinblick auf das Grundrecht auf effektiven Rechtsschutz müsse die enge Definition der individuellen Betroffenheit überdacht werden und die individuelle Betroffenheit bereits dann bejaht werden, wenn die Bestimmung die Rechtsposition des Klägers „unzweifelhaft und gegenwärtig beeinträchtigt, indem sie ihre Rechte einschränkt oder ihr Pflichten auferlegt".[1005] Diese Auslegung bleibt im Rahmen des möglichen Wortsinns. Es handelt sich um eine verfassungskonforme Auslegung in dem Sinne, dass sie sich an der bestmöglichen Gewährleistung des Grundrechts des effektiven Rechtsschutzes orientiert. Es ist kein Grund ersichtlich, die Zahl und Lage anderer Personen, die ihre Rechtsposition ebenfalls durch die betreffende Bestimmung gefährdet oder beeinträchtigt sehen, als Maßstab für die Individualität der Betroffenheit des Klägers heranzuziehen. Maßstab muss allein sein, ob der Kläger Nachteile durch die Maßnahme zu erleiden hat. Allein diese Tatsache betrifft ihn bereits individuell.

d) Kein Verweis auf das Vorabentscheidungsverfahren

Auch ist eine Verweisung auf Rechtsschutz durch das Vorabentscheidungsverfahren oftmals unzulänglich.

Zwar stehen bei Gemeinschaftsakten, auf deren Grundlage noch ein nationaler Durchführungsakt zu erfolgen hat, bevor er Wirkungen für den Einzelnen zeigen kann, in den meisten Mitgliedstaaten Gestaltungsklagen zur Verfügung. Im Rahmen der Anfechtungsklage oder sonstigen Klagen kann dann eine der Streitparteien die Vorlage zum EuGH nach Art. 234 EG beantragen. Problematisch ist allerdings, wenn der Gemeinschaftsrechtsakt, beispielsweise bei einer Verordnung, keines weiteren Durchführungsaktes bedarf, die nachteilige Wirkung sich also nicht erst aus einem Verwaltungsakt oder ähnlichem nationalem Handeln, sondern direkt aus dem Gemeinschaftsakt ergibt.

Dem Einzelnen stünde dann die Möglichkeit offen, gegen die Verordnung zu verstoßen, um sich dann in einem gegen ihn eingeleiteten Gerichtsverfahren auf die Rechtswidrigkeit der Verordnung zu berufen. Doch kann bei einem solchen Vorgehen wohl kaum von effektivem Rechtsschutz gesprochen werden, läuft der Betroffene doch Gefahr, den Prozess zu verlieren und bestraft zu werden. Außerdem kann es nicht einem effektiven Rechtsschutz entsprechen, Bürger zu zwingen, sich rechtswidrig zu verhalten, um einen ihre Rechte verletzenden Akt beanstanden zu können.

[1004] EuG a.a.O., Fußn. 467 (Jégo-Quéré), Rz. 48.
[1005] EuG a.a.O., Fußn. 467 (Jégo-Quéré), Rz. 51.

e) Kein Verweis auf nationalen Rechtsschutz

Teilweise wird behauptet, der deutsche Betroffene könne sich auf nationalem Weg durch die Feststellungsklage nach § 43 VwGO wehren, wenn eine Gestaltungsklage mangels nationalen Durchführungsakts unzulässig ist.[1006] Im Rahmen dieses Verfahrens kann das Gericht dann Fragen an den EuGH zur Überprüfung der Gültigkeit der Verordnung stellen.

Fraglich ist nun allerdings, ob die Feststellungsklage überhaupt zulässig ist. In den angesprochenen Fällen des fehlenden nationalen Durchführungsaktes kommt die 2. Alternative des § 43 VwGO, die Feststellung der Nichtigkeit eines Verwaltungsaktes, nicht in Betracht. Für die 1. Alternative muss zunächst ein Rechtsverhältnis bestehen. Außerdem muss der Einzelne ein qualifiziertes Rechtsschutzbedürfnis haben.

Der EuGH hat vielfach Versuche unternommen, die nationalen Prozessordnungen dem europäischen Rechtsschutzsystem mit dem Ziel anzupassen, einen effektiven Rechtsschutz zu erreichen.[1007] Die Mitgliedstaaten sind nach Art. 10 EG verpflichtet, die Gemeinschaft bei der Durchsetzung des Gemeinschaftsgrundrechts auf effektiven Rechtsschutz zu unterstützen.

Aufgrund dieser Verpflichtung ist es nicht unwahrscheinlich, dass das nationale Gericht die Zulässigkeitsvoraussetzungen der Feststellungsklage nach § 43 VwGO bejaht. Dennoch handelt es sich hier um eine in vielerlei Hinsicht unsicherere Möglichkeit des Rechtsschutzes als wenn dem Einzelnen direkt ein Klagerecht vor dem EuGH zugesprochen wird. Denn das erwähnte Gemeinschaftsgrundrecht verlangt nicht nur das Bestehen von Rechtsschutzmöglichkeiten. Vielmehr muss der gewährte rechtliche Schutz auch effektiv sein. Es kann nicht angehen, dass ein Einzelner aufgrund eines Gemeinschaftsaktes Nachteile erleidet, sich die Gemeinschaft aber nicht dazu berufen fühlt, dem Einzelnen den erforderlichen Rechtsschutz gegen den nachteiligen Akt zu gewähren, und diese Pflicht auf die Mitgliedstaaten abwälzt. Mangels einer Vereinheitlichung der nationalen Prozessordnungen ist der Rechtsschutz nicht optimiert. Er ist nicht auf die möglichen zu erlassenden Rechtsakte abgestimmt. Beim Erlass der Rechtsakte fehlt den rechtsetzenden Organen der Gemeinschaft der Überblick über die zahlreichen prozessualen Bedingungen in den Mitgliedstaaten. Sie können in der Regel also gar nicht abschätzen, ob der Rechtsschutz ausreichend ist.

Daneben besteht die Gefahr, dass der nationale Richter bei der Beurteilung der Gültigkeit von Gemeinschaftsrechtsakten Rechtsfehler begehen und es daraufhin ablehnen könnte, dem Gerichtshof Fragen zur Gültigkeit vorzulegen. Es ist darüber hinaus Sache des Vorlagegerichts, die Vorlagefragen zu formulieren. Aufgrund der Formulierung der Vorlagefrage kann es sein, dass das Klagebegehren des Klägers des Ausgangsverfahrens eingeschränkt wird, dass also das Gericht andere Schwerpunkte bei der Frageformulierung setzt als es der Kläger getan hätte, so dass er sein Anliegen nicht in ausreichendem Maße geklärt sieht.

Darüber hinaus überprüft der EuGH im Rahmen des Vorabentscheidungsverfahrens lediglich, ob der beanstandete Akt in abstrakt-genereller Hinsicht mit dem Gemein-

---

[1006] Köngeter in: NJW 2002, S. 2216 (2217).

[1007] EuGH, Urteil vom 19.06.1990, Rs. C-213/89, Slg. 1990, I-2433ff. (2473f.), Rz. 19, The Queen / Secretary of State for Transport ex parte: Factortame Ltd u.a.; EuGH, Urteil vom 21.02.1991, verb. Rs. C-143/88 u. C-92/89, Slg. 1991, I-415ff. (540ff.), Rz. 14ff., Zuckerfabrik Süderdithmarschen AG / Hauptzollamt Itzehoe u. Zuckerfabrik Soest GmbH / Hauptzollamt Paderborn.

schaftsrecht vereinbar ist. Eine Überprüfung, ob der jeweilige Klagende in seiner Rechtsposition individuell beeinträchtigt ist, erfolgt gerade nicht.
Das Gemeinschaftsrecht begründet Rechte und Pflichten des Gemeinschaftsbürgers, über deren Geltung und Umfang allein die Gemeinschaftsgerichte zu entscheiden befugt sind. Wenn ein Einzelner aufgrund dieser Rechte und Pflichten eine Beeinträchtigung seiner Rechtsposition erfährt, muss dieser Einzelne die Garantie haben, dass ihm der Weg zu den Gemeinschaftsgerichten offen steht. Dort kann er überprüfen lassen, ob diese Beeinträchtigung seiner Rechte rechtmäßig ist. Eine Verweisung auf den nationalen Rechtsschutz vor den mitgliedstaatlichen Gerichten darf es eben nicht geben.[1008]
Außerdem kann der betroffene Einzelne im Rahmen seines nationalen Verfahrens keine Vorlage zum EuGH erzwingen. Ihm steht lediglich die Möglichkeit, eine solche Vorlage zu erbitten, zur Seite. Zwar besteht für die mitgliedstaatlichen Gerichte eine konkrete (so die herrschende Auffassung) Vorlagepflicht, doch bleibt auch hier ein gewisser Spielraum des vorlageverpflichteten Gerichts, muss es doch eigenständig beurteilen, ob es Zweifel an der Rechtmäßigkeit beziehungsweise Fragen zur Auslegung des betreffenden Gemeinschaftsaktes hat. Eine Überprüfung, ob das Gericht seiner Vorlagepflicht nachgekommen ist, ist schwierig. Bei der inzidenten Möglichkeit der Vorlage im Rahmen eines nationalen Rechtsstreits handelt es sich daher um eine vielfach unsichere Variante der Überprüfung von Gemeinschaftsrecht auf seine Rechtmäßigkeit. Der Betroffene ist abhängig von der Ansicht des entscheidenden Gerichts. Nur wenn dieses Fragen zur Auslegung einer Bestimmung eines Gemeinschaftsabkommens oder Zweifel an der Gültigkeit des den Einzelnen beeinträchtigenden Gemeinschaftsaktes hat, wird die Verordnung oder der sonstige Gemeinschaftsrechtsakt einer Überprüfung durch den EuGH unterzogen. Beim Vorabentscheidungsverfahren nach Art. 234 EG handelt es sich nicht um einen Rechtsbehelf, der den Einzelnen von Rechts wegen zur Verfügung steht. Der Kläger bleibt abhängig von der Entscheidung des nationalen Gerichts, ob es ausreichend Zweifel an der Gültigkeit des streitigen gemeinschaftlichen Rechtsakts hegt. Dieser Entscheidungsfindungsprozess beim nationalen Richter erfordert selbstverständlich seine korrekte rechtliche Würdigung.
Darüber hinaus muss es doch im Interesse der Gemeinschaft sein, alsbald feststellen zu können, dass ihre Rechtssetzungsorgane einen rechtswidrigen Rechtsakt erlassen haben. Beschränkt man den Einzelnen aber auf die Durchführung nationaler Gerichtsverfahren mit der Möglichkeit der Vorlage vor den EuGH im Falle von Zweifeln seitens des mit dem Fall befassten nationalen Richters, besteht die Gefahr, dass ein Urteil des EuGH erst lange nach dem Erlass der Verordnung ergeht. Bis dahin können viele Gemeinschaftsbürger von dem rechtswidrigen Akt beeinträchtigt werden. Außerdem drohen erheblich höhere Kosten, stellt doch das Vorabentscheidungsverfahren einen zusätzlichen Verfahrensabschnitt im nationalen Rechtsstreit dar.

f) Kompensierung des Demokratiedefizits

Ein weiteres Argument für die Ausweitung der Klagebefugnis zugunsten natürlicher und juristischer Personen ist das viel beklagte Demokratiedefizit in der EU. Anders als in den europäischen Mitgliedstaaten kommen viele Rechtsakte ohne parlamenta-

---

[1008] so auch Schohe/Arhold in EWS 2002, S. 320ff. (321).

rische Zustimmung zustande. Die Rechtssetzung findet – trotz teilweise weitgehender Eingriffe in das Wirtschaftsleben – durch Rat und Kommission statt.[1009] So ist die fehlende Anfechtbarkeit von nationalen Gesetzen in einzelnen Mitgliedstaaten[1010] eher akzeptabel als bei Gemeinschaftsakten, beruhen erstgenannte Akte doch auf einer stärkeren demokratischen Legitimation als letztgenannte.

g) Unbeachtlichkeit der Gefahr der Überlastung der Gemeinschaftsgerichte

Das Argument der Kritiker einer Ausweitung des Begriffs der individuellen Betroffenheit, eine weite Auslegung der Klagebefugnis würde zu einer Flut von Klagen vor den Gemeinschaftsgerichten führen, ist schlichtweg irrelevant. Zunächst ist nicht vorhersehbar, dass es tatsächlich zu einer solchen Überlastung der europäischen Justizmaschinerie kommen würde, wenn die Anforderungen an die Klagebefugnis gelockert würden. Zwar muss es Ziel der Gemeinschaft sein, ein hochwertiges Verfahren zu gewährleisten, welches nicht durch eine Überforderung durch eine Schwemme von Klagen gefährdet werden darf. Auch die Qualität des Verfahrens ist Inhalt des Grundrechts auf effektiven Rechtsschutz. Doch kann nicht aus dem einfachen Grund, dass eine Überlastung der Justiz drohe, den Einzelnen der benötigte Rechtsschutz versagt werden. Zunächst besteht die Möglichkeit, den Justizapparat zu vergrößern und zu effektivieren. Das Grundrecht auf effektiven Rechtsschutz gebietet ein solches vorbeugendes Verhalten. Keinesfalls darf es beschnitten werden mit der Begründung, dass verwaltungstechnische, aber überwindbare Schwierigkeiten entstehen würden.

h) Überprüfung des nationalen Rechts durch den EuGH

Nicht von der Hand zu weisen ist natürlich das Argument, dass der EuGH, folge er der Auffassung des EuG, gezwungen ist, das nationale Verfahrensrecht zu prüfen, und zwar dahingehend, ob der Rechtsschutz ausreichend ist oder nicht dem Grundrecht auf effektiven Rechtsschutz entspricht. Doch ist der EuGH in der Lage, und das sogar als einziges gemeinschaftsweites Gericht, das erlassene Sekundärrecht auszulegen. Im Rahmen dieser Auslegung kann der EuGH feststellen, ob zur Umsetzung des Aktes in den Mitgliedstaaten noch nationale Umsetzungsmaßnahmen vonnöten sind. Ist dem nicht so, muss dem EuGH bewusst sein, dass dann ein effektiver Rechtsschutz gefährdet ist. Er hat daher in diesen Fällen, also bei Klagen gegen einen ohne nationale Umsetzungsmaßnahme wirkenden Gemeinschaftsakt, seine strengen Maßstäbe an die individuelle Betroffenheit herunterzuschrauben. Besteht die Gefahr, dass der Einzelne in seinem Grundrecht auf effektiven Rechtsschutz verletzt wird, muss der EuGH alles Erdenkliche tun, um den Rechtsschutz zu optimieren und dem Grundrecht zur Durchsetzung zu verhelfen.

[1009] Hierauf macht auch Generalanwalt Riese in: EuR 1966, S. 24ff. (43) aufmerksam.

[1010] In Deutschland besteht zum Beispiel unter bestimmten Voraussetzungen die Verfassungsbeschwerde gegen verfassungswidrige Gesetze gemäß Art. 93 Abs. 4a GG, wenn es möglich erscheint, dass er durch dieses Gesetz selbst, gegenwärtig und unmittelbar in einem seiner Grundrechte oder einem anderen in § 90 Abs. 1 BVerfGG genannten Recht verletzt ist; in anderen Mitgliedstaaten fehlt hingegen die Möglichkeit der direkten Anfechtbarkeit von Gesetzen.

2. Anpassung des nationalen Verfahrensrechts

Daneben bleibt der Appell an den mitgliedstaatlichen Gesetzgeber, gemäß Art. 10 EG selber das Rechtssystem an die europäischen Gegebenheiten anzupassen. Dazu gehört auch, dass der nationale Gesetzgeber aus den bestehenden Problemen Konsequenzen zieht und Verfahren auch gegen nicht umsetzungsbedürftige Akte, für die eben kein nationaler, angreifbarer Akt besteht, in seinem Verfahrensrecht vorsieht.

3. Änderung des Art. 230 Abs. 4 EG

Eine andere Alternative neben der weiten Auslegung des Begriffs der individuellen Betroffenheit wäre die Änderung des Art. 230 Abs. 4 EG gemäß dem Verfahren des Art. 48 EU. Die Vorschrift könnte dahingehend geändert werden, dass sie nicht mehr das äußere Gewand, in den der Eingriff gekleidet ist, für die Beurteilung der Klagemöglichkeit heranzieht, sondern auf die Art und Tiefe des Eingriffs in seine Rechtsgüter abstellt. So wäre einer Klagemöglichkeit des Einzelnen nicht Tür und Tor geöffnet in dem Sinne, dass eine Überlastung der Gemeinschaftsgerichte droht, doch wäre dem Recht des Einzelnen auf effektiven Rechtsschutz ausreichend Rechnung getragen. Eventuell wäre auch eine Anpassung an Art. 93 Abs. 4a GG denkbar. Danach ist eine Verfassungsbeschwerde gegen formelle Gesetze denkbar, wenn der Beschwerte die Möglichkeit, durch das Gesetz selbst, unmittelbar und gegenwärtig betroffen zu sein, substantiiert dartun kann. An die Selbstbetroffenheit werden wesentlich geringere Anforderungen gestellt als an die individuelle Betroffenheit. Der Beschwerdeführer muss lediglich tatsächlich unmittelbar betroffen sein.[1011] Dennoch ist die Vertragsänderung nicht die einzige Möglichkeit, dem Grundrecht auf effektiven Rechtsschutz zum Durchbruch zu verhelfen. Der Bericht des EuGH aus dem Jahre 1995[1012], mit dem er einer Regierungskonferenz seine Zweifel bezüglich der Effektivität der Nichtigkeitsklage bei der Durchsetzung des Rechtsschutzes zugunsten des Einzelnen mitteilte, war demnach sicher ein wichtiger Hinweis. Dennoch war er nicht notwendig, steht doch dem EuGH nichts entgegen, seine Auslegung der Klagebefugnis zu überdenken und von seiner „Plaumann-Formel" abzuweichen.

4. Anspruch gegen die nationalen Gerichte auf Vorlage

Zuletzt sollte auch in Erwägung gezogen werden, dem Einzelnen im Rahmen eines nationalen Rechtsstreits einen Anspruch auf Vorlage vor den EuGH einzuräumen. So werden seine Chancen auf Durchführung eines für ihn günstig endenden Vorabentscheidungsverfahrens erhöht.

5. Zwischenergebnis

Im Ergebnis bleibt festzuhalten, dass der EuGH seine bisherige Haltung zum Klagerecht Einzelner noch einmal grundlegend überdenken sollte. Aus dem Blickwinkel eines umfassenden effektiven Rechtschutzes ist die Ausweitung des Begriffs der individuellen Betroffenheit unumgänglich. Dem Einzelnen muss der Rechtsweg zu den Gemeinschaftsgerichten immer dann offen stehen, wenn sich seine Rechtslage dadurch sicher und tatsächlich verändert, dass seine Rechte beschränkt oder ihm

---

1011 Sachs/*Sturm*, GG, Art. 93, Rn. 81.

1012 Bericht des EuGH über bestimmte Aspekte der Anwendung des Vertrages über die Europäische Union, Rn. 20.

Pflichten auferlegt werden. Dies muss unabhängig davon gelten, ob dem Einzelnen auf nationaler Ebene Rechtsschutz möglich ist, selbst wenn dieser ihm im Wege der Durchführung eines Vorabentscheidungsverfahrens den Weg zum EuGH bahnt. Zum einen handelt es sich beim Vorabentscheidungsverfahren – wie ausgeführt – um ein weniger effektives Verfahren als bei der Nichtigkeitsklage. Zum anderen drohte der Verlust von Rechtssicherheit, hinge es von nationalem Recht ab, wann die Klagebefugnis bestünde oder nicht. Der Rechtsschutz in den Mitgliedstaaten ist sehr unterschiedlich ausgestaltet. So bestünde die Gefahr, dass einem Individualkläger nationaler Rechtsschutz in seinem Heimatstaat versagt wird und ihm dadurch die Klagebefugnis nach Art. 230 Abs. 4 EG zuerkannt wird, wohingegen einem Staatsangehörigen eines anderen Mitgliedstaates der Rechtsschutz im Wege der Nichtigkeitsklage versagt bliebe, weil sein Heimatstaat Rechtsschutz für einen ähnlich gelagerten Fall vorsieht. Außerdem hätte eine solche Abhängigkeit der Klagebefugnis vom nationalen Rechtsschutz keine Grundlage im Wortlaut des Art. 230 Abs. 4 EG.

IV. Unmittelbare Anwendbarkeit der WTO-Vorschriften

Darüber hinaus muss dem Einzelnen ermöglicht werden, sich vor nationalen Behörden und Gerichten auf das GATT-Recht zu berufen.

Teilweise wurde behauptet, der EuGH sei durch die Stellungnahmen der Mitgliedstaaten eingeengt gewesen und habe sich unter Druck befunden. Ihm sei seine Argumentation bezüglich der unmittelbaren Anwendbarkeit des GATT in *International Fruit Company* gar peinlich gewesen, er habe allerdings in späteren Entscheidungen[1013] keine Möglichkeit gesehen, seine Rechtsprechung auf überzeugende Art und Weise zu widerrufen.[1014]

Doch spätestens in der Rechtssache *Portugal/Rat*[1015], später im Fall *OGT FruchthandelsGmbH*[1016], hatte der EuGH ausreichend Gelegenheit, seine Rechtsprechung zu überdenken und für das GATT 1994 zu ändern. Die Tatsache, dass er an seiner bisherigen Rechtsprechung im Ergebnis festhielt, ja sogar neue Argumente für die Ablehnung der unmittelbaren Anwendbarkeit auch der neuen GATT-Vorschriften heranzog, weil ihm die Argumente zum GATT 1947 offensichtlich nicht mehr als ausreichend erschienen, zeigt mehr als deutlich, dass der EuGH niemals gewillt war, seine Rechtsprechung zu revidieren.

1. Die Argumente des EuGH

Die WTO-Übereinkünfte selbst enthalten keine Bestimmungen darüber, ob ihre Vorschriften unmittelbar anwendbares Recht in den Rechtsordnungen der Vertragsparteien begründen oder nicht. Einzige Ausnahme ist die Einführungsregelung der nationalen Verpflichtungskataloge im GATS, die bestimmt, dass diese Verpflichtungskataloge keine subjektiven Rechte an die Individuen verleihen. Die Tatsache, dass der EuGH die unmittelbare Anwendbarkeit ausnahmsweise für einen Regelungsbereich ausdrücklich ausschließt, impliziert, dass das WTO-Recht der unmittelbaren An-

---

[1013] Es ging vornehmlich um die Entscheidungen SIOT, EuGH a.a.O., Fußn. 381 und SPI/SAMI, EuGH a.a.O., Fußn. 92, beide ergangen aufgrund Vorabentscheidungsersuchen italienischer Gerichte.
[1014] Mastellone in: CMLR 1983, S. 575.
[1015] EuGH a.a.O., Fußn. 426 (Portugal/Rat).
[1016] EuGH a.a.O., Fußn. 426 (Portugal/Rat).

wendbarkeit seiner übrigen Abkommen und Bestimmungen zumindest nicht ablehnend – wenn nicht sogar positiv - gegenüber steht.

Die Argumente des EuGH in der Rechtssache *Portugal/Rat*, mit denen er seit Inkrafttreten der WTO-Abkommen seine ablehnende Haltung bezüglich der unmittelbaren Anwendbarkeit derselben untermauert, sind nicht überzeugend.
Zunächst muss das große Gewicht, das der EuGH dem Ratsbeschluss 94/800/EG[1017] zubilligt, den Betrachter skeptisch werden lassen.[1018] Der EuGH hält es offensichtlich für erforderlich, sich auf die in Beschlüssen ausgedrückten Auffassungen anderer Organe zu berufen, um seiner Urteilsbegründung eine tragfähige Grundlage zu verschaffen. Indes handelt es sich beim Rat nicht um ein Rechtsprechungsorgan. Allein der EuGH ist auf Gemeinschaftsebene zur Rechtsprechung berufen. Die Tatsache, dass der Rat die gleiche Auffassung wie der EuGH vertritt, kann keinerlei Auswirkung auf die Rechtsprechung des EuGH schaffen. Der Beschluss kann weder als völkerrechtlich wirksamer Anwendungsvorbehalt oder maßgebliche Interpretation angesehen werden, noch vermag dieser Beschluss den EuGH in seiner Rechtsprechung zu binden.[1019] Dem Normsetzer des Sekundärrechts ist es wegen Art. 300 EG nicht möglich, anders als zum Beispiel dem deutschen Gesetzgeber, dem nach Art. 59 Abs. 2 GG die Entscheidung über den Erlass des Zustimmungsgesetzes bleibt, innergemeinschaftlich die unmittelbare Anwendbarkeit eines völkerrechtlichen Vertrages auszuschließen.[1020] Vielmehr lässt die Berufung des EuGH auf für seine Rechtsprechung nicht ausschlaggebende Beschlüsse anderer Organe den Verdacht auf einen gewissen Erklärungsnotstand des Gemeinschaftsgerichts aufkommen.

Gegen das Argument, man nähme den Mitgliedstaaten der WTO die in Art. 22 Abs. 2 DSU eingeräumte Befugnis, auf dem Verhandlungswege Lösungen für die Handelsstreitigkeit zu suchen, würde man die WTO-Übereinkünfte nunmehr unmittelbar anwenden können,[1021] spricht, dass die im DSU erwähnten Kompensationsleistungen nur vorübergehend zulässig sind und nicht gleichwertig neben der Einhaltung der Verpflichtungen stehen, was insbesondere aus Artt. 3 Abs. 7, 22 Abs. 1 DSU hervorgeht.
Die Nachrangigkeit von Kompensationsleistungen und Aussetzungen von Zugeständnissen hinter der Rücknahme des GATT-widrigen Aktes besteht schon seit langem. Denn bereits im Rahmen der Tokio-Runde einigten sich die Vertragsparteien auf eine entsprechende Erklärung, in der es heißt: Das vorrangige Ziel der VERTRAGSPARTEIEN „... besteht ... gewöhnlich darin, die Aufhebung der betreffenden Maßnahmen zu erwirken, wenn festgestellt wird, dass sie mit dem Allgemeinen Abkommen unvereinbar sind. Von der Möglichkeit eines Ausgleichs sollte erst Gebrauch gemacht werden, wenn die sofortige Aufhebung der betreffenden Maßnahme undurchführbar ist, und auch nur als Übergangsmaßnahme, bis die mit dem

---

[1017] Beschluss 94/800 a.a.O., Fußn. 408.
[1018] so auch v. Danwitz in: JZ 2001, S. 721ff. (724, 725).
[1019] GA Tesauro, Schlussanträge, EuGH a.a.O., Fußn. 746 (Hermès), S. 3623, Rz. 24; GA Saggio, Schlussanträge, EuGH a.a.O., Fußn. 426 (Portugal/Rat), S. 8410f., Rz. 20f.
[1020] Meng in: FS Bernhardt, S. 1063ff. (1072).
[1021] EuGH a.a.O., Fußn. 426 (Portugal/Rat), S. 8437, Rz. 37.

Allgemeinen Abkommen nicht zu vereinbarenden Maßnahmen aufgehoben worden sind."[1022]

Die Berufung auf den Mangel an Gegenseitigkeit und ein Ungleichgewicht auf Seiten der Handelspartner der Gemeinschaft bei der Anwendung der WTO-Übereinkünfte[1023] ist im Ergebnis zwar politisch überzeugend. Würde die EU innerstaatlich an die WTO-Übereinkünfte derart gebunden werden, dass sich Einzelne auf seine Bestimmungen berufen könnten, wäre sie mehr an die Einhaltung der Regeln des GATT gebunden als andere Staaten, die die unmittelbare Anwendbarkeit nach wie vor ablehnen. Könnten sich neben den WTO-Mitgliedstaaten im Rahmen der Panel-Verfahren der WTO auch einzelne europäische Wirtschaftsteilnehmer oder die Mitgliedstaaten der Gemeinschaft auf WTO-Recht stützen und somit Gemeinschaftsakte zu Fall bringen, wäre die Gemeinschaft handelspolitisch eingeschränkter als andere WTO-Mitgliedstaaten, die Sanktionen gegen ihr handelspolitisches Gebaren nur seitens anderer WTO-Mitgliedstaaten zu fürchten haben. Als Beispiel dient die Einstellung amerikanischer Gerichte, die der Berufung auf das GATT als Maßstab für die innerstaatliche Kontrolle wirtschaftspolitischer Maßnahmen reserviert gegenüberstehen.[1024] Die USA sind neben Japan, Kanada und der EU die wichtigste Handelsmacht unter den WTO-Mitgliedern. Auch das US-amerikanische Recht unterscheidet unmittelbar anwendbare und nicht unmittelbar anwendbare Vorschriften.[1025] Als unmittelbar anwendbar gelten solche Verpflichtungen, die ausdrücklich oder stillschweigend mit der Ratifizierung angewendet werden sollen. Nicht unmittelbar anwendbare Verpflichtungen sind dagegen solche, die nach ihrem Wortlaut weitere Maßnahmen der innerstaatlichen Rechtssetzung voraussetzen.[1026] Eine Berufung auf das GATT vor einem amerikanischen Gericht scheiterte vor Gründung der WTO bereits daran, dass der amerikanische Kongress das Abkommen niemals ratifiziert hatte. Das GATT ist also ohne Ratifizierung gar nicht in der Lage, die Vorschriften auf Bundesebene zu verdrängen oder in der Anwendung zu beschränken.[1027]
Die Möglichkeit des Verweises auf völkerrechtliche Mittel, mit denen eine mangelnde Umsetzung der WTO-Übereinkünfte durch ihre Handelspartner sanktioniert werden kann[1028], besteht durch das effektive Streitbeilegungsverfahren, das die WTO bereithält. Seine Durchführung hätte allerdings, dies ist den Kritikern zuzugeben, nicht dieselbe Effektivität. Insbesondere kann ein solches Verfahren eine lange Zeit in Anspruch nehmen, in der die EU geknebelt ist, während der vermeintliche Verletzerstaat seine WTO-widrige Maßnahme aufrechterhalten könnte.

1022 a.a.O., Fußn. 216 (Vereinbarungen über Notifizierungen, Konsultationen, Streitbeilegung und Überwachung vom 28.11.1979), Anhang (Vereinbarte Beschreibung der üblichen GATT-Praxis auf dem Gebiet der Streitbeilegung, Art. XXIII Abs. 2), Abs. 4, UA 2, S. 3, 4, in Hummer/Weiss, Vom GATT '47 zur WTO '94, S. 778ff. (785).
1023 EuGH a.a.O., Fußn. 426 (Portugal/Rat), S. 8438, Rz. 42ff.
1024 Suramerica de Aleaciones Laminadas, C.A.v. United States, 966 F. 2d 660 (Fed. Cir. 1992).
1025 vgl. Evans in: BYIL 1953, S. 178ff.
1026 s. hierzu Hudec in: Hilf/Petersmann, GATT und EG, S. 243ff. (245).
1027 Hudec in: Hilf/Petersmann, GATT und EG, S. 243ff. (260).
1028 so teilweise in der Literatur angeführt, vgl. Berrisch/Kamann in: EWS 2000, S. 89ff. (93).

Hier sei allerdings die Betonung auf die politische Überzeugungskraft gelegt. Das Argument der fehlenden Gegenseitigkeit kann aber nur dann gänzlich überzeugen, wenn es auch eine rechtliche Grundlage enthält.
Zunächst einmal kann daher die Verfahrensdauer des Streitschlichtungsverfahrens nicht überzeugen. Durch dieses internationale Verfahren wird jeder WTO-Vertragspartner in die Lage versetzt, die wechselseitig übernommenen Verpflichtungen und Rechte gegenüber den anderen Parteien des Abkommens effektiv durchzusetzen. Dies gilt auch und gerade dann, wenn sich eine Vertragspartei durch die Anerkennung der unmittelbaren Anwendbarkeit rechtlich stärker an die Abkommensbestimmungen bindet als andere Handelspartner. Das Panelverfahren ist ein an straffe Verfahrensfristen[1029] gebundenes internationales Streitschlichtungsverfahren. Grund für diese strengen Fristen ist das Ziel, internationale Handelsstreitigkeiten möglichst schnell aus der Welt zu räumen. Auch dienen die vorgesehenen Verhandlungsmöglichkeiten vor Einleitung eines Panelverfahrens der Schnelligkeit des Verfahrens. Das DSU hält außerdem effektive Sanktionsmechanismen bereit. Dass die Durchführung des Streitschlichtungsverfahrens längere Zeit in Anspruch nimmt, als von vornherein den Einzelnen und sogar den Mitgliedstaaten die Berufung auf das WTO-Recht zum Zwecke der Überprüfung der Gültigkeit des streitigen Aktes zu verweigern, kann hiergegen in rechtlicher Hinsicht nicht überzeugen. Im Gegenteil lässt es Zweifel an der ausreichenden Beachtung des Rechtsstaatsprinzips aufkommen, verweigert man den Betroffenen aus diesen Gründen den Weg vor das Gericht.
Weiterhin führt der EuGH in der Rechtssache *Kupferberg* aus, dass die Tatsache, dass die Gerichte einiger Parteien des Abkommens zwischen Portugal und der EWG „möglicherweise einigen Bestimmungen des Abkommens unmittelbare Geltung zuerkennen, während die Gerichte der anderen Partei diese unmittelbare Geltung möglicherweise ablehnen, für sich allein noch keine fehlende Gegenseitigkeit bei der Durchführung des Abkommens" sei. Der EuGH setzt sich also in Widerspruch, wenn er für das GATT aufgrund der Tatsache der fehlenden Gegenseitigkeit dessen unmittelbare Anwendbarkeit ablehnt, für das Gemeinschaftsabkommen mit Portugal hingegen in einer möglicherweise fehlenden Gegenseitigkeit keinen Grund für die Ablehnung der unmittelbaren Anwendbarkeit sieht. Für eine solch ungleiche Behandlung ist kein Grund ersichtlich.
Schließlich enthält auch das Argument von *v. Danwitz*[1030] große Überzeugungskraft. Durch die vorbehaltlose Aufnahme völkerrechtlicher Bestimmungen in die Rechtsordnung der Gemeinschaft im Rang über dem Sekundärrecht entzieht sich die Gemeinschaft die Grundlage für eine plausible Argumentation gegen die innerstaatliche Wirkung der von der Gemeinschaft unterzeichneten Abkommen.
Völkerrechtlich ist daher die Argumentation nicht begründbar.

Außerdem ist fraglich, ob allein die – politisch zwar nachvollziehbare – Weigerung der Anerkennung einer unmittelbaren Anwendbarkeit aufgrund mangelnder Gegenseitigkeit ausreicht, um den Einzelnen und sogar den Mitgliedstaaten die Berufung auf Rechte zu verweigern.

[1029] s.o. S. 46.
[1030] v. Danwitz in: JZ 2001, S. 721ff. (726).

Für diese Betrachtung ist zwischen Klagen der Mitgliedstaaten und Klagen beziehungsweise Vorabentscheidungsersuchen der einzelnen Wirtschaftsteilnehmer zu unterscheiden.

2. Klagen der Mitgliedstaaten

Sowohl in der Rechtssache *Deutschland/Rat* als auch im Urteil *Portugal/Rat* spricht der EuGH den Mitgliedstaaten die Berufung auf die Vorschriften des GATT ab. Im ersten Fall ging es noch um das GATT 1947. Der zweite Fall betrifft bereits das im Rahmen der Uruguay-Runde reformierte GATT 1994, eingebettet in das gesamte WTO-Rechtssystem. Damit verweigert der EuGH den Mitgliedstaaten die Berufung auf Abkommen, deren Mitglieder sie selber sind und die sie genauso binden wie die Gemeinschaft selbst. Erlegt der streitige Gemeinschaftsrechtsakt die Durchführung desselben auf, finden sich die Mitgliedstaaten selbst in der Situation, gegen WTO-Recht zu verstoßen, wieder.

Sie befinden sich in einer Zwickmühle: Verhalten sie sich WTO-rechtskonform, verstoßen sie gegen Gemeinschaftsrecht und können entsprechend von der Gemeinschaft sanktioniert werden. Führen sie den WTO-widrigen Gemeinschaftsakt durch, droht ihnen ein von einer anderen WTO-Vertragspartei angestrengtes Panelverfahren.

Die Mitgliedsstaaten der Gemeinschaft sind an das WTO-Recht genauso gebunden wie die Gemeinschaft selbst, denn es handelt sich um ein solches gemischtes Abkommen, welches nach außen nicht die Teilung der Kompetenzen zeigt. Die Vertragsschlusskompetenz der Mitgliedstaaten wurde vom EuGH selbst ausdrücklich bestätigt.[1031] Auch stellt der EuGH selbst fest, dass das WTO-Übereinkommen von der Gemeinschaft und den Mitgliedstaaten ungeteilt angenommen wurde.[1032] Die Vertragsparteien in der WTO dürfen also bezüglich der Außenbindung von Gemeinschaft und Mitgliedstaaten davon ausgehen, dass auch die Mitgliedstaaten an alle Teile des Abkommens gebunden sind. Im Innenbereich wird die Bindung der EU-Mitgliedstaaten an die Teile des WTO-Rechts, die in die gemeinschaftliche Kompetenz fallen, also das gesamte GATT, außerdem Teile des GATS und des TRIPS, dadurch erzeugt, dass das Gemeinschaftsrecht Vorrang vor dem nationalen Recht hat. Über Art. 300 Abs. 1 EG wird auch Völkerrecht zu Gemeinschaftsrecht.

Das Recht zum Schutz der eigenen Interessen in der Gemeinschaft muss jedem Mitgliedstaat gegen die Gemeinschaft zuerkannt werden. Spricht der EuGH den Mitgliedstaaten die Berufung auf GATT-Regeln im Rahmen von Verfahren auf Gemeinschaftsebene dennoch ab, so setzt er sie sehenden Auges der Gefahr der völkerrechtlichen Haftung gegenüber den GATT-Vertragspartnern aus.

Die Vorgehensweise des EuGH erscheint einmal mehr willkürlich. An anderer Stelle wurde bereits auf die Entscheidung *Kommission/Deutschland*[1033] hingewiesen. Verstößt ein Mitgliedstaat gegen GATT-Verpflichtungen[1034], maßt sich der EUGH an, diese Verstöße bei einer Klage eines Gemeinschaftsorgans zu rügen. Verstößt aber die Gemeinschaft selbst gegen WTO-Recht, wird auf die fehlende unmittelbare An-

---

[1031] EuGH a.a.O., Fußn. 4 (Gutachten 1/94), S. 5404, Rz. 53.
[1032] EuGH a.a.O., Fußn. 746 (Hermès), S. 3606, Rz. 24.
[1033] EuGH a.a.O., Fußn. 534 (Kommission/Deutschland).
[1034] Es handelte sich um die Internationale Übereinkunft über Milcherzeugnisse, einen Teil der Tokio-Runde des GATT.

wendbarkeit der GATT-Vorschriften verwiesen. Diese unterschiedliche Behandlung erscheint unverständlich. An einer Begründung durch den EuGH fehlt es. In der Rechtssache *Portugal/Rat*[1035] spricht der EuGH allein von der „Vereinbarkeit des Gemeinschaftsrechts mit dem WTO-Recht".[1036] Mitgliedstaatliche Maßnahmen werden im Rahmen dieser Akte, die der EuGH nicht am WTO-Recht misst, nicht erwähnt. Auch das Urteil *Hermès*[1037] lässt die Tendenz des EuGH erkennen, dass der EuGH gewillt ist, mitgliedstaatliche anders als gemeinschaftliche Maßnahmen nach Maßgabe des WTO-Rechts zu kontrollieren. In der Literatur wird auf dieses Schutzverhalten zwar aufmerksam gemacht, doch wird ihm teilweise mit Verständnis begegnet, ist doch die Gemeinschaft als Mitglied der WTO für alle WTO-widrigen mitgliedstaatlichen Maßnahmen völkerrechtlich verantwortlich. Eine Kontrolle der mitgliedstaatlichen Maßnahmen anhand von WTO-Recht stelle daher eine Kompensation der schwachen Aufsichtsbefugnisse der Kommission dar.[1038] Meines Erachtens kann ein solches Verhalten aber nur dann verständlich und akzeptabel sein, wenn den Mitgliedstaaten eine ebensolche Möglichkeit eröffnet wird, handelsrechtliche Probleme, die ihre internationale Haftung auslösen könnte, EU-intern auszutragen.

Neben der Gefahr der Sanktionierung durch ein Panel können auch auf den nationalen Handel Nachteile zukommen. Handelspolitische Maßnahmen wie die Erhöhung von Zöllen oder Kontingentierungen, die den handelsrechtlichen und –politischen Status quo verändern, bewirken regelmäßig eine Umverteilung dahingehend, dass Importeure weniger Geschäfte tätigen und Konsumenten höhere Preise zahlen. Handelspartner verlieren ihr Vertrauen in die Abkommenstreue des Mitgliedstaates. Dadurch, dass dem Staat, deren nationale Wirtschaftsteilnehmer in der beschriebenen Weise betroffen sind, eine Berufung auf die durch die Maßnahme verletzten GATT-Vorschriften vorenthalten wird, kann der Staat rechtspolitisch keinen Einfluss auf seinen Handel nehmen. Der Schutz der Importeure und Konsumenten durch Bewirkung der Ungültigkeitserklärung der beanstandeten Gemeinschaftsmaßnahme durch den EuGH ist ihm abgeschnitten. Die Bedingung der unmittelbaren Anwendbarkeit eignet sich schlichtweg nicht für Klagen der Mitgliedstaaten. Der EuGH verkennt zum einen, dass diese Bedingung nur die Frage der Möglichkeit des Einzelnen klärt, sich vor nationalen Behörden und Gerichten auf den entsprechenden völkerrechtlichen oder gemeinschaftlichen Akt zu berufen. Zum anderen setzt die Gemeinschaft die Mitgliedstaaten der Gefahr von Sanktionen seitens Drittstaaten aus und verkennt ihre Stellung als gleichwertige Vertragspartner zu den Abkommen.

3. Klagen und Vorabentscheidungsersuchen der Einzelnen

Der Grund für die restriktive Beurteilung des WTO-Rechts als der unmittelbaren Anwendbarkeit unfähig liegt auf der Hand. Weltweit steht man einer umfassenden weltweiten Wirtschaftsintegration, so wie sie die EG auf europäischer Ebene erreicht hat, skeptisch und sogar ablehnend gegenüber. Der EuGH orientiert sich daher bei seiner Rechtsprechung an den bestehenden Werten und Entwicklungen im Bereich der Welthandelspolitik und geht bei seiner Rechtsprechung auffällig vorsichtig vor. Eine

---

[1035] EuGH a.a.O., Fußn. 426 (Portugal/Rat).
[1036] EuGH a.a.O., Fußn. 426 (Portugal/Rat), Rz. 46
[1037] EuGH a.a.O., Fußn. 746 (Hermès).
[1038] v. Bogdandy/Makatsch in: EuZW 2000, S. 261ff. (267).

zu starke Bindung der Gemeinschaft an die Regeln des Welthandels will er vermeiden. Dennoch können diese wirtschaftpolitischen Beweggründe nicht überzeugen.
Es handelt sich beim EuGH nicht um eine politische Instanz, sondern um ein Gericht, das auf der Basis des geltenden Rechts zu entscheiden hat.

a) Rechtsstaatsgedanke und effektiver Rechtsschutz

Den Vätern der Verträge schwebte bei der Konzeption der Römischen Verträge der Gedanke einer allmählichen fortschreitenden institutionellen Integrierung der damaligen sechs Mitgliedstaaten unter bewusster Abschwächung des nationalen Souveränitätsprinzips vor. Dabei bestand die Idee, die Gemeinschaften nach rechtsstaatlichen Gesichtspunkten zu gestalten.[1039] Der Rechtsstaatsgedanke und insbesondere das Prinzip des effektiven Rechtsschutzes ist ein wichtiges Element jeder mitgliedstaatlichen Verfassung. Daher hat die Gemeinschaft aufgrund ihrer Fürsorgepflicht für die Mitgliedstaaten, deren ehemalige Souveränitäten sie nunmehr ausübt, die Pflicht, diese staatsrechtlichen Prinzipien in einer verantwortlichen Weise auszuüben. Einige der Vertragsparteien stehen der unmittelbaren Anwendbarkeit der WTO-Vorschriften positiv gegenüber.[1040] Bei einer Betrachtung der Rechtsprechung und Gesetzgebung derjenigen Staaten, die der EuGH offensichtlich meint, wenn er behauptet, die wichtigsten Handelspartner der EG lehnten die unmittelbare Anwendbarkeit ebenso ab wie er, ist einer differenzierten Betrachtungsweise zugänglich.[1041] Damit ist das Gegenseitigkeitsprinzip zum einen rechtlich nicht begründbar, zum anderen ist der vom EuGH gezogene Vergleich mit den wichtigsten Handelspartnern der EU nicht überzeugend, lässt sich doch auch aus deren Gesetzgebung und Rechtsprechung kein eindeutiges Bekenntnis zur Verneinung einer Berufungsmöglichkeit des Einzelnen auf GATT-Recht vor den Gerichten und Verwaltungsorganen ziehen.

b) Fehlende Differenzierung des EuGH zwischen seiner Auslegungspflicht und dem Kriterium der unmittelbaren Anwendbarkeit

Außerdem führt die Ablehnung der unmittelbaren Anwendbarkeit weniger weit, als der EuGH anzunehmen scheint. Denn sie hat lediglich zur Folge, dass sich der Einzelne vor den nationalen Behörden und Gerichten nicht auf das GATT berufen kann. Bei der Überprüfung der Gültigkeit des Gemeinschaftsaktes nach Artt. 230, 234 EG muss der EuGH das GATT-Recht ebenso heranziehen wie das Gemeinschaftsrecht im engen Sinne. Beruft er sich auf die fehlende unmittelbare Anwendbarkeit, um die Überprüfung eines Aktes anhand des GATT zu vermeiden, dehnt er dieses Institut über seine eigentliche Bedeutung hinaus aus.

[1039] Riese in: EuR 1966, S. 24ff. (25).

[1040] vgl. amtliche Begründung zum Gesetz zur Unterzeichnung der WTO-Abkommen, BT-Dr 12/7655 (1994), S. 7; für Italien vgl. Panebianco in: Hilf/Petersmann, GATT und EG, S. 313ff. (315f.). für die USA und Japan vgl. die die Auffassung des EuGH durchaus relativierenden Ausführungen bei v. Danwitz in: JZ 2001, S. 721ff. (727).

[1041] für die USA und Japan vgl. die Ausführungen bei v. Danwitz in: JZ 2001, S. 721ff. (727).

c) Bejahung der unmittelbaren Anwendbarkeit

Abgesehen davon ist die unmittelbare Anwendbarkeit im klassischen Sinne, also die Berufungsmöglichkeit des Einzelnen auf GATT-Vorschriften vor nationalen Behörden und Gerichten, dem Einzelnen zuzugestehen.

(I) Kein ausreichender Rechtsschutz durch Staatenklagen

Das Argument von *Everling*, Rechtsverstöße gegen das GATT könnten durch Staatenklagen oder Klagen von Organen gerügt werden, ist nicht überzeugend. Zum einen zeigt die Rechtsprechung des EuGH in den Rechtssachen *Deutschland/Rat* und *Portugal/Rat*, dass die Mitgliedstaaten gerade nicht in der Lage sind, sich gegen GATT-widrige Akte zu wehren. Zum anderen kann es den einzelnen aus Rechtsschutzgesichtspunkten nicht zugemutet werden, zu warten, bis ein Mitgliedstaat oder ein Gemeinschaftsorgan einen Verstoß gegen das GATT aufdeckt und rügt. Dem Einzelnen muss ein unabhängiges Klagerecht zukommen, damit ihm ausreichender Rechtsschutz zukommt. Allein die umstrittene Bananenmarktordnung führte zu einer großen Zahl von Unternehmensschließungen und Entlassungen, hatte also schwerwiegende Auswirkungen auf die Wirtschaft in der Gemeinschaft. Aus diesem Grund ist der EuGH gehalten, die Klagen oder Vorlagen der Einzelnen nicht mehr mit dem Argument einer fehlenden unmittelbaren Anwendbarkeit abzulehnen. Die die unmittelbare Wirkung auch des GATT 1994 ablehnenden Stimmen in der Literatur berufen sich allein auf politische Argumente. Eine rechtliche Begründung stützt diese Ansicht nicht.

(II) Keine Erforderlichkeit von Gegenseitigkeit

Das Argument der Gegenseitigkeit kann hier, wie gezeigt, nicht greifen. Zum einen handelt es sich um ein rein politisches Argument. Zum anderen bleibt den Organen der Gemeinschaft die Möglichkeit, im Rahmen von WTO-Verhandlungsrunden darauf hinzuwirken, eine Klausel, die die unmittelbare Anwendbarkeit in allen Staaten, die Vertragspartei der WTO sind, in das Vertragswerk aufzunehmen. Insbesondere wenn man die Rechtssache *Portugal/Rat* betrachtet, wo Betroffene der streitigen EG-Maßnahme Indien und Pakistan sind, wird diese Möglichkeit deutlich. Im Vergleich zu einem Großteil der Vertragspartner verfügt die Gemeinschaft über eine politische und wirtschaftliche Macht[1042], die ihr in den WTO-Ministerkonferenzen zu einer mächtigen und durchsetzungsfähigen Verhandlungsposition verhilft.

(III) Das WTO-Recht als Individualrecht

Es ist anzuerkennen, dass Begünstigte der WTO-Rechtsordnung nicht nur die Staaten, sondern die Wirtschaftsteilnehmer sind, dass also die WTO-Rechtsordnung dem einzelnen wirtschaftliche Freiheitsrechte verleiht.[1043] Begünstigter der WTO-Abkommen ist in erster Linie der Handel und damit die Unternehmen, die an dem Handel teilnehmen, denen sich dadurch ein zusätzlicher Freiheitsraum eröffnet.[1044] Darüber hinaus ist anzuerkennen, dass durch die Anwendung des WTO-Rechts be-

---

[1042] Die Verhandlungsposition der Gemeinschaft wird auch durch Art. XI Abs. 1 WTOÜ deutlich, welcher die Gemeinschaft als einzige Organisation als Vertragspartei ausdrücklich anerkennt. Die EG-Mitgliedstaaten sind ebenfalls jeweils für sich wirtschaftlich mächtige Industriestaaten.

[1043] Berrisch/Kamann in EWS 2000, S. 97; Petersmann in: EuZW 1997, S. 651ff. (651).

[1044] so auch Meier in: RIW 1997, S. 188ff. (189).

ziehungsweise seine Nichtanwendung und die Streitbeilegungsverfahren unmittelbar europäische Wirtschaftsunternehmen betroffen werden können.[1045]

(IV) Einhaltung der internationalen Verpflichtungen durch die Gemeinschaft

Die Gemeinschaft muss sich an ihre völkerrechtlichen Bindungen halten. Mit dem Beitritt zur WTO hat sie sich für die Globalisierung und das Prinzip der Privatautonomie entschieden. Damit hat sie den Welthandel frei von gemeinschaftlichen Eingriffen zu halten. Verhindert sie auf gemeinschaftlicher Ebene, dass Einzelne GATT-widrige Gemeinschaftsakte zu Fall bringen, indem ihnen der EuGH als Organ der Gemeinschaft die Berufungsmöglichkeit auf die Bestimmungen des GATT versagt, greift sie in den freien Welthandel völkerrechtswidrig ein. Denn so wird die effektive Durchsetzung des GATT verhindert.

Natürlich ist der Gemeinschaft zuzugestehen, dass einige ihrer GATT-widrigen Akte zum Beispiel dem Gesundheits-, Umwelt-, Tier- und Artenschutz zu dienen bestimmt sind und dass dies förderungswürdige Bestrebungen sind. Die Konsequenz der Anerkennung der unmittelbaren Wirkung des GATT-Rechts ist, dass sich zum Beispiel ein europäischer Exporteur von Thunfisch, welcher ohne Schutzmaßnahmen zugunsten von Delphinen gefangen wird, auf GATT-Recht berufen kann, um sich gegen eine Verordnung zu wehren, die nur noch Import von Thunfisch in die Gemeinschaften zulässt, der ohne Gefährdung von Delphinen gefischt wurde.

Doch kann sich die Gemeinschaft nicht einseitig ihrer völkerrechtlichen Verpflichtungen entziehen, indem sie vorgibt Ziele zu schützen, die sie einseitig zu förderungswürdigen Zielen erklärt hat. Auch hier muss die Gemeinschaft bestrebt sein, auf internationaler Ebene Einigungen zu erreichen. So kann sie darauf hinwirken, in das Vertragswerk Vorschriften aufzunehmen, die Ausnahmen zur Pflicht zur Einhaltung der Verpflichtungen aus bestimmten, schützenswerten Gründen, wie zum Beispiel Umwelt-, Tier- und Artenschutz, vorsehen. Art. XX GATT ist hierfür bereits ein Anfang. Hierbei kann das Gemeinschaftsrecht als Vorbild dienen, welches Ausnahmen zum Grundsatz des freien Handels mit Waren und Dienstleistungen, des freien Personenverkehrs und des Kapitals vorsieht (Artt. 30, 39 Abs. 3, 46 Abs. 1 EG).

Ohnehin ist in den meisten Fällen Grund für die Schaffung GATT-widriger Gemeinschaftsrechtsakte die Erreichung einer besseren wirtschaftlichen Stellung der Gemeinschaften, wie ein Blick auf den Kampf um die Bananenmarktordnung zeigt.

Gerade dieser Bereich soll aber liberalisiert werden. Gründe wie Umwelt-, Tier- und Pflanzenschutz und Erhaltung von Ressourcen sind erstrebenswerte Ziele, denn sie garantieren die dauerhafte Existenz des tierischen und menschlichen Lebens. Doch kann die Gemeinschaft solche Ziele entgegen ihren durch die Unterzeichnung des WTO-Abkommens eingegangenen Verpflichtungen nicht einseitig anstreben.

(V) Interessendurchsetzung durch Verhandlungen mit den Vertragspartnern

Erforderlich ist vielmehr die Herstellung eines weltweiten Grundkonsenses für diese schutzbedürftigen Bereiche und die Vornahme entsprechender Änderungen im WTO-Recht durch eine weitere Handelskonferenz. Auf einer solchen Konferenz müsste zum einen die unmittelbare Anwendbarkeit im Vertragswerk explizit geregelt werden, um Globalisierung und Freiheit des Welthandels zu unterstützen. Andererseits müssten – ebenfalls durch Verankerung im WTO-Abkommen - Schutzbereiche

[1045] hierzu Roberts in: the EL 2002, S. 31ff.

geschaffen werden, deren Reichweite auf dem gemeinsamen Konsens der WTO-Vertragspartner über die schützenswerten und schutzbedürftigen Belange der Vertragspartner beruhen. Hier muss ein weltweit verbindlicher Standard geschaffen werden, der von allen Vertragspartnern akzeptiert werden muss und aufgrund dessen bestimmte Interessenbereiche vom freien Welthandel und dem Ziel der Globalisierung ausgenommen werden. Um diese erarbeiteten Werte weltweit zu schützen, müssen weitere Ausnahmeregeln in die Abkommen aufgenommen werden, die den Vertragspartnern erlauben, von den vertraglichen Verpflichtungen ausnahmsweise abzuweichen. Diese Erweiterung des Ausnahmekatalogs kann auch nicht die unmittelbare Anwendbarkeit der WTO-Regeln berühren, wenn sie klar und deutlich präzisiert werden. Wie erwähnt, sind auch die Grundfreiheiten des EG-Vertrages, die allesamt der unmittelbaren Anwendbarkeit zugänglich sind, durch Ausnahmeregelungen eingeschränkt. Bezüglich der Frage des Vorliegens der Voraussetzungen für das Eingreifen der Ausnahmetatbestände besteht die Möglichkeit der Klärung durch das effektive WTO-Streitbeilegungssystem. Liegen die Voraussetzungen nicht vor, enthält das DSU wirkungsvolle Durchsetzungsmöglichkeiten. Vorgelagert kann auf nationaler beziehungsweise gemeinschaftlicher Ebene eine Klärung erreicht werden.
Der gemeinsame Standard ist durch eine Analyse der in den einzelnen WTO-Mitgliedstaaten vorherrschenden Werte und schützenswerten Belange zu finden. In Deutschland zum Beispiel gab es die Verfassungsdebatte über die Verankerung des Tierschutzes in der Verfassung (Art. 20a GG). Tierschutz wird daher in Deutschland und auch in anderen Ländern[1046] immer wichtiger. Auf Gemeinschaftsebene lassen sich die aus der Sicht der Mitgliedstaaten schutzbedürftigen Werte durch einen Blick auf die Rechtfertigungsgründe im Rahmen der Grundfreiheiten erschließen. Unter die Ausnahmen von den Regeln der Freizügigkeit fallen laut Cassis-Formel[1047] und Folgeurteilen Verbraucherschutz, wirksame steuerliche Kontrolle, Lauterkeit des Handelsverkehrs, Umweltschutz[1048], Aufrechterhaltung der Medienvielfalt[1049] und Erhalt des finanziellen Gleichgewichts des Systems der sozialen Sicherheit[1050]. Dass die Gemeinschaft den Schutz dieser Bereiche auch auf WTO-Ebene anstrebt, ergibt sich auch aus einer Mitteilung der Kommission an Rat und Europäisches Parlament, womit sie die Zielsetzung der Gemeinschaft für die sogenannte „Millenium-Runde" konkretisiert.[1051] Das Papier enthält vier Hauptziele, die im Rahmen der am 30.11.1999 beginnenden 3. WTO-Ministerkonferenz in Seattle vorangetrieben werden sollen. Neben dem Ziel der weiteren Liberalisierung des Welthandels im Agrar- und Dienstleistungsbereich, der weiteren Stärkung des multilateralen Systems der WTO und der Stärkung der entwicklungspolitischen Rolle der WTO steht die „Stärkung von The-

---

[1046] vgl. z.B. das amerikanische Importverbot für bestimmte Shrimpsprodukte zum Schutz von Meeresschildkröten, welches Gegenstand des Panelverfahrens „Shrimps-Turtle" WT/DS58/R v. 15.08.1998, vgl. EuZW 1999, S. 150 war.

[1047] EuGH, Urteil vom 20.02.1979, Rs. 120/78, Slg. 1979, S. 649ff. (662), Rz. 8, Rewe-Zentral-AG / Bundesmonopolverwaltung für Branntwein.

[1048] EuGH, Urteil vom 20.09.1988, Rs. 302/86, Slg. 1988, S. 4607ff. (4630), Rz.8, Kommission der Europäischen Gemeinschaften / Königreich Dänemark.

[1049] EuGH, Urteil vom 26.06.1997, Rs. C-368/95, Slg. 1997, S. I-3689ff. (3718), Rz. 34, Vereinigte Familiapress Zeitungsverlags- und Vertriebs GmbH / Heinrich Bauer Verlag.

[1050] EuGH, Urteil vom 28.04.1998, Rs. C-120/95, Slg. 1998, S. I-1831ff. (1884), Rz. 39, Nicolas Decker / Caisse de maladie des employés privés.

[1051] Mitteilung der Kommission vom 08.07.1999, „Das Konzept der EU für die Jahrtausendrunde", s. www.europa.eu.int/comm/dg01/0807nrde.pdf; http://euro-pa.eu.int/comm/trade/pdf/0807nrde.pdf.

men von allgemeinem öffentlichen Interesse" wie z.B. Umweltschutz, Gesundheit und soziale Fragen im Vordergrund. Die Ergebnisse der 4. Ministerkonferenz von Doha/Katar vom 09.-14. November 2001 umfassen einen Beschluss über die Auslegung des TRIPs- Übereinkommens in einer Weise, die den Mitgliedern das Recht sichert, Maßnahmen zum Schutz der öffentlichen Gesundheit zu ergreifen.[1052]
Wichtig ist jedenfalls, dass diese Werte und ihre Reichweite von den WTO-Mitgliedern gemeinsam und übereinstimmend erarbeitet und festgelegt werden. Es kann nicht Sinn eines internationalen Abkommens sein, nur die Vorteile einer solchen Vertragspartnerschaft zu nutzen und das Abkommen unbeachtet zu lassen, wenn durch seine Beachtung Nachteile drohen.

V. Auslegung des Gemeinschaftsrechts im Lichte von Bestimmungen wirksam begründeter Abkommen

Im Hinblick auf das Verhältnis zwischen Gemeinschaftsrecht und nationalem Recht haben die nationalen Gerichte zusätzlich zur Möglichkeit für den Einzelnen, sich unter bestimmten Voraussetzungen auf das Gemeinschaftsrecht zu berufen, die Aufgabe, sicherzustellen, dass der Inhalt einer Richtlinie wirksam in eine nationale Bestimmung umgesetzt wurde. Außerdem haben sie die Vereinbarkeit der nationalen Norm mit der Richtlinie zu ermitteln. Schließlich kommt ihnen die Aufgabe zu, bei der nationalen Umsetzung der Richtlinie zu überprüfen, ob der Gesetzgeber die Grenzen der übertragenen Kompetenzen beachtet hat. Der Richter übernimmt also die gewichtige Aufgabe, das nationale Recht im Licht der Gemeinschaftsrichtlinie auszulegen.[1053]

Das gleiche muss auch im Verhältnis zwischen internationalem Recht und Gemeinschaftsrichter gelten. Auch der EuGH muss die Aufgabe wahrnehmen, das sekundäre Gemeinschaftsrecht, das nach seiner ständigen Rechtsprechung im Rang unter dem aus Gemeinschaftsabkommen resultierenden Recht steht[1054], im Lichte dieser internationalen Bestimmungen auszulegen, sofern die Gemeinschaft an dieses Recht gebunden ist. Dieses allgemeine Institut der völkerrechtskonformen Auslegung ist fester Bestandteil der Rechtsprechung des Gerichtshofes.[1055] Es geht bei der Auslegung im Unterschied zur unmittelbaren Anwendbarkeit, wo die direkte Anwendung von Bestimmungen der Gemeinschaftsabkommen auf einen Einzelfall und die Fähigkeit der Norm, Rechte und Pflichten für den Einzelnen zu begründen in Frage steht, nicht um die Auswirkung auf den konkreten Einzelfall. Die Nichtigkeitsklage nach Art. 230 EG löst eine rein objektive Rechtmäßigkeitskontrolle aus, bei der das gesamte in der Gemeinschaftsrechtsordnung geltende Recht Prüfungsmaßstab ist.[1056] Und im Vorabentscheidungsverfahren nach Art. 234 EG äußert sich der EuGH abstrakt zum

---

[1052] http://trade-info.cec.eu.int/europa/2001newround/compas_de.htm.
[1053] Augi/Baratella in: ELF 2000/2001, S. 83ff. (84).
[1054] EuGH, a.a.O., Fußn. 357 (Sevince), S. 3501, Rz. 9; EuGH a.a.O., Fußn. 534 (Kommission/Deutschland), S. 4020f., Rz. 52; die Stellung des von der Gemeinschaft abgeschlossenen Völkervertragsrechts vor dem gemeinschaftlichen Sekundärrecht geht auch aus Art. 300 Abs. 6 EG hervor, der lediglich das Primärrecht ausdrücklich vor das Völkervertragsrecht stellt.
[1055] vgl. z.B. EuGH a.a.O., Fußn. 534 (Kommission/Deutschland), S. 4020, Rz. 52.
[1056] Callies/Ruffert-*Cremer*, EGV, Art. 230, Rn. 1; Groeben / Thiesing / Ehlermann - *Krück*, EGV, Art. 173, Rn. 1.

geltenden Gemeinschaftsrecht, ohne dass es dabei auf die Auswirkung auf den konkreten Einzelfall und damit auf die unmittelbare Anwendbarkeit ankäme.[1057]
Abkommensbestimmungen verhilft der EuGH durch ihre Auslegung zu einer effektiven Durchsetzung im Gemeinschaftsrecht, ohne dass hierdurch zunächst die Gültigkeit der entsprechenden gemeinschaftlichen Rechtsvorschriften in Frage gestellt wird. Für den Fall, dass eine GATT-konforme Auslegung nicht möglich ist, ist der EuGH verpflichtet, den Gemeinschaftsakt nach Art. 234 Abs. 1 b) EG für ungültig beziehungsweise nach Art. 230, 231 EG für nichtig zu erklären. Das GATT-Recht ist wie die anderen Gemeinschaftsabkommen integrierender Bestandteil des Gemeinschaftsrechts und als direkt unter dem Primärrecht stehendes Recht Prüfungsmaßstab für die Handlungen der Organe der Gemeinschaft. Die Nichtigerklärung eines Rechtsakts ist unabhängig von der unmittelbaren Anwendbarkeit. Auch eine völkerrechtliche Vorschrift, die innergemeinschaftliche Geltung erlangt hat, aber der unmittelbaren Anwendbarkeit ermangelt, ist bei der Gültigkeitsüberprüfung eines Gemeinschaftsaktes zu berücksichtigen. Dies gilt unabhängig davon, ob die Klage durch einen Mitgliedstaat oder eine natürliche oder juristische Person erhoben wurde.
Doch während der EuGH in der Rechtsache *Hermès* die WTO-konforme Auslegung für den Bereich des TRIPs anerkannt[1058] und dann die Auslegung auch vorgenommen[1059] hat, fühlt er sich offensichtlich – wie deutlich aufgezeigt - zu einer GATT-konformen Auslegung nicht verpflichtet.[1060]
Wie der EuGH selber feststellt, berührt die Frage nach der unmittelbaren Anwendbarkeit der GATT-Bestimmungen nicht die Verpflichtung der Gemeinschaft gegenüber den anderen GATT-Vertragsparteien, die Einhaltung der GATT-Bestimmungen sicherzustellen.[1061] Er erklärt sich selbst für zuständig für die Auslegung der GATT-Bestimmungen. Dennoch verzichtet er bei Fragen zur Auslegung von Gemeinschaftsbestimmungen im Lichte des GATT unter Verweis auf die fehlende unmittelbare Anwendbarkeit der GATT-Bestimmungen grundsätzlich auf deren Auslegung. Dieser Verzicht birgt die Gefahr in sich, dass Verpflichtungen der Gemeinschaft aus dem GATT mangels ausreichender Auslegung nicht eingehalten werden.[1062]
In Fällen andere Abkommen betreffend fühlt sich der EuGH nicht gehindert, eine Auslegung der beanstandeten Vorschriften im Lichte der betreffenden Abkommensbestimmungen vorzunehmen. Hier sind diejenigen Urteile zu nennen, in denen der EuGH die Frage nach der unmittelbaren Anwendbarkeit überhaupt nicht prüfte.[1063]
Eine weitere derartige Ausnahme bildet ein Urteil, welches unmittelbar nach dem Urteil *Portugal/Rat*[1064] erging.[1065] Der Gerichtshof hatte eine Kommissionsentscheidung zur Durchführung von Ausfuhrerstattungen für Rindfleisch an den Vorschriften des Kooperationsabkommens zwischen der Gemeinschaft und mehreren Golfstaaten

---

[1057] Rengeling/Middeke/Gellermann, Rechtsschutz in der EU, Rn. 368.
[1058] EuGH a.a.O., Fußn. 746 (Hermès), S. 3647f., Rz. 26ff.
[1059] EuGH a.a.O., Fußn. 746 (Hermès), S. 3649ff., Rz. 34ff.
[1060] vgl. ausführlicher zur unterschiedlichen Behandlung des GATT einerseits und der anderen WTO-Abkommen, insb. des TRIPs, andererseits oben S. 153ff.
[1061] EuGH a.a.O., Fußn. 390 (Singer), S. 780.
[1062] Mastellone in: CMLR 1983, S. 559ff. (579).
[1063] s. Schröder, EuGH a.a.O., Fußn. 343; Haegeman, EuGH a.a.O., Fußn. 317; Cayrol, EuGH a.a.O., Fußn. 771.
[1064] EuGH a.a.O., Fußn. 426 (Portugal/Rat).
[1065] EuGH, Urteil vom 16.12.1999, Rs. C-74/98, Slg. 1999, I-8759ff., DAT-SCHAUB amba / Ministeriet for Fodevarer, Landbrug og Fiskeri.

geprüft, ohne auf den Einwand der Kommission[1066], die Vorschriften des Abkommens seien nicht unmittelbar anwendbar, überhaupt einzugehen.[1067]
Neben dem Urteil *Leifer* macht der EuGH eine weitere Ausnahme zur Weigerung, die GATT-Vorschriften als Maßstab für die Auslegung des Gemeinschaftsrechts heranzuziehen, in seinem Urteil *Markus & Walsh*[1068], wo er den Begriff der „Konsolidierung" in der Praxis des GATT und eine Fußnote zur Konzessionsliste XL zur Auslegung einer Agrarverordnung, welche eine Verweisung auf das GATT enthält, heranzog.

Doch auch in Urteilen andere Gemeinschaftsabkommen betreffend hat der EuGH auf eine Auslegung verzichtet, obwohl die Frage nach der Auslegung einer Abkommensbestimmung vom Vorlagegericht explizit gestellt wurde.[1069] Es drängt sich also die Frage auf, wie ernst dem EuGH die Einhaltung der durch den Abschluss von Gemeinschaftsabkommen eingegangenen Verpflichtungen ist, wenn er sich immer wieder weigert, die in diesen Abkommen enthaltenen Verpflichtungen als Auslegungsmaßstab heranzuziehen.

Dabei kommt doch dem EuGH gemäß Art. 220 EG die gewichtige Aufgabe der Sicherstellung der Wahrung des Rechts bei der Auslegung und Anwendung des EG-Vertrages zu. Aus Artt. 234 Abs. 1 lit. b) EG[1070], 300 Abs. 7 bzw. 2 EG ergibt sich nach der Rechtsprechung des EuGH, dass es sich bei den Gemeinschaftsabkommen um „integrierende Bestandteile der Gemeinschaftsrechtsordnung" und damit um das „Recht", welches der EuGH nach dem weiten Wortlaut des Art. 220 EG bei der Anwendung und Auslegung des Vertrags zu wahren hat, handelt.[1071] Diese Bindungswirkung gilt, unabhängig davon, ob der EuGH den Begriff des „integrierenden Bestandteils des Gemeinschaftsrechts" verwendet oder nicht, auch für das GATT 1947.[1072]

Das Rangverhältnis zwischen Gemeinschaftsabkommen und Gemeinschaftsrecht[1073] macht ebenfalls klar, dass die an die von der Gemeinschaft geschlossenen völkerrechtlichen Abkommen gebundenen Gemeinschaftsorgane nicht rechtmäßig Verordnungen, Richtlinien oder Entscheidungen (also Sekundärrecht) erlassen können, die im Widerspruch zu solchen Abkommen stehen.[1074] Weiter macht das Rangverhältnis deutlich, dass der EuGH die von den Gemeinschaftsorganen erlassenen Sekundärrechtsakte im Lichte der Gemeinschaftsabkommen auslegen muss, um sie auf ihre Vereinbarkeit mit diesen zu überprüfen.

[1066] EuGH a.a.O., Fußn. 1065 (DAT-SCHAUB), S. 8782, Rz. 24.
[1067] EuGH a.a.O., Fußn. 1065 (DAT-SCHAUB), S. 8780, Rz. 17ff.
[1068] EuGH, Urteil vom 15.10.1969, Rs. 14/69, Slg. 1969, S. 349ff., Markus & Walsh / Hauptzollamt Hamburg-Jonas.
[1069] EuGH a.a.O., Fußn. 362 (Demirel), S. 3754, Rz. 26f.; EuGH a.a.O., Fußn. 830 (Taflan-Met), S. 4113, Rz. 39.
[1070] vgl. EuGH a.a.O., Fußn. 317 (Haegeman), S. 460, Rz. 2ff.
[1071] s.o., S. 65f.
[1072] s.o., S. 66f.
[1073] Das Recht der Gemeinschaftsabkommen steht im Rang vor dem Gemeinschaftssekundärrecht, s.o. S. 68.
[1074] so auch Schroeder/Selmayr in: JZ 1998, S. 344ff. (345).

Doch wie soll der EuGH seiner Pflicht zur Auslegung des GATT-Rechts nachkommen, wenn er sich schlichtweg weigert, eine solche vorzunehmen, wenn entsprechende Vorlagefragen gestellt werden? Und wie soll die Gemeinschaft ihre vertraglich übernommene Pflicht zur Einhaltung ihrer Verpflichtungen und Bindungen aus dem GATT erfüllen, wenn sie gemeinschaftliches Sekundärrecht, welches vermeintlich gegen das GATT verstößt, nicht im Lichte der GATT-Bestimmungen auslegt?
Die Auslegung von Abkommensbestimmungen oder von Sekundärrecht im Lichte von Gemeinschaftsabkommen darf nicht von der positiven Bewertung der Frage nach der unmittelbaren Anwendbarkeit einer Abkommensbestimmung abhängig gemacht werden. Nicht umsonst wird in der Literatur der Vorschlag gemacht, zwischen der internen Geltung, also der objektiven Verpflichtung der innergemeinschaftlich umsetzungsbefugten Institutionen, der Anwendungsfähigkeit, also der Eignung einer Norm zur Anwendung aufgrund ihrer hinreichenden Bestimmtheit und Unbedingtheit und schließlich der Einklagbarkeit[1075], nämlich der rechtlichen Befugnis, sich vor Behörden und Gerichten auf eine Norm des GATT berufen zu können, zu unterscheiden.[1076] Diese Trennung wurde Anfang der 70er Jahre von den Völkerrechtlern *Bleckmann* und *Koller* begründet, nachdem sich die Lehre zuvor bevorzugt mit dem Theorienstreit zwischen Monismus und Dualismus beschäftigt hatte und die Frage nach der innerstaatlichen beziehungsweise unmittelbaren Anwendbarkeit vernachlässigt hatte.[1077] Bereits oben[1078] wurde darauf hingewiesen, dass der EuGH offensichtlich die Fragen nach der Vereinbarkeit einer Rechtsnorm mit internationalen Abkommensbestimmungen mit derjenigen nach der unmittelbaren Anwendbarkeit einer solchen Abkommensbestimmung nicht klar voneinander trennt. Dies gilt sicher nicht für Urteile, in denen er sich strikt an die Vorlagefragen hält, wie zum Beispiel in den Urteilen *SPI/SAMI* und *SIOT*. In anderen Urteilen neigt der EuGH jedoch zu solchen Ungenauigkeiten.[1079] Diese Vereinheitlichung der Fragen mag zwar in der Praxis – insbesondere im Rahmen von Vorabentscheidungsverfahren – nachvollziehbar sein, möchte der EuGH doch aufzeigen, dass der Einzelne die Ungültigkeit des ihn beeinträchtigenden Aktes ohnehin nicht vor nationalen Gerichten geltend machen kann, wenn die Abkommensbestimmung nicht unmittelbar anwendbar ist, ihm also keine schützenswerte Rechtsposition verschafft. Dieses Verhalten des EuGH grenzt dennoch an Willkür, ist es doch seine Aufgabe und Pflicht, im Rahmen des Vorabentscheidungsverfahrens die Fragen zu klären, die ihm zur Beantwortung vorgelegt werden. Dieser Verpflichtung wird er nicht mehr gerecht, wenn er unter Verweis auf die fehlende unmittelbare Anwendbarkeit die Überprüfung der Gültigkeit des angegriffenen Rechtsaktes verweigert.

[1075] Wo im deutschen Schrifttum von unmittelbarer Anwendbarkeit des GATT-Rechts gesprochen wird, wird im Französischen der Begriff der „invocabilité" und im Englischen „invocability" gewählt.
[1076] von Danwitz in: JZ 2001, S. 721ff. (722); Zuleeg in: JA 1983, S. 1ff. (6); Jackson in: AJIL 1992, S. 310ff. (317); Zonnekeyn in: ELRev 2000, S. 293ff. (298).
[1077] Zuleeg in: ZaöRV 35 (1975), S. 341ff. (345).
[1078] vgl. S. 146ff., 181, 182.
[1079] Als Beispiel mögen die Urteile International Fruit Company, EuGH a.a.O. Fußn. 87 einerseits und Nederlandse Spoorwegen, EuGH a.a.O.; Fußn. 92 andererseits dienen. Hier waren jeweils Fragen zur Auslegung des GATT gestellt. Im ersten Fall verweigerte der EuGH die Auslegung, im zweiten Fall nahm er sie vor.

Wie der EuGH selbst immer wieder festgestellt hat, stellen die Bestimmungen in Gemeinschaftsabkommen geltendes EG-Recht dar. Allein deshalb bedürfen sie der Interpretation durch den zur Auslegung zuständigen EuGH. Dies gilt unabhängig davon, ob die zu interpretierenden Bestimmungen unmittelbar anwendbar sind oder nicht. Vielmehr spielt sich die Frage nach der Pflicht zur Auslegung sekundärrechtlicher Normen im Lichte eines Gemeinschaftsabkommens im Bereich der ersten der zweistufigen Prüfung der Wirkung von Gemeinschaftsabkommen in der Gemeinschaftsrechtsordnung ab. Das heißt, es handelt sich um eine Frage der Geltung des Abkommens, nicht um die Frage der unmittelbaren Anwendbarkeit. Die Gemeinschaft hat sich durch den Abschluss der Abkommen gemäß Art. 300 Abs. 7 EG an sie gebunden und sich zu ihrer Einhaltung verpflichtet. Der EuGH erkennt sie als integrierende Bestandteile des Gemeinschaftsrechts an.
Dieselbe Stellung ist auch für das GATT 1947 anzunehmen, welchem aufgrund der fehlenden formalen Mitgliedschaft der Gemeinschaft eine Sonderstellung zukommt.[1080] Das GATT 1947 war demnach stets auch Teil desjenigen Rechts, was der EuGH im Rahmen seiner Auslegung zu beachten hatte.

Trägt nun ein Einzelner oder ein Mitgliedstaat Zweifel an der Vereinbarkeit eines Sekundärrechtsaktes mit einer Abkommensbestimmung an den EuGH heran, kommt diesem die Aufgabe zu, zu überprüfen, ob der Sekundärrechtsakt sich abkommenskonform auslegen lässt oder aber ob die Gemeinschaft ihre Verpflichtungen aus dem Abkommen verletzt.
Auch ist die Auslegung für die Orientierung des nationalen Richters für die Normenkontrolle im nationalen Recht am Maßstab der Abkommensbestimmungen notwendig. Dem EuGH obliegt die Aufgabe, dem nationalen Richter Auslegungshilfen an die Hand zu geben.
Noch in dem oft zitierten *Polydor*-Urteil[1081] machte die Kommission auf die „grundlegende Bedeutung" der unmittelbaren Anwendbarkeit "für die Stellung der Gemeinschaft in ihren internationalen Beziehungen, für ihre Autonomie, Identität und die Möglichkeit, ihre Interessen und die Interessen der Mitgliedstaaten, für die sie die Verantwortung übernommen habe, zu schützen".[1082] Diese Stellung kann geschützt werden, indem die unmittelbare Anwendbarkeit verneint wird. Doch ist für die Gemeinschaft von genauso großer Wichtigkeit, dass sie von den anderen Parteien eines internationalen Abkommens als verlässlicher und rechtstreuer Vertragspartner eingestuft wird. Durch die Heranziehung von Abkommensbestimmungen als Auslegungsmaßstab unabhängig von ihrer unmittelbaren Anwendbarkeit schafft sich die Gemeinschaft eine Vertrauensbasis. Diese wird dagegen gestört, wenn sich der EuGH weigert, Gemeinschaftsrechtsakte an den Abkommensbestimmungen zu messen und dadurch vielleicht abkommenswidrigem Recht seine Gültigkeit belässt.
Die Frage nach der Auslegung eines Gemeinschaftsaktes ist keine Frage der unmittelbaren Anwendbarkeit. Die Pflicht zur abkommenskonformen Auslegung ergibt sich bereits aus der Tatsache, dass sich die Gemeinschaft durch den Abschluss des Abkommens und dessen automatische Integration in die Gemeinschaftsrechtsordnung an dessen Bestimmungen und Ziele bindet. Indem dem EuGH die Aufgabe zukommt,

---

[1080] s.o. S. 66ff.
[1081] EuGH a.a.O., Fußn. 840 (Polydor).
[1082] EuGH a.a.O., Fußn. 840 (Polydor), Protokoll zu mündlichen Verhandlung, S. 342f.

Abkommensbestimmungen als Maßstab für die Auslegung von streitigem Sekundärrecht heranzuziehen, garantiert die Gemeinschaft ein weitgehend abkommenskonformes Verhalten.

VI. unmittelbare Geltung der Panel-Abschlussberichte

Wie bereits oben[1083] dargestellt, ist mit einer Anerkennung einer Direktwirkung von Panel-Abschlussberichten im Gemeinschaftsrecht durch den EuGH nicht zu rechnen, obwohl in der Literatur hierfür plädiert wird.
Auch Generalanwalt Alber hat in seinen Schlussanträgen zur Rechtssache *Biret International SA* dafür plädiert, aus Rechtsschutzgründen den Weg für mögliche Schadensersatzklagen durch die Anerkennung der unmittelbaren Anwendbarkeit von Entscheidungen und Empfehlungen des DSB frei zu machen[1084], und zwar ohne gleichzeitig an der Rechtsschutz versagenden Rechtsprechung des EuGH zur unmittelbaren Anwendbarkeit des WTO-Rechts selbst rütteln zu wollen[1085]. Voraussetzung für die unmittelbare Anwendbarkeit des WTO-Rechts soll danach die Feststellung der Unvereinbarkeit einer Gemeinschaftsmaßnahme mit dem WTO-Recht in DSB-Entscheidungen und die Nichtumsetzung der Entscheidungen innerhalb des eingeräumten angemessenen Zeitraums durch die Gemeinschaft sein.[1086] Dabei ist festzuhalten, dass der Generalanwalt, wie er selbst ausführt[1087], nicht über die Rechtsprechung des EuGH hinausgeht oder von ihr abweicht. Denn der EuGH hat selbst noch nicht über die unmittelbare Anwendbarkeit von durch DSB-Entscheidungen konkretisiertes WTO-Recht im Rahmen von Schadensersatzklagen entschieden.
Vergleicht man die Rechtsprechung des EuGH zur Wirkung anderer sekundärer Akte, wie zum Beispiel zur unmittelbaren Wirkung von Assoziationsratsbeschlüssen[1088], so taucht auch hier wieder die bereits im Rahmen der Analyse der Rechtsprechung des EuGH zur unmittelbaren Anwendbarkeit einerseits des GATT und andererseits anderer Gemeinschaftsabkommen festgestellte Widersprüchlichkeit auf. Der EuGH hat die unmittelbare Anwendbarkeit solcher Assoziationsratsbeschlüsse anerkannt.[1089] Es ist nicht ersichtlich, warum die sekundären GATT-Akte anders behandelt werden sollen. Genau wie die Assoziationsratsbeschlüsse sind die Entscheidungen des DSB „aufgrund ihres unmittelbaren Zusammenhangs mit dem Abkommen ... ebenso wie das Abkommen selbst von ihrem Inkrafttreten an integrierender Bestandteil der Gemeinschaftsrechtsordnung".[1090] Außerdem hat der EuGH festgestellt, dass die Entscheidungen einer durch ein internationales Abkommen eingerichteten Ge-

---

[1083] s.o. S. 117.
[1084] Schlussanträge GA Alber vom 15.05.2003, Rs. C-93/02 P, Biret International SA / Rat der Europäischen Union, Rz. 71ff.
[1085] Schlussanträge a.a.O., Fußn. 1084 (Biret International SA), Rz. 52.
[1086] Schlussanträge a.a.O., Fußn. 1084 (Biret International SA), Rz. 114.
[1087] Schlussanträge a.a.O., Fußn. 1084 (Biret International SA), Rz. 39.
[1088] vgl. EuGH, Urteil vom 14.11.1989, Rs. 30/88, Slg. 1989, S. 3711ff. (3737f.), Rz. 13ff., Griechische Republik / Kommission der Europäischen Gemeinschaften; EuGH a.a.O., Fußn. 357 (Sevince), S. 3501f., Rz. 13ff.; EuGH a.a.O., Fußn. 884 (Kus), S. 6816, Rz. 27ff.
[1089] hierzu Gilsdorf in: EuZW 1991, S. 459ff.; Vedder in: EuR 1994, S. 202ff.
[1090] so der EuGH beispielsweise in Sevince a.a.O., Fußn. 357, S. 3501, Rz. 9.

richtsbarkeit auch für den EuGH selbst bindend sind, vorausgesetzt, die Gemeinschaft ist diesem Abkommen selbst beigetreten.[1091]
Eine Anerkennung der unmittelbaren Anwendbarkeit der DSB-Entscheidung müsste seitens des EuGH allein schon deshalb angenommen werden, um eben diese Widersprüchlichkeit zu vermeiden. Daneben würde eine solche Rechtsprechung dem WTO-Recht und seiner effektiven Anwendung und Durchsetzung zur verdienten Durchsetzungskraft verhelfen. Im Übrigen gelten dieselben Argumente wie zur unmittelbaren Anwendbarkeit des GATT selbst.

H. Ergebnis

Keine der genannten Rechtsschutzmöglichkeiten führt zu einem ausreichenden Rechtsschutz zugunsten des einzelnen Wirtschaftsteilnehmers. Viele GATT-Verstöße bedeuten einen erheblichen Eingriff in das bestehende wirtschaftliche Gleichgewicht. Beeinträchtigungen der Grundrechte privater Wirtschaftsteilnehmer, wie beispielsweise das Eigentum oder die Berufsfreiheit sind die Folge. Eine Verbesserung der Rechtsschutzmöglichkeiten privater Wirtschaftsteilnehmer ist notwendig.
Eine solche könnte die Möglichkeit der Beteiligung Dritter im Rahmen des Verfahrens vor dem DSB bringen, z.B. durch eine Ausweitung der Klagebefugnis auf Einzelne oder nichtstaatliche Organisationen. Daneben besteht hier die Möglichkeit der Zulassung sogenannter amicus briefs. Auf gemeinschaftlicher Ebene bestehen die Möglichkeit der Auslegung des Gemeinschaftsrechts anhand des GATT-Rechts und die Direktwirkung von Panelberichten. Außerdem sollte der EuGH die unmittelbare Anwendbarkeit des GATT-Rechts anerkennen und zur eigentlichen Bedeutung der unmittelbaren Anwendbarkeit von Gemeinschaftsrecht zurückkehren. Sie darf nicht Voraussetzung für Klagen vor dem EuGH sein.

Die offensichtliche Angst des EuGH, sich stärker an internationale Abkommen zu binden als andere Vertragspartner, treibt nicht nur das europäische Gericht zur Vorsicht bei der Feststellung der unmittelbaren Anwendbarkeit der WTO-Abkommen. Wegen dieser protektionistischen Haltung, die auch immer wieder auf den Handelsrunden zum Ausdruck kommt, sollte die Frage der unmittelbaren Anwendbarkeit im Rahmen einer neuen Internationalen Handelsrunde für alle Mitglieder der WTO verbindlich geklärt werden.
Zurzeit scheint der Rechtsschutz jedenfalls unzureichend. Im Hinblick auf das Rechtsstaatsprinzip, welches auch die Gemeinschaftsorgane verpflichtet, ist eine Verbesserung der Rechtsschutzmöglichkeiten vonnöten.

[1091] EuGH, Gutachten vom 14.12.1991, Slg. 1991, S. I-6079ff. (6106f.), Rz. 39ff., „Entwurf eines Abkommens zwischen der Gemeinschaft einerseits und den Ländern der Europäischen Freihandelsassoziation andererseits über die Schaffung des Europäischen Wirtschaftsraums".

Literaturverzeichnis

Abel, Gerhard: Die Bundesrepublik Deutschland als GATT-Mitglied und EG-Mitglied, in Hilf, Meinhard / Petersmann, Ernst-Ulrich (Hrsg.), GATT und die Europäische Gemeinschaft, Schriftenreihe des Arbeitskreises Europäische Integration e.V., Band 22, 1. Auflage, Baden-Baden 1986 (zit.: Abel in: Hilf/Petersmann, GATT und EG)

Augi, Simona/Baratella, Fabrizio: Neue Entwicklungen in der Rechtsprechung des Europäischen Gerichtshofs zur direkten Anwendbarkeit von Gemeinschaftsrichtlinien, Anmerkung zu den Urteilen vom 27.06.2000, Océano Grupo Editorial S.A. ./. Rocio Murciano Quintero und andere und vom 13.07.2000, Centrosteel Srl ./. Adipol GmbH, in: The European Legal Forum 2000/2001, Heft 2, S. 83ff. (zit.: Augi/Baratella in: ELF 2000/2001)

Backes, Peter: Die neuen Streitbeilegungsregeln der Welthandelsorganisation (WTO) — Zu den Auswirkungen im nationalen Recht der USA, in: Recht der Internationalen Wirtschaft 1995, S. 916ff. (zit.: Backes in: RIW 1995)

Bail, Christoph: Das Profil einer neuen Welthandelsordnung: Was bringt die Uruguay Runde? – Teil 1, in: Europäische Zeitschrift für Wirtschaftsrecht 1990, S. 433ff. (zit.: Bail in: EuZW 1990)

Bail, Christoph: Das Profil einer neuen Welthandelsordnung: Was bringt die Uruguay Runde? – Teil 2, in: Europäische Zeitschrift für Wirtschaftsrecht 1990, S. 465ff. (zit.: Bail in: EuZW 1990)

Barth, Dietrich: Die Handelsregeln der neuen Welthandelsorganisation, in: Neue Juristische Wochenschrift 1994, S. 2811ff. (zit.: Barth in: NJW 1994)

Barth, Dietrich: Das Allgemeine Abkommen über den internationalen Dienstleistungshandel, in: Europäische Zeitschrift für Wirtschaftsrecht 1994, S. 455ff. (zit.: Barth in: EuZW 1994)

Bast, Joachim/Schmidt, Andrea: Das GATT-Streitschlichtungsverfahren, in: Recht der Internationalen Wirtschaft 1991, S. 929ff. (zit.: Bast in: RIW 1991)

Bebr, Gerhard: Agreements concluded by the Community and their possible Direct Effect: From International Fruit Company to Kupferberg, in: Common Market Law Review 1983, S. 35ff. (zit.: Bebr in: CMLR 1983)

Bebr, Gerhard: Gemeinschaftsabkommen und ihre mögliche unmittelbare Wirksamkeit, in: Europarecht 1983, S. 128ff. (zit.: Bebr in: EuR 1983)

Becker-Celik, Astrid: Ist die Ablehnung der unmittelbaren Anwendbarkeit der GATT-Vorschriften durch den EuGH heute noch gerechtfertigt? in: Europäisches Wirtschafts- und Steuerrecht 1997, S. 12ff. (zit.: Becker-Celik in: EWS 1997)

Beise, Marc/Oppermann, Thomas/Sander, Gerald G.: Grauzonen im Welthandel, Protektionismus unter dem alten GATT als Herausforderung an die neue WTO, in: Integration Europas und Ordnung der Weltwirtschaft, Band 17, hrsg. Von Rudolf Hrbek, Thomas Oppermann und Joachim Starbatty, 1. Auflage, Baden-Baden 1998 (zit.: Beise u.a., Grauzonen im Welthandel)

Benedek, Wolfgang: Die Rechtsordnung des GATT aus völkerrechtlicher Sicht: GATT from an International Law Perspective, Beiträge zum ausländischen öffentlichen Recht und Völkerrecht, Band 100, Berlin/Heidelberg/New York/London/Tokyo/ Hong-Kong/Barcelona 1990 (zit.: Benedek, Rechtsordnung des GATT)

Beneyto, José Maria: The EU and the WTO — Direct Effect of the New Dispute Settlement System? in: Europäische Zeitschrift für Wirtschaftsrecht 1996, S. 295ff. (zit.: Beneyto in: EuZW 1996)

Berrisch, Georg M.: Zum „Bananen"-Urteil des EuGH vom 05.10.1994 - Rs. C-280/93, Deutschland ./. Rat der Europäischen Union, in: Europarecht 1994, S. 461ff. (zit.: Berrisch in: EuR 1994)

Berrisch, Georg M. / Kamann, Hans-Georg: Die Handelshemmnis-Verordnung, ein neues Mittel zur Öffnung von Exportmärkten, in: Europäische Zeitschrift für Wirtschaftsrecht 1999, S. 101ff. (zit.: Berrisch/Kamann in: EuZW 1999)

Berrisch, Georg M./Kamann, Hans-Georg: Die neuesten Entwicklungen im Europäischen Außenhandelsrecht, in: Europäische Zeitschrift für Wirtschaftsrecht 1999, S. 714ff. (zit.: Berrisch/Kamann in: EuZW 1999)

Berrisch, Georg M./Kamann, Hans-Georg: WTO-Recht im Gemeinschaftsrecht - (k)eine Kehrtwende des EuGH — Anmerkungen zum EuGH-Urteil vom 23.11.1999 - Rs. C-149/96, Portugal/Rat, in: Europäisches Wirtschafts- und Steuerrecht 2000, S. 89ff. (zit.: Berrisch/Kamann in: EWS 2000)

Beutler, Bengt/Bieber, Roland/Pipkorn, Jörn/Streil, Jochen: Die Europäische Union, Rechtsordnung und Politik, 5. Auflage, Baden-Baden 2001 (zit.: Beutler u.a.)

Bleckmann, Albert: Begriff und Kriterien der innerstaatlichen Anwendbarkeit völkerrechtlicher Verträge. Versuch einer allgemeinen Theorie des self-executing treaty auf rechtsvergleichender Grundlage, Schriften zum Öffentlichen Recht, Band 123, Berlin 1970 (zit.: Bleckmann, innerstaatliche Anwendbarkeit völkerrechtlicher Verträge)

Bleckmann, Albert: Die Position des Völkerrechts im inneren Rechtsraum der Europäischen Gemeinschaften, in: Jahrbuch für Internationales Recht 1975, S. 300ff. (zit.: Bleckmann in: JIR 1975)

Bleckmann, Albert: Europarecht, Das Recht der Europäischen Union und der Europäischen Gemeinschaften, 6. Auflage, Köln, Berlin, Bonn, München 1997 (zit.: Bleckmann, Europarecht)

von Bogdandy, Armin: Eine Ordnung für das GATT, in: Recht der Internationalen Wirtschaft 1991, 55ff. (zit.: v. Bogdandy in: RIW 1991)

von Bogdandy, Armin/Makatsch, Tilman: Kollision, Koexistenz oder Kooperation? Zum Verhältnis von WTO-Recht und europäischem Außenwirtschaftsrecht in neueren Entscheidungen, in: Europäische Zeitschrift für Wirtschaftsrecht 2000, S. 261ff. (zit.: v. Bogdandy/Makatsch in: EuZW 2000)

von Bogdandy, Armin: Rechtsgleichheit, Rechtssicherheit und Subsidiarität im transnationalen Wirtschaftsrecht. Zur unmittelbaren Anwendbarkeit von Art. 81 III EG und des WTO-Rechts, in: Europäische Zeitschrift für Wirtschaftsrecht 2001, S. 357ff. (zit.: v. Bogdandy in: EuZW 2001)

Borchmann, Michael: GATT: Uruguay-Runde in entscheidender Phase, in: Europäische Zeitschrift für Wirtschaftsrecht 1990, S. 339ff. (zit.: Borchmann in: EuZW 1990)

Bowett, D.W.: The Law of International Institutions, 3. Auflage, London 1975 (zit.: Bo-wett, International Institutions)

Calliess, Christian / Ruffert, Matthias (Hrsg.): Kommentar des Vertrages über die Europäische Union und des Vertrages zur Gründung der Europäischen Gemeinschaft (EUV/EGV), 2. Auflage, Neuwied, Kriftel 2002 (zit.: Callies/Ruffert, EGV)

Canal-Forgues, Eric: Le Système de Reglément des Différends de l'Organisation Mondiale du Commerce (OMC), in : Revue général de Droit International Public 1994, 689ff. (zit.: Canal-Forgues in : RGDIP 1994)

Castillo de la Torre, Fernando: The EEC new Instrument of Trade Policy: Some Comments in the Light of the latest Developments, in: Common Market Law Revue 1993, S. 687ff. (zit.: Castillo de la Torre in: CMLR 1993)

Constantinesco, Léontin-Jean: Das Recht der Europäischen Gemeinschaften, Band I: Das institutionelle Recht, Baden-Baden 1977 (zit.: Constantinesco, Recht der Europäischen Gemeinschaften, Bd. I)

Cottier, Thomas: Das Streitschlichtungsverfahren in der Welthandelsorganisation: Wesenszüge und Herausforderungen, in: Müller-Graff, Peter-Christian (Hrsg.), Die Europäische Gemeinschaft in der Welthandelsorganisation — Globalisierung und Weltmarktrecht als Herausforderung für Europa, Schriftenreihe des Arbeitskreises Europäische Integration e.V., Band 47, 1. Auflage, Baden-Baden 1999/2000 (zit.: Cottier in: Müller-Graff, Die EG in der WTO)

Cottier, Thomas: Dispute Settlement in the World Trade Organization: Characteristics and Structural implications for the European Union, in: Common Market Law Revue 1998, S. 325ff. (zit.: Cottier in: CMLR 1998)

Daig, Hans-Wolfram: Nichtigkeits- und Untätigkeitsklagen im Recht der Europäischen Gemeinschaften unter besonderer Berücksichtigung der Rechtsprechung des Gerichtshofs der Europäischen Gemeinschaften und der Schlussanträge der Generalanwälte, Baden-Baden 1985 (zit.: Daig, Nichtigkeits- und Untätigkeitsklagen)

von Danwitz, Thomas: Die Garantie des effektiven Rechtsschutzes im Recht der Europäischen Gemeinschaft, in: Neue Juristische Wochenschrift 1993, S. 1108ff. (zit.: v. Danwitz in: NJW 1993)

von Danwitz, Thomas: Der EuGH und das Wirtschaftsvölkerrecht - ein Lehrstück zwischen Europarecht und Politik, in: Juristenzeitung 2001, S. 721ff. (zit.: v. Danwitz in: JZ 2001)

Dauses, Manfred A.: Das Vorabentscheidungsverfahren nach Art. 177 EG-Vertrag, 2. Auflage, München 1995 (zit.: Dauses, Vorabentscheidungsverfahren)

Dauses, Manfred A. (Hrsg.): Handbuch des EU-Wirtschaftsrechts, Band 2, Stand: Mai 2001, München 2001 (zit.: Dauses/*Bearbeiter*, Handbuch des EU-Wirtschaftsrechts, Bd. 2)

Delacotte, Béatrice: La révision des instruments de défense commerciale de la communauté, in: Revue du Marché commun et de l'Union européenne 1993, S. 410ff. (zit. : Delacotte in : RMC 1993)

Dolzer, Rudolf: Globalisierung und Wirtschaftsrecht. Ein deutsches Interesse, in: Neue Juristische Wochenschrift 2001, S. 2303f. (zit.: Dolzer in: NJW 2001)

Drexl, Josef: Nach „GATT und WIPO": Das TRIPs-Abkommen und seine Anwendung in der Europäischen Gemeinschaft, in: Gewerblicher Rechtsschutz und Urheberrecht Internationaler Teil 1994, S. 777ff. (zit.: Drexl in: GRUR Int. 1994)

Dunkel, Arthur / Eberhard, Balz / Lademann, John R. / Lévy, Philippe / Mayrzedt, Hans / Melzer, Alexander / Senti, Richard: Die Schweiz und die internationalen Wirtschaftsorganisationen, hrsg. von Richard Senti, Zürich 1975 (zit.: Dunkel u.a., Schweiz und int. Wirtschaftsorganisationen)

Eeckhout, Piet: The Domestic Legal Status of the WTO Agreement: Interconnecting Legal Systems, in: Common Market Law Revue 1997, S. 11ff. (zit.: Eeckhout in: CMLR 1997)

Ehlermann, C. D.: Die innergemeinschaftliche Anwendung der Regeln des GATT in der Praxis der EG, in: Europarecht 1985, S. 91ff. (zit.: Ehlermann in: EuR 1985)

Ehlermann, Claus-Dieter: Die innergemeinschaftliche Anwendung der Regeln des GATT in der Praxis der EG, in: Hilf, Meinhard / Petersmann, Ernst-Ulrich (Hrsg.), GATT und die Europäische Gemeinschaft, Schriftenreihe des Arbeitskreises Europäische Integration e.V., Band 22, 1. Auflage, Baden-Baden 1986, S. 203ff. (zit.: Ehlermann in: Hilf/Petersmann, GATT und EG)

Epiney, Astrid: Zur Stellung des Völkerrechts in der EU, zugleich Besprechung von EuGH, EuZW 1998, S. 572 - Hermès und EuGH, EuZW 1998, S. 694 – Racke, in: Europäische Zeitschrift für Wirtschaftsrecht 1999, S. 5ff. (zit.: Epiney in: EuZW 1999)

Erichsen, Hans-Uwe/Weiß, Richard: System des europäischen Rechtsschutzes, in: Juristische Ausbildung 1990, S. 528ff. (zit.: Erichsen in: Jura 1990)

Evans, Alona E.: Self-executing treaties in the United Stats of America, in: The British Yearbook of International Law 1953, S. 178ff. (zit.: Evans in: BYIL 1953)

Everling, Ulrich: Das Vorabentscheidungsverfahren vor dem Gerichtshof der Europäischen Gemeinschaften, 1.Auflage, Baden-Baden 1986 (zit.: Everling, Vorabentscheidungsverfahren)

Everling, Ulrich: Das Recht in den internationalen Wirtschaftsbeziehungen der EG, in: Hilf, Meinhard / Petersmann, Ernst-Ulrich (Hrsg.), GATT und die Europäische Gemeinschaft, Schriftenreihe des Arbeitskreises Europäische Integration e.V., Band 22, 1. Auflage, Baden-Baden 1986, S. 175ff. (zit.: Everling in: Hilf/Petersmann in: GATT und EG)

Everling, Ulrich: Will Europe Slip on Bananas? The Bananas Judgment of the Court of Justice and national Courts, in: Common Market Law Revue 1996, S. 401ff. (zit.: Everling in: CMLR 1996)

Fikentscher, Wolfgang: Was bedeutet „self-executing"? Überlegungen zur Rechtsnatur des GATT im Blick auf einen GATT-Immaterialgüterschutz, in: Festschrift für Ernst Steindorff zum 70. Geburtstag am 13. März 1990, herausgegeben von Jürgen F. Baur, Klaus J. Hopt, K. Peter Mailänder, Berlin, New York 1990 (zit.: Fikentscher in: FS Steindorff)

Footer, Mary E.: The General Agreement on Trade in Services: Taking Stock and Moving Forward, in: Legal Issues of Economic Integration 2002, S. 7ff. (zit.: Footer in: LIEI 2002)

Gagliardi, Andrea Filippo: The right of individuals to invoke the provisions of mixed agreements before the national courts: a new message from Luxembourg? in: European Law Revue 1999, S. 276ff. (zit.: Gagliardi in: ELRev 1999)

Gilsdorf, Peter: Die Rechtswirkungen der im Rahmen von Gemeinschaftsabkommen erlassenen Organbeschlüsse, Anmerkungen insbesondere zum Urteil des EuGH in der Rs. C-192/89, in: Europäische Zeitschrift für Wirtschaftsrecht 1991, S. 459ff. (zit.: Gilsdorf in: EuZW 1991)

Gilsdorf, Peter: Die Außenkompetenzen der EG im Wandel - Eine kritische Auseinandersetzung mit Praxis und Rechtsprechung - in: Europarecht 1996, S. 145ff. (zit.: Gilsdorf in: EuR 1996)

Grabitz, Eberhard/Hilf, Meinhard: Das Recht der Europäischen Union, Altband II, Art. 137-248 EGV (Maastrichter Fassung), EWGV (Römische Verträge), Stand: 14. Ergänzungslieferung Oktober 1999, München 1999 (zit.: Grabitz/Hilf, Recht der EU, Altbd. II)

von der Groeben, Hans / Thiesing, Jochen / Ehlermann, Claus-Dieter (Hrsg.): Kommentar zum EU-/ EG- Vertrag, Band 4, Art. 137-209a EGV, 5. Auflage, Baden-Baden 1997 (zit.: Groeben/Thiesing/Ehlermann-*Bearbeiter*, EGV)

von der Groeben,Hans / Thiesing, Jochen / Ehlermann, Claus-Dieter (Hrsg.): Kommentar zum EU-/ EG- Vertrag, Band 5, Art. 210-248 EGV, Art. H - S EUV, 5. Auflage, Baden-Baden 1997 (zit.: Groeben/Thiesing/Ehlermann-*Bearbeiter*, EGV)

Groh, Thomas: Anmerkung zum EuGH, Urteil vom 13.09.2001, Rs. C-89/99, Schieving-Nijstad vof u.a. / Robert Groeneveld, in: Europäische Zeitschrift für Wirtschaftsrecht 2001, S. 662f. (zit.: Groh in: EuZW 2001)

Groh, Thomas/Wündisch, Sebastian: Die Europäische Gemeinschaft und TRIPS: Hermès, Dior und die Folgen, in: Gewerblicher Rechtsschutz und Urheberrecht Internationaler Teil 2001, S. 497ff. (zit.: Groh/Wündisch in: GRUR Int. 2001)

Gündisch, Jürgen: Rechtsschutz in der Europäischen Gemeinschaft, ein Leitfaden für die Praxis, Stuttgart, München, Hannover, Berlin, Weimar, Dresden 1994 (zit.: Gündisch in: Rechtsschutz)

Hahn, Michael J./Schuster, Gunnar: Zum Verstoß von gemeinschaftlichem Sekundärrecht gegen das GATT, Die gemeinsame Marktorganisation für Bananen vor dem EuGH –, in: Europarecht 1993, S. 261ff. (zit.: Hahn/Schuster in: EuR 1993)

Hailbronner, Kay/Klein, Eckart/Magiera, Siegfried/Müller-Graff, Peter-Christian: Handkommentar zum Vertrag über die Europäische Union (EUV/EGV), Loseblattausgabe, Köln, Berlin, Bonn, München 1998 (zit.: *Bearbeiter* in: Handkomm.)

Hailbronner, Kay/Bierwagen, Rainer: Das GATT – Die Magna Charta des Welthandels, in: Juristische Ausbildung 1988, S. 318ff. (zit.: Hailbronner/Bierwagen in: JA 1988)

Hailbronner, Kay/Bierwagen, Rainer M.: Neuere Entwicklungen im Außenwirtschaftsrecht der Europäischen Gemeinschaften, in: Neue Juristische Wochenschrift 1989, S. 1385ff. (zit.: Hailbronner/Bierwagen in: NJW 1989)

Hakenberg, Waltraud: Grundzüge des Europäischen Wirtschaftsrechts, München 1994 (zit.: Hakenberg, Grundzüge)

Hakenberg, Waltraud/Stix-Hackl, Christine: Handbuch zum Verfahren vor dem Europäischen Gerichtshof, 2. Auflage, Wien 2000 (zit.: Hakenberg/Stix-Hackl, Verfahren)

Heliskosi, Joni: Case Law, Joined Cases C-300/98, Parfums Christian Dior SA v. Tuk Consultancy BV, and C-392/98, Assco Gerüste GmbH and R. van Dijk v. Wilhelm Layher GmbH & Co KG and Layher BV, judgment of 14 December 2000, nyr, in: Common Market Law Revue 2000, S. 159ff. (zit.: Heliskosi in: CMLR 2000)

Herdegen, Matthias: Internationales Wirtschaftsrecht, 3. Auflage, München 2002 (zit.: Herdegen, Internationales Wirtschaftsrecht)

Herdegen, Matthias: Europarecht, 3. Auflage, München 2001 (zit.: Herdegen, Europarecht)

Hermes, Christoph Julius: Das TRIPS-Übereinkommen vor dem EuGH: Auslegungszuständigkeit und unmittelbare Anwendbarkeit, - Anmerkung zum Urteil des EuGH vom 14.12.2000, Parfums Christian Dior und Assco Gerüste, verb. Rs. C-300/98 und C-392/98 -, in: Europarecht 2001, S. 253ff. (zit.: Hermes in: EuR 2001)

Hess, H. Ober/Franke, Wilhelm A.: US Antidumping- und Ausgleichsabgaben, in: Recht der Internationalen Wirtschaft 1982, S. 644ff. (zit.: Hess/Franke in: RIW 1982)

Hilf, Meinhard: Die Anwendung des GATT im deutschen Recht, in: Hilf, Meinhard / Petersmann, Ernst-Ulrich (Hrsg.), GATT und die Europäische Gemeinschaft, Schriftenreihe des Arbeitskreises Europäische Integration e.V., Band 22, 1. Auflage, Baden-Baden 1986 (zit.: Hilf in: Hilf/Petersmann, GATT und EG)

Hilf, Meinhard/Rolf, Reinhard: Das „Neue Instrument“ der EG, eine rechtsstaatliche Stärkung der gemeinsamen Handelspolitik? in: Recht der Internationalen Wirtschaft 1985, S. 297ff. (zit.: Hilf in: RIW 1985)

Hilf, Meinhard: EG-Außenkompetenzen in Grenzen, in: Europäische Zeitschrift für Wirtschaftsrecht 1995, S. 7ff. (zit.: Hilf in: EuZW 1995)

Hilf, Meinhard: The ECJ's Opinion 1/94 on the WTO – No Surprise, but Wise? –, in: European Journal of International Law 1995, S. 245ff. (zit.: Hilf in: EJIL 1995)

Hilf, Meinhard: Grundfragen der Beteiligung der EG an der WTO — Kommentar zu den Thesen von Professor Dr. Ernst-U. Petersmann, in: Müller-Graff, Peter-Christian, die Europäische Gemeinschaft in der Welthandelsorganisation — Globalisierung und Weltmarktrecht als Herausforderung für Europa, Schriftenreihe des Arbeitskreises Europäische Integration e.V., Band 47, 1. Auflage, Baden-Baden 1999/2000 (zit.: Hilf in: Müller-Graff, Die EG in der WTO)

Hilf, Meinhard/Schorkopf, Frank: Anmerkung zum Urteil des EuGH vom 23.11.1999 – Rs. C-149/96, Portugal/Rat, in: Europarecht 2000, S. 74ff. (zit.: Hilf/Schorkopf in: EuR 2000)

Hilf, Meinhard: Freiheit des Welthandels contra Umweltschutz? in: Neue Zeitschrift für Verwaltungsrecht 2000, S. 481ff. (zit.: Hilf in: NVwZ 2000)

Hilpold, Peter: Regionale Integrationszonen und GATT — Die Neuerungen der Uruguay-Runde, in: Recht der Internationalen Wirtschaft 1993, S. 657ff. (zit.: Hilpold in: RIW 1993)

Hilpold, Peter: Die Neuregelung der Schutzmaßnahmen im GATT/WTO-Recht und ihr Einfluss auf Grauzonenmaßnahmen", in: Zeitschrift für ausländisches öffentliches Recht und Völkerrecht 1995, S. 89ff. (zit.: Hilpold in: ZaöRV 1995)

Hilpold, Peter: Die Fortentwicklung der WTO-Ordnung — Materielle und institutionelle Aspekte unter besonderer Berücksichtigung der Ministerkonferenz von Singapur und der nachfolgenden Umsetzungsmaßnahmen, in: Recht der Internationalen Wirtschaft 1998, S. 90ff. (zit.: Hilpold in: RIW 1998)

Hilpold, Peter: Die EU im GATT/WTO-System, Aspekte einer Beziehung „sui generis", Europäische Hochschulschriften, Reihe II, Rechtswissenschaft, Bd./Vol. 2559, Frankfurt a.M./ Berlin/Bern/New York/Paris/Wien 1999 (zit.: Hilpold, Die EU im GATT/WTO-System)

Hilpold, Peter: Das Transparenzprinzip im internationalen Wirtschaftsrecht – unter besonderer Berücksichtigung des Beziehungsgeflechts zwischen EU und WTO, in: Europarecht 1999, S. 597ff. (zit.: Hilpold in: EuR 1999)

Hobe, Stephan / Müller-Sartori, Patrick: Rechtsfragen der Einbindung der EG/EU in das Völkerrecht, in: Juristische Schulung 2002, S. 8ff. (zit.: Hobe/Müller-Sartori in: JuS 2002)

Hohmann, Harald: Anmerkung zum EuGH, Urteil vom 05.10.1994, Rs. C-280/93, Bundesrepublik Deutschland, unterstützt durch Königreich Belgien und Königreich der Niederlande, Streithelfer, gegen Rat der Europäischen Union, unterstützt durch Kommission der Europäischen Gemeinschaften, Griechische Republik, Portugiesische Republik sowie Vereinigtes Königreich Großbritannien und Nordirland, Streithelfer, in: Europäisches Wirtschafts- und Steuerrecht 1995, S. 381f. (zit.: Hohmann in: EWS 1995)

Hohmann, Harald: Die WTO-Streitbeilegung im Jahr 2000, in: Recht der Internationalen Wirtschaft 2001, S. 649ff. (zit.: Hohmann in: RIW 2001)

Hubbard, Damian: The International Law Commission and the International Economic Order, in: German Yearbook of International Law Vol. 22 (1979), S. 80ff. (zit.: Hubbard in: German Yearbook of International Law vol. 22 (1979))

Hudec, Robert E.: Das GATT in der Rechtsordnung der Vereinigten Staaten von Amerika, in: Hilf, Meinhard / Petersmann, Ernst-Ulrich (Hrsg.), GATT und die Europäische Gemeinschaft, Schriftenreihe des Arbeitskreises Europäische Integration e.V., Band 22, 1. Auflage, Baden-Baden 1986 (zit.: Hudec in: Hilf/Petersmann, GATT und EG)

Hummer, Waldemar/Weiss, Friedl: Vom GATT ´47 zur WTO ´94, Dokumente zur alten und zur neuen Welthandelsordnung, Wien 1997 (zit.: Hummer/Weiss, Vom GATT `47 zur WTO `94)

Ipsen, Knut/Haltern, Ulrich R.: Rule of Law in den internationalen Wirtschaftsbeziehungen: Die Welthandelsorganisation, in: Recht der Internationalen Wirtschaft 1994, S. 717ff. (zit.: Ipsen/Haltern in: RIW 1994)

Jackson, John H.: The Puzzle of GATT, Legal Aspects of a Surprising Institution, in: Journal of World Trade Law 1967, S. 131ff. (zit.: Jackson in: JWTL 1967)

Jackson, John H.: World Trade and the Law of GATT. A Legal Analysis of the General Agreement on Tariffs and Trade, Indianapolis 1969 (zit.: Jackson, World Trade)

Jackson, John H.: Status of Treaties in Domestic Legal Systems: A Policy Analysis, in: American Journal of International Law 1992, S. 311ff. (zit.: Jackson in: AJIL 1992)

Jackson, John H.: Notes d'Actualité, Observations sur les résultats du Cycle de l'Uruguay, in : Revue général de Droit International Public 1994, S. 675ff. (zit.: Jackson in : RGDIP 1994)

Jaenicke, Günther: General Agreement on Tariffs and Trade (1947), in Encyclopedia of Public International Law 1983, S. 20ff. (zit.: Jaenicke in: EPIL 1983)

Jansen, Bernhard: Die neue Welthandelsorganisation (World Trade Organisation – WTO), in: Europäische Zeitschrift für Wirtschaftsrecht 1994, S. 333ff. (zit.: Jansen in: EuZW 1994)

Jansen, Bernhard: Zur Rolle der Rechtsmittelinstanz in der Welthandelsorganisation (WTO), in: Europäische Zeitschrift für Wirtschaftsrecht 1996, S. 513 (zit.: Jansen in: EuZW 1996)

Jürgensen, Thomas: WTO-Konformität der reformierten Gemeinsamen Marktorganisation für Bananen, in: Recht der Internationalen Wirtschaft 1999, S. 241ff. (zit.: Jürgensen in: RIW 1999)

Jürgensen, Thomas: Das WTO-Schiedsverfahren zur Festlegung von Sanktionen nach Art. 22 DSU, in: Recht der Internationalen Wirtschaft 2000, S. 577ff. (zit.: Jürgensen in: RIW 2000)

Kapteyn, P.J.G./VerLoren van Thermat, P.: Introduction to the Law of the European Communities, 3. Auflage, London, Den Haag, Boston 1998 (zit.: Kapteyn/VerLoren van Thermaat, Introduction to the EC Law)

Klebes-Pelissier, Anne: L'Organisation mondiale du commerce confrontée à la législation commerciale américaine, à propos de l'affaire section 301 du Trade Act de 1974 (Communauté européenne c/ Etats-Unis, WT/DS152R, 30 novembre 1998), in: Revue trimestrielle du Droit Européen 2002, S. 183ff. (zit.: Klebes-Pelissier in : RTDE 2002)

Köck, Heribert Franz/Fischer, Peter: Grundzüge des Rechtes der Internationalen Organisationen, Eisenstadt 1981 (zit.: Köck/Fischer)

Köngeter, Matthias: Erweiterte Klageberechtigung bei Individualnichtigkeitsklagen gegen EG-Verordnungen? in: Neue Juristische Wochenschrift 2002, S. 2216ff. (zit.: Köngeter in: NJW 2002)

Koenig, Christian/Sander, Claude: Einführung in das EG-Prozessrecht, Tübingen 1997 (zit.: Koenig/Sander, EG-Prozessrecht)

Köpernik, Gerhard: Internationale Wirtschaftsorganisationen, 3. Teil: Das allgemeine Zoll- und Handelsabkommen (GATT), in: Juristische Schulung 1976, S. 779ff. (zit.: Köpernik in: JuS 1976)

Koller, Arnold: Die unmittelbare Anwendbarkeit völkerrechtlicher Verträge und des EWG-Vertrags im innerstaatlichen Bereich, Schweizerische Beiträge zum Europarecht, Band 8, Bern 1971 (zit.: Koller, unmittelbare Anwendbarkeit)

Krenzler, Horst Günter: Exportselbstbeschränkungen – ein aktuelles Problem der Handelspolitik der Europäischen Gemeinschaft, in: Europarecht 1977, S. 177ff. (zit.: Krenzler in: EuR 1977)

Krenzler, Horst Günter: Das Welttextilabkommen als Sonderrechtsordnung des GATT, in: Hilf, Meinhard / Petersmann, Ernst-Ulrich (Hrsg.), GATT und die Europäische Gemeinschaft, Schriftenreihe des Arbeitskreises Europäische Integration e.V., Band 22, 1. Auflage, Baden-Baden 1986, S. 203ff. (zit.: Krenzler in: Hilf/Petersmann in: GATT und EG)

Kuijper, Pieter J.: The Conclusion and Implementation of the Uruguay Round Results by the Europan Community, in: European Journal of International Law 1995, S. 222ff. (zit.: Kuijper in: EJIL 1995)

Kuschel, Hans-Dieter: Die Bananenmarktordnung der Europäischen Union, „Ein Muster für eine protektionistische Handelspolitik", in: Recht der Internationalen Wirtschaft 1995, S. 218ff. (zit.: Kuschel in: RIW 1995)

Kuschel, Hans-Dieter: Die EG-Bananenmarktordnung vor deutschen Gerichten, Anmerkungen zu dem Beschluss des FG Hamburg, EuZW 1995, 413, in: Europäische Zeitschrift für Wirtschaftsrecht 1995, S. 689ff. (zit.: Kuschel in: EuZW 1995)

Kuschel, Hans-Dieter: Wie geht es weiter mit der Bananenmarktordnung? in: Europäische Zeitschrift für Wirtschaftsrecht 1996, S. 645ff. (zit.: Kuschel in: EuZW 1996)

Kuschel, Hans-Dieter: Auch die revidierte Bananenmarktordnung ist nicht WTO-konform, in: Europäische Zeitschrift für Wirtschaftsrecht 1999, S. 74ff. (zit.: Kuschel in: EuZW 1999)

Lange, Dieter G./Wiessner, Siegfried: Die Schiedsfähigkeit internationaler Antitrust-Streitigkeiten, Zur Mitsubishi-Entscheidung des US Supreme Court, in: Recht der Internationalen Wirtschaft 1985, S. 757ff. (zit.: Lange/Wiessner in: RIW 1985)

Lavranos, Nikolaos: Some proposals for a Fundamental DSU Reform, in: Legal Issues of Economic Integration 2002, S. 73ff. (zit.: Lavranos in: LIEI 2002)

Lecheler, Helmut: Zum Bananenmarkt-Beschluss des BVerfG, NJW 2000, 3124, in: Juristische Schulung 2001, S. 120ff. (zit.: Lecheler in: JuS 2001)

Leier, Klaus-Peter: Fortentwicklung und weitere Bewährung: Zur derzeitigen Überprüfung des Streitbeilegungsverfahrens in der WTO, in: Europäische Zeitschrift für Wirtschaftsrecht 1999, S. 204ff. (zit.: Leier in: EuZW 1999)

Lenz, Carl Otto (Hrsg.): Kommentar zu dem Vertrag zur Gründung der Europäischen Gemeinschaften, in der durch den Amsterdamer Vertrag geänderten Fassung, 2. Auflage, Köln 1999 (zit.: Lenz/*Bearbeiter*, EGV)

Lenz, Carl Otto: Der Vertrag von Maastricht nach dem Urteil des Bundesverfassungsgerichts, in: Neue Juristische Wochenschrift 1993, S. 3038f. (zit.: Lenz in: NJW 1993)

Letzel, Hans-Joachim: Streitbeilegung im Rahmen der Welthandelsorganisation (WTO), Geschichte und völkerrechtliche Qualität, Diss., Münster, Köln 1999 (zit.: Letzel, Streitbeilegung)

Liebich, FerdinandK.: Grundriss des Allgemeinen Zoll- und Handelsabkommens (GATT), mit Texten des GATT, des Baumwolltextilabkommens und anderer wichtiger Dokumente, 2. Auflage, Baden-Baden 1967 (zit.: Liebich, Grundriss des GATT)

Liebich, Ferdinand K: Das GATT als Zentrum der internationalen Handelspolitik, unter Ausschluss insbesondere der Texte des Allgemeinen Zoll- und Handelsabkommens (GATT), des Baumwolltextilabkommens und des Anti-Dumping Kodex, Schriftenreihe Europäische Wirtschaft, Band 46, hrsg. von Heinrich Rieber, Baden-Baden 1971 (zit.: Liebich, GATT als Zentrum der int. Handelspolitik)

Lübbig, Thomas: Anmerkung zum Urteil des EuG vom 03.05.2002, Rs. T-177/01, EuZW 2002, S. 412ff., Jégo-Quéré et Cie SA / Kommission der EG (nicht rechtskräftig) in: Europäische Zeitschrift für Wirtschaftsrecht 2002, S. 415f. (zit.: Lübbig in: EuZW 2002)

Ludl, Andreas: CE-Kennzeichnung und GATT, in: Recht der Internationalen Wirtschaft 1996, S. 193ff. (zit: Ludl in: RIW 1996)

Mastellone, Carlo: Case Law, Court of Justice, *Case 266/81, S.I.O.T. (Società Italiana per Oleodotto Tarnsalpino) s.p.a.v. Ministero delle Finanze, Ministero della Marina Mercantile, Circoscrizione doganale di Trieste, Ente autonomo del porto di Trieste*. Preliminary Ruling of 16 March 1983 requested by the Italian *Corte di Cassazione* und *Joined Cases 267-269/81, Amministrazione delle Finanze dello Stato v. S.P.I (Società Petrolifera Italiana) s.p.a.* (267/81) *and Amministrazione delle Finanze dello Stato v. S.A.M.I.* (S.p.a. Michelin Italiana) (268-269/81). Preliminary ruling of 16 March 1983 requested by the Italian Corte di Cassazione, in: Common Market Law Revue 1983, S. 559ff. (zit.: Mastellone in: CMLR 1983)

Mavroidis, Petros C.: Handelspolitische Abwehrmechanismen der EWG und der USA und ihre Vereinbarkeit mit den GATT-Regeln. Eine vergleichende Analyse der Verordnung 2641/84 (EWG) und „Section 301" des „Omnibus Trade und Competitiveness Act" von 1988 (USA), Stuttgart 1993 (zit.: Mavroidis, Handelspolitische Abwehrmechanismen)

Mayer, Franz C.: Grundrechtsschutz gegen europäische Rechtsakte durch das BVerfG: Zur Verfassungsmäßigkeit der Bananenmarktordnung, in: Europäische Zeitschrift für Wirtschaftsrecht 2000, S. 685ff. (zit.: Mayer in: EuZW 2000)

McDonald, Kevin M.: Warum die USA Section 301 Trade Act nicht aufheben müssen, in: Recht der Internationalen Wirtschaft 1999, S. 356ff. (zit.: McDonald in: RIW 1999)

Meessen, Karl Matthias: Das Abkommen von Lomé als gemischter Vertrag, in: Europarecht 1980, S. 36ff. (zit.: Meessen in: EuR 1980)

Meier, Gert: Prozessführung des Handels im öffentlichen Interesse, Conference on Public Interest Litigation under Art. 173 and Economic Policy, in: Recht der Internationalen Wirtschaft 1997, S. 188ff. (zit.: Meier in: RIW 1997)

Meier, Gert: WTO-Revisionsentscheidung zur EG-Bananenmarktordnung, in: Europäische Zeitschrift für Wirtschaftsrecht 1997, S. 719ff. (zit.: Meier in: EuZW 1997)

Meier, Gert: Der Endbericht des WTO-Panels im Bananenrechtsstreit, in: Europäische Zeitschrift für Wirtschaftsrecht 1997, S. 566ff. (zit.: Meier in: EuZW 1997)

Meier, Gert: Bananas IV: der Bericht des WTO-Panels vom 12.04.1999, in: Europäische Zeitschrift für Wirtschaftsrecht 1999, S. 428ff. (zit.: Meier in: EuZW 1999)

Meng, Werner: Gedanken zur Frage unmittelbarer Anwendung von WTO-Recht in der EG, in: Recht zwischen Umbruch und Bewahrung, Völkerrecht, Europarecht, Staatsrecht, Festschrift für Rudolf Bernhardt, Berlin, Heidelberg, New York, London, Paris, Tokyo, Hong Kong, Barcelona, Budapest 1995 (zit.: Meng in: FS Bernhardt)

Moitinho de Almeida, José Carlos: Le recours en annulation des particuliers (article 173, deuxième alinéa, du traité CE) : nouvelles réflexions sur l'expression «la concernent ... individuellement», in: Festschrift für Ulrich Everling, hrsg. von Ole Due, Marcus Lutter, Jürgen Schwarze, Band I, Baden-Baden 1995, S. 849ff. (zit.: Moitinho de Almeida in: FS Everling)

Nagel, Bernhard: EU und Welthandelsordnung (WTO und GATT), in: Wirtschaftsrecht der Europäischen Union, Eine Einführung, 2. Auflage, Baden-Baden 1999 (zit.: Nagel, EU und Welthandelsordnung)

Nettesheim, Martin: Grundrechtliche Prüfdichte durch den EuGH, in: Europäische Zeitschrift für Wirtschaftsrecht 1995, S. 106ff. (zit.: Nettesheim in: EuZW 1995)

Nettesheim, Martin: Effektive Rechtsschutzgewährleistung im arbeitsteiligen System europäischen Rechtsschutzes, in: Juristenzeitung 2002, S. 928ff. (zit.: Nettesheim in: JZ 2002)

Neugärtner, Ilka/Puth, Sebastian: Die Wirkung der WTO-Übereinkommen im Gemeinschaftsrecht, EuGH, EuZW 2000, 276, in: Juristische Schulung 2000, S. 640ff. (zit.: Neugärtner/Puth in: JuS 2000)

Nicolaysen, Gert: Europarecht II, Das Wirtschaftsrecht im Binnenmarkt, 1. Auflage 1996, Baden-Baden 1996 (zit.: Nicolaysen, Europarecht II)

Oehmichen, Alexander: Die unmittelbare Anwendbarkeit der völkerrechtlichen Verträge der EG. Die Freihandels- und Assoziationsverträge und andere Gemeinschaftsabkommen im Spannungsfeld von Völkerrecht, Gemeinschaftsrecht und nationalem Recht, Univ. Diss., Frankfurt a.M. 1992 (zit.: Oehmichen, unmittelbare Anwendbarkeit)

Ohlhoff, Stefan/Schloemann, Hannes: Durchsetzung internationaler Handelsregeln durch Unternehmen und Verbände, im Blickpunkt: EG-Verordnung gegen Handelshemmnisse, in: Recht der Internationalen Wirtschaft 1999, S. 649ff. (zit.: Ohlhoff/Schloemann in: RIW 1999)

Ohlhoff, Stefan: Beteiligung von Verbänden und Unternehmen in WTO- Streitbeilegungsverfahren – Das Shrimps-Turtle-Verfahren als Wendepunkt? in: Europäische Zeitschrift für Wirtschaftsrecht 1999, S. 139ff. (zit.: Ohlhoff in: EuZW 1999)

Oppermann, Thomas/Beise, Marc: Die neue Welthandelsorganisation – ein stabiles Regelwerk für weltweiten Freihandel? In: Europa-Archiv 1994, S. 195ff. (zit.: Oppermann/Beise in: EA 1994)

Oppermann, Thomas: Die Europäische Gemeinschaft und Union in der Welthandelsorganisation (WTO), in: Recht der Internationalen Wirtschaft 1995, S. 919ff. (zit.: Oppermann in: RIW 1995)

Oppermann, Thomas: Europarecht, 2. Auflage, München 1999 (zit.: Oppermann, Europarecht)

Ott, Andrea: GATT und WTO im Gemeinschaftsrecht — Die Integration des Völkervertragsrechts in die Europäische Gemeinschaftsordnung am Beispiel des GATT-Vertrags und der WTO-Übereinkünfte (Diss.), Köln, Berlin, Bonn, München 1997 (zit.: Ott, GATT und WTO im EG-Recht)

Pace, Virgile: Cinq ans après sa mise en place: La nécessaire reforme du mécanisme de règlement des différends de l'OMC, Révue Générale de Droit International Public 2000, S. 615ff. (zit.: Pace in: RGDIP 2000)

Panebianco, Massimo: Die Anwendung des GATT im italienischen Recht, in: Hilf, Meinhard / Petersmann, Ernst-Ulrich (Hrsg.), GATT und die Europäische Gemeinschaft, Schriftenreihe des Arbeitskreises Europäische Integration e.V., Band 22, 1. Auflage, Baden-Baden 1986 (zit.: Panebianco in: Hilf/Petersmann, GATT und EG)

Pernice, Ingolf: Die EG als Mitglied der Organisationen im System der Vereinten Nationen: Konsequenzen für die Politik von Mitgliedstaaten und Drittstaaten, in: Europarecht 1991, S. 273ff. (zit.: Pernice in: EuR 1991)

Pescatore, Pierre: Die Rechtsprechung des Europäischen Gerichtshofs zur innergemeinschaftlichen Wirkung völkerrechtlicher Abkommen, in: Festschrift für Hermann Mosler, Beiträge zum ausländischen öffentlichen Recht und Völkerrecht, Band 81, Berlin, Heidelberg, New York 1983 (zit.: Pescatore in: FS Mosler)

Pescatore, Pierre: The Doctrine of „Direct Effect": An Infant Desease of Community Law, in: European Law Revue 1983, S. 155ff. (zit.: Pescatore in: ELRev 1983)

Petersmann, Ernst-Ulrich: Dreißig Jahre Allgemeines Zoll- und Handelsabkommen, in: Archiv des Völkerrechts 1980-81, S. 23ff. (zit.: Petersmann in: ArchVR 1980)

Petersmann, Ernst-Ulrich: Application of GATT by the Court of Justice of the European Communities, in: Common Market Law Revue 1983, S. 397ff. (zit.: Petersmann in: CMLR 1983)

Petersmann, Ernst-Ulrich: Protektionismus als Ordnungsproblem und Rechtsproblem, in: Rabels Zeitschrift für ausländisches und internationales Privatrecht 1983, S. 479ff. (zit: Petersmann in: RabelsZ 1983)

Petersmann, Ernst-Ulrich: Wie kann Handelsrecht konstitutionalisiert werden? in: Europa-Archiv 1989, S. 55ff. (zit.: Petersmann in: EA 1989)

Petersmann, Ernst-Ulrich: The Dispute Settlement System of the World Trade Organization and the Evolution of the GATT Dispute Settlement System since 1948, in: Common Market Law Revue 1994, S. 1157ff. (zit.: Petersmann in: CMLR 1994)

Petersmann, Ernst-Ulrich: Rights and Duties of States and Rights and Duties of Their Citizens, towards the "Constitutionalization" of the Bretton-Woods-System Fifty Years after its foundation, in: Recht zwischen Umbruch und Bewahrung, Völkerrecht, Europarecht, Staatsrecht, Festschrift für Rudolf Bernhardt, Berlin, Heidelberg, New York, London, Paris, Tokyo, Hong Kong, Barcelona, Budapest 1995 (zit.: Petersmann in: FS Bernhardt)

Petersmann, Ernst-Ulrich: Darf die EG das Völkerrecht ignorieren? in: Europäische Zeitschrift für Wirtschaftsrecht 1997, S. 325ff. (zit.: Petersmann in: EuZW 1997)

Petersmann, Ernst-Ulrich: GATT/WTO-Recht: Duplik, in: Europäische Zeitschrift für Wirtschaftsrecht 1997, S. 651ff. (zit.: Petersmann in: EuZW 1997)

Petersmann, Ernst-Ulrich: Grundfragen der Beteiligung der Europäischen Gemeinschaft an der Welthandelsorganisation, in: Müller-Graff, Peter-Christian, Die Europäische Gemeinschaft in der Welthandelsorganisation — Globalisierung und Weltmarktrecht als Herausforderung für Europa, Schriftenreihe des Arbeitskreises Europäische Integration e.V., Band 47, 1. Auflage, Baden-Baden 1999/2000 (zit.: Petersmann in: Müller-Graff, Die EG in der WTO)

Plank, Rosine: An Unofficial Description of How a GATT Panel Works and Does Not, in: Journal of International Arbitration 1987, S. 52ff. (zit.: Plank in: JIA 1987)

Prieß, Hans Joachim/Pitschas, Christian: Die Abwehr sonstiger unlauterer Handelspraktiken - Trade Barriers Regulation, in: Europäisches Wirtschafts- und Steuerrecht 2000, S. 185ff. (zit.: Prieß in: EWS 2000)

Puth, Sebastian: Sanktionen im Welthandelsrecht: Die Neuausrichtung des Sanktionsmechanismus der WTO am europäischen Modell? in: Europarecht 2001, S. 706ff. (zit.: Puth in: EuR 2001)

Rabe, Hans-Jürgen: Rechtsschutz im Außenwirtschaftsrecht der EG, in: Europarecht 1991, S. 236ff. (zit.: Rabe in: EuR 1991)

Reinisch, August: Der Streit um das Forum – oder: Was gehört eigentlich vor WTO-Panels? in: Recht der Internationalen Wirtschaft 2002, S. 449ff. (zit.: Reinisch in: RIW 2002)

Rengeling, Hans-Werner/Middeke, Andreas/Gellermann, Martin: Rechtsschutz in der Europäischen Union, Durchsetzung des Gemeinschaftsrechts vor europäischen und deutschen Gerichten, München 1994 (zit.: Rengeling/Middeke/Gellermann, Rechtsschutz in der EU)

Riese, Otto: Über den Rechtsschutz innerhalb der Europäischen Gemeinschaften, in: Europarecht 1966, S. 24ff. (zit.: Riese in: EuR 1966)

Roberts, Christopher: Stand up and be Counted, in: the European Lawyer 2002, S. 31ff. (zit.: Roberts in: EL 2002)

Roessler, Frieder: The Provisional Application of the GATT, Note on the Report of the GATT Panel on the "Manufactoring Clause" in the U.S. Copyright Legislation, in: Journal of World Trade Law 1985, S. 289ff. (zit.: Roessler in: JWTL 1985)

Royla, Pascal: WTO-Recht - EG-Recht: Kollision, Justiziabilität, Implementation, in: Europarecht 2001, S. 495ff. (zit.: Royla in: EuR 2001)

Sachs, Michael (Hrsg.): Grundgesetz, Kommentar, München 1996 (zit.: Sachs/*Bearbeiter*, GG)

Sack, Jörn: Von der Geschlossenheit und den Spannungsfeldern in einer Weltordnung des Rechts, in: Europäische Zeitschrift für Wirtschaftsrecht 1997, S. 650f. (zit.: Sack in: EuZW 1997)

Sack, Jörn: Noch einmal: GATT/WTO und europäisches Rechtsschutzsystem: Antwort auf die Duplik, in: Europäische Zeitschrift für Wirtschaftsrecht 1997, S. 688 (zit.: Sack in: EuZW 1997)

Schmid, Christoph: Immer wieder Bananen: Der Status des GATT/WTO-Systems im Gemeinschaftsrecht — Zur Lage nach dem Beschluss des WTO- Streitbeilegungsgremiums über die EG-Bananenmarktordnung vom 25.09.1997, in: Neue Juristische Wochenschrift 1998, S. 190ff. (zit.: Schmid in: NJW 1998)

Schohe, Gerrit/Arhold, Christoph: Betroffen und kein Klagerecht? – Zum Individualrechtsschutz gegen Eingriffsnormen der Europäischen Gemeinschaft, in: Europäisches Wirtschafts- und Steuerrecht 2002, S. 320ff. (zit.: Schohe/Arhold in: EWS 2002)

Schohe, Gerrit: Rechtsschutz des Einzelnen gegenüber abgeleitetem Gemeinschaftsrecht: eine schwarze Serie, in: Europäisches Wirtschafts- und Steuerrecht 2002, S. 424ff. (zit.: Schohe in: EWS 2002)

Schroeder, Werner/Selmayr, Martin: Die EG, das GATT und die Vollzugslehre, oder: Warum der EuGH manchmal das Völkerrecht ignoriert, in: Juristenzeitung 1998, S. 344ff. (zit.: Schroeder/Selmayr in: JZ 1998)

Schroeder, Werner/Schonard, Pascal: Die Effektivität des WTO-Streitbeilegungssystems, zur Umsetzung von Streitschlichtungsentscheidungen in Theorie und Praxis, in: Recht der Internationalen Wirtschaft 2001, S. 658ff. (zit.: Schroeder/Schonard in: RIW 2001)

Schwarze, Jürgen: Rechtsschutz gegen Antidumpingmaßnahmen der EG - Zu Verfahren und richterlicher Kontrolle auf dem Gebiet der Außenwirtschaftsverwaltung der Gemeinschaft –, in: Europarecht 1986, S. 217ff. (zit.: Schwarze in: EuR 1986)

Schweitzer, Michael/Hummer, Waldemar: Europarecht, Das Recht der Europäischen Union – Das Recht der Europäischen Gemeinschaften (EGKS, EG, EAG) – mit Schwerpunkt EG, 5. Auflage, Neuwied, Kriftel, Berlin 1996 (zit.: Schweitzer/Hummer, EuR)

Seidl-Hohenfeldern, Ignaz/Loibl, Gerhard: Das Recht der Internationalen Organisationen einschließlich der Supranationalen Gemeinschaften, 6. Auflage, Köln, Berlin, Bonn, München 1996 (zit.: Seidl-Hohenfeldern/Loibl, Recht der Internationalen Organisationen)

Seidl-Hohenveldern, Ignaz: Völkerrecht, 9. Auflage, Köln, Berlin, Bonn, München 1997 (zit.: Seidl, Völkerrecht)

Senti, Richard: GATT, Allgemeines Zoll- und Handelsabkommen als System der Welthandelsordnung, Zürich 1986 (zit.: Senti, Allgemeines Zoll- und Handelsabkommen)

Shell, Richard: Trade Legalism and International Relations Theory: An Analysis of the World Trade Organization, in: Duke Law Journal 1995, S. 829ff. (zit.: Shell in: DLJ 1995)

Simma, Bruno: Das Reziprozitätselement im Zustandekommen völkerrechtlicher Verträge, Berlin 1972

Sittmann, Jörg W.: Das Streitbeilegungsverfahren der World Trade Organisation (WTO) — Understanding on Rules and Procedures Governing the Settlement of Disputes, in: Recht der Internationalen Wirtschaft 1997, S. 749ff. (zit.: Sittmann in: RIW 1997)

Stein, Torsten: „Bananen-Split"? Entzweien sich BVerfG und EuGH über den Bananenstreit? in: Europäische Zeitschrift für Wirtschaftsrecht 1998, S. 261ff. (zit.: Stein in: EuZW 1998)

Stieglitz, Edgar: Anmerkung zum EuGH, Beschluss vom 02.05.2001, Rs. C-307/99, OGT Fruchthandelsgesellschaft mbH / Hauptzollamt Hamburg-St. Annen, in: Europäische Zeitschrift für Wirtschaftsrecht 2001, S. 530ff. (zit.: Stieglitz in: EuZW 2001)

Stoll, Peter-Tobias: Die WTO: Neue Welthandelsorganisation, neue Welthandelsordnung, in: Zeitschrift für ausländisches öffentliches Recht und Völkerrecht 1994, S. 241ff. (zit.: Stoll in: ZaöRV 1994)

Stoll, Peter-Tobias/Ress, Hans-Konrad: Die Bananenmarktordnung in der EG im Lichte des GATT. Zugleich Anmerkung zum Vorlagebeschluss des FG Hamburg vom 19.05.1995, in: Europäisches Wirtschafts- und Steuerrecht 1996, S. 37ff. (zit.: Stoll in: EWS 1996)

Stoll, Peter-Tobias: Freihandel und Verfassung. Einzelstaatliche Gewährleistung und die konstitutionelle Funktion der Welthandelsordnung (GATT / WTO), in: Zeitschrift für ausländisches öffentliches Recht und Völkerrecht 1997, S. 83ff. (zit.: Stoll in: ZaöRV 1997)

Streinz, Rudolf: Anmerkungen zum Urteil des EuGH vom 23.11.1999, Rs. C-149/96, Slg. 1999, S. I-8395ff., Portugiesische Republik/Rat der Europäischen Union, in: Juristische Schulung 2000, S. 909ff. (zit.: Streinz in: JuS 2000)

Tagaras, Haris N.: L'Effet direct des Accords Internationaux de la Communauté, in : Cahiers du Droit Européen 1984, S. 15ff. (zit.: Tagaras in: CDE 1984)

Toepke, Utz P.: Das neue Recht der Vereinigten Staaten zur Kontrolle von Dumping und Subventionen, in: Recht der Internationalen Wirtschaft 1983, S. 761ff. (zit.: Toepke in: RIW 1983)

Tomuschat, Christian: Zur Rechtswirkung der von der Europäischen Gemeinschaft abgeschlossenen Verträge in der Gemeinschaftsrechtsordnung, in: Gedächtnisschrift für Léontin-Jean Constantinesco, hrsg. von Gerhard Lüke, Georg Ress, Michael R. Will, Rechtsvergleichung, Europarecht und Staatenintegration, Köln, Berlin, Bonn, München 1983 (zit.: Tomuschat in: Gedächtnisschrift Constantinesco)

Trachtman, Joel P.: Bananas, Direct Effect and Compliance, in: European Journal of International Law 1999, S. 655ff. (zit.: Trachtman in: EJIL 1999)

Tumlir, Jan: A Revised Safeguard Clause for GATT? in: Journal of World Trade Law 1973, S. 404 (zit.: Tumlir in: JWTL 1973)

Tumlir, Jan: GATT-Regeln und Gemeinschaftsrecht, ein Vergleich wirtschaftlicher und rechtlicher Funktionen, in: Hilf, Meinhard/Petersmann, Ernst-Ulrich, GATT und Europäische Gemeinschaft, 1. Auflage, Baden-Baden 1986 (zit.: Tumlir in: Hilf/Petersmann, GATT und EG)

Vedder, Christoph: Rechtswirkungen von Assoziationsratsbeschlüssen, die Kus-Entscheidung des EuGH –, in: Europarecht 1994, S. 202ff. (zit.: Vedder in: EuR 1994)

Veelken, Winfried: Die unmittelbare Anwendbarkeit der Freihandelsverträge der EG mit den sog. Rest-EFTA-Staaten, in: Recht der Internationalen Wirtschaft 1988, S. 112ff. (zit.: Veelken in: RIW 1988)

Vitzthum, Wolfgang, Graf (Hrsg.): Völkerrecht, 2. Auflage, Berlin, New York 2001 (zit.: Vitzthum, Völkerrecht)

Vranes, Erich: Principles and Emerging Problems of WTO Cross Retaliation. Some Comments on a new Enforcement Precedent, in: Europäische Zeitschrift für Wirtschaftsrecht 2001, 10ff. (zit.: Vranes in: EuZW 2001)

Weber, Albrecht: Geschichte der internationalen Wirtschaftsorganisationen, Wiesbaden 1983 (zit.: Weber, Geschichte)

Weber, Albrecht: Das Verwaltungsverfahren im Antidumpingrecht der EG, in: Europarecht 1985, S. 1ff. (zit.: EuR 1985)

Weber, Albrecht: Die Bananenmarktordnung unter der Aufsicht des BVerfG? in: Europäische Zeitschrift für Wirtschaftsrecht 1997, S. 165ff. (zit.: Weber in: EuZW 1997)

Weber, Albrecht/Moos, Flemming: Rechtswirkungen von WTO-Streitbeilegungs-entscheidungen im Gemeinschaftsrecht, in: Europäische Zeitschrift für Wirtschaftsrecht 1999, S. 229ff. (zit.: Weber/Moos in: EuZW 1999)

Weiß, Wolfgang: Gibt es eine EU-Inländerdiskriminierung? Zur Kollision von Gemeinschaftsrecht mit Welthandelsrecht und Assoziationsrecht, in: Europarecht 1999, S. 499ff. (zit.: Weiß in: EuR 1999)

Weissenberg, Paul: Die auswärtige Gewalt der EWG im innergemeinschaftlichen Wettbewerb der Zuständigkeiten, in: Europarecht 1980, S. 75ff. (zit.: Weissenberg in: EuR 1980)

Wenig, Fritz-Harald/Schübel, Dirk: WTO: Die „Jahrtausendrunde" rückt näher - wirklich? in: Europäische Zeitschrift für Wirtschaftsrecht 1999, S. 545 (zit.: Wenig/Schübel in: EuZW 1999)

Winter, J.A.: Direct Applicability and direct Effect, two distinct and different Concepts in Community Law, in: Common Market Law Revue 1972, S. 425ff. (zit.: Winter in: CMLR 1972)

Witt, Jörn-Ahrend: WTO: Reform des Streitbeilegungsmechanismus, in: Recht der Internationalen Wirtschaft 2000, S. 691ff. (zit.: Witt in: RIW 2000)

Zimmer, Reinhard: Zur Problematik von Exportselbstbeschränkungen, Außenwirtschaftsdienst des Betriebsberaters 1969, S. 297ff. (zit.: Zimmer in: AWD)

Zonnekeyn, Geert A.: The Status of WTO law in the Community Legal Order: Some Comments in the Light of the Portuguese Textiles Case, in: European Law Revue 2000, S. 293ff. (zit.: Zonnekeyn in: ELRev 2000)

Zuleeg, Manfred: Die innerstaatliche Anwendbarkeit völkerrechtlicher Verträge am Beispiel des GATT und der Europäischen Sozialcharta, in: Zeitschrift für ausländisches und öffentliches Recht und Völkerrecht 1975, S. 341ff. (zit.: Zuleeg in: ZaöRV 1975)

Zuleeg, Manfred: Abschluss und Rechtswirkung völkerrechtlicher Verträge in der Bundesrepublik Deutschland, in: Juristische Ausbildung 1983, S. 1ff. (zit.: Zuleeg in: JA 1983)

Deutsches und Europäisches Wirtschaftsrecht

Herausgegeben von Jürgen F. Baur

Band 1 Matthias Wolter: Das Tatbestandsmerkmal der Lückenlosigkeit qualitativer Selektivvertriebssysteme im Spannungsverhältnis zwischen Wettbewerbs- und Kartellrecht. 2001.

Band 2 Nicole Hagemann: Rechtsschutz gegen Kennzeichenmissbrauch unter Berücksichtigung der Internet-Domain-Name-Problematik. 2001.

Band 3 Bernd Nelißen: Die Abgrenzung "horizontaler" und "vertikaler" Wettbewerbsbeschränkungen nach der 6. GWB-Novelle. 2001.

Band 4 Silke Rütters: Die neue *Schirm-* Gruppenfreistellungsverordnung (EG) Nr. 2790/1999 der Kommission. Zu den Ursachen der weitreichenden Reform der EG-Wettbewerbspolitik gegenüber vertikalen Wettbewerbsbeschränkungen und deren materiellrechtlichen Grenzen. 2002.

Band 5 Dirk Strohe: Demarkationen und Bezugsbindungen in gewerblichen Energielieferverträgen. 2003.

Band 6 Cyrille de Crozals: Die Anwendung der Artikel 81 und 82 EGV durch die französischen Behörden und Gerichte. 2003.

Band 7 Daniela Seeliger: Geltungsbereich der Zusammenschlusskontrolle und Grundsätze für die Beurteilung von Zusammenschlüssen nach der 6. Novelle des Gesetzes gegen Wettbewerbsbeschränkungen. Ausgewählte Anwendungsprobleme aus der Praxis zu §§ 35 und 36 GWB. 2003.

Band 8 Till Schreiber: Das argentinische Gesetz 25.156 zum Schutz des Wettbewerbs. Eine rechtsvergleichende Darstellung unter besonderer Berücksichtigung des Protokolls zum Schutz des Wettbewerbs im MERCOSUR und der Rechtsprechung der Comisión Nacional de Defensa de la Competencia. 2003.

Band 9 Mathias Mantler: Der GMP-Vertrag aus bauvergaberechtlicher Sicht. 2004.

Band 10 Christoph Renard: Das französische Fusionskontrollrecht. 2004.

Band 11 Anika Gerken: Rechtsschutzmöglichkeiten europäischer Wirtschaftsteilnehmer gegen GATT-widrige Wirtschaftshemmnisse. 2004.

Peter Lang · Europäischer Verlag der Wissenschaften

Christian Malzahn

GATT-widrige *Treble Damages*-Klagen auf der Grundlage des US Antidumping Act 1916

Eine Untersuchung der Rechtsstellung beklagter deutscher Unternehmen im US-amerikanischen und deutschen Recht

Frankfurt am Main, Berlin, Bern, Bruxelles, New York, Oxford, Wien, 2003.
XXVIII, 445 S.
Schriften zum Staats- und Völkerrecht.
Herausgegeben von Dieter Blumenwitz. Bd. 105
ISBN 3-631-51066-7 · br. € 74.50*

In den vergangenen Jahren mehrten sich in den USA „*treble damages*"-Klagen gegen deutsche Unternehmen wegen angeblichen Dumpings. Die Klagen stießen diesseits des Atlantiks auf erhebliche rechtliche Bedenken, nicht zuletzt, weil deren Rechtsgrundlage mit internationalem Recht (GATT 1994) unvereinbar ist. Gleichwohl wurde das Gesetz bisher nicht aufgehoben. Der US-Gesetzgeber beließ einheimischen Klägern damit die Möglichkeit, die Gerichtsverfahren zum Nachteil der Beklagten zu instrumentalisieren. Die Untersuchung geht dem offenkundigen Rechtsschutzproblem der beklagten Unternehmen nach und beleuchtet deren Rechtsstellung im Verfahren in den USA und bei der Klagezustellung in Deutschland. Dabei sollen Mittel und Wege erörtert werden, wie Antidumping-Schadensersatzklagen begegnet werden kann.

Aus dem Inhalt: Antidumping-Schadensersatzklagen als Problemfall des deutsch-amerikanischen Handels- und Rechtsverkehrs · Die Anwendung des US Antidumping Act 1916 in den USA: Die Rechtsstellung deutscher Unternehmen als Importeure im US-amerikanischen materiellen Recht · Das Klageverfahren vor US-Bundesgerichten · Das deutsche Rechtshilfeverfahren

Frankfurt am Main · Berlin · Bern · Bruxelles · New York · Oxford · Wien
Auslieferung: Verlag Peter Lang AG
Moosstr. 1, CH-2542 Pieterlen
Telefax 00 41 (0) 32 / 376 17 27

*inklusive der in Deutschland gültigen Mehrwertsteuer
Preisänderungen vorbehalten

Homepage http://www.peterlang.de